精武总志

世界精武大会志

上海精武体育总会 编

文汇出版社

《世界精武大会志》编纂委员会

顾 问
黄跃金　郝平　熊月之　陈思和　刘健

主 任
王智华

副主任
骆南辉（马来西亚）　郎荣标

委 员
（按姓氏笔画排序）

王兴余　王文健　Jimmy Wong（王国强 美国）　王春露
王栋　文学国　方婷　Piotr Osuch（皮特·奥苏赫 波兰）
田兆元　任广华　伍翠莲（马来西亚）　刘黎平　朱刚
忻平　张雄　张建新　张宝勇　Lee Yoke Wan（李育文 英国）
李家驹　李仲谋　宋昱　金灿荣　孟建　周斌　郑辛遥
罗杨　骆炳煌（马来西亚）　黄保生（马来西亚）　黄新农　戴克明

《世界精武大会志》编辑部

主　编

仲富兰

副主编

张治中　刘延申　李志茗

编辑人员

姚承赟　姚子阳　薛锡祥　薛永春　孙　剑　董　炼
姜小鹏　赵荣春　胡杰明　徐国富　李绍珙　刘文峰

编著出品
世界精武联谊会
上海精武体育总会
上海精武体育文化发展有限公司

凡例

一、本志以传承精武文化传统、遵循实事求是的原则，力求全面、精准、客观地记述上海精武体育总会以及该会与世界各地举办精武会组织联络并举行大会的历史与现状，力求以实证史料构建兼具专业性与文献价值的精武文化史纲。

二、上海精武体育总会在115年发展中历经多次易名，包括中国精武体操学校、中国精武体操会、上海精武体育会、上海精武体育总会等，鉴于1919年孙中山先生亲题"尚武精神"匾额并为《精武本纪》作序的历史渊源，本志定名为《精武总志·世界精武大会志》，以彰显历史传承与权威定位。

三、本志记载时间，上溯有史料可据的1910年，下至2025年。同时记录这115年精武会历史上举行精武大会的重大事件，具体时间段限是，上限：溯及有确切史料可考的1910年（霍元甲创立精武体操会）；下限：截至2025年；对1910年前与精武文化相关的历史背景，以溯源形式简要记述；对2025年后的重要事件，以附记收录后续资料。

四、本志体例结构总体采用总述—分章—附录三层结构，以小章节并列体展开，突出世界精武大会的专题性。除总述、附录之外，章下分节，节下根据情况分目或不分目。章节设置：总述：概述精武文化起源与世界精武大会的历史地位；分章：按历史沿革—组织体系—大会纪实—文化影响的逻辑分章，章下设节，节下可分目或子目。附录：收录重要文献、论述、统计数据、人物传略等补充资料。

五、本志运用多元体裁：综合采用述、记、传、志、图、表、录、考等体裁，具体规范如下：表随文设，图取串文分散相形式；表、注，均为志书可信可用而设，针对无据异说，则视情设注；注为页下注和括注。

六、本志统计数据以世界精武大会组委会官方发布为准，非官方数据需标注（待考）；涉及全球精武组织数量、会员规模等数据，按年度分地区列表呈现。

七、历史年号、历史地名等史料处理，悉遵上海市地方志办公室的志书《行文规则》，标明公历、今地名，稍复杂的以页下注说明之。

八、本志所采史料，包括文字与图片，主要来自上海精武体育总会档案资料室；1979年之前，部分采自《申报》等民国报纸期刊；1979年之后，部分采自分布于世界各地之精武会组织提供的史料或资讯；部分采自有关人员的口述资料，其余均为各媒体（包含网络）发布的资料。

九、本志的行文规范与考据原则：专业术语以《中国武术大辞典》为标准；精武特有概念如精武十戒武德八纲须附定义说明。对同一事件的不同记载，采用三证法（文献互证、实物佐证、口述印证）；无明确史料支撑的传说，以轶事形式收录并标注（传说，待考）。

十、志书出版后，本书所有原始史料、校勘记录、影像资料均按以下标准归档：

1. 纸质档案：入藏精武书局特藏部；

2. 数字档案：上传至上海精武数字博物馆，设开放查阅与学术研究双权限；

3. 口述史料：附录音精确书面副本（transcript）及版权授权书。建档入藏精武书局及上海精武数字博物馆。

十一、志文中多次出现的机构名称，为精简篇幅，除以节为单位于首次出现时使用全称外，采用通常而又无歧义之简称。

十二、为方便读者使用，志后附设附录若干，附录内容与志文具有同等重要的价值，以备读者查考。

本凡例为2025年修订版，后续若因史料增补或体例调整须修订，将以凡例补遗形式附于书末。

《世界精武大会志》编纂委员会

2025年6月18日

序

　　精武会，植根上海，开枝中华，散叶世界。作为我国近代体育史上成立最早、历时最长、规模最大的民间体育组织，历经115年发展，已在全球三十多个国家和地区建立了83个精武会组织。1994年9月，在各国精武友会的强烈要求下，世界精武体育会联谊机构成立。同年，上海精武体育总会联合各国精武体育会组织，开始举办世界精武武术文化大会，自此，全球精武会组织有了传播精武精神、精武武术和精武文化的平台，为在海外精武武术不断推广、精武文化不断传播和精武精神不断传承，为促进体育文化国际交流，促进不同国家的民间交流，为弘扬中华传统，树立民族形象作出了重要的贡献。

　　上海精武体育会作为精武会发源地、世界精武联谊会秘书处，有责任、有义务，会同各国精武会组织，书写历史、记录历史、传承历史，这是时代赋予我们的历史使命。于是，在2022年《精武志》出版的基础上，我们又推出这本《世界精武大会志》。

　　借《世界精武大会志》初稿即将付梓出版之际，作为总编，我谈几点认识，请世界精武联谊会的各位执委和同仁以及有关领导与学者多多指教。

第一，精武武术是中华传统武术的重要代表。

　　1909年，霍元甲应邀来沪与西人奥皮音打擂比武不战而胜，于6月申报创办体操学校，后更名"中国精武体操会"，于1910年7月7日（农历六月初一）正式设立，首批会员73人。1910年9月14日，霍元甲突然去世，距他创办"中国精武体操会"仅仅3个月。群龙无首之际，一批在上海从事实业与商业的精英人士，会同霍元甲的第一批学生，挺身而出。这些受过新式学堂良好教育、以天下为己任的热血青年，共商重振精武大计，捐资献力，于1916年将"精武体操会"更名为"上海精武体育会"，以团结天下武林武馆，熔各门各派于一炉，用"体育"的理念发展中华武术，图强健中华民族的体质，振兴中华。

　　精武会的成立，标志着精武武术的正式诞生。精武武术是中华传统武术集大成者，打破了传统武术门派之分，综合了中国武术门派之精粹，以武术技击共同担当"强国保种"的历史责任，强调以技击为载体，以武德为皈依的精武理念，形成一个具有群众性、广泛性、普及性的武术强身大格局，也为中国传统武术的传承创造了更大空间和可能。

　　1936年，以精武会员为主要成员的国术队，代表中国参加德国柏林奥运会，并在开幕前进行了两场表演，尽展"Chinese kongfu（中国功夫）"的风采，西方观众惊叹激动，西方媒体好评如潮。这是奥运会有记载以来中华武术首次出现在国际体坛，为中国传统武术走

I

向世界，传播武术精神开创先河。

精武会的全球传播，更为中国传统武术发扬光大，创造了有利条件。从上海起步的精武武术，成功实现了跨越种族、国别的传播，在更广泛的地域和人群中，富有成效地传承了中华武术文化。各国的精武会组织，秉承"爱国、修身、正义、助人"的精神，促进了世界华人与居住国种族关系的和谐，促进了华侨华人与不同族群之间的文化交流。精武武术已成为代表中国传统武术，具有国际影响力的世界体育项目。

第二，精武体育是现代中国体育的发轫。

精武会创会伊始，即以将传统武术向现代体育转型作为创会目标之一，在清末民初的社会具有开风气之先的作用。

精武会成功引进拳击、体操、田径、足球、篮球、乒乓球、游泳、举重等西方体育运动项目，并陆续举办相关培训、比赛活动。也打破了由西方宗教组织或外国人组织在上海和国内其他地区主导开展当地现代体育运动的局面。实行技击术课堂教学制度，打破了"因袭宗法"的陈旧培训模式。举办精武技击大会，推行以教育为主的传播方式，创中国当代武术教学风气之先。为保存国粹，阐扬武化，精武会还专门成立了"精武书局"，编撰图书，涉及武术、文化、医学、艺术等各个领域，产生较大社会影响。

精武会创始成立了中国最早的奥林匹克运动组织。1923年7月7日，中华全国体育协进会在上海精武体育会总部开始筹建，精武会会长等主持筹建，1924年7月5日，协进会在南京宣布正式成立。当年，国际奥委会承认中华全国体育协进会为中国奥林匹克委员会，标志着中国正式加入国际奥运大家庭，中国也有了全国统一的体育组织。精武会为核心的中华全国体育协进会，对近代中国体育的发展产生了积极而深远的影响。

第三，精武文化是中华民族精神的重要体现。

精武会创始伊始，即确定"爱国、修身、正义、助人"和"乃文乃武、惟精惟一"的精武精神，超越了体育与武术，提振了中国人的民族精神，振聋发聩。1916年和1919年，孙中山先生两次莅临上海精武体育会视察，题词："尚武精神"，对精武武术的内在价值给予高度肯定。

在民族衰弱、国家危亡时刻，精武会涌现出一大批怀抱"武艺救国""体育救国"的精武先贤，以"爱国、修身、正义、助人"为主旨，积极开展救亡图存爱国行动，展开了用武术体育反帝反封建的顽强斗争。精武会是对积贫积弱的中国社会，从体魄、精神到思想灵魂的救赎，有着强烈的先进性和时代特色，经过一百多年的传承并发扬光大，已成为中华民族精神的重要内涵。

第四，精武精神是全球华人的价值认同。

随着上海精武体育会影响力不断扩大，1916年开始，全国各地精武会分会陆续创设。1920年，上海精武体育会委派陈公哲、罗啸璈、陈士超、叶书田、黎惠生等五人出访南洋，史称"五特使下南洋"，带着《精武本纪》、精武会章程等书籍，以及自拍的影片，历时73天，先后到访越南、新加坡、马来西亚、印度尼西亚等四国的9个城市，传授中国武术、传播精武精神，成功促成当时的南洋地区华人纷纷加入，中国境外最早的一批精武会组织由此建立。"五特使下南洋"堪称中国近代最为成功的"民间外交"。其中，马来西亚是精武会成立较早、传播推广十分精彩的国家，经过近百年的发展，已经成为海外成立精武会最多的国家。"精武嘉年华"更是一个创举，至今已经成为精武文化国际范围内传播的重要载体。

精武会走过115年风雨历程，与国家兴亡、民族兴衰休戚相关、荣辱与共。精武会的能人志士秉持传承民族传统、弘扬民族精神，为民族振兴矢志不渝、栉风沐雨、胼手胝足，奋力前行，不仅书写了精武会的历史篇章，更在实现中华民族伟大复兴的鸿篇巨制中留下重要一页。

值此精武会史馆和精武武术馆开馆之际，以《世界精武大会志》记录精武会百余年历史、记录全球精武会的事迹，是我们对精武先贤的致敬，对精武文化的致敬，对民族精神的致敬。

感谢在全球各精武会组织的有力支持下，本书编纂委员会依凭对于精武文化的挚爱和弘毅，锲而不舍、兢兢业业、不懈进取，付出了辛勤劳动，首版《世界精武大会志》得以问世。也期盼精武会会员、广大读者能提出宝贵意见和建议，以便今后再版时进一步改订和修改。

是为序。

上海精武体育总会会长 王智华
于2025年7月7日上海精武体育总会成立115年纪念日

编者的话

《世界精武大会志》历经三载春秋，在众人合力下终得付梓。这部志书的字里行间，既有编辑部同仁焚膏继晷的耕耘，更凝结着世界精武联谊会各友会与社会各界的深情厚谊——是这份跨越山海的支持，让散落全球的精武记忆得以聚沙成塔。

编撰之路，远比预想中崎岖。那些藏于岁月褶皱里的细节，每打捞一分都需倾尽心力：早期史料在战火迁徙中流散，东南亚分会二战时期的活动轨迹，要从华侨家族的老相册里辨影像、从口述回忆中补断层；某届大会的举办日期，竟要比对四份来源各异的记载，在邮简回执与会议记录的蛛丝马迹中反复求证。语言的壁垒更如无形的关隘：南美分会的西班牙语年报、非洲分会的法语通讯、中东地区的阿拉伯语纪实，不仅要精准翻译，更要破解武术术语的文化密码——一句"气沉丹田"的译法，曾牵动三国武者隔空研讨半月。

不同地区的记录习惯差异，更添核实之难：有的分会档案详尽如编年史，有的仅存数张泛黄照片，标注文字早已模糊；负责人更迭造成的信息断层，老照片的褪色、录音带的老化，迫使我们联合专业机构抢救修复，只为让历史的温度不被时光磨损。这些波折让我们深知：精武的全球传播史，本就是一部散落的史诗，我们能做的，唯有以最大诚意拼接那些被时光掩埋的碎片。

为让读者通览大会全貌，我们为每届盛会特设"概述"，如为画卷题跋，既挈其要，又传其神。这数百字的导言，背后是海量资料的淘洗：从筹备时的倡议书到闭幕后的总结报告，从赛事规程到参会者的手写笔记，编辑团队需在庞杂中锚定三重维度——时代背景如何烙印大会特质（如百年庆典时的"传承与创新"命题），核心亮点怎样标注突破（如首次增设女子全能赛事、跨国套路联展），整体影响又如何辐射深远（如达拉斯大会后南美和南非分会的增加）。叙事上，先点出时间、地点与主题，再述筹备关键节点，继而聚焦核心环节，终以一句承前启后的结语收束。这把"钥匙"，既为普通读者打开快速认知的门径，也为研究者提供脉络索引，更让亲历者在字间重遇当年的热血与感动。

由于精武会分布广泛，且部分历史资料年代久远、散落各处，收集工作犹如大海捞针。我们虽竭尽全力，通过查阅档案、请教专家等方式，努力挖掘每一处细节，但仍难免有疏漏之处。然而，正是这些困难，让我们更加深刻地感受到精武文化的深厚底蕴与强大魅力，也激励着我们以更严谨的态度、更坚定的决心去完成这项工作。

之所以如此雕琢"概述"，是希望读者翻开每届大会的篇章时，能先通过这数百字的导言，像握住一把钥匙——既能迅速知晓"这届大会讲了什么"，也能隐约感知"它为何重要"。对于普通读者，这是快速建立认知的捷径；对于精武研究者，这是把握届次间发展脉络的线索；而对于参与过大会的亲历者，这则是唤醒记忆、钩连细节的锚点。如此，即便读者没有充裕时间逐字阅读后续的详细记录，也能通过"概述"对每届大会形成提纲挈领的认知，进而串联起世界精武大会从初创到成熟、从区域聚会到全球盛会的完整演进轨迹。

从大会的形成背景、发展沿革，到其在精武会永续发展、国际民间交流等方面发挥的重要作用，我们希望通过这部志书，让世人看到全球精武人百年来矢志不渝、拼搏奋斗的历程，以及精武精神在时代变迁中所蕴含的永恒价值。

此刻回望，这部志书的重量，不仅在纸页之间，更在全球精武人的赤诚里。感谢世界精武联谊会、上海精武体育总会及各友会的无私托出——那些泛黄的手稿、珍贵的影像、口述的记忆，是支撑全书的基石；感谢每一位为精武事业奔走的身影，你们的故事，本就是志书最深沉的注脚。

因资料搜集之难，疏漏在所难免。恳请读者海涵之余，更盼不吝赐教：若您有未被收录的史料、记忆中的细节，或对内容有修正建议，请与我们联系。信函可邮寄：上海市四川北路1702弄32号《世界精武大会志》编辑部。愿这册志书成为一座桥梁，让全球精武人在互通中补全历史、续写新篇。

精武百年，薪火不熄。这部《世界精武大会志》，是对过往的致敬，更是对未来的邀约——愿我辈与后来者携手，让"爱国、修身、正义、助人"的精神，在更辽阔的天地间生生不息。

《世界精武大会志》编辑部
2025年8月8日

目录

第一章　总述 /001
    第一节　乃武乃文，振兴中华的先进组织 /002
    第二节　尚武救国，陶铸民族之魂的民间社团 /016
    第三节　南下北游，学在传播的教育模式 /023
    第四节　走进奥运，武术体育的开路先锋 /035
    第五节　海外传播，中国文化出海的先行者 /042

第二章　发展大事记 /057

第三章　精武体育连接世界的传播之路 /063
    第一节　从沉寂到奋起的 20 年：1946-1965/064
    第二节　新时期的振兴和图强 /070

第四章　世界精武武术文化交流大会 /083
    第一节　开放时代的精武绽放：世界武术文化大会的时代必然 /084
    第二节　世界精武武术文化大会概况 /085
    第三节　第一届精武国际武术邀请赛/090
    第四节　第二届精武国际武术邀请赛/101
    第五节　第三届精武国际武术锦标赛/106
    第六节　第四届世界精武武术文化交流大会 /115
    第七节　第五届世界精武武术文化交流大会 /118
    第八节　第六届世界精武武术文化交流大会 /122
    第九节　第七届世界精武武术文化交流大会 /123
    第十节　第八届世界精武武术文化交流大会 /127
    第十一节　第九届世界精武武术文化交流大会 /129
    第十二节　第十届世界精武武术文化交流大会 /132
    第十三节　第十一届世界精武武术文化交流大会 /135
    第十四节　第十二届世界精武武术文化交流大会 /145
    第十五节　第十三届世界精武武术文化交流大会 /173
    第十六节　第十四届世界精武武术文化交流大会 /203

第十七节　第十五届世界精武武术文化交流大会 /211
　　第十八节　第十六届世界精武武术文化交流大会 /218
　　第十九节　第十七届世界精武武术文化交流大会 /226

附录 /237

　　附录一　精武国际武术竞赛规则（1994年版）/238
　　附录二　精武国际武术竞赛评分标准与方法 /243
　　附录三　上海精武体育会历届运动大会 /246
　　附录四　上海精武拳击运动始末 /291
　　附录五　精武游艺与艺术活动 /299
　　附录六　致敬精武先贤：在时光深处回望来时路 /312
　　附录七　精武长河图·精武英雄谱 /348

跋 /361

第一章
总述

　　1909年，上海道台蔡乃煌在一篇文章里写道：20世纪的一个新现象是国家的强弱通常以该国国民的强弱为标准。彼时的神州大地却弥漫着鸦片烟毒与文弱之风。这种身体与精神的双重危机，催生出近代中国最悲壮的觉醒：一批仁人志士将救亡图存的希望，寄托于强民强种的身体革命。

　　1905年严复翻译的《天演论》已在沪上书局售罄第三版，物竞天择的进化论思想如惊雷般劈开蒙昧。同年，日俄战争中日本的胜利，更让朝野上下震惊于体育强国的现实可能。于是军国民教育思潮如潮水般涌入上海：澄衷学堂的学生课间加练刺枪术，《申报》连续刊登《论尚武》社论，连租界里的华人买办都开始在庭院里设置单杠。

　　这种焦虑在1909年达到顶峰。当外国大力士在张园表演手折铁条、遏阻汽车时，围观的中国观众既惊叹又屈辱——《图画日报》记载：西人肌肉隆起如铁石，吾民多鸠形鹄面，相形之下，不啻猿猴与巨人并立。恰在此时，天津武师霍元甲的南下成了历史的注脚：他在12月的张园擂台上虽未与美国大力士奥皮音真正交手，却以三天无人应战的战绩，在《时报》广告中喊出中国大力士霍元甲的名号，无意间点燃了民族身体意识的导火索。

第一节 乃武乃文，振兴中华的先进组织

一、振兴体育救国——走在反帝反封建的前列

绅商阶层的身体实践与社团勃兴

开埠后的上海已成为移民与资本的旋涡，崛起的绅商阶层正寻找重塑城市身份的路径。当军国民教育思潮兴起，这些兼具传统功名与近代视野的精英迅速行动：宁波商人叶澄衷在虹口澄衷学堂增设武备课，广东买办郑观应在《盛世危言》中专列技艺篇，呼吁强体与强智并重。

1907年上海城南出现第一家民间体操会，由绸缎商人李平书创办，会员须每日晨练一小时，缴纳月费大洋三角。这类社团多采用前店后馆模式：底层是绸缎庄或药材铺，二楼则铺设木地板作为练功房。据《上海体育志》记载，1909年沪上各类体育社团已达27家，其中绅商创办的占68%，形成南市武术、北部体操、租界兵操的空间格局。

霍元甲与精武会之创设

霍元甲（1869年1月19日~1910年8月），字俊卿，生于天津市静海县，祖籍河北省沧州市东光县安乐屯。镖师家庭出身，继承家传迷踪拳绝技。这位爱国武术家原本与上海没有交集，为什么会跑到上海，并创办精武会呢？原来1909年，有外国大力士在上海表演手折铁条、遏阻汽车等技艺，中国观众即惊叹又屈辱，霍元甲闻讯南下，也想以大力士的身份在上海卖艺。他于12月2日起在张园设擂3天。然而两天过后，无人与之较量，只有美国大力士奥皮音定于第三天即12月4日下午，与霍元甲进行生死对决，最终并没有打成。原因据报载，一是中西证人未到齐；二是时间匆促，当局捕房未发照会，须另行改期。可不知何故，最终不了了之。

虽然这次中外大力士比武未能成功，但霍元甲在上海大大出名了，除了中国人，还有英国大力士表示不服，公开宣称要与他一决高下。1910年4月初，霍元甲再次来上海，在张园设擂比武。他在上海各大报纸连续刊登广告，名为《中外大力士定期比武》，其中明确指名要与英国大力士爱君比武，但仍未能如愿。连外国大力士都不敢应战，霍元甲武艺之精湛可见一斑，遂有很多人想跟他学武，因此他产生了创办学堂的想法。从4月19日起，他连续三天在《时报》上刊登《中国大力士霍元甲广

霍元甲三十多岁时在天津刘捷三照相馆留影

告》，提到写信拜他为师的人很多，无法一一回复，拟开设学堂，择优录取，以满足众多求学者的要求。

从5月14日起，《霍元甲创设中国精武体操会广告》连续五天在《神州日报》投放。该广告很长，有500多字，一开头就是窃维处今日竞争之世界，非人人有尚武之精神，不能强国，不能保种也，格局恢宏，充满爱国情怀。接着写他的习武历程、来沪经过及办校原因、方案，决定创立一校，名曰：中国精武体操会，以附诸君雅意，同时希望通过立斯会以提尚武之精神，兼保国粹。他强调自己善于调教，有愿从我游者，身体强壮之人一二年即能毕业，身体素弱者三年亦能有成。学费每月2元，报名处在上海五马路（今广东路）宝善街福兴鞋店，报名期从即日起至本月底即公历6月6日为止。广告文案对中国精武体操会既称是会，又说是校，两种说法是一回事。其中有一句此会开后，凡于斯术者愿来比较，余甚为欢迎，说明精武体操会此时尚未成立。

从6月14日开始，以霍元甲名义发布的《中国精武体操会广告》连续13天在《时报》头版刊载。据此可知，在广告发布当日，中国精武体操会已经成立了，宗旨是以提高尚武精神为目的，会员年龄限制在12-35岁之间，会费每月英洋2元。因为体操会成立须巡警局批准，经其登记在册后，即于五月初八（6月14日）起登出广告，定于二十日（6月26日）下午开正式成立大会。民国初年，萧汝霖在《述精武体育会事》一文中说是岁（指1910年）六月初一，精武会成。两相印证，则萧汝霖所谓的六月一日当为1910年的6月1日，而非该年农历六月初一。如果萧汝霖的说法确切，那么中国精武体操会就成立于1910年6月1日，即使没有这么精确，也应该成立于6月14日之前，正式对外宣告成立则为6月26日，在张园。

危难时刻挺身而出

1910年8月的一天，42岁的霍元甲猝然离世。两个月前他在《时报》刊登的中国精武体操会招生广告墨迹未干，此刻武馆里的单杠已蒙上灰尘，207名登记学员中仅剩37人断断续续来馆。当学徒们在厢房外跪地痛哭时，三个身着西装的年轻人正在二楼账房清点库存：陈公哲翻开皮革账簿，姚蟾伯拨动红木算盘，卢炜昌在便签纸上疾书——这组被会员称为精武三公司的商业搭档，即将在428天内完成中国武术史上最惊险的续命手术。这三个人都成长于上海，家里都经营着公司，加上另一个重要骨干陈铁生，应该是精武四杰。他们都是霍元甲的第一批学生，且都受过良好的新式学堂的教育，为挽救尚处于襁褓之际的精武体操会，他们出钱出力，团结众会员，力挽狂澜，共商重振精武大计，做出了易址、更名、转型的决断。

最初的精武体操会门前

易址、更名、转型

先说易址。1911年3月，馆舍从原先的闸北王家宅，迁入旱桥附近不远处的万国商团中华队址，称第二会所。第二会所的租金由陈公哲、姚蟾伯负担，聘请上海商界要人袁恒之为会长。直到4年之后，即1915年，陈公哲捐出提篮桥倍开尔路（今惠民路）73号的自家两亩宅地，用来修建精武的新会舍。1919年，精武会租赁北四川路福德里广肇公所民房及空地一块，成立精武第一分会。1922年筹建，并于1923年7月建成使用中央大会堂。1924年倍开尔路总会所撤销，迁入北四川路横浜桥福德里。

次说更名。这些挽狂澜于既倒的进步商人与受过良好教育的热血青年，不约而同地看到了当时汹涌而来的近代西方体育思潮，看到了当时羸弱的国民体质亟须增强，他们主张武术与近代体育结合，提倡体、智、德并重，提出将传统武术纳入体育的范畴。1915年，精武体操会更名为精武体育会，历史翻开了新的一页。这种难得的新知，是中国武术这棵老树上开出的新花，对中国武术的长远发展走向产生了深远影响，精武会的壮大和繁荣也是从这个理念开始的。

再说立章。经精武会几位创建者的商议，确认必须将原先精武体操会转型为精武体育会。遂拟定发展宗旨、制定组织章程，统一会标，开宗明义地主张将武术与近代体育结合，提倡德、智、体三育并重，团结天下的武林武馆，熔各派于一炉，消除门户之见，用西人体育的理念来发展中华武术，融合各家武术之长，以强健中华民族的体质，振兴中华。

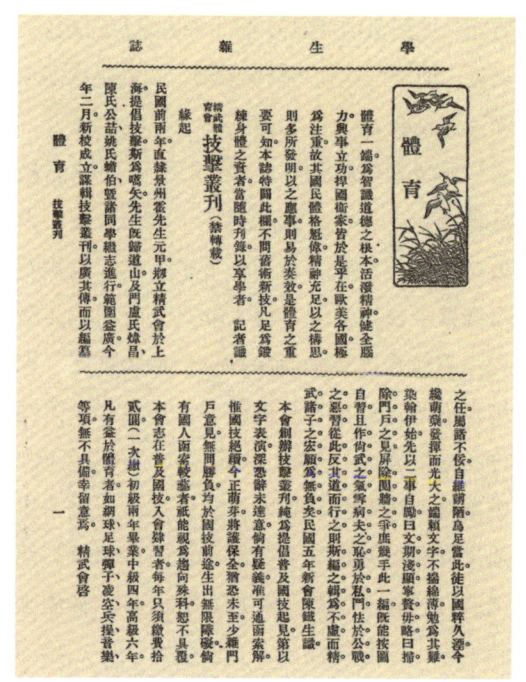

精武体育会技击丛刊释体育之缘起

精武会三迁其址，其背后的商业智慧在于其混合基因：霍元甲的武术传统、陈公哲的商业头脑、卢炜昌的西学背景，使其在创办次年就实现三大突破：首次允许女性会员加入（1911年招收32名女学员）、首次将武术动作系统图解（《潭腿图说》石印出版）、首次引入西式运动会制度（1912年举办精武夏季体育会）。这种与时俱进的特质，让它在资金匮乏的初创期仍能存活。

将传统武术向现代体育转型，在清末民初具有石破天惊的先进性。1905年，革命志士徐锡麟、陶成章等痛感士气屡弱身体轻细，在绍兴创办大通师范学堂体操专修科，借以对革命党人进行军事体育训练。东渡日本学习归来的徐一冰，后来成为精武会的中坚力量。徐一冰认为，体育能养成人人具有健康之体格，活泼之精神，然后，可以研究学问，可以经营事业，知识日进而不倦，道德日高而不息。他离开自己所处的时代，把体育看成超阶级超时代的万能药方，因而得出吾人处世立身之道，要无一能外乎体育，体育是万能的基础的结论。他设计了一条体育救国的道路：由军队的体育，而入学校的体育、民间的体育，如是则国强，反是则国弱，必以发展体育代替社会革命。

陈独秀的洞见与声援

精武体育会为消除门户之见，融合众家之长，为复兴、推广、发展中华武术不遗余力。在内部组织结构上，引进了西方理事会和议事会制度，重大事务由理事会一人一票来决定，理事会设会长，还聘任总教练。这种组织形式在一百多年前，给人耳目一新的一抹亮色，历来的武馆、江湖会社，都是师傅带徒弟，人身依附的意味甚浓，矛盾纠葛深重。设立理事会制度，就废除了传统师徒的旧式关系，而代之以新式学校的师生关系。倡导人与人之间的平等关系。历来武术门派里的门户之见、派别纠缠、恩怨之争，由来已久且难以消弭。各派学习拳术者，每欲一显身手，好勇斗狠，时有死伤，门徒有隙，累及全家，这种状况使得拳术日渐被视为下流末技。精武体育会组织规制的新气象，影响所及，万众风从。

1915年，陈独秀敏锐地发现了精武会这个先进的组织，在他主持的《青年杂志》1916年第1期上连续刊登两篇署名萧汝霖的文章：《大力士霍元甲传》和《述精武体育会事》，这无疑是中国新文化界对精武体育会的声援与支持。当时，关注着《青年杂志》的湖南青年毛泽东，对这个观点深表赞同。毛泽东撰写了《体育之研究》的文章，并在1917年《新青年》杂志（《青年杂志》从1916年9月1日出版第2卷第1号起改名为《新青年》）上发表，明确指出：国力苶弱，武风不振，民族之体质，日趋轻细，此甚可忧之现象也。他认为体育的作用在于能强筋骨、增知识、调感情、强意志，并提出了"欲文明其精神，先自野蛮其体魄；苟野蛮其体魄矣，则文明之精神随之"的名言，想要让人们精神变得文明，应该先使他们的身体更强健；只有身体经受了磨炼，才能增强意志力、提升精气神。这个对于体育精神的论断至今还闪耀着思想光芒，强国强民强

1916年1月出版《新青年》第一卷第五册（期）中登载了《大力士霍元甲传》文章，作者萧汝霖

身的体育文化的精神内涵，并成立社团组织身体力行，顺应了时代发展的大趋势。中华体育文化在西学东渐的背景下，在新文化运动的推动下，正在走入一个新时代，这在当时是绝无仅有的新鲜见识，表现出难能可贵的先进性。

几千年来，中华传统武术在历史进程中发挥了极其重要的作用。《淮南子》上说：身者，国之本也。民众的身体是否健硕，不仅是国之根本，也是国力盛衰的表征。近代以来，特别是在中日甲午战争后，直接表现为东西方视野中的中国形象与病夫身体意象的异名同指。病夫一词，逐渐成为国家衰败、政府无能的隐喻。鉴于清王朝在甲午之战中的失败，人们也开始用病夫形容中国的境况。1895年，著名思想家严复在天津《直报》发表的《原强》一文中称：盖一国之事，同于人身。今夫人身，逸则弱，劳则强，固常理也。然使病夫焉，日从事于超距赢越之间，以是求强，则有速其死而已矣。今之中国，非犹是病夫也耶。此后，以病夫指称国人身体的文字不断出现在政治家的话语之中，并被建构成民族沉沦的象征与符号——东亚病夫。

东亚病夫是一个极富贬义的词汇，大大伤害了国人的自尊心，也一直被国人视为伤痛和耻辱的符号，而东亚病夫一词源于清代《时务报》中刊登的《中国实情》一文，文中开篇提到"夫中国一东方之病夫也，其麻木不仁久矣"，但文章主要批评晚清官僚体制腐败，并未谈及国民身体。基于这样的认知和想象，病夫成为人们深刻反思的对象。1915年，陈独秀在《今日之教育方针》一文中表达了对当时国民身体的担忧：手无缚鸡之力，心无一夫之雄；白面纤腰，妩媚若处子，畏寒怯热，柔弱若病夫。面对如此心身薄弱的国民，他发出了将何以任重而致远的追问。1916年，陈独秀又在《新青年》一文中表达了相同的观点，人字吾为东方病夫国，而吾人之青少年，几无一不在病夫列，如此民族，将何以图存？虽然几无一不在病夫列的说法有些夸张，但何以任重而致远何以图存的思考却从身体的角度道出了国家存亡的关键所在。国民的身体不只属于个人，更是国家民族生死存亡的根脉。这种从身体角度探求救亡图存道路的主张，为精武会创建者们寻找治身救国药方奠定了思想基础。

二、强健国民体质——洗雪"东亚病夫"耻辱

弘扬尚武精神

清末一直到民国，人们逐渐意识到中华民族之所以遭受病夫的讥讽，其根源就在于尚武精神的缺失。梁启超在《新民说·论尚武》的开篇就对野蛮人尚力，文明人尚智提出了明确的反对意见，称此为知二五而不知一十之言，而斯巴达之所以雄霸希腊，德意志之所以雄视欧洲，俄罗斯之所以势力日盛，日本之所以取威定霸，无不惟尚武故。至于如何尚武，梁启超认为中国旧有之武术，为最可实矣。如果想要强国非速研究此术不可，盖使吾国，苟能有数十万人精此术者。而更益今日战术之科学，则一旦有事，使之捍卫疆圉。此数十万人能力所至，当有数百万胜兵之用，斯为强国要务。

1914年，范源濂在《今日世界大战中之我国教育》一文中认为，我国在国际上的

地位江河日下陷于危辱,其根本原因就在于我们无能战之实力,所以当前最为紧要的就是振起学者尚武之精神,而想要真正尚武,首先就要去除文弱之积习,否则就是毫无意义的空谈。对于尚武的具体实施,必须使学生知道文弱之不幸,而安于文弱尤为可耻,对于那些已有的不武想法,必须改正过来,这样才能真正做到执干戈以卫社稷。只有建立起不武者不足以为国民,甚至是不武者不足以为男子的社会氛围,尚武之念,自油然而生矣。1915年,《大总统颁定教育要旨》中,对尚武强国做了更为深刻的阐释,国何以强的根本在于民强,民何以强,在于民之身,而民之身何以强在于尚武。

近代国学大师黄侃曾发表《释侠》一文,褒扬古代与儒并行、以武犯禁的侠。黄侃在文章中不仅从文字学的角度分析侠字,还将其上升到夹辅群生之志的高度,即以行动保护民众利益,维护社会正义。他将仁侠、儒侠并举,高扬文武兼备之意蕴,其主旨在于自立自强,争取民族和国家的独立,拯救中华民族于列强之压迫。这种精神将儒家强烈的社会责任感注入到侠士的个人行为之中,将君子人格从朝代更迭的道德选择升华为维护国家大义的家国情怀,将武德从内向的寻求社会秩序转化为外向的建构天下秩序。

国民意识弱化的国家里难以增进共同性,救国道路充满了艰难曲折,清末许多仁人志士从社会、武术以及武术的实效等多方面对武术救中国展开探索。急切需要的是利用武术救国。国土沦丧,山河破碎,统治者成为洋人的傀儡,人们在朝不保夕、水深火热的生活中惶惶度日。在这样风雨如磐的社会背景下,真正的猛士站了出来,一批批爱国义士挺身而出,力争推翻清政府统治,驱除鞑虏,恢复中华,展开了用武术体育反帝反封建的顽强斗争。

太多真实的精武英雄

精武门,曾经是20世纪70年代之后华语影视剧的一个超级IP。1983年港剧《大侠霍元甲》在内地开播,引起轰动,精武主题影视作品几十年来层出不穷,颇多佳作,霍元甲、陈真的名字深入人心,精武英雄的爱国情怀感人至深。历史并不枯燥,总是由一个个活生生的人物组成的。在精武体育会历史上,陈真是一个虚构人物,但是,精武会里有太多真实的热血英雄。

陈延年,1918年12月加入上海精武体育会,会员证号696,并在精武会取得了摄影结业证书。

1919年,他与胞弟陈乔年受上海精武体育会副会长霍守华资助,赴法国勤工俭学。

中共早期领导人之一的陈延年1918年12月加入上海精武体育会,1919年受上海精武体育会时任副会长霍守华资助,赴法国勤工俭学

学成回国，为振兴苦难的中国而奋斗。1927年6月26日，时任中共中央政治局候补委员、江苏省委书记的陈延年，在上海虹口恒丰里召开会议时，被叛徒出卖。敌人涌进来，陈延年等人奋力反抗，以桌椅板凳为武器，与敌人英勇搏斗，终因寡不敌众，除2名同志逃脱，陈延年、黄竞西等4人被捕。《申报》事后报道了当时的情形：双方扭打，以致精疲力尽，皮破血流，衣服等亦均为之撕破。结果，被逃二人，捕获四人。陈延年牺牲前，拒不下跪，被敌人乱刀砍死。

曾任上海精武体育会会长的朱庆澜将军，九一八事变之后，致力于团结民众抗日。1933年初，热河抗战爆发，华北危急，朱将军以东北义勇军后援会会长和东北抗日义勇军总司令的双重身份，多次奔赴热河前线，并投资上海电通影片公司拍摄抗战电影《风云儿女》。影片中的主题歌，集合了田汉与聂耳两位大家作词作曲，主题歌并没有确定歌名，只是写了进行曲三个字，朱庆澜提笔加了义勇军三个字。从此，《义勇军进行曲》响彻长城内外，激励无数国人抗战杀敌。这首不朽的歌曲，1949年后成为中华人民共和国的国歌。

符保卢，是一个中俄混血儿，出生于东北，17岁时就成为撑竿跳大王。九一八事变后，他毅然离开哈尔滨来到上海，加入精武会，成为精武会员。1936年6月，符保卢代表中国参加了柏林奥运会，他是第一个进入奥运会复赛的中国运动员。符保卢不仅有体育天赋，他外形高大俊朗，1935年曾在天一影片公司拍摄的电影《海葬》中饰演虎子一角。1937年七七事变后，全民族抗战爆发，符保卢加入中国空军，多次击落日寇飞机。1943年7月8日，他在重庆巴县白市驿机场附近驾机训练时，于转弯时失速坠地，壮烈殉国。符保卢殉国消息传来，上海精武体育会闭门哀悼，泪飞如雨。当时，上海已经沦为孤岛，人们哀悼一个鲜活的精武英雄的生命，永远定格在29岁的中国热血青年。

大量精武史料证明，没有反帝反封建的仁人志士，就没有精武会；没有爱国武术家的崇高形象和号召力，就不会有精武会的昌盛和发展。上海精武体育会创办的划时代意义，在于将中国武林界狭隘的门派观念打破，变天下张王李赵等无以数计的家族门派武馆为中华民族的大武馆。精武体育会倡导广泛团结武林英豪，停止因门派之争而引发的不断内斗，把武术这一国粹还原奉献给国人，用以强国自卫，雪洗东亚病夫耻辱……

孙中山热情扶持

几千年来中国封建专制主义留下的封建思想，愚昧保守、自以为是的陋习，是中国近代社会向前发展的毒瘤，造成了中国社会在世界列强中被动挨打的落后局面。以孙中山为首的民主革命先行者，试图通过教育、体育，求强求富，唤起民众觉醒，摘掉东亚病夫的帽子，实现中华民族振兴。

在孙中山的伦敦笔记里，夹着1896年《Lancet》杂志的剪报，其中国民体质与国家竞争力正相关的论断被红笔圈出。这位香港西医书院毕业生深知，鸦片贸易给中国留下的不仅是白银外流，更是每百人中六十人患肺痨的身体危机。1903年他在东京创办革命军事学校时，特意将日本步兵大尉日野熊藏的柔术课程与《军国民体育法》并置讲授，学员日记记载：孙先生每日拂晓带我们在富士山下跑山，言此为"革命之脚力"。

这种身体觉醒在1916年达到高潮。孙中山在《致上海精武会函》中设计了递进式训练法：初日行二十里，十日加五里，并附上手绘的《行军步伐示意图》。更具突破性的是他将传统武术纳入现代军事体系的构想——在黄埔军校的课程表上，精武潭腿与马克沁机枪拆解同列于单兵技能模块，教官手册注明：拳术训练旨在培养士兵近身格斗本能，此与刺刀术同等重要。

孙中山早在1903年就曾在日本青山设立过军事研究所，聘请日本步兵大尉日野熊藏为教授。后来还在东京体育会办过革命军事学校，为培养革命军事人才，1924年在广州创办中国第一所军事干部学校（即黄埔军校），培养了一大批军政人员。从爱国救国愿望出发，孙中山积极倡导体育的重要性，曾这样说过：处竞争激烈之时代，不知求自卫之道，则不适于生存。今以提倡体魄之修养，此于强种保国有莫大之关系，夫欲图国家之坚强，必先求国民体力之发达。1916年孙中山在精武会成立六周年之际说：

技击有益于身体，且科学昌明。长枪大炮必有失恃之日，国人不可不重视国术，短兵相接时，技击之能尤为重要。由此可以看出孙中山希望借助精武会弘扬尚武精神，引领国人走向强健，摘除东亚病夫的帽子。孙中山还强调说：20世纪立国于地球上者，群雄争竞，未能至于大同时代，非兵力强盛不能立国。所以，要加强抓紧军事训练。做到行军之际，专恃走路。练习之法，只需日行二十里，十日之后，每日递加五里，如此则不觉劳顿，而脚力自健。个个身强力壮，战之能胜。

1919年，当上海精武体育会成立10周年之际，孙中山为陈铁生编的《精武本纪》作序，并亲笔题写尚武精神四个大字。孙中山先生提出尚武精神，意在重视武术，主张弘扬中华传统武术。他还批评有些人弃体育之技击而不讲……以为无用。其实有这种想法的人很片面，因为在短兵相接之时，技击与枪炮飞机有同等作用。孙中山是个医生而非体育家。他有一套好的卫生习惯，也有如打猎、打网球、登山、游泳、徒步旅行等体育实践活动。但他更是从革命、尚武、练兵角度来重视和提倡体育的。

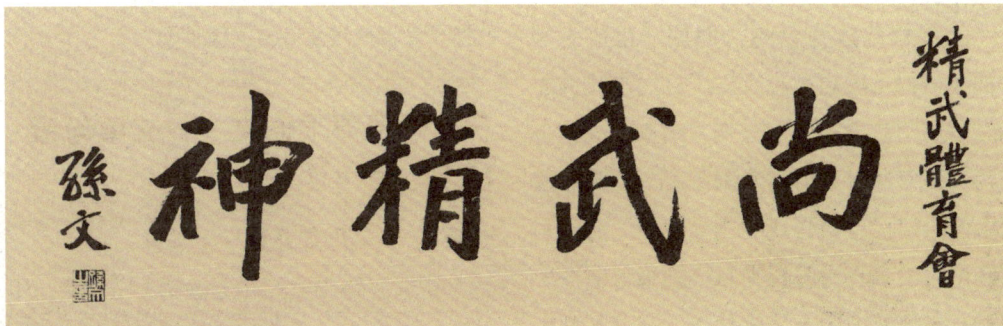

1919年孙文为精武体育会题词：尚武精神

孙中山提出的尚武精神，首先是把体育、技击与强国富民有机地结合起来了，其重要的意义就是要激发和强化武术人的尚武精神，以振奋民族精神和爱国精神。用尚武来强国强种，表达出了时代的强音。他认为，只有具备尚武精神的人才能成为真正的中国人，只有具备尚武精神的国家才能立于世界之林而不败。因此，尚武精神成为了孙中山先生所倡导的重要价值观之一。

在中国近代民主主义革命先行者孙中山的支持下，上海精武体育会得到迅速发展壮大，不仅在国内产生了广泛的影响力和号召力，还吸引了许多国际友人的关注和参与。精武体育会通过举办各种武术大会进行比赛和培训活动，不仅提高了人们的身体素质和健康水平，更激发了人们对于国家和民族的认同感和自豪感。同时，精武体育会也积极投身于社会公益事业中去，为社会做出更多的贡献。比如资助青年才俊赴法勤工俭学等公益活动。这些举措体现了精武体育会的社会责任感和使命感。除此之外，尚武精神给予人们以深远的影响，它强调了个人自强不息、坚韧不拔的精神品质，激励着人们不断前行、追求卓越。

爱国与救国是主基调

上海精武体育会的初创期，正值中国的社会结构及思想潮流发生了巨大变化的时期。辛亥革命推翻了清王朝，结束了统治中国两千多年的封建君主专制制度，但没有改变中国半殖民地半封建的社会性质。北洋军阀统治时期，政治腐朽黑暗，列强依然在中国横行霸道，中国人民依然生活在苦难和屈辱之中。历史呼唤着觉醒了的有志青年冲在救国救民的最前列。一百年前抗击外国侵略的战争，虽已非简单的拳脚之争，但只有通过习武练就强健的体魄、丰富的艺文、过人的胆识，在面对强敌入侵、外来挑衅时，方能不忧不惧，敢于直面担当。从精武文化的产生时代来看，它是一种通过自强来反抗外来压迫的革命精神。从审视历史的角度看，以爱国、正义、修身、助人为主旨的精武体育会，是对积贫积弱的中国社会从人的体魄、精神到思想灵魂的重塑。经过一百多年的传承与发扬光大，成为中华民族精神的重要内涵。

而精武体育会轰轰烈烈的展开时，也正是陈独秀、李大钊等进步学者以《青年杂志》的创办为标志，揭开了新文化运动的序幕，喊出了反对封建与迷信，提倡民主与科学的口号。1915年，日本向中国提出了不平等的二十一条，企图把中国沦为其经济附庸；1919年，由列强操纵的巴黎和会，又谋划将德国在山东的权益转给日本。正是在这个内忧外患、民怨沸腾的时刻，满怀爱国激情的精武体育会迎来了成立10周年的隆重纪念和对于体育救国的深刻反思。爱国爱民、忧国忧民是精武体育会发展的逻辑起点。爱国是其本源，爱国主义始终是推动精武体育会发展进步的强大精神动力。

三、精武更须修文——文事与音舞艺游综合团体

惟精惟一，乃文乃武

精武会的先贤们在上海创办精武会，引用了《尚书·虞书·大禹谟》"惟精惟一""乃

武乃文",取其"精武"二字为精武会立名。中国封建社会的教育,总把体育和精神对立起来。关于健康身体与健全精神之间的关系,晚清至民国著名的教育家蔡元培先生曾作过精辟论述。他说：殊不知有健全之身体,始有健全之精神；若身体柔弱,则思想精神何由发达？或曰,非困苦其身体,则精神不能自由。然所谓困苦者,乃锻炼之谓,非使之柔弱以自若也。这就把锻炼身体与文明精神之间的关系给了通俗解释。蔡元培说：在心理上使学生彻底明白体育的目的,是为锻炼自己身体,不是在比赛争胜上。蔡元培也非常关心上海精武体育会的事业发展。中部同盟会骨干王一亭,是当时上海著名书画家、实业家、杰出慈善家、社会活动家与宗教界名士,曾两次担任上海总商会主席。他加入中国同盟会,资助辛亥革命和二次革命,曾任中国国民党上海分部部长。上海光复后,他历任军政府交通部长、商务总长、中华银行董事。王一亭是精武会的首批会员,他作为一名著名的实业家和社会活动家,不辞辛劳、不计得失,成为上海著名的慈善家和商界领袖,表现出高度的近代人文主义精神。

精武会的目标并不是打,而是以提倡武术、研究体育,铸造强毅之国民为主旨,甫一肇建,就提出精武无门、各派同源的观点,只要能发扬和传承中华武术,增强国民体质,一律兼收并蓄。上海精武会先后聘请了中国黄河、长江、珠江三大流域各派武术名家到精武会公开传授武艺,形成中华武术一家的新风尚。同时吸收了中国古代思想精华,惟精惟一,乃文乃武,无文不能行远；包容并举、兼收并蓄、共同发展。要求精武会成员不仅是爱国修身的正义之辈,同样也是文武兼修,精其所长,报效社会之人。精武文化,既继承历史传统,又结合时代的特点,将艺术、书法、摄影、棋类等文的内容融入精武的文化内核里,与兵操、武术之武,共同构成精武文化不可或缺的两翼,展翅腾飞。

传统武术只重言传身教,而对其知识体系少有公开。欲实现武术与体育规模化的普及,文字出版物成为必要的载体和途径。无文不能行远,为保存国粹,阐扬武化,精武会专门成立了精武书局,编撰图书,涉及武术、文化、医学、艺术等各个领域,由商务印书馆、中华书局出版发行,产生了较大社会影响。

精武会在建会初期就设立了文事部,旨在对会员进行艺术培训和熏陶,成立了摄学部,进行摄影教学,开设映雪楼,出版各类武术健身教学书籍,举办精武学术论坛。该会还开展足球、篮球、台球、单杠、双杠、平台、自行车、摔跤等运动,同时设有京戏、音乐、书画、摄影等组。精武体育会还出版了《潭腿》《达摩剑》《功力拳》《十字战》《合战》等武术书籍,并将武术动作拍成电影放映。特别是编成应用科学的书籍,说明各动作在生理上、心理上与教育的关系及各部主要肌肉的作用,形成连贯教材与实用攻防对练法,配上乐谱,编成有趣的国粹舞蹈。正因为这类刊物、教材的出版,让国术普及化、公开化的理念得以实现；同时,更昭示世人,此时国术家不是简单的练家子,不是目不识丁的武夫,而是能文能武,有武功、有智识、有情义的现代人。

先进的文化社团

作为晚清全国创建最早的民间社团，精武会不仅重视体育和武术运动，还是一个先进的文化社团，除了开办体育科目外，精武会还设有音乐部、戏剧部、摄影部以及兵操部等。团结和凝聚了很多时代精英和有识之士。有些朋友虽非精武会员，也与其交往甚密。1915年，一个刚满20岁的农村小学美术教师从江苏宜兴闯上海，投靠无着，盘缠耗尽，绝望之下，跑到黄浦江新兴码头准备轻生，所幸精武会员黄警顽拉住了他，为他争取到为精武体育会绘制《潭腿图说》的业务，助他渡过人生难关。这个小学美术老师，就是日后享誉华夏的美术大师徐悲鸿先生。徐悲鸿创作的《立马图》，后来赠予马来西亚精武体育会。画作有着深刻的现实意义和历史内涵，正如精武会会歌《精武颂》所唱:国不强兮招毁灭，人不强兮难自立。振我精神锻我筋骨，充我智能坚我魄力。百炼此身如钢铁，任何威武不能屈。大家齐努力，发扬精武式，卫国魂，尽天职。

上海精武体育会，是在全国及海外享有盛名的民国最大武术团体，它对于音乐教育也别具一格，设有国乐队、西乐队、粤乐组和武舞组，对当时中国人还比较陌生的西洋乐器，尤其是小提琴情有独钟。该会自1918年起聘请中外小提琴教员，普及与培养社会人才，推出以演奏粤乐为主的各种梵婀铃（violin的音译）表演样式，组建起一支在上海社会同类乐团中名列第一的管弦乐队。令人印象更深刻的是，霍元甲的亲授弟子、主政精武会的武术高手陈公哲，竟是沪上第一个在音乐厅公演独奏梵婀铃的中国人。作

民国时期上海精武体育会粤乐组合影

为中国最先专设小提琴教职，并在市民阶层开展相应培训与推广活动，开启了小提琴中国化的百年探索道路，为当时上海及精武各分会城市的多元多层音乐文化生活，作出了颇具历史价值意义的跨界贡献。

1916年以前，精武会只有拳术与兵器两大武术训练课目，没有设立分支部门；1916年起附设音乐部，有军乐教员姚祥生、音乐（京剧音乐）教员武秀奎等；1918年始聘西方管弦乐教员，开设弦乐班；1919年起正式设立技击部、兵操部、文事部与游艺部等四部机构，把军乐归于兵操部，并在保留技击部教员之称情况下，把新设三部教员改称教授。游艺部设有中西音乐与西方体育两类教学项目，中西音乐类又分京乐、粤乐、西乐三种，其教职员有京乐主任唐琼相、京乐教授武秀奎，粤乐主任黄怡生、黄汉佳，欧弦教授司徒梦岩，西乐教授梁志忠，其教学对象都是精武会员。因场地安排问题，

音乐类会员集体训练时间是每星期二、五两晚，由七时至九时，星期日则由上午九时至十一时，其余则可随时为之。

霍元甲的亲授弟子、精武会创始人与核心领导成员、被称为精武三杰中的陈公哲、卢炜昌都是小提琴爱好者，另一位姚蟾伯是长笛爱好者，他们三人常在公演的舞台上表演小提琴的独奏、合奏以及小提琴与长笛合奏节目。《精武本纪》还载有一张颇能说明问题的照片，拍摄的是1919年7月夏精武会小提琴教员——俄国音乐大家罗新求在该会习武厅竖立着成排长枪长矛的背景前演奏，同时众多会员共聆雅奏，雍容扬抑，曲尽其妙，闻韶忘味，得意者固当作如是观也的画面。

这种中西并进、文武兼修现象的出现，以及欧弦与西乐教职岗位的设置，其负责人固然具有西式教育经历，自小受到上海这一国际大都市中的西方文化浸染的因素，还与他们从学习西洋管弦乐与小提琴入手，取古今中外音乐之长的理念有关。民国初期的西方音乐已渗透到上海社会各阶层，市民们最为常见的是自清末就已出现的、各种典仪所用的铜管乐队，车站贵宾迎送、活动开场闭幕等，到处都有其乐手身着制服吹奏的身影。

另从管弦乐看，上海工部局公共乐队的小型管弦乐队于1906年年底起扩充了编制，该管弦乐队每年在市政厅（1918年后精武会时常在此举办游艺会）等室内场所与公园等室外空间举行几十场上百场音乐会。虽说举行露天音乐会的外侨公园正式向华人开放是在20世纪20年代中后期，但一是工部局乐队在市政厅、剧院、影院以及跑马场、舞厅、酒店等场所举行的各类商业性演出并没有对华人的入场聆听加以完全限制，只需身着正装买票付费就行；二是精武会的上述核心骨干成员，都是曾做过英文翻译的粹于西文者和当时的高收入者，且都爱好音乐，如陈公哲余性好乐，卢炜昌尤精音律，他们完全有意愿有机会有能力出席这类音乐会。而若是他们之前没听过工部局管弦乐队的演出，没见过小提琴的演奏，怎么可能会对管弦乐队及小提琴乐器产生浓厚兴趣？怎么可能会决定设置与工部局管弦乐队编制相应的弦乐教学班以及小提琴教职岗位？在上海各西洋乐团中，精武会弦乐班是唯一一支与工部局管弦乐队配置对应的管弦乐队，而上海其他西洋乐队不是掺入萨克斯、曼陀林、班卓等刚流行的爵士乐乐器，就是以提琴类拉弦乐器为主的弦乐队。

正是既具有西方文化知识，又熟悉中国传统乐器，耳濡目染广东音乐的精武会主政者，在中西文化对比的视野下，深切感受到西洋管弦乐器特别是小提琴在演奏技巧、音域、音色等方面的表现力，才萌发"从小提琴切入，融合中外乐器之长，像成一统系之学，传诸无穷，梵婀铃云乎哉！"的小提琴学习动机，并在有感于上海多铜乐队，弦乐则不数。数观吾会之粹于西文者多尝此道的直接导因的推动与落实下，决定在精武会设立弦乐与西乐教员岗位，并特别聘请音乐家司徒梦岩君为音乐教授，希冀精武会日后能在音乐方面久锲不舍，中西并进，向着"异日或能争世界音乐之一席也的理想目标迈进。

精武问乐，传承礼乐

民国初年的上海，文学、艺术、科技等

领域皆呈蓬勃之势。1929年秋，精武体育会旅行组与友会联合赴崇明旅行；1932年举办苏州长途徒步竞赛，还开展过昆山徒步、莫干山登高、南翔骑马等趣味旅行，这些如今看来时髦的活动，在当时风靡一时。

武术之美自古为世人所识，古代的武舞便是其娱乐表现形式，后世戏剧、舞蹈、杂技多有借鉴。武术的美，既是矫健的运动之美，又蕴含民族风貌的英武之美，是力与美的高度结合，兼具健身与艺术价值。

在中华文明史上，礼乐文化具有本原地位，是塑造民族心灵、性格与文明风尚的元文化。武术美涵盖功架造型、攻防技击、手眼身法步及节奏、速度、力度等，其中功架造型直接产生形式之美，攻防技击则是武术的特有内涵，美寓于技击之中。这种美学价值丰富了世界体育的美学内容，为民众提供高尚的审美享受。

武术的娱乐性雅俗共赏：习武者可获身心愉悦，观赏者能得艺术享受，其与戏曲、舞蹈等文艺形式的结合，留下无数精彩瞬间。精武会组织的中西音乐小组、中华音乐会、粤乐雅集、群众歌咏及武舞展演，正是对"礼乐教化"传统的传承——如《礼记·乐记》所言："乐者，天地之和也；礼者，天地之序也。和故百物皆化，序故群物皆别。"精武先贤注重音乐对人心的影响，以乐辅礼，如黄帝之乐《咸池》通乎神明，尧之乐《大章》广施德惠，皆以平和庄重的节奏导人向善，使君子"以德敬天，思索修身齐家、治国平天下之哲理"。

左翼剧联发起剧社之一

辛酉剧社作为左翼剧团联盟的发起者之一，为左翼剧联的成立做了重要贡献。1930年8月23日，上海戏剧运动联合会改组为"中国左翼剧团联盟"，辛酉剧社与上海艺术剧社、南国社等7个剧社的50余名代表参会，会上辛酉剧社负责组织工作，深度参与联盟事务。

1927年大革命失败后，中国共产党于1929年在上海成立中央文化工作委员会。在文委领导下，上海艺术剧社率先揭开左翼戏剧运动序幕。1930年3月，该社与摩登社发起成立上海戏剧运动联合会，后因部分成员被查封，遂改组为中国左翼剧团联盟，1931年1月改称中国左翼戏剧家联盟。精武体育会所开展的大量文艺活动，为这一进步组织的成立奠定了扎实的基础。

由精武会参与支撑的剧联成立后，通过《中国左翼戏剧家联盟最近行动纲领》，以在白色区域开展工农学生演剧活动为己任，采取独立演出、辅导群众表演及联合演出等方式，开创无产阶级戏剧运动。剧联以秘密盟员为核心，团结50多个左翼剧团，演出大批进步剧目，冲破国民党当局阻挠，有力扩大了左翼戏剧的影响，培养出众多优秀人才。

由精武会成员投资的电通影片公司，前身为1933年9月成立的电通股份有限公司，1934年夏正式转型为电影公司，是中国共产党电影小组直接领导的左翼企业。在短短一年多时间里，摄制了《桃李劫》《风云儿女》《自由神》《都市风光》四部经典影片，在反文化围剿中贡献卓著。其中《风云儿女》的主题歌《义勇军进行曲》，由田汉作词、聂耳作曲，1949年后成为中华人民共和国国歌，而精武摄学部培养的摄影人才，为这些进步影片的拍摄提供了技术支持。

四、兴办实业济世——整合各种资源造福社会

兴办实业，求生存谋发展

1919年盛夏的上海，陈公哲站在汇山路86号的汽水厂车间里，看着英国技师调试9英寸压缩机。当第一瓶香槟露灌装入瓶时，这位精武会的谋划人也许不会想到，这个以6万银元顶下的英商屈臣氏汽水厂，日后会成为精武会纵横中国实业界的起点。在那个实业救国呼声震天的年代，精武会用武术人的拳劲与商人的算珠，谱写出一段跨界传奇。

中国近代史上主张以兴办实业拯救中国的社会思潮，产生于洋务运动时期，盛行于辛亥革命和五四运动前后，这股社会思潮的代表性观点，认为发展商业能够富国，富国就能御侮，从而达到救国的目的。精武三公司是上海精武体育会早期发展的主要财政来源之一。会务走向正常运作后，精武体育会实行会员制，会费收入遂成为主要经费来源之一。精武体育会章程中有明确的会费征收标准。

开埠后的上海，广东籍商人在上海经营着各式各样的生意，包括茶栈、杂货店、玻璃店、印刷店、机器花行，还有大量的押店等，当时上海的大洋行的买办和通事，也多为广东人；甚至一些社会地位较低的工种如工匠、船匠，以至细崽（即西崽，旧称欧美人在我国开设的洋行、西式餐馆所雇的男仆，有贬意）等，上海的环境为粤商谋求更大的发展提供了一个更广阔的舞台。据估计，至1934年左右，旅沪粤人有三十万余人之多。

1923年，广肇公学又先后设立上海广肇中学和广肇女子小学校

广东商人在上海势力日隆，陆续建立起各种同乡、同业和其他类型的组织，其中影响力最大的是广肇公所。在孙中山先生兴办实业思想的指引下，精武体育会创建有自己的实业。如果说在精武体育会创建的初期，其经费支出来源领导层自掏腰包式的经济资助和会员会费收入，随着精武体育会的不断发展壮大，经济支出数额越来越庞大，仅靠会费收入及个人资助已经不能维持体育会的正常运作。

1939年元旦，由精武会武术科长朱廉湘，摔角协进会主持人唐豪、陈绪良，摔角技术指导田毓荣等率领三四十人的摔角队，到星加坡路（今余姚路）八十八师坚守四行仓库的孤军营举行慰问表演。这天，孤军领袖谢晋元团长因病住院，由吴萃其先生接待。这位吴先生是位商人，在八十八师坚守四行仓库的时候，激于爱国热情，毅然奔赴抗敌最前线与孤军并肩作战。在欢迎仪式中，孤军营雷营长和唐豪分别致欢迎词和答谢词。尽管表演场上西北风很大，精武演员们和某中学组织的女同学歌咏队的精彩表演，赢得勇士们阵阵掌声。在热烈的气氛中，还聆听

上海精武体育会摔跤队与孤军营勇士合影

了八十八师可歌可泣的战斗事迹，和勇士们合唱义勇军进行曲等抗战歌曲，参观营房。最后大家一起合影留念，在依依不舍的情景中握手道别。

第二节 尚武救国，陶铸民族之魂的民间社团

一、从武术到体育的转型

体育救国的理想

中国体育的发展，近代经历了一个由体操向体育及现代体育转变的过程。19世纪中叶以来，为抵抗外侮，中国各阶层民众纷纷寻求救国救民、挽救民族危亡的道路。有学者考证，认为体操与体育，都是近代的留日学生将其引入中国的。由于日本汉字体操一词的解释是为达到健身目的而进行的人体有规律的操练，遂被我国军事、教育、体育界所接受，并直接引用了日本的体操一词，这个词泛指一切体育活动，也包括了一切身体教育的内容。

在西方体育文化逐步为国人所认识和接受的历史大环境下，上海精武体育会积极引进西方体育运动项目。早在上海开埠之初，体育运动就作为一种租界生活方式为国人所领略，随着西方基督教对体育有目的、有计划的传播，及中国留学生对体育的大力推广，西方体育文化不断向中国传播和渗透。上海是近代中国体育文化的大舞台，西方各种体育运动项目如体操、球类运动、田径、水上运动等纷纷登台，上海成为西方体育文化传入和播散的重要基地之一。上海精武体育会作为近代中国最大的民间体育社团，它对西

方体育的引进和传播也影响着上海乃至中国体育现代化的发展进程。

近代是西方体育运动项目东渐，本土体育运动项目发展和改革的重要时期。为了实现体育救国的理想，国人不仅引介和吸纳有关西方的体育教育理论，作为其推广体育的理论基础，而且积极引进西方体育运动项目及其管理运作模式，希望通过学习西方的体育赛事和组织，在与西人的竞赛中赢得比赛，师夷长技达到制夷之目的。同时，国人还从中国传统的体育运动项目中寻找出路，将中国传统武术视为中国式的体育，先是借助西洋体育的运动模式对其加以改造，走中国武术与西方兵操相结合的路子，之后适应国际体育竞赛的需要及体育健身功能凸显的趋势，开发和挖掘中国武术中的竞技、娱乐、健身等性质和功能，试图用中国传统的体育模式抵制西方体育文化的长驱直入。

技击术是立会根本

精武体育会以技击术作为立会的根本，以提倡武德为依皈，一方面挖掘中国传统武术文化的精髓，认为无文不能行远，因而演绎出武术教学中注重智育德育的全面教育思想，并在武德上严格要求，务使会员做到诚信为本，尚武自律，将爱国、修身、正义、助人作为每个人所要遵循的宗旨。另一方面借鉴西方的体育运动模式，改革中国传统武术的习练形式。

在清末纷乱的局面之下，武术成为不少中国人心目中强种强国的利器。当时民间流传这样的顺口溜：练武之人，第一等从军卫国，第二等看家护院，第三等教拳营生。民国肇建，孙中山把武术精神归结为以振兴体育之技击术，为务于强种保国有莫大之关系推而言之的尚武精神。各界有志人士也纷纷提倡强身御侮、强国强种。一部分有识之士从振奋民族精神、弘扬民族文化的角度出发，开始反思和重视中国传统体育的价值，而更多普通民众则通过练武强身健体，除了技击性，武术的健身功能也被人们所注重。

与一般传统武夫的江湖习气相切割，将传统武术门派与西方体育精神高度融合，就产生了新的体育文化，以之健全国民的体格与提振国民之精神，这成为近代新文化的有机组成部分。百余年来，上海精武体育会的历史，始终与中国各地的武士会、国术馆、武术馆等机构，保持天然的区别。精武会并不是一个单纯的武馆，而是一个近现代体育及文化的先进组织，在社会服务方面，展示出独到的一面，开了社会风气之先。精武体育会重视传统武术，更重视现代体育科目，它是一个先进的文化社团，因而凝聚了一批时代精英。当时活跃在上海滩的一大批丹青国手、文坛巨匠、社团领袖、杏坛国医、戏剧名票都与精武会有着千丝万缕的联系，有的还成为精武体育会的骨干和栋梁。在历史发展的关键时刻，都不乏优秀精武会员的身影。

二、打破传统武术门派的陋习

首创精武基本十套

自上海精武会建立之日起，就摒弃历史上传统的武术一门一派的流传形式，破除了因袭宗法，师徒秘传的陋习，提出了各派同源的观点，不争门户之短长，融各派武术于一炉，将各流派各门户的武术都落户精武。

精武会的创始人深谙武术传承的基因缺陷——传统门派如同自花授粉的植物，因封闭传承而逐渐退化。20世纪10年代末，他们启动了一项史无前例的武术杂交计划：既北上黄河流域收集潭腿谱系，又南下珠江流域记录八卦刀图谱，再将这些遗传因子在精武会的训练场上进行杂交实验。1922年问世的基本十套，堪称武术界的首张基因图谱：

精武体育摒弃传统武术一门一派的流传形式，荟萃全国黄河、长江、珠江流域各派武术名家的拳艺，编制了精武基本十套，即潭腿、功力拳、节拳、大战拳、套拳、接潭腿、单刀串枪、群羊棍、八卦刀、五虎枪，成为精武武术的基本教材，凡精武会员必须熟悉此十种，方及他技。又破除师徒秘传的旧习，创造以初级班、中级班、高级班分班教授的武术教学新方法。

20世纪20年代精武体育会就荟萃了全国黄河、长江、珠江流域各派武术名家的拳艺编制成精武基本十套，成为精武武术的基本教材。潭腿，早先流传于黄河流域，由赵连和先生在精武会传授。它具有动作简朴、刚劲有力、招式清晰等特点，练习时讲究动作规范、劲力充沛、干净利落、步法稳固。接潭腿是在潭腿的基础上两人攻防练习套路。整个套路为十二路，左、右势重复练习，套路结构攻防合理，配合默契，可以连起来整套练习，也可以拆开来分路打，具有练习灵活的特点。在武术界有南拳北腿之说，节拳尤有北派特色，精于腿法，动作简朴无华，快速勇猛，连贯协调，整个套路内容丰富，特别是腿法和跳跃较多。其中腿法有弹腿、蹬腿、飞腿、扫腿，还有腾空蹬腿、腾空飞腿、腾空挂面腿、旋风脚等跳跃动作，所以适合青少年爱好者练习。

对打则多擒拿格斗，经常练习，可掌握格斗技能，获抗暴自卫技能。大战拳分为上、下两路，动作质朴，劲力充实，手法连贯，势势相连，随各人身体条件可分为上、下路练习，也可以上下路连起来练，是提高人体耐力和发展力量的优秀套路。八卦刀是精武十套中的短器械，它不同于八卦门的八卦刀，其刀法多变，刚劲有力，练习时要求刀法清晰，身械协调，刚中有柔，眼快手捷，势如猛虎。五虎枪是精武十套中长器械之一。它以拦、拿、扎枪为基础，动作大开大合，以柔制刚，枪法结构全面，动作朴实简练，充分体现枪扎一线，活似游龙。群羊棍具有结构严谨，劲力充沛，舒展大方，活泼而不犯实，融技击、功架于一体的特点，属短拳类双头棍，练习时注重把法，棍使二头，强调棍法和腰部发力，才能体现群羊棍的特点。

单刀串枪是精武十套中长器械与短器械的对练套路，又是长短两种不同器械对练形式，全套动作短小精悍，动作古朴，结构简练，重功架，求神韵，是体现精武风貌的代表作。精武会员学习武术必须熟悉此十套，方及他技，并把精武十套编配口令在早年的精武会技击大会上表演汇操。成为推动精武武术的有效形式。精武十套是精武传统武术中最基本的武术套路，传播甚广，影响海内外，经与海外精武友会共同研讨，统一了精武基本十套套路动作。

精武武术最初是由霍元甲以师徒传承的形式进行武术技术和文化的传播，霍元甲离世后，精武会进行了全面升级，并摒弃门户之鉴，吸纳了南北方各个门派的武术名家，集各个门派之长创立了精武十套。精武体操会时期，霍元甲为总教练，主要采用师徒传承的方式，进行武术传承，预备挑选50人，以6个月毕业，再由毕业的50人到各处组织同性质的学校，每人再担任教授50人，不到10年，可以练成数十万或百余万青年。后来随着霍元甲的突然离世，精武体操会进行全面升级，更名、确立发展宗旨等，并摒弃门户之见，为精武武术的发展提供了广阔的平台。精武武术南北派并蓄兼收，融各派为一体，编制了精武十套，并成为精武武术的基本教材。精武十套的主要内容，包括活力张扬的潭腿、擒拿格斗的接潭腿、放长击远的功力拳、以静制动的大战拳、稳健刚劲的套拳、形神兼备的节拳、寒光四射的八卦刀、拦拿扎舞的五虎枪、结构严谨的群羊棍、惊险逼真的单刀串枪。精武会员凡学习武术的必须熟习此十种，方及他技。精武十套是精武传统武术中最基本的武术套路，传播甚广，影响海内外。

变革武术教育模式

师徒传承是师与徒双方聚合在一起，按照一定的规范要求和权利义务，以传习武术技艺为纽带而组成的一种社会活动方式。它与学校教育方式存在较大的区别。师徒传承间是泛血缘的关系，民间自下而上自发传承，并且传承的过程是个人化而非标准化的，并且是采用一对一的打练结合的方式，不仅仅有技术的传承还有礼仪、道德、文化等的传承。霍元甲首先打破了门派之见、博采众长，将自己的练手拳传授给精武会的其他会员，遂被称为精武元祖，不仅如此，也是从精武会开始，打破了传统武术传男不传女的思想，并创立了女子精武体操会。精武体育勇于自我革新，挑战传统陋习，包容所有门派。

三、会务管理机制的民主化

民主办会的管理模式

精武体育会有一套较为完善的民主管理模式，实行会员民主选举的参事会制，推行由全体会员大会、参事会及事务会议三会组成的会务管理模式。精武会从自上而下的会务管理到规范的制度规章，从职员的选举，到章程的制定，会员入会就学的要求等，都以严格、明确的规定呈现给世人，从而形成一套严密的自我约束、自我管理机制。

上海精武体育会成立后，会内担任各种职务的职员、参事会中的参事皆由全体会员

精武体育会编辑之《潭腿》单行本

民主推荐产生。根据精武体育会的选举办法规定，每年春季召开会员大会，选举职员一次，凡会员皆有被选举权，入会满2年者，有选举权；由旧职员向大会提议，某人可担任某项职务，经得某人同意后有被选举权，未经旧职员向大会提议，如确有管理某项职位的能力，经本人同意后，亦有被选举之权力；选举日期，除通信外，并登报声明。大会当天无论到会人数多少，都依法进行选举，不到者作为默认处理。精武体育会参事也是在每年一度的全体会员大会上经过全体投票选举产生。以1925年度的参事会选举为例，1925年1月4日，上海精武体育会在中央大会堂举行春季会员大会，并选举1925年度参事。选举结束，由主席宣布选举结果。取得票数最多的前15名为参事。

会员大会对精武体育会所制订的各项章程有表决权。当参事选举出来之后，在会议主席的主持下，由全体会员参与，讨论关于精武体育会的兴革事宜及所拟定的各项章程，并针对会员的提议进行讨论。1925年1月的春季会员大会上，郁瘦梅就提出精武参事会设置参事长及将原有文牍、教育两科合并为一科的意见，得到劳伯视、薛巩初的附议，随后陈铁生提议，文牍、教育两科，改为文事科，郁瘦梅附议，经过在场会员的讨论后，通过了郁瘦梅、陈铁生二人的提议。

管理机制变化

参事会议是上海精武体育会具有一定评议性质的管理机构。参事互选是精武体育会实行精英管理的主要体现。有幸被会员大会选举出来的参事们，一般都是对精武体育会支持最多、贡献最大的一部分中坚力量。由他们组成参事会后，在当年第一次正式的参事会召开之前，一般都会举行参事互选会，讨论决定参事会内部人员的任职情况。精武参事会首先负责精武体育会内一般事务性的管理。对于精武体育会内一应大小事项，精武参事会都会进行集体讨论和表决。随后，参事会负责审议和通过参事会议细则的修订及精武各科科员的当选资格。1925年1月的参事会上，陈善提议组织委员会，修改参事会议细则，得到郑灼辰的附议，大家一致同意通过投票的方式选举修改会议细则委员会，经过投票最后从参事员中选出陈铁生、简世铿、郁瘦梅三人，为修改会议细则委员。根据参事会章程规定，各科科长有权根据各科工作的需要推荐适当人选充当科员，被推举出的人选需要经过理事会的通过。

精武体育会召开的参事会，除正常性的每月举行的一次常会外，还有非常态下召开的特别会议。《精武杂志》第7期记载有上海精武参事特别会议记，这次会议于1925年5月4日召开，根据会议临时公推的主席郑福良的话说，系根据上届常会议定，专为修订参事会会议细则，及审定本会是年预算案而召开的特别会议。本次会议共有12位参事到会，针对参事会大纲的修改，大会争论激烈。薛巩初认为，参事会大纲曾登载于《中央杂志》第37期上，应根据原稿进行修改。由此可见，精武体育会的参事会涉及的管理内容包括一般的事务性问题、精武会参事会议细则的修订、年度预算决算的审订等，是精武体育会的一个民主决策和管理的权力机构，带有一定的评议机构的性质。

在参事会议之外，精武体育会设置有事务部，并通过召开事务会议进行会务管理。究其原因，一方面，因参事会中各参事皆有自己的固定职业，担任参事属于义务服务，因职业所系，每次开会参事们基本上都不能全部到会；另一方面，因平日负责精武具体事务管理的是各科的科长、主任，及其他职员，那些未能担任具体职务的参事就某些具体事务讨论时，因不清楚事情的具体情况，遇有问题难免产生误解，甚至在解决一些关键问题时相互掣肘。因此改革参事会，举行事务会议，扩大会议代表人数和范围成为精武体育会改革民主管理制度的内容之一。

四、建章立制，保证章程落实制度体系

事务部运行机制

20世纪20年代的上海，社会各界兴起的改革代议制的民主思想，对精武体育会影响很大，在对精武体育会管理制度进行检讨后，精武会认为凡团体必有机关，多设评议、执行两部，这是西方代议制在中国的应用，但代议制在当时已根本动摇，渐有捉襟见肘之势，因此决定摈弃此相互牵扯、转动不灵之代议制，参酌世界最新制度，设事务部。对于事务部的运行模式，精武会制订了事务部章程如下：

甲、部中有参事、有科长，科员由科长自择，提出于事务会议通过之。科员人数，视其繁简，另有规定。参事从选举会产出，由参事互选科长。

乙、参事非常驻，遇有每月规定之事务会议，或临时召集之会议则列席。

丙、科长常驻，遇事务会议同列席。

丁、参事及科长，于事务会议，咸有表决权。

戊、事务会议，在到场人员中推举临时议长。

己、科长除日行公事可自决外，遇有特别事故，须招集事务会议，乃能执行；惟遇非常事变，得请求中央精武主任命令，或该处会长命令执行，但由该处会长命令执行者，仍须报告于事务会议承认。

庚、有参事或科长一人以上提议者，即可由秘书处通告，召集临时会议。

辛、事务会议有职员五分之一，即可开会。

此事务部章程俟开职员会议通过执行，办事细则另定之。

从这个事务部章程中可以看出，事务部是在参事会之外新生的一个相当于执行和决策性质的权力机构，是精武体育会鉴于已有的参事会制度中出现的弊端而进行的改良。事务部成员的涵盖面远远大于参事会，不仅包括全体参事会成员，还基本将精武体育会内各科科长及各职位的工作人员都包括了在内。根据章程的规定，精武体育会每月都必须召开事务会议处理会务。

事务会议是由全体职员参与的相当于今天的全体职工大会，不过事务会议有职员五分之一，即可开会。事务会议也如同参事会的召开一样，每月定期举行常会，按照规定，事务会议一般应与参事会一样，安排在每月第二个星期的周六晚上，在参事会结束之后召开常规性的事务会议，因两个会议安排在同一天晚上举行，时间很长，故实际上两个会很少有同一天进行的。尤其是当时战争频仍，会议时间尤其短促。如1924年9月7日召开的当年第9次参事会，因江浙战争的影响，上海全城戒严，

华界九时断绝交通，因时间不允许两会同晚举行，不得已将原定于当晚的事务会议取消，另择时间进行。总之，精武体育会事务会议所涉及的内容包括制定章程，选举干事部总负责人，中央精武、上海总会、分会的财政统一问题，技击教员薪俸问题，征求会与财政预算问题，以及精武日常事务管理等一系列问题。实际上，事务会议的职权范围基本取代了参事会，而且还有所扩大，几乎除各科科长日常事务能够自行处理之外的所有大小事情皆须交由事务会议讨论决定。

章程之守正创新

上海精武体育会成立初期，即制定了中国精武会章程，章程共分 14 章，29 条，通过制定章程，将精武体育会从名字的订立，到办会宗旨、招收会员的准则、会内教职员工的工作任务和责任、会费收缴、毕业文凭的发放、设置项目种类及会员练习的时间安排等，一一详细的罗列出来（章程见附录）。从 1915 年第一个精武体育会章程制定开始，虽然随着年代的推移，章程略有修补和损益，但章程的核心内容从不曾改变。章程的制定，使精武体育会有了发展的指南，在精武体育会章程的指导下，精武体育会进一步细化各种规章制度。直到今天精武体育会章程依然是该会发展的基本依据。

除了总章程外，精武体育会几乎凡事即以章程的形式规范下来。精武体育会干事部是精武体育会内较为重要的一个部门，相当于精武会的行政办公室。根据资料可以知道，精武体育会参事会管辖下的干事部，设有总干事一人，干事员若干。干事部章程规定总干事商承参事会命令，统率各干事员办理会中一切事务，并按日编入记事录。章程将各部门分担的工作责任和职能一一分列出来，职责清晰，任务明确。精武体育会还有召开征求会的制度，自召开第一届征求会之后，为了发展会务、普及体育，并谋人才、物力及精神之相助，精武体育会每年都有一度之征求。为了更好完成征求任务，每届征求会都制定有征求章程。1925 年精武体育会召开第 6 届征求会员大会，其征求章程将体育会举办征求会的日期、目的、分队、组织、奖励、报告、缴费、利益及附则说明等一一详尽地列进章程内。另外，精武体育会内部根据需要设立有不同的体育运动项目，一些项目又成立有专门的项目队伍，如精武体育会内的排球项目和篮球项目，就有专门的排球队和篮球队，根据不同队伍的组建情况，精武会在其成立时也分别制定有篮球队章程、排球队章程等。

精武体育会还就体育会内部成立的各类小团体制定章程。如精武会员在练习技击的过程中，根据各自需要组成不同的小团体，这些小团体也往往制定各自的规章，对会员起到了一定的约束作用，诸如励志团、惜阴团、健儿团、模范团等组织的建立，他们各自制定有一套规章制度，以示规范会员的行动。另外，精武体育会内还成立了一些武术研究团，这些小团体同样通过制定规章的形式，保证活动的正常进行。如太极拳长者班、国术班简章，技击班简章（即西洋拳术），太极拳研究团简章，教员拳术研究会章程等，涉及其他体育项目的则有乒乓队简章、游泳班简章、摄影研究班简章、旅行团简章、网球队简章、救护班简章、京剧部简章等。

精武体育会上述章程，并不是一成不变的，根据实际需要，一旦发现有未尽妥善之处，精武会即随时修改。精武会章程的每一次改动，都是对组织基因的精准编辑。这种既尊重传统又拥抱变革的智慧，或许正是其管理制度至今仍具借鉴价值的深层原因——它证明真正的制度创新不是大破大立的基因革命，而是在持续的微调中实现组织生命力的代际传递。这种既讲民主，又有集中的管理模式，直到今天仍有借鉴之处。精武体育会各种章程的制定，成为其管理职能有效实施的保障。通过一系列章程，一方面规范了精武体育会各项活动的内容，另一方面给各项活动提供了规章和程序方面的依据。正因为它有着自身较为严密的民主管理制度建设之基础，使精武事业在近代中国的体育发展史上显得尤其突出。

第三节　南下北游，学在传播的教育模式

一、精武文化在华中与华南的传播

汉口精武会影响深远

汉口及广州分会的建立，推动了中国近代体育在华中与华南地区的发展。汉口精武体育会是由汉口地方绅商发起，上海精武体育会派员亲临指导而成立的规模较大、成立较早的地方分会之一。上海精武体育会成立初期，正是各种社会思潮涌入，国人体育救国强身强种思想涌动之际，而国内政局不稳、军阀混战的局面，使各地有志之士，既未参加革命，满身热血，无从发泄，纷纷参加精武体育会。随着精武会员的流动，精武体育会所宣传的精武精神也随之被带到各地，位于中国心脏的汉口首先响应，来函要求在汉建立分会。1918年6月，上海精武体育会总干事陈公哲偕妻子卢雪英及姚蟾伯一起赴汉口，汉口绅商劳用宏、曾务初、唐鼎祥、唐定祥等人在汉口的金星保险公司宴请陈公哲一行。宴会中，双方就精武会宗旨、青年习练体育的重要性等问题进行交流。会后，由曾务初、劳用宏等发起成立汉口精武体育会，得到汉口各界要人名流的支持和赞助，汉口金星公司也借出其侧旁一块土地作为建造操场之用。1918年7月7日，汉口精武体育会正式成立。当天汉口精武体育会仿照上海精武体育会的办法选举职员，唐善磋被推举为正会长，曾务初为副会长，劳用宏为总干事。当天即有六七十人加入为会员。上海精武体育会委派教员李健民来汉担任教授。

汉口精武体育会推动了武汉地区体育的发展。汉口精武体育会成立后，仿照总会每年召开征求会员大会，借以宣传精武主旨、扩大会员规模。为了促进会员之间的沟通和交流，一方面，在征求会召开前夕，汉口精武体育会召开征求讨论会，研讨新一届征求会员的方法和策略；另一方面，在征求会结束后，召集全体会员举行恳亲会，作为增进会员之间相互联络的渠道。汉口精武会举办的征求会员大会提高了武汉市民参与精武的兴趣，汉口精武体育会会员最多时达8000多人，遍及武汉三镇。随着会员的不断增加，为了弥补武汉地区体育师资不足的状况，汉

口精武体育会还仿照上海总会创办精武体育专科学校，学校设置有一年制童子军教育训练班、从事体育研究工作特别班、二年制体育专科班和三年制高中体育科等，为当地乃至全国培养了一批优秀的体育人才。汉口精武体育会在武汉地区多次举办武术比赛、表演、联欢会等，其中1923年举行的汉口精武会成立五周年纪念大会、纪念蔡锷云南起义纪念日活动，以及1935年举办的赈灾游泳活动等，影响较大，尤其是1935年的赈

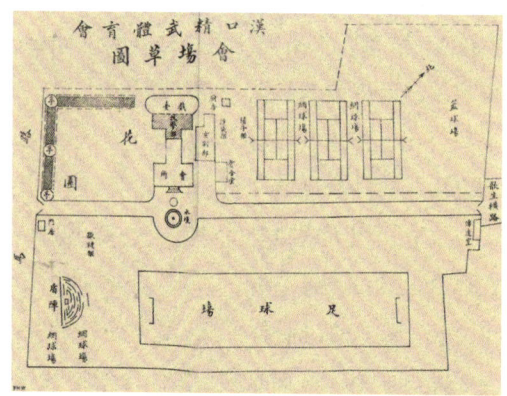

1920年汉口精武体育会会场草图

灾游泳活动中，邀请全国著名游泳女明星杨秀琼来汉表演，一度引起轰动。汉口精武体育会的活动一直到武汉解放时才停止，为武汉地区体育的发展起到了很大作用。

广东精武会的大发展

广东精武体育会是由广东政界牵头，商学各界积极响应下，由上海精武体育会派员指导而成立的近代规模较大的精武分会组织。卢炜昌、陈铁生在《开办广东精武体育会实纪》一文中记载，1918年冬，广惠镇守使李福林对上海精武体育会的办会宗旨深有同感，派人前往上海商谈成立分会之事。

受上海精武体育会委派，1919年3月，担任上海精武体育会书记一职的陈铁生，与会员杨深伦，教员李占风、李连春一起，乘船南下到达广东。广惠镇守使李福林遂发柬邀请广东商界的简琴石、简照南、陈廉伯、谭礼庭、黄砺海，学界的教育会会长、高等师范学校校长金曾澄，军界的杨达三，警界的警察处长魏邦平、秘书陈恭受等人，一起商议广东精武分会设立事宜。简琴石本来就担任上海精武体育会会董，首先表示赞同，在座诸人也纷纷表示愿意为精武分会的创建分任其劳。会后广东各界暂借广州海幢寺设立广东精武体育会筹备处，陈铁生向上海精武体育会发电报，要求派人前来指导。1919年3月24日下午，上海精武体育会位于倍开尔路的本部会所内举行欢送会，欢送陈公哲、卢炜昌、姚蟾伯、沈季修、黄汉佳5人前往广州组织精武广东分会。陈公哲等人到达广州后，与在此等候的上海精武体育会教员叶凤岐、李占风、李连村、陈铁生，以及广东精武会发起人李福林、杨达三、简琴石等人会面，商榷筹办广东精武分会的事情，经过多次协商，众人决定暂借广州西瓜园商团公所为广东精武体育会的办事处。随后，简琴石、李福林宴请广东各界要人，商讨召开成立大会的问题。最后议定，由简琴石出面租借长提海珠戏院作为广东精武体育会成立大会会场，于4月9日开会，并印发了广东精武体育会临时简章。

广东精武体育会成立大会前后情形除有中文报纸登载外，广东英文《时报》亦逐日刊登。广东精武体育会的成立甚至吸引了香港租界内的英国人，他们派人前往，邀请

精武体育会会员到租界表演武术，精武会以无暇分身为由辞却。

为了鼓励更多的人加入，广东精武体育会仿照上海精武体育会召开毕业典礼的做法，举行广东精武体育会成立运动大会。根据七十二行商报记载，4月9日当天，成立运动会的秩序表如下：（甲）开幕、（乙）军乐、（丙）报告、（丁）演说、（戊）行授盾礼、（己）第一节教员会员运动、（庚）熊长卿家族运动、（辛）广惠镇守使署技击教员运动、福军技击团运动、（壬）来宾运动、（癸）小国民运动、（子）第二节教员会员运动、（丑）军乐、（寅）闭幕。从秩序表中可以看出，这次成立大会上，不仅广州各界名流云集，上海精武体育会领导亲自上台表演，就连发起人之一，在当时颇有声誉的熊长卿也在成立运动大会上带领家族子女分别表演拳术、棍棒等节目，包括他的家庭教师温伟琴（温生才之子）也登台表演拳术。广东精武体育会成立大会到会军、政、学、商各界男女达数千人，对鼓励国人习武强身起到了积极的推动作用。

广东精武体育会成立后，仿照上海精武体育会在管理上采用分部法。广东精武体育会分为三部管理会务，一为董事部，对会务发展起着管理、监督和决策的作用。成员有发起人李福林、魏邦平、简琴石、简照南、金曾澄、杨梅宾，及各界赞助人如莫荣新、翟汪、林虎、李烈钧诸人；二为干事部，处理会中日常事务。成员有罗啸敖、郭仙舟、黄砺海、黄焕庭等，及干事诸人；三是技击部，由上海派驻粤会员沈季修、杨深伦主任；教授由叶凤岐、李占风担任，仍受上海

精武体育会节制，是广东精武体育会内专门负责国技发展的一个部门，也是广东精武体育会遵照以技击为根本的重要表现。

广东精武体育会的成立，进一步推动了近代体育事业在南方的发展。首先，广东精武分会成立后，各界人士尤其广州商学两界，如广州南武中学、广州商团、广州女子体育学校、广东全省教育会等，相继举行欢迎会，邀请上海与广东精武体育会领导人到会指导体育，加上新闻媒体的大力宣传，使精武体育会的宗旨和精神得到广泛的传播。广州南武中学的校长何剑吾，1905年曾在上海旅沪

1935年落成的广东佛山精武体育会及次年建成的精武国术学院

镶嵌在佛山精武体育会会所建筑上的文物保护单位石牌

粤人中创办人镜学社，进行反清活动，1906年创办广州南武学堂，出任校长，开男女同校风气之先。陈公哲、卢炜昌早年都曾参加人镜学社，为人镜学社的会员，因此到达广州后，受南武中学之邀，向学校师生讲述上海精武体育会的宗旨及历史，对体育的理解等，对精武体育的宗旨和精神进行了广泛的宣传和推广。其次，在汉口和广东精武体育会的宣传下，南方精武分会纷纷建立，如汕头分会于1920年成立，继之1921年佛山、香港精武会成立。以后又成立了香山、肇庆、南昌、新会、厦门、南宁、梧州、桂平、澳门、武昌、九龙、四川涪陵及广州女子精武会等十余所，南方的精武事业呈现欣欣向荣的局面，对近代国民身体素质的提高及中国体育事业的推广和发展起到了积极的推动作用。

二、精武北游联络京津

精武北上，谋国内之普及

上海精武体育会在南方推广近代体育的同时，特别是中央精武创立后，北游京津地区被提上了议事日程，将精武体育会所倡导的体育活动宣传至中国北方京津地区。

精武体育会组织北游是其完成精武体育普及计划的组成部分之一。民国七八年间，汉口、广东相继成立精武体育会，成绩显著，精武事业发展迅速。1919年正是上海精武体育会成立十周年，会众建议于国中设立四总会，曰上海、曰汉口、曰广东、曰天津。随着精武体育会扩展至南洋，建立四总会、北游天津的呼声高涨，他们认为会中事业已向国外发展，不可不谋国内之普及，呼吁将精武事业向北方扩展。当时在上海及南方发展的会员认为，北方虽然是中国技击术的出产地，但是，自义和团运动后，武术运动在北方销声匿迹而精武体育会依据科学原理，对中国传统技击术进行研究，已经使之确定为中国之一种体育科学，因此完全有向北方推广的必要。1922年，中央精武组织了精武北游旅行团又称北行游艺团精武旅行游艺团，先后抵达天津、北京，并绕道武汉，力图使精武体育会在北方得到进一步发展。

根据精武体育会资料记载，精武体育会组织旅行团北游的原因可归结为以下三个方面：一是宣传精武宗旨，在北方建立精武分会。李我生在《泰晤士报》中刊发欢送精武团晋京一文，认为精武分会的种子已布满长江、珠江流域，甚至南洋地区亦有分会七八处，精武体育会的声势已伸张及于国外作为汉族文化发源地的黄河流域，唯独没有精武会组织的建立，上海精武体育会如要把会务普及到全国范围内，则在黄河流域设立分会为当务之急，而黄河流域各商埠中，以天津最为繁盛，若想在黄河流域谋发展，天津不啻为天然的根据地。故表襮精武主义及其成绩，在条件成熟时设立分会，成为精武体育会北游津京的普通之事业。精武旅行团北游的第二个原因，也是此次北游的特殊任务，是向当时的北京政府请愿，要求以政府的名义确立精武体育会所创编的中国式体操为国操，即晋京请愿甄定国操。原因三则是为中央精武大会堂筹措建筑经费。如上所述，为了发展精武事业，中央精武决定建筑中央大会堂，宣传发出后，一个月内即筹集了万千多元，但这仅仅够建造大会堂之用，对于大会堂的装修及设备的配备，尚需万千多元。为了筹备经费，上海精武体育会一方面号召南洋各分会进行筹募，一方面决定前往北方筹款，并借为中央大会堂筹款之事，宣传精武事业，筹设北方分会。

中央精武专门设立了筹备处，为北游之行做好充分的准备工作。1922年9月下旬，中央精武体育会为北游京津特别举行会员大会，经过民主选举推选出人作为此次北游的成员。之后名北游成员召开会议，选举此次北游的各负责人，经过民主选举，确定北游队筹备长为罗啸敖和陈公哲；交际长为连炎川、翁耀衡；财政长为卢炜昌，因卢炜昌忙于会事，无暇分身，遂由陈善代替；姚蟾伯为国操部长；陈铁生为国乐部长；郑灼辰、陈善为游艺部长；程子培为摄影部长；除此之外，37人中还包括国操、乐舞、游艺各项中的佼佼者。在北行游艺团成员确定之后于中央精武设筹备处，并由筹备长罗啸敖兼任秘书。随后陈公哲、罗啸敖与陈铁生、姚蟾伯、郑灼辰等一起商讨编列到达北方之后的表演秩序表，分撰宣言及各种跳舞术说明书，并附以影片、乐曲、新创影画、演讲稿等内容，花费了20天才将上述一系列内容编成册，统统交由精武中央印刷厂印刷，装裱一万册，封面有美术国画内容，并插有电影画面多张，共58页，广告一万张（广告形式用五彩石印），做好了出发的准备工作。同时，精武北游旅行团还挑选精武体育会较为重要且比较实用的期刊著述十余种，即精武、广东精武报告、精武本纪、精武外传、测光捷径、开会手续、宣言演说之资料、教员条例、精武医说、潭腿精义、武铎、精武各埠住址录、精武之回顾及今后之希望、西文精武概要，共十四种，悉付捆载。

精武北游旅行团

精武北游旅行团将此次活动划分为津、京、汉三方，尤其在津京地区广为结交和宣传。1922年10月26日，陈公哲、罗啸敖、连炎川、翁耀衡四人作为此次行动的先导，先行到达天津车站，受到广东精武体育会会员李伯贤的好友包寿饮的接待。包寿饮为江西人，向慕精武，与上海精武体育会会长聂云台为世交，经常往来，对上海精武体育会有深入的了解，此次精武旅行团北游，包寿饮安排罗啸敖、陈公哲四人先暂居其府中。此后数天，陈公哲等人相继拜访了驻津会员黄汉佳、唐琼相、冯伯镰，及同乡麦次尹、简韵初等人，旅津公学校吴幼舫，旅津音乐会麦鉴泉、郑振鹏，广东会馆陈泽霖等人，并为即将到来的大队人马得借（广东）会馆为寓所。他们还造访南开大学校长张百苓，并在南开大学教务长张辑五的带领下，参观了南开大学校园。另外，陈公哲、罗啸敖等人还会晤了天津汉文泰晤士报社长熊少豪，赠以《精武本纪》《精武外传》等书。在熊少豪的引荐下，罗啸敖等人又认识了天津报界的李我生、胡稼秋等人，并与天津报界全体人员会晤。1922年10月30日，精武团全队抵达天津招商局码头，天津招商局总办麦次尹率领在津的广东商界、报界及广东旅津公学学生数百人，亲至码头迎接，一时码头交通断绝，极为轰动。

精武北游旅行团在北方宣传和推广技击术，使南北方进行了一次难得的武术交流。

精武旅行团到达天津后，即受到天津籍的精武会员、广东会馆、广东旅津公学、南开大学、天津青年会等天津各界的欢迎，他们纷纷召开欢迎会，双方各派员进行武术、体育上的节目表演，交流经验。其中在天津青年会举行的欢迎会上，精武会会员表演了潭腿、燕形拳、柔伶拳、四六拳、猴壁拳、六和拳、黑虎拳、少林拳等，而青年会中的武士会会员则表演了八卦拳、形意拳、五行拳等。会上天津青年会体育科干事董守义还针对时人文重武轻的传统思想观念给予抨击，要求多名到会者仿照精武体育会，锻炼强壮健康的身体，纠正人们把精武旅行团的演出当作一种游艺即娱乐杂耍的错误看法。在北京，精武旅行团也同样受到北京报界、广东旅京音乐会、北京学界等各团体的盛情接待和邀请。陈公哲、翁耀衡等先后赴北京平民大学、怀幼学校、体育研究会等团体，进行技术交流和表演，将各自所创编的跳舞术展示给大家。在北京怀幼学校，总董李庆芳因有感于国家之现象，对体育尤其中国传统武术十分重视，当精武旅行团在该校表演国操时，该校男女教职员工及男女学生也相继进行表演，有女教员表演八卦刀，其步武敏捷，手法娴熟，不亚男教员，而该校女子跳舞队表演的新式舞蹈，同精武新武化相似，也以中国传统音乐相拍和，两者有异曲同工之妙。

精武旅行团通过访问的形式，加强与北方体育社团之间的学习和交流。陈铁生在《北游纪略》中曾谈到，精武北行，以北方为技击名家出产地，此行欲访寻名手，归任教员。为此，精武旅行团在天津时，曾三访天津武士会，在北京也访问北京体育研究会，通过与两团体相互表演国技，发现北方太极、形意、八卦三门较为出色。通过交流，还发现南北武术各门类虽然名称不尽相同，但都有共通之处。如北京体育研究会的学员以三年为毕业期限，学员的课程表中列有主要课程六家式，而精武体育会中则有溜脚势。根据中国人语言习惯，当时国语以京音为正，而精武体育会的教员多是河北北部及山东一带的人士，虽然同为北方，但语言与北京仍略有差异，在广东人听来，六家式与溜脚势，其发音是相同的。另外，精武有节拳，北京有捷拳；精武有潭腿，北方有弹腿；精武有插拳，北方有查拳等。可惜精武旅行团此次北行，时间仓促，未能完成聘请名家担任教练的目的，甚至无暇一一校对二者之间的异同，但至少认识到南北方拳术之间是有着密不可分的联系的。如今，从后人的研究中我们可以看出，有些拳术虽然在当时名称不尽相同，皆同属一脉。据王菊蓉的研究，弹腿亦称潭腿、谭腿，有十路与十二路之分（一般十二路的称潭腿），盛行于山东、河北、河南等地。传习弹腿中有影响的著名拳师，20世纪前半叶有山东济南武术传习所的杨鸿修、张学生，及杨鸿修的学生王子平等人；20世纪30年代中央国术馆中的张英振、马裕甫、杨法武、张英健等都擅长弹腿。张学生的弟子于振声、马锦标等均南下传拳，其中于振声曾任教于上海精武体育会。王子平在上海创建国武社，精通弹腿，被国内外公认为擅长弹腿的名家之一。其他如山东马永贞也擅长此道，马永贞师从山东蒋文英习查拳及教门弹腿，蒋文英得自山东杨学德。自此，十路弹腿及查拳不仅在北方，也流行于江南。精武体育会对十二路潭腿的传播和推广影响最大，十二路潭腿中有代表性的拳师为河北景县赵连和，继霍元甲之后任教于上海精武体育会，教授弹腿，并整理成《潭腿》一书。当代武术界许多著名人士亦擅长这种拳艺，出自精武体育会的学员都传习十二路潭腿。

筹款是精武旅行团此次北行的目的之一，旅行团在天津通过举办游艺会的形式为中央大会堂和天津旅津公学筹集款项。精武旅行团到达天津后，受到旅津公学的热情款待。在与旅津公学的交往中，精武旅行团认为该校办理极有精神，而其年中经费，全恃学董捐集支持，实属不易，于是旅行团决定为其特别举行乐舞大会，以所收门券费捐助该校。而针对旅行团此次北游筹措经费之事，则另定日期召开游艺会进行筹募。经过商议和协调，精武旅行团决定在11月6日、8日晚上在广东会馆举行游艺会。为了扩大宣传，11月6日，天津汉文泰晤士报刊发特刊，对精武北游旅行团举办乐舞大会的原因、目的、宣言及精武体育会的摄影等进行报道，同时印发1000余张宣传单赴会场发送。此次筹款，旅津公学得券款2000余元，中央大会堂得券400余元。

精武国操乐舞大会

为了宣传精武宗旨、筹备中央大会堂建筑经费，精武旅行团在北京特别举行了国操乐舞大会。在北京，经过陈公哲、罗啸敖等人商定，决定于11月17、18两日在北京召开国操乐舞大会，在燕京大学学生郑直臣、北京农商银行行长伍少垣等人的策划下，17、18两日上海精武旅行团借北京真光电影院为舞台，召开国操乐舞大会。

根据北京《舆论报》的报道，11月17日的精武国操乐舞大会，各界参观者极众，当时任北洋政府总统的黎元洪和任国务总理的王宠惠均派代表到会发表演讲，并认购次日的乐舞大会不少入场券。精武国操乐舞大会吸引了不少西方人士的参观，甚至还有一名善弹钢琴的洋人，登台表示愿与陈公哲小提琴进行合奏，引起观众掌声震天。在大会上，精武体育会将其所创编的女子舞《蜜蜂》、男子舞《武化》、滑稽跳舞《解放运动》等集各种拳术手法编成的新武术——进行表演，得到极好的反响。大会结束，为中央大会堂筹款600元。

精武体育会在北方建立分会的努力因条件尚未成熟而夭折。为了实现建立国内四总会的愿望，1922年11月7日，旅行团联合天津商学各界人士，在广东会馆召开了天津精武发起人筹备会，推选罗啸敖为筹备主席，经过讨论，全体参会人员皆赞成成立天津精武分会。在筹备会上，选出麦次尹（广东）为筹备处正主任，熊少豪（广东）、包寿饮（江西）、宋则久（天津）为筹备处副主任，在场50余人皆列名为发起人，随后发起人又陆续增加到130余人。因11月8日，精武旅行团屡次接到汉口精武体育会电报，催促旅行团绕道汉口参加汉口11月11日举行的纪念游艺会。出于行期考虑，上海精武旅行团未能等待天津分会建立即行离开天津赴北京请愿。上海精武团离开天津后，因多种原因，天津精武分会筹备会即无形瓦解，在北方成立精武分会的愿望未能实现。

要求立精武体操为国操是精武旅行团北游所肩负的一项特殊任务。精武体育会所创编的中国式体操，虽然在南方的沪、粤、港各处学校中代替西方兵式体操被广泛应用，但唯一缺憾的是精武国操一直未能得到北洋政府的正式承认。1922年11月精武旅行团抵达北京后晋谒黎元洪总统，希望北京政府能够将精武体操立为国操。但由于北洋军阀政府根本无心提倡体育，对精武体育会国操立案之事一再搪塞，致使立案之事未能成功。尽管如此，精武体育会的国操立案之举却在北京引起社会各界的广泛关注，无疑是对精武体育的推广和宣传。从黄浦江边到海河之滨，这场跨越南北的体育文化之旅证明：真正的文化传播不是强行植入，而是找到传统基因与现代语境的结合位点，让古老的武术智慧在新的土壤中完成创造性的基因表达——这或许正是精武北游留给后世最宝贵的文化启示。

三、精武教育的传播方式

打破因袭宗法的陈旧模式

为了打破因袭宗法，师徒秘传的武术传承模式，精武体育会采取自由择师、公开传授的武术传播方式，成为当时武术界传播模式上的一个突破。在体操会成立初期，体操会专事技击一科，虽然采用的仍是以师带徒的教授方式，但已非师徒之间的单线秘传，学员可以依据自己的爱好选择不同的教师进行学习。如霍元甲遇害后，其弟霍元卿、另一位高徒赵汉杰相继来到上海，霍元卿对学员严加训练，学者技击始有大进，社会信仰日深，赵汉杰功夫与刘振声伯仲之间，尤擅长双刀，于是，精武体育会的主要发起人之一陈公哲根据自己意愿，学节拳于刘振声，学双刀于赵汉杰。

公开举办武术学习班，并公开传授，是精武体育会武术传播模式的一个重大改革。1916年4月之后，上海精武体育会扩充学科，改良形式，以进步的教育思想，科学的教育方法，移植于武术教育之中，在武术传播上进一步大胆改革。针对来自全国各地的名拳师们，精武体育会摒弃传统一门一派师徒秘传造成的宗派门户争论，采取公开办班、公开传授，使各派技击术公之于世的传播模式，萃群众于一堂，互相观摩、互相砥砺，优者以免，劣者以奋。除此之外，精武体育会每隔一周或二周定期延请武术名流，到会表演，以使学员收观摩之益，认为这样可以有效消除武术门派秘传的神秘性和狭隘性。

除此之外，上海精武体育会还借助运动会及武术观摩会，将各派武术公诸于众。精武体育会认为如欲打破门户之争，消除人们对武术的误解，最好的方法是让更多的人参与和学习各派武术。为此，精武会利用每年举行运动会之机，鼓励会员习武及观摩各家各派武术精华。早在1916年4月精武易名之前，精武体操会就曾召开过三届毕业典礼及运动会，借助毕业运动会，将各派武术精华公诸于众，为会员及观众提供了了解和学习各派武术的机会。如1915年中国精武体操会举行的第3届毕业典礼上，颁发毕业文凭之后，不仅精武体育会内的各派武术名师、优秀会员上台表演各种武术，而且还邀请各省及各学校的来宾登台表演，精武会认为此为介绍各派技击于阅者之成例，借一洗从前囿于一家之积习，而有以发挥各派造诣之精华。

技击术课堂教学制度

确立技击术课堂教学制度。在教学组织方法上，精武体育会采取新式课堂教学制度，打破传统民间练武组织所具有的宗法或宗教色彩。

上海精武体育会改革传统武术传播模式，采用单人教授与班级教学相结合的教学形式。单人教授是武术教师与所教授的学生之间进行的一对一教和学，教授时不配口令。这是带有一定的师徒秘传性质的教学形式。根据方长生老师的介绍，这种形式一直到新中国成立后仍被大多武术名师沿用，直到今天也依然流行。精武体育会仿效20世纪初流行的学校新式课堂教学形式，还采取开办初级班、中级班、高级班等班级教学的训练方法。进行班级教学时，根据记述，一般是教学的老师根据套路中的动作先后顺序，一天教授其中的四五个动作，每个动作配合口令进行练习，整个套路的动作学完后，由学员自己进行练习、组合。在民国时期，武术教学中常常出现以口令形式编排的教学内容，这种以口令标示动作的教学模式，不仅在当时出版的武术书籍中常常看到，也得到许多精武会员的证实。

民国时期民族危机，武术界的口号是强国强种，希望武术能成为保家卫国、上阵杀敌的工具，用武术在最短的时间内训练出最强大的军队。为了实现这种目的，当时许多拳种在教授时进行简化，减去对于各种拳法、拳理的繁琐解释，通过教官对武术动作的亲身示范，配合适当口令，一教数十人、数百人。这种希望从另外的途径达到练武速成功效的做法，可以说是近代拳师们忧国忧民，寻求体育救国的一种途径。教学过程中，教练要求十分严格，有些老师甚至拿着木刀片进行督练。当然这种教学训练方法也适合于精武体育会的体操教学；既有单操团体教练，也有对操团体教练。这种集体教学从简单易学的基本动作入门，采取先单式教练，后连贯成套练习，教法先易后难、循序渐进的教学方法，成为我们今天武术教学的一种基本教学法。

精武体育会还根据不同学员的时间安排，制定不同的教学时间表，严格学习纪律。精武体育会不仅具有学校性质，同时又是一个兼具俱乐部性质的民间社团，参加体育会的会员不仅有工商业老板，还有洋行、公司的职员，及上海各类学校的在读学生，这些人群并不能完全像全日制学校一样进行授课，教学时间往往需要安排在工余或课余。根据会员实际情况，1915年制定的《中国精武会章程》第十条就有规定，精武体育会根据会员情况不同，需进行酌情处理。每日晨6时起至晚上9时止，由教员分班教授，凡属特别会员无论何时均可来学。这样就充分考虑到会员工、商、学不同成员的构成。在学习纪律上，精武会按照各学习班的学员名册，要求每个学习班，必须印备学员上课表一纸，分发各教员，逐日填写，每月呈报一次，根据每月上报的学员上课情况，经过统计，对不同缺课时数的学员则有一定的奖惩办法。精武体育会认为这是督促学员坚持学习的手段。

首创武术考试制度

精武体育会还在会内开创了武术考试制度。20世纪30年代之前,精武体育会的武术考试制度并不十分完善。学员级别的认定,是根据各班级所修习的时间长短及所学内容情况而定的。精武会规定,各班级学员,只要经拳师传授、修满两年、并修完所在班级的学习内容,就可视为初级毕业,发给初等毕业证书,在所着精武服饰上襟缀黄星一颗;修满四年的学员为中级毕业,发给中等毕业文凭,襟饰黄与蓝两星(蓝星在1918年以前用绿色,后改为蓝色);学员按规定学习内容修满六年者则为高级毕业,发给高等毕业证书,襟饰红蓝黄三星以上。但三个等级证书的发放都必须是经过技击主任认可考核合格者方能领到证书。

自20世纪20年代中后期起,精武体育会的考试制度逐步走向完善。为了检验学员学习成绩,公平评定其毕业程度,精武会组织有考试委员会,并制定出较为规范的考试规则。根据精武会考试委员会的讨论,决定考试采取给分制,给分以100分为足分,70分为及格;给分标准由各委员按精神、气力与姿势动作三个方面的内容分别打分,最后将各委员所给分合计再平均之;为了保证毕业会员的武术水平,考试纪律采取严格主义,只有满足分,方许毕业。在考试内容上,根据不同的级别、不同的门类也有不同的规定,上海精武体育会在1922年举行的第22届国术毕业考试中,就规定会员参加考试的科目如下,潭腿门(初级:潭腿、功力拳;中级:大战、八卦刀;高级:节拳、五虎枪),螳螂门(初级:碰步、摘腰;中级:出洞、梅花拳;高级:梅花枪、燕青刀),等等。

再次,精武体育会还根据武术运动的特点制定了一整套新的武术教授内容,配合教学形式的改革。在教学内容的选取上,精武体育会贯彻南宗北派并蓄兼收,融各派于一炉的策略。一方面吸收当时新武术的武术编练方法,将武术套路中的一些动作抽取出来,或作为独立动作内容,或重新编排,形成新的套路;另一方面则采用传统的武术套路作为教授内容。经过认真研究和讨论,精武体育会将精武十套定为精武技击教学的基本教材。精武十套即潭腿、工力拳、节拳、接潭腿、八卦刀、五虎枪、大战拳、套拳、群羊棍、单刀串枪之十套,内含武术套路共260余套。精武体育会认为,武术教材的选择,要做到一技有一技之精华,一技有一技之实用,这样才能使人们通过习练技击术这一中国传统体育运动项目,得到强身健体的最大效能。经过组织武术专家进行讨论,一致认为潭腿是练习武术者毕生之不可或辍者,究其原因,武术名师们认为潭腿手法既多,步武稳固,操练时既能各个运动,即合百十人为团体,亦可以口令指挥,繁简咸宜,长幼可习,如果能坚持一段时日,则日以半小时为度,则其精神体魄已获无穷利益矣。且熟而习之,不特后来练习各技迎刃而解,且使精神气力日见增加,可谓初学之阶梯,入艺之基础,故而潭腿被确定为精武十套的基础练习套路。

在精武十套中,除潭腿外,精武体育会认为工力拳、大战拳能增力;节拳能长气;接潭腿使手足增抵抗力;套拳则竞争之实施法斗矣;五虎枪为枪中之最多手法而最完善者,熟习之,则臂力腰力足力不觉自增;八卦刀为刀中之最难学而最敏妙者,熟习之将来再学对手八卦刀则单刀之妙用思过半矣;群羊棍变化无穷,实双头棍中之不可多得者;单刀串枪最难走步,然敏捷之至,殊妙技也,单刀与枪棍易得而最利用,故当先习矣。这些拳种和套路对于强健身心极为有利,又是习武者入门和练习的基础,因此精武十套可谓精武会武术教学中的初级科目,凡精武会员学习武术的必须熟悉此十种,方及他技。直到今天,经过挖掘和整理,精武十套仍然是上海精武体育会武术教学的基本内容;每年一届的世界精武武术比赛又称精武世界体育文化大会,精武十套都是必不可少的比赛规定套路。

除精武十套之外,精武会还根据各武师的专业特长进行教授,如陈子正就曾教授鹰爪派拳技,吴鉴泉教授杨氏太极拳等。精武体育会认为,在这种南派、北派、短拳、长拳罔不具备的技击术教学中,即使武术教师不能沟通南北,但学员经过跨拳种学习,却能南北混成,久而久之,自成一种融合南北,取精用弘之技术,客观上也就打破了各派之间的门圈阻隔。

四、举行精武技击大会

每年举办精武技击大会

上海精武会每年都举办精武技击大会。这个技击大会,开始是由学员毕业典礼与运动会合并而成,陈铁生在《运动会纪》一文中记述本会每年于秋季举行技击毕业礼,并于是日运动,因此精武技击运动会有时又被称作毕业运动会。最初的毕业运动会一般来说顺序如下:一(宣布)开会、二(会长)报告、三重要(嘉宾)演说、四运动、五给凭(颁发毕业文凭及各项证书)、六来宾运动、七教员会员运动、八(宣布)闭幕。所谓毕业运动会,从其名称可以看出,毕业典礼和运动是其核心内容。精武体育会将毕业典礼与运动会合并,借助毕业典礼,让会员、教员得以表演、观摩各派技击术,增加会员习武及相互借鉴的兴趣;借助运动会,精武会邀请会长、社会名流到会演讲,并为当年毕业会员颁发毕业文凭,进一步激励会员勤奋锻炼,提高自身的技击水平,二者结合相得益彰。

上海精武体育会在早期部门的设置上有技击、兵操、游艺部、文事部。其中游艺部,主持文体活动。所设项目,文艺类有京乐、粤乐、欧弦、铜乐等。

举行毕业典礼,颁发毕业文凭及各种奖项,是精武技击运动会的重要内容。

精武会规定,凡根据学习内容,经拳师传授,修满二年、四年、六年的,分别发放初级、中级、高级毕业文凭。在毕业典礼上,精武会为每位取得毕业资格的会员颁发毕业证书。为了勉励学员努力学习,加强锻炼,精武会实行佩星制度。凡取得毕业证书的精武会员,即视为具有佩戴与其毕业等级相当的精武襟章的权利。精武体育会还规定,凡是参加毕业运动会的精武会员,必须佩戴与其学历相当的襟章,如初级毕业者,精武服饰上襟缀黄色徽章一颗,中级毕业者襟饰黄与蓝两颗徽章,高级毕业者襟饰红、蓝、黄三颗徽章。通过颁发毕业文凭、佩戴不同数量的襟章,不仅能让到场的会员及宾客一眼识别出学员的级别,也是督促较低级别的会员进一步学习的一种激励方式。

奖励与激励

精武体育会借助技击大会为特殊贡献者及成绩出色的会员授奖。精武体育会对会员奖励的方式有授盾、金牌、银牌等。《精武本纪》载有授盾纪吾会有授盾例,盾以紫铜铸造。精武体育会所授盾,与精武体育会会所大门前所置大铜盾、襟章之小盾及精武体育会的印信图章,式样相同,上书有精武体育会五字,是精武体育会颇有名气的书法家左孝同所写。为了达到字体的一致,精武会将五个字铸为范本,采用当时最先进的摄影技术将其扩大或缩小而成。因精武体育会的盾只授予对精武体育会有特殊贡献者,即凡会众有服劳日久,纯任义务,或有非常之赞助,创始之勋劳者,并经会众公决,才可以全体会员的名义,授予精武盾,因此能够得到授盾的人,咸以为荣宠,将其视为无上宝贵。

技击大会上金、银牌的授奖,也被获奖者视为一种难得的荣誉。在精武体育会中,宁竹亭因习武的恒心毅力超乎常人首先获得金牌奖,精武体育会通过毕业运动会上颁奖的形式,将宁竹亭树为精武体育会会员们学习的楷模。在第6届毕业典礼上,精武体育会还为技击部会员中三载、二载或逾年而未辍课及未告假者,分别赠以金牌、银牌以勉来者,黄汉佳、陈国衡二人3年内从未请过假,精武体育会为他们颁发了毅字银牌;黄鸣岐2年内从未请假,被授予奋字银牌;杨深伦1年内从未有缺课现象,精武会授予他勤字金牌。在众人云集的毕业典礼上颁发各种荣誉奖项,这种形式使精武体育会有效地促进了全体会员的向学意志和毅力。

从严格意义上说,精武体育会的这种技击大会并非现代意义上的竞技运动会,而是一场中国传统武术的展演盛会。上海精武体育会举行的第1届与第2届毕业运动会分别于1912年(民国元年)10月27日和1914年(民国三年)11月8日举行,两次运动会都在第二会所前的操场内搭盖了演舞台,来宾数千人,围绕而观。第1届运动会由会长袁恒之做会务报告后,根据运动会的编排秩序,由会员依次登台进行表演。刘日暄、刘冠山、宁竹亭、浦阔亭演潭腿上六路;徐人龙演穿拳、节拳上半路;李国基、李良友双演工力拳;陈抱一演溜脚势;袁孙演工力拳;姚蟾

技击大会的各种奖杯奖牌

伯演八卦刀、穿拳；周浩如演节拳下半路；王维潘、黎惠生演接潭腿；何庆滔演大战；刘扇臣演金刚拳、双刀；徐柏堂演群羊棍、青龙拳；邱亮演十字战、春秋刀；高尧夫、胡允昌演合战；陈公哲演节拳；李迪初演八卦刀、脱战；卢炜昌演短战、五虎枪；平雪士演软鞭；黎惠生演六合刀；李佩然演溜脚势；邱亮、陈公哲演扎拳；王维潘演练手拳；徐振汉演穿拳；王焕文演大战；李迪初、陈公哲演扎拳。会员表演结束后，又由各位教员登台依次表演武术项目，到场的广东、山东、浙江、湖南等省的武术家也分别进行了武技表演。

在技击大会的举办场所及内容上，精武会根据实际情况进行不断的调整。精武体育会举办最初两届毕业运动会都是在第二会所的操场内举行，因地方狭窄，来宾与会员皆感挤拥之苦。1915年11月21日，第3届毕业运动会召开时，精武会决定赁法租界之民兴新剧社即歌舞台为运动场，成为精武体育会在剧场举行技击运动会之始。鉴于前三届会员的运动项目有很多雷同之处，从第4届开始在运动内容的安排上，精武体育会尽量避免重复，《精武本纪》所载从前会员运动每多雷同，是届（第4届）以后力去此弊。

第四节 走进奥运，武术体育的开路先锋

一、谋划发起中华全国体育协进会

体育主权意识的觉醒

近代西方体育传入上海，主要有三条渠道，一是西方的近代体育随西方侨民一起进入租界，租界侨民的体育，对上海部分竞技体育项目的开展有着启蒙作用；二是最早以体操的形式出现在新式学校和教会学校中；三是上海基督教青年会1900年成立后，传播体育活动，虽都带有西方基督教的宗教色彩，但它能把西方最新的体育理论、体育技术、运动会的组织方法和竞赛规则等直接向华人传播，所以青年会是西方直接向上海传播近代体育的一条重要渠道。早在1876年，上海的西侨就成立了西侨青年会（Young Men's Christian Association，简称Y.M.C.A.），他们在西侨青年中开展体育活动，成为该组织团结青年的手段，青年会建体育场馆，组织体育赛事，每星期举行宗教会，还组织读书会，该组织对上海竞技体育的宣传推广起到一定作用。晚清至20世纪20年代早期，上海基督教青年会是中国体育发展过程中最重要的推动力量，全国运动大会的举办、远东运动会的组织与参与均以基督教青年会为主导力量，全国学界运动会、远东体育委员会、中华业余运动联合会等具有国家性的体育组织机构也均由基督教青年会管理和控制。伴随新文化运动的发展，民族主义的勃兴，非基督教运动的进行，收回教育权运动的开展，国人的体育主权意识开始觉醒，为什么不能成立由国人自行管理的国家体育的总协调机构呢？这成为当时体育人共同的梦想和努力的目标。

1923年，广东精武体育会会长熊长卿带着家人到日本参加了远东运动会，结束后熊长卿来到上海，为中国在国际比赛中的失败而深深痛苦。于是和李明德先后拜访了唐

20世纪20年代上海基督教青年会舍址

广东武林的泰斗熊长卿，自幼习练家传武术，武功高强。在清朝做过标统，参加同盟会，成功结束清廷在肇庆统治，是一位传奇人物

绍仪、马子贞和报界的戈公振等人。唐绍仪建议先在上海组设中华体育协会，规划全国体育大运动场，并且准备筹募基金百万，推举上海有实力团体管理。然而，在民国时代要建立主权独立、功能完善的全国统一的体育组织谈何容易，这一全国性体育组织的构建，并非一蹴而就，它必然有一个从萌芽到发展，再到变革进而定型的历史过程。

由于熊长卿和李明德是广东精武体育会的主干人物，并且上海精武体育会又开办多年，成绩卓著，他们有意将筹办全国性体育组织的构想由当时如日中天的上海精武体育总会来办。熊长卿之后就把这些意见告诉了精武会领导层的卢炜昌，之后就在中央精武开会讨论。众人意见这关系到全国，所以应联合更多有能力的团体共同参与，才能更快实现。最后推举熊长卿、唐绍仪、马子贞和戈公振四人各自介绍认识的上海团体热心人士，先组织一个发起人会，7月7日定在岭南楼开筹备会，推举筹备干事并指定办事地点。最后会议决定先借精武中央大会堂内的中央精武为协会办事处，刊发宣言及会章，定期成立，先筹建全国体育大运动场。建成前先以中央精武公园内的大操场、青年会体操场和公共运动场3处为临时操练场所。

发起成立中华全国体育协进会

这次筹备会议还推选了唐绍仪、熊长卿、马子贞、马西民、戈公振、侯可久、贾季英、沈恩孚、唐范生、李明德、刘福基、沈嗣良、杜连科、高梓、郝伯阳、裴国雄、陈公哲、卢炜昌为筹备员。之后又议定在精武公园之后划出200多亩的空地，建造大学校，与全国体育大运动场建造资金一起募集。随着精武担负的社会责任加重，所需费用还是要依靠精武实业。于是又讨论推选卢炜昌和熊长卿筹募并扩张现有的精武实业。为此熊长卿让自己的女儿熊富珠留在了上海，为之后精武医社的建立打下了基础。

在精武实业的人士调动中，中央印刷公司由甘鉴先（中华民国首任国务总理唐绍仪的女婿）担任总理，周锡三（商务印书馆编译所主任）任总董。1923年5月，在第六届远东运动会上，我国遭受过去未有之大败，全国人士咸归罪于主持预选及参加等事的中华业余运动会，并认为其是由基督教青年会人士把持的，而非代表中国民众的体育组织。上海精武体育会的卢炜昌也是一位体育名流，他更是直言，中国在远东运动会所以失败之故，厥在办事西人，不肯请华人帮忙。许多体育界人士均感慨于中国无体育机关，以为积极提倡运动及将来加入远东运动会之准备。一场关乎民族体育自主的觉醒运动，正悄然在上海滩酝酿。

1923年6月6日的上海时报馆成了思想激荡的起点。这场被报刊广泛报道的座谈会，如同一颗石子投入死水，激起社会各界声援浪潮。仅仅一个月后，7月7日的四马路岭南楼便上演了历史性一幕：戈公振、马子贞、唐绍仪（唐绍仪）、熊长卿、卢炜昌等十位发起人齐聚一堂，他们中既有媒体巨擘、武术宗师，也有政界名流与体育活动家。值得玩味的是，这十人中近半数是在沪广东籍人士——唐绍仪、熊长卿、卢炜昌、陈公哲的乡缘纽带，为这场筹备会注入了天然的凝聚力。

筹备会议决将办事处设在北四川路福德里的精武中央大会堂，这个选址暗藏深意：作为精武体育会的实际领导者，卢炜昌与陈公哲将武术界的组织能量注入其中；而曾担任远东体育委员会会长的唐绍仪，则带来了国际体育事务的操盘经验。更耐人寻味的是，唐绍仪、郝伯阳、高梓三人兼具基督教青年会背景，这种看似矛盾的身份叠加，恰是当时中国体育界复杂生态的缩影。

因此，远东运动会选手及领袖回国后，于1923年6月6日在上海时报馆开会讨论，时报馆的座谈会经报刊的报道后，得到了社会各界的声援和支持，在这种背景下，戈公振、马子贞、唐绍仪、熊长卿、卢炜昌、高梓、陈公哲、郝伯阳、王壮飞、杜荣棠等10人发起成立中华体育协会。1923年7月7日，在上海四马路岭南楼举行筹备会议，公决先设筹备处于北四川路福德里精武中央大会堂，并推举唐绍仪、马子贞、沈恩孚、郝伯阳、戈公振、卢炜昌、熊长卿、陈公哲、侯可九、王壮飞、马西民、吴志青、贾季英、曹慕管、沈卓吾、裴国雄、张德平、余孟阳、张国勋、唐豪等20人为筹备委员，卢炜昌、戈公振、陈公哲、郝伯阳、侯可九、马西民、裴国雄等7人为筹备会执行委员。会上对于组织中华体育协会均一致赞同，讨论多时，旋议决用中华体育协会名义进行联络华南、华北、华东、华中各体育会，定期举行成立大会。值得注意的是，在10位发起人中，唐绍仪、熊长卿、卢炜昌、陈公哲均为在沪的广东人；马子贞、熊长卿、卢炜昌、陈公哲则在武术界具有重要地位，同时卢炜昌、陈公哲又是精武体育会的实际领导者；而唐绍仪即唐绍仪，曾担任远东体育委员会的会长，是早期中国参与远东运动会的重要组织者；另外，唐绍仪、郝伯阳、高梓三人又具有深厚的基督教青年会背景。10位发起人中在沪广东籍人士占了近半，一定程度上容易统一思想、达成共识。

而以精武体育会为代表的武术界人士的参与，则是民族主义勃兴在体育界的反应，武术作为具有民族性的体育文化的典型代表，武术界人士期望通过重塑国家体育组织机构来实现武术的传播与繁荣。唐绍仪、郝伯阳、高梓等具有深厚基督教青年会背景人士的参与，则反映了当时基督教青年会内部对于外籍干事专断行为的不满。筹备处所在地北四川路福德里精武中央大会堂，实际上正是上海精武体育会总部所在地，这也就使得当时精武体育会的主事者卢炜昌、陈公哲，特别是卢炜昌，掌握了中华体育协会成立过程中的实际主导权。

上海精武体育会对于发起与积极筹划在整个过程中起到了基础性作用，而中华体育协会与中华业余运动联合会的合作则起到了关键性作用。过程虽然曲折而艰难，但最终在社会各界的支持和努力下，中华全国体育协进会于1924年7月5日在南京正式成立，这也标志着中国体育主权的回归，在近代中国体育史上具有里程碑意义。中华全国体育协进会成立后，成为推动近代中国体育发展的主导者，对近代中国体育的发展产生了积极而深远的影响。不仅积极发展国内各项体育事业，诸如拓展基层体育组织、规范体育赛事、推广运动项目、培养体育人才等；对外代表中国积极参与远东运动会、美国戴维斯杯网球公开赛、奥林匹克运动会等国际体育赛事，极大地推动了中国体育的对外交往。

1936年，精武会作为中华全国体育协进会的成员单位之一，负责筛选培训了一批运动员，尤其是作为中国近代拳击发源地，培训了拳击组4名队员，分别是靳贵弟、李梦华、王润兰和靳桂。他们都出自商震的部队，奥运比赛结束后又回到部队，并且马上参加了抗击日军侵华的战斗。最终3人战死，只有1人多次负伤后退役。另外还选派了符保卢、陈宝球、翁康廷三人，分别参与撑杆跳、铅球、举重等项目的角逐。最后符保卢成为历史上第一名进入奥运会复赛的中国运动员。此外，又选派了男女武术运动员参加了奥运特别表演活动，轰动了欧洲体坛。

新中国成立后，中华全国体育总会第一届代表大会在北京召开，决定将原中华全国体育协进会改组为中华全国体育总会，即新中国的国家奥委会。

中华全国体育协进会成立之初，先后借上海申报馆、圣约翰大学宿舍为办公地址。1926年，租得中华棒球场，改建为中华运动场，协进会入驻。1933年，迁申园跑狗场对面小弄内。1932年八一三事变后，迁重庆。在沪期间，组成上海中华足球联合会、上海篮球联合会、上海网球联合会、上海棒球联合会、上海中华运动裁判会等，发布竞赛规则及全国最高纪录。每年组织全市足球、篮球、棒球、网球联赛。协进会在沪期间，审定了各项运动的规则；发布了全国田径、游泳的最高纪录；筹办了旧中国第四、五、六届全运会，承办了1927年的第八届远东运动会；主持了1925年、1930年、1934年参加远东运动会中国代表团的选拔工作；组织了中华网球代表团参加戴维斯杯网球比赛；还组织了中国代表队参加第十一届奥运会。在20世纪20年代，中华全国体育协进会即被国际奥委会承认为中国国家奥委会。协进会采取团体会员制，抗战以前以大区为团体会员，华东地区一直没有成立大区体协，体育活动均由协进会直接管理。

该会宗旨如下：在中国提倡有程序之运动及体育；为全国业余运动比赛制定统一之

标准规则；推广并改善业余运动员之运动游戏；设立并维持业余运动之划一标准，因以增进高洁之运动精神；在中华全国提倡并组织分区运动联合会，并使其隶属于本联合会；设立记录部，专司记录全国各分会业余运动游戏事宜；遇有国际竞赛举行时，由本联合会负责，选定代表中国之运动员。循此宗旨，业联会成立后，不仅主持中国参加第六届远运会的选拔、参赛等事宜，而且发起、筹办了第三届全运会。后虽因国内体育界反对，改由与中华体育协会筹备处、武昌体育界等联合主持，但仍然发挥了举足轻重的作用。可以说，在1924年中华体协成立以前，业联会实际上承担着领导全国社会体育的重要职能，对民国时期社会体育的发展起到了承前启后的作用。

二、中华武术第一次进入奥运

目标：中华武术进奥运

中国人与现代奥运的结缘，也是历经波折。早在1896年第一届现代奥运会召开前夕，法国人顾拜旦就曾致信清廷光绪皇帝，邀请中国参加在雅典举行的奥运会，然而由于慈禧太后从中作梗的缘故，中国未能参赛。1924年国际奥委会承认中华全国体育协进会为中国奥林匹克委员会，1932年中国终于派出运动员参加奥运会，田径运动员刘长春在张学良的资助下在太平洋的海浪上颠簸了21天才来到奥运赛场，但是因为在旅途中耗费了太多精力，刘长春在赛场上的表现不尽如人意。

1936年第11届奥运会在德国柏林举行，当时的纳粹德国需要通过奥运会来营造一种和平的氛围，以掩盖他们的战争意图，再加上当时中国和德国的合作比较顺利，于是德国邀请中国派出代表团参加奥运会。时国民政府由国民党主政，在海内外华人的舆论压力下，出于自身利益需求，也决定参加这次奥运会，前往柏林的中国体育代表团总计141人，其中运动员69人，他们将参加田径、游泳、举重、拳击、自行车、篮球、足球等项目的比赛，除此之外还有一个武术代表团将参加汉堡的世界体育表演，前外交部长王正廷担任代表团总领队。

当时，中央国术馆馆长张之江提出：从竞技实力看，要扬国威，只有派出"国粹"，非国术队莫属。此后，中国奥运国术选拔赛在上海举行。最终，遴选出了郑怀贤、张文广、温敬铭、寇运兴、金石生、张尔鼎、刘玉华、傅淑云、翟涟源6男3女组成中国国术队，随团出发。1936年3月下旬，时任上海交通大学体育馆副馆长、体育系助教的顾舜华，被选派为柏林奥运会国术表演队的副领队兼教练，4月份开始，带领国术队集训。6月25日，中国奥运代表队从上海出洋。顾舜华就长途海上航行中的生活起居，向国术队员作经验之谈。

中国功夫惊艳奥运会

总部为使全体队员进一步做好参赛准备，组织了训练、讨论、游艺、管理四个委员会，顾舜华是管理委员会的七委员之一。奥运会开幕前，国术队先进行了两场表演，开幕式上又表演了20分钟。每次表演前，顾舜华均要严密组织准备，队员临上场时，他都要亲自检查队员的着装、器械，连鞋带也不放过。8月7日，国术队在军营为德国

参加奥运武术表演的中国代表团

中国奥运拳击训练班，右为教练丁格尔

官兵表演，纳粹元首希特勒也来观看，全场情绪高涨。顾舜华交代队员要一如既往地保持镇定。队员们技艺娴熟，发挥稳定，都赢得了热烈的掌声与叫好声。

上海精武体育会会员郑怀贤被选拔此番代表国家出征奥运，表演飞叉，中国驻德使馆代办宋如海恐怕表演失手伤着了坐在前排的希特勒，把担心告诉了在后台的国术队领队兼教练郝铭、顾舜华。郝铭建议郑怀贤是否换打八卦掌。郑怀贤说：请放心，叉在我手上。顾舜华鼓励说：怀贤是老手，艺高人胆大，不会出差错的。郑怀贤很受鼓舞，默默一点头，手持钢叉从容登台。他向观众拱拳致意后，挥动钢叉，凌厉如闪电，飞舞如蛟龙。德军官兵眼花缭乱，纷纷起立鼓掌，一向自诩日耳曼种族至高无上的希特勒，也情不自禁连声惊叹，并指示现场的摄影尽快把表演镜头认真整理，供研究之用。西人急切询问：这究竟是什么体育运动？郑怀贤大声说：这就是中国人强身御敌的"功夫"！于是，神秘的chinese kongfu（中国功夫）风暴席卷德国。

国术队在德国举行多场表演，皆出神入化，勇武威猛，让外国人看得目瞪口呆、如醉如痴。奥运会执行主席特命为表演队摄制纪录片，并授予国术队一枚荣誉奖章。西方世界媒体好评如潮，盛赞中华国术诚艺术中之精品，体育中之骄傲！中华国术是妙不可言的体育艺术，它是体育，又是军事技能，是古老东方文明中之精华。之后国术队的9位侠客又在汉堡、法兰克福、慕尼黑的巡演中打出威风，刘玉华的双刀、金石生的九节鞭、郑怀贤的飞叉等表演，让柏林观众惊叹激动，掌声如潮。

郑怀贤作为上海精武体育会学员，他在奥运赛场上的飞叉表演，还演绎出一段鲜为人知的传奇故事。柏林奥运赛场，在数万观众的欢呼声中，中国的飞叉王出场了。面向主席台，一身白绸的郑怀贤精神抖擞，在满江红的音乐声中，将飞叉不停在全身旋转、翻动，好似游龙戏珠，令人目不暇接，看得如痴如醉。收势毕，郑怀贤向四周抱拳答谢，正欲返回休息室时，一位大会官员急忙走到他面前，通知郑怀贤上主席台接受希特勒的接见。郑怀贤曾回忆说：当时是大热天，表演刚结束，我全身大汗淋漓，在那位官员和翻译的带领下，我走上了主席台的第一阶。这个时候，一位穿着西服的中年人冲过来和我握手，翻译说，这是德国体育部长。谁知道，刚一握手，那位体育部长突然倒下了，在迅速挣脱我的手后，哇哇大叫，用手势制止正在走近我的德国纳粹宣传部长戈培尔。翻译急忙告诉我，体育部长说你的手上有电，把他电倒了。这时，我才发现，戈培尔马上回头阻止了希特勒。希特勒两肩一耸，双手一摊，表情惊奇而遗憾，随后就退回到了他的座位上去了。

德国体育部长为何会被突然电倒？据郑老回忆，当时，飞叉刚表演完，全身血脉膨胀，加之握手时很用力，可能刚好掐中了那位体育部长的穴位使他倒下。而西方有人则认为，郑怀贤穿的一身白大绸的衣服，连续与飞叉转动产生摩擦，因而产生了电。新中国成立后，郑怀贤成为成都体育学院著名教授、成都体育医院创始人，并曾任中国武术协会主席。

1936年9月，在德国柏林举行的第11届奥运会上，中国的足球、篮球、田径等诸多体育项目无一取得理想成绩，但精武会组织的9名武术运动员，壮大了中国代表团的声威，他们的表演得到一致喝彩，他们是中国在那届奥运会上展现给世界的最亮点。当时国内的武术大家们对于现代奥运会的认识也由柏林奥运会进一步熟悉起来。西方体育的竞技化也在潜移默化中改变中国武术。

第五节 海外传播，中国文化出海的先行者

一、海外精武传播——五特使下南洋

向海外播散精武种子

近代以来，包括传统武术在内的中华文明面临西方文明的巨大挑战，曾经辉煌灿烂的中华文明蒙尘，甚至成为西方人眼中腐朽和落后的象征。上海精武体育会迁入倍开尔路新会舍后，会务蓬勃发展。南游及南洋分会的创建，使精武体育走出国门向海外播散。

1920年7月，应东南亚华侨热心武术人士的邀请，陈公哲、罗啸傲、陈士超、黎惠生、叶书田五位精武骨干组成精武东南亚旅行团，正式出访东南亚各国。根据陈公哲《精武会50年》回忆，五特使下南洋路线为：香港→越南西贡→堤岸→新加坡→马来亚吉隆坡→槟城→吉隆坡→新加坡→印尼八达威（巴达维亚）→三宝垄→泗水→万隆→八达威→新加坡。从7月到10月的三个月时间里，旅行团成员先后访问四国九城，将精武精神传遍南洋。自此以后，马来西亚、新加坡、越南西贡、印尼的爪哇、泗水、雅加达等各地精武体育会先后成立，这在精武会历史上被称为五使下南洋或五特使下南洋。

霍元甲的儿子霍东阁，终身在南洋传授武术，足迹遍布东南亚的各个华人聚居地，积极宣传精武精神，还在条件成熟的地方，帮助当地华侨建立精武分会。

1921年，中央精武体育会在上海建立，作为海内外精武体育会的总机构，凡各处精武会的国操主任和教员，均由中央精武体育会委任。此后，精武体育会进入较快发展时期，并积极向海外华侨与华人较多的东南亚地区传播。陈公哲等人在南洋各地，一般都先去拜会当地的华侨社团和侨领，向大家放映精武影片，然后组织表演，举办精武十年的讲演活动，并且大力宣传体育运动的重要性，宣传中国人自己的体育观和健身方式。在中央精武体育会和五特使的推动下，1921年9月，东南亚地区最早成立的精武会组织，是马来西亚雪兰莪精武体育会。雪兰莪精武会推举著名侨商张郁才担任主席，会中干事全由当地华侨担任，由于当地缺乏武术教练，便聘请中央精武体育会叶书田为国术教员，就留在雪兰莪执教。张郁才承担了办会所需要的全部费用，当地的华商梁顺玲捐出数亩林场，开辟为体育操场。

在雪兰莪精武会的带动下，包括新加坡在内的一些地区分会也相继成立。到1923年，怡保、太平、实吊远、金宝、芙蓉等地，都陆续成立分会。同时，通过精武会和华侨商团的牵引，东南亚精武各会间很快形成了互相拉动的联网关系，如实吊远、太平的精

五特使沿着海上丝绸之路访问南洋，跨越沧海，宣传精武，创建海外精武会

武分会，就是在吉隆坡精武会国术主任黄强亚与中央精武的共同促进下成立的。在经费上，各地的精武会常常相互支援，如实吊远精武会原本只能依附在当地的益智书报社开展活动，后来得到怡保精武会会长罗燊南的慷慨赞助，终于在1929年正式注册成立。同年成立的太平精武分会，也是通过当地华商的捐款得以正式注册。

五特使南游吉隆坡，为吉隆坡地方精武体育会的建立奠定了基础。1920年9月10日五特使由新加坡抵达吉隆坡，当时马来西亚报业还不是很发达，社会消息以新加坡报纸的报道为主。陈公哲等人抵达新加坡的一切活动早已悉数登载在新加坡各大小报纸中，新加坡报界对上海精武体育会的宣传，引起了吉隆坡各界人士的注意。吉隆坡地方精武体育会的筹建是在各种阻力下进行的。其原因，一是自义和团运动之后，民众受殃，"拳"之一字，已受忌讳，在近代，旅外华侨并非人人留心时事，人多畏之，恐累身家也；二是马来亚开埠之初，华侨常受侵袭，为了自保，由洪门之分化，流为帮会之结社，但帮会与帮会时有龃龉，竟至打斗，自相残杀，为了杜绝流血事件发生，吉隆坡治安当局，凡涉及拳械之事，向多顾忌。鉴于上述原因，吉隆坡各界人士对于精武事业大多抱有怀疑的态度，而对于在吉隆坡成立精武分会之事，安分的商人更是不甚热心，更甚者，对于发起人朱嘉炳的精武注册申请，当地英政府也未予立即批准，因此，人多栗栗危惧，未敢接近精武人物。尽管有重重阻力，一些有志组织精武会的华侨，如发起人梁顺玲等，毅然将其寓所附近的空地，捐献出来作为教授国操的场所，为吉隆坡地方精武分会的建立做出不懈的努力。

筹办精武女会

除吉隆坡精武体育会积极申请地方政府立案注册外，吉隆坡女界也积极筹办精武女会。在吉隆坡，每有聚会，女会员陈士超一如男儿般登场表演武术，其健美的体魄、敏捷的身手，胜于未练武术之斯文男子。陈士超的行动使该地女界大受感动，于是该埠名闺淑媛，在吉隆坡华商总会发起召开女子欢迎会。会上陈士超论述了女子练习体育对于女子生理的影响，以及男女平等的意义等问题，使在座的女士对国内妇女体育运动的开展及男女平等思想有了进一步的了解，她们纷纷要求即日成立吉隆坡女子精武体育会筹备委员会。经过会议讨论，大会诸人即席推举谭振权、吴雪华、李巧眉、邓瑞琴、尹志伊等人为筹备员，进行吉隆坡女会的筹备工作。

五特使回沪后，上海精武派出了50多名主要骨干和武师去南洋各地协助建会。其中叶书田、黄强亚、霍东阁、李志羲等终生在海外精武服务。

李志羲是广东石岐人，生于上海。出身于上海浸信会，民国五年（1916）加入精武会，民国六年（1917）高级毕业，既经精武之训练，又加以会义之熏陶，1921年，奉上海中央精武会命南下马来半岛，主持会务，有条不紊，以独身终其生，先后在吉隆坡与星洲各地女子精武会服务三十三年，此种服务精神，实属难能可贵。因其对精武女子体育做出重要贡献，被称为精武圣女。

霍东阁的坚守

霍东阁是精武体育会创始人霍元甲的次子，1923年，霍东阁曾在广州任海军国技教练。后因海军总司令温树德背叛孙中山，归附北洋军阀，霍东阁拒绝了温树德的挽留，悻悻离去。他早有去印尼南溟开创事业的愿望，于是，于同年5月24日由香港起程，6月12日安然抵达爪哇泗水。

南洋建会之初，教员奇缺，上海精武体育会的许多教员都纷纷南下相助，其中就包括霍元甲之子——霍东阁。1923年5月24日，霍东阁乘坐海轮从香港出发，6月12日到爪哇岛泗水市。霍东阁在南洋烟草公司落脚，开始拜访当地各界名人和中国驻爪哇泗水领事，宣传精武。忙碌数日，收效甚微。霍东阁另辟蹊径，干脆从南洋烟草公司入手，义务传授职员工人武术，并讲述中华武术的博大精深，是中国国粹。果然，很快有人爱上武术，身体精神都有显著改观。有华人学校开始聘请霍东阁任武术教练，教学生习武。一日，泗水中华学校因办学经费欠缺，特意在加冷眼影戏院募捐演出，霍东阁以醉拳登台助演，不想竟收到意外效果，轰动泗水市。霍东阁抓住这一良机，向来访的诸家记者大力宣传精武要义，借报纸力量广而告之，可喜的是，习武之风在爪哇岛泗水城逐渐兴起。经多方努力，南溟泗水精武会终于瓜熟蒂落，于1924年8月正式成立。自此霍东阁名声大震，他也以此为契机，耗时数年，陆续建立起泗水、吧城等精武体育会。

霍东阁的武技，不但受到华人的赞赏，而且受到欧洲人的羡慕，《南溟精武大事记》曾记载外国人的话：中国国技，实驾于世界之上，我国虽有拳棒科学，比之贵国，诚有望尘莫及之叹，霍东阁君之"醉八仙"拳，实为中外独一无二之技。《精武大事记》上又记录一欧洲人的话：我西游欧美，东游日本，对各国拳术均有研究，从未见霍先生技艺之精者。当霍君在上海演"醉八仙"拳术时，我尚在西班牙，见报掌所载，

霍东阁（左）与同人演练兵战

恨不得一见其人、其技。不期此次来泗，于无意中得此好机会，我之大幸也。倘贵国人民，得霍君之技艺，普及而传授之，将来国家之强盛，固拭目可待也。

由于霍东阁的努力，南溟泗水精武会终于正式成立。当时，霍的声望已经很高，华人习武健身已成风气，教员不够，他便发电召其在广州分会助教的侄子霍寿嵩南下泗水协助。后来，霍东阁得知吧城为爪哇的中心，便立意在吧城设立精武总会，然后再在周围各埠设立分会，扩大精武在南溟的影响。他认为要想实现这一大愿，必须有一个良好的宣传方法。他想到上海母会曾摄体育影片进行宣传，威力甚大，便拿出自己几年来省吃俭用积蓄的数千元购置了一部摄像机，把泗水精武会的所有成绩拍成电影，到各埠去宣传，轰动了整个印尼，响应入精武会者极多，吧城精武总会于1925年12月正式成立。接着，西朗、芝利琨、巨港、苏门答腊、万隆、三宝垄等埠也纷纷成立了精武分会，终于在南溟打开了新局面。

在南洋各国的深远影响

五特使推广精武事业的努力，使精武分会逐步遍及南洋。继吉隆坡之后，五特使先后到达马来西亚的槟榔屿、印度尼西亚的雅加达、爪哇的泗水等地，每到一处不仅作演讲，介绍精武会的宗旨及发展，进行武术表演、放映精武电影，还通过访问、联络等方式与当地华侨领袖、商学两界有影响的代表人物座谈，并深入学校及社会各团体传授精武武术。1920年中国国内天灾人祸，河南、山东、直隶（现河北）、山西等省发生严重旱灾，而浙江、福建、湖南、广东等省则发生水灾，新加坡侨胞为此特组织赈灾筹款会，应新加坡绅商之约，五特使参加当地侨胞组织的赈灾筹款活动。在赈灾募款会上，陈公哲等人发表演说，表演精武武术，放映精武影片。上海精武体育会的这些工作，赢得了南洋各地侨商的赞许。随后越南西贡、印尼爪哇、泗水、雅加达等地男女精武分会亦相继成立，欧洲的荷兰、意大利等国和美国也有精武体育会会员的活动。到1929年底，精武体育会国内会员已达到40余万众，建立海外分会10多个。精武主义通过华侨华人的传播，开辟了东方体育文化向西方有组织有计划的传播，精武体育会成为东方体育文化向西方传播的领袖与旗帜。

精武体育会五特使下南洋影响极其深远，马来西亚华人杨柏志后来在《五使南来与精武在南洋的发展》一文中写道：

1920年曹尧辉等函请总会派员南来协助筹划和教导拳术。总会于是重视其事，派遣罗啸璈、陈公哲、陈士超、黎惠生、叶书田等五使南来宣扬精武精神。7月3日，罗啸璈率先启航经西贡，至新加坡，旋到吉隆坡，北上槟榔屿，访梁德权、吴顺德等。吴顺德为槟榔屿体育会会长，对精武武术体操兴趣浓厚，激赏叶书田操演武术。罗啸璈乃赠《精武本纪》予吴顺德。罗啸璈继程往棉兰，访总领事张善以及张耀轩等。然后折返新加坡与陈公哲等会合。后罗啸璈、陈公哲分别演说，宣扬精神宗旨。罗啸璈将潭腿十二路传授给体育教员王槐三、曾海明二位，以转授学生体操课，以上所述为精武精神传至南洋各地先声。

九月间五使齐至新加坡。五使以陈公哲为主干，其余罗啸璈、黎惠生、陈士超、叶书田。所带《精武丛书》《精武本纪》《精武章程》等，以及精武活动影片。新加坡《震南报》报道精武会员联袂南来，为文推崇精武会宗旨在讲求体育，强身健体，借以培养道德，发达智慧，享人类幸福。除国技为中国式体操外，设立中西各种文学、医学、音乐、摄影、篮球、网球、足球、秋千、平台、木马、杠子、凌空、溜冰、新闻的报道，引起埠众莫大兴趣，并促请五使表演精武武术。

南洋精武皆以上海总会为依归，不涉党派，不参政治，纯以民间自发自立团体姿态立会。会务活动以体、智、德；智、仁、勇；体育健身，培养全能高尚人格为最高宗旨。以武术体操、球类运动、木马、杠子为体育运动内容，辅以临池、音乐、游艺、文化教育，为智能培养，以仁爱为怀，服务社会，严遵精武十式，正义守信，友道助人，博爱平等为道德操守，会内规章严明，因而立下稳固基础。

20世纪30年代是南洋精武成长期，各地友会会务组织系统化。以会长为领导主体，会内成立各部组织，着重于武术、游艺、康乐、教育、福利、调查等部。各部皆能蓬勃发展，并向会外与广大社会、学校机构等联系，举凡社会救济、筹款运动、学府教授精武拳术都积极参与，深入民间。这时期继续南来的上海主要干才计有：陈公哲、卢炜昌、姚蟾伯、罗克己、罗啸璈、黄强亚、叶书田、叶书香、叶书绅、李志羲、魏元峰、赵连城、李佩弦、容忍、郑天轶、冯琼珊、李少林等。有的指导会务组织，有的留任南洋各地精武为会务主任或是武术教练，广为传授武术、音乐、文化教育。

20世纪40年代初，日军南侵，战乱之期南洋精武会务停顿，产业毁损，因而一时沉寂。40年代后期，各地光复，各地精武也纷纷复会，此时期为南洋精武复兴之期。

20世纪20年代初期南洋各地精武分会的创建，使精武体育走出国门，开始向海外散播，新加坡、马来西亚、印度尼西亚、越南等地男女精武分会的出现，使带有浓郁中国色彩的体育文化在国外开始生根发芽。南洋各地精武会纷纷建立，并得到所在国家或地区领导人的充分肯定。例如，新加坡总理李光耀前后两次为新加坡精武体育会发来贺辞：第一次是精武会成立45周年之际，题写了《精武体育会的新任务》献文；第二次是精武会成立60周年之际发表的献词。五特使的播种终于结出了累累硕果。

二、马来西亚的精武嘉年华

马来精武人的创举

早年上海中央精武会在努力将精武拳术传播到中国各地与星马一带时,深深感到外派的教员必须对精武宗旨与精神有深切的了解,并具有精熟的拳艺,才能发挥领导作用。因此开办了精武拳术专修训练班和精武师资训练班,积极培训武术人才与师资,分派了不少精武精英到学校、社团、各分会及南洋各地分会担任教员,传播精武拳术和精武思想。

这些选派来南洋的优秀教师,不但技艺高超,且具传教士般之敬业精神,长期耕耘,成效自然可观。如在吉隆坡等地服务的叶氏三雄,不但是最早的精武南洋五使之成员,其所练拳术和上海中央精武总教练赵连和也是同一个系统,所以所传授的大部分是中央精武规定的套路,除了潭腿与北少林拳术外,也包括了醉八仙、大圣拳、地趟门等拳术。

马来西亚是精武体育会较早传播推广的国家,经过近百年的发展,已经成为海外成立精武会最多的国家。1920年上海精武体育会五特使下南洋后,马来西亚精武会创立,这个时期南洋各地精武会皆以上海总会为依归,会内规章制度健全严明。20世纪30年代,是马来西亚精武会的成长期,各地分会会务组织系统化。以会长为领导主体,会内成立各部组织,设立武术、游艺、康乐、教育、福利、调查等部。各部皆能蓬勃发展,与会外社会、学校等机构广泛联系,凡社会救济、筹款运动,各类学校传授精武拳术都积极参与。这时期主要依赖上海相继南来的主要精英骨干,直接参与指导会务组织建立及留任

1921年成立的马来西亚雪兰莪精武会

各地精武教员。

在文化赛项方面,马来西亚精武代表更是在所有项目中皆获冠军。数十年从未间断的积累成果,雪隆精武会保存了近百套的精武传统拳术,马来西亚精武会本门武术技术体系精熟,水平高超。

马来西亚从1921年开始到2003年先后成立了近20个精武分会,具体是马来西亚精武体育会总会、雪隆精武体育会、金宝中国精武体育会、怡保中国精武体育会、吉打精武体育会、槟城女子精武体育会、槟城精武体育会、马六甲精武体育会、雪隆华人女子精武体育会、太平华人精武体育会、砂磅越精武体育会、关丹精武体育会、森美兰精武体育会、沙巴精武体育会、沙白安南精武体育会、安顺精武体育会、和丰精武体育会、马登巴冷精武体育会、民都鲁精武体育会。马来西亚是当今在海外成立精武体育分会最多的国家。

精武精神最具体表现为精武一家之精神号召。星马光复后，于20世纪50年代由星洲精武倡议，并成立南洋精武总会，以各埠友会为一单位，以联络各地友会，互相砥砺，共同推进精武事业，提高武术程度。马来西亚全国精武嘉年华会就是在精武一家的精神下诞生的，每年一届至2001年为止共举办了22届，从2003年起改为每2年举办一次。

所谓嘉年华，是英语Carnival的音译。嘉年华是欧洲的一个传统节日，是欧美狂欢节的代名词，相当于中国的庙会，最早起源古埃及，后来成为古罗马农神节的庆祝活动。多年以来，嘉年华逐渐从一个传统的节日，发展到今天成为包括大型游乐设施在内，辅以各种文化艺术活动形式的公众娱乐盛会。全世界各地有着花样繁多的嘉年华会，并成为很多城市的标志。马来西亚精武会借鉴了嘉年华的做法，成为精武文化的一个主要载体。

1953年，马新精武总会在新加坡宣告诞生（1993年9月5日新加坡精武会正式退出后，改称马来西亚精武体育会总会）。从此，马来西亚各精武会在总会的领导下，发挥出更强大的力量与影响力，不但鼓励及协助友会的会务发展，同时还主办各种大型活动，如主办精武武术大汇演、精武嘉年华会、精武集训营、精武武术统一考试、基本拳统一招式研讨会，收集精武高级拳种运动，出版录影带，参与政府主办宣扬旅游计划文化表演，聘请中国教练教导武术、游泳、歌唱等。

马来西亚精武总会是一个合法的注册团体，每2年由各友会派出8名中央代表选出理事会，而理事会也定期召开会议研讨各项事务，包括研讨每2年由各友会轮值的全国精武嘉年华会，研究会务今后发展，及对世界精武的各项事务。总会理事通过各项会议，主办活动，得以经常交换意见，互相交流，彼此合作愉快，成为一个具有影响力的全国性组织，深受各界的尊重。

1989年8月4日至6日，马来西亚精武总会承办了第11届全国精武嘉年华会。阔别14年后，也就是2003年，它又轮值承办第23届全国精武嘉年华会。连续3天的活动频繁，节目精彩纷呈，包括百人合唱团，在甲州公演的全国精武潭腿大汇操，以及精武文化大汇演。赛会除了基本的武术之外，也包括象棋比赛、书法比赛、乒乓比赛以及水墨画比赛。

马来西亚历届全国精武嘉年华承办表

届数	日期	承办友会	地点
第一届	11-12/11/1978	金宝中国精武体育会	金宝
第二届	23-25/11/1979	雪兰莪精武体育会	吉隆坡
第三届	19-21/12/1980	怡保中国精武体育会	怡保
第四届	18-20/12/1981	雪兰莪华人女子精武体育会	吉隆坡
第五届	17-19/12/1982	森美兰精武体育会	芙蓉
第六届	16-18/12/1983	雪兰莪精武体育会	吉隆坡

届数	日期	承办友会	地点
第七届	03-05/08/1984	砂拉越精武会	古晋
第八届	02-03/08/1985	槟城女子精武体育会	槟城
第九届	31/7-2/8/1987	槟城精武体育会	槟城
第十届	05-07/08/1988	怡保中国精武体育会	怡保
第十一届	04-06/08/1989	马六甲精武体育会	马六甲
第十二届	23-25/11/1990	太平精武体育会	太平
第十三届暨国际精武武术大汇演	14-18/08/1991	雪兰莪精武体育会及雪兰莪华人女子精武体育会	吉隆坡
第十四届	22-24/05/1992	金宝中国精武体育会	金宝
第十五届	04-06/06/1993	怡保中国精武体育会	怡保
第十六届	12-13/11/1994	关丹精武体育会	关丹
第十七届	18-20/08/1995	雪隆精武体育会	吉隆坡
第十八届	23-24/08/1996	安顺精武体育会	安顺
第十九届	05-07/09/1997	森美兰精武体育会	芙蓉
第二十届	17-19/12/1999	太平精武体育会	太平
第二十一届	15-17/12/2000	吉打精武体育会	阿罗士打
第二十二届	07-09/12/2001	金宝中国精武体育会	金宝
第二十三届	05-07/12/2003	马六甲精武体育会	马六甲
第二十四届	09-11/12/2005	雪兰莪华人女子精武体育会	吉隆坡
第二十五届	07-09/12/2007	安顺精武体育会	安顺
第二十六届	27-29/11/2009	雪隆精武体育会	吉隆坡
第二十七届	02-04/12/2011	槟城女子精武体育会	槟城
第二十八届暨世界精武武术文化大会	07-11/08/2013	怡保中国精武体育会	怡保
第二十九届	18-20/12/2015	怡保中国精武体育会	怡保
第三十届	1-3/12/2017	槟城精武体育会	槟城
第三十一届	6-8/12/2019	雪隆精武体育会	吉隆坡
第三十二届	16-18/12/2022	雪隆精武体育会	吉隆坡
第三十三届	12-14/9/2025	马六甲精武体育会	马六甲

精武一家与武术大汇演

秉承精武一家精神，从20世纪50年代由新加坡精武倡议，并成立新马精武体育总会，以新马各地精武会为一单位，以联络各地分会，互相切磋交流，共同推进精武事业，马来西亚精武嘉年华会就是在精武一家的精神下诞生的。1983年6月23日，成功地恢复了马来西亚精武体育会总会的注册后，将新马的精武同志结合为一家人，重新活动并修改章程，统一与确定了精武的会歌——《精武颂》。1986年6月15日，为庆祝马来西亚精武总会3周年纪念，在马来西亚首都吉隆坡独立球场，举办空前盛大的精武武术大汇演。

嘉年华会举行期间，各地精武的会友，齐集一堂，进行多姿多彩的多项活动，如精武基本拳会操、武术表演赛、北狮观摩、文娱游艺晚会、书法、绘画、乒乓球、羽毛球、拔河、徒步等。同时，亦举行联欢宴会、新马精武友会联席会议、马来西亚精武总会会议和精武基本拳研讨会等。

综观马来西亚精武体育会发展的历史，可以看出，倡导精武精神，是马来西亚精武体育会的成功之本；坚持改革创新，跟上时代潮流，是马来西亚精武会的成功之路；以时代精神审视，不断改革创新，是马来西亚精武会历80余载长盛不衰的缘由。影响所及，万众风从，远及港澳及南洋一带。而今，在与海外的联络与交往中，马来西亚精武体育会开创了新的局面，不愧为海外华人民间体育社团的杰出典范。

三、精武国际化，书写新篇章

世界名人政要与精武会

1978年，中国进入改革开放新时期，上海精武会不仅恢复了上海精武体育会的原名，会务活动也逐渐恢复，相继开展了精武体育会的传统项目，与海外友会的联络与交往日益增多。早在20世纪20年代初建会的马来西亚、新加坡友会首先来信联系，随后，新加坡精武老教师、原上海精武教练魏元峰于1980年专程来访；马来西亚总会委托森美兰精武副会长黄祝财借回中国探亲之机，于1983年10月访问上海精武会，了解近况，共商协作。至1989年初，马来西亚及其下属十多个分会、新加坡、英国、加拿大、美国、瑞士等外国友会都已与上海精武会相互来往。日本、斯里兰卡、越南等地也来商议恢复或筹建精武会组织。1984年、1989年、2010年，上海精武体育会借建会75、80、100年庆典活动的契机，广泛联络友会相聚上海，交流表演传统武术和体育项目，体现了精武一家亲。1989年上海精武体育会邀请友会代表来沪共商建立世界精武联谊机构的大事，出访广州、佛山、香港、新加坡、马来西亚、英国、新西兰、美国等地友会。1990年上海精武体育会承办了第一届世界精武武术文化交流大会；1992、1994年又连续举办了两届。2004年7月在波兰华沙举办了第八届世界精武武术文化交流大会，2006年在英国伦敦举办了第九届世界精武武术文化交流大会，世界精武友会的国际活动开展得如火如荼。

随着对外交往的增多，上海精武会再次吸引世界的眼光，很多名人政要或到访或对精武会予以赞扬。1985年5月9日，前世界重量级拳王穆罕默德·阿里应邀来我国参观交流，在对北京和西安访问以后抵达上海，专程到位于虹口区的上海精武体育总会参观，并进行拳击指导。他在看完运动员的训练以后，脱下西装，逐个对运动员的姿势和步伐做了具体的指点。他还特意与当时已68岁的南拳王、精武拳击的主教练之一的周士彬切磋交流了拳击术，盛赞周先生为中国拳击大师。

2002年6月，第七届世界精武武术文化大会在美国召开，时任美国总统的小布什专门发来贺函，预祝本次大会取得成功。2010年，在功夫世界武术锦标赛和精武百年纪念日之际，美国总统奥巴马致函美国精武体育会祝贺精武百年。同年，日本前首相鸠山由纪夫及夫人在人民公园与上海精武黄浦辅导中心会员一起学练太极拳。

2014年4月21日上午，由美国国会众议员格林率领的美中经济文化教育访问团一行16人访问上海精武体育总会。上海体育总会负责人向格林一行介绍了精武总会的概况及历史渊源，精武会员展示了特色武术节目。格林由衷感叹中华武术的博大精深，特向上海精武体育总会颁发美国国会特别证书，希望精武会在美国得到更大的发展。同时，他表示愿意成为中国人民的好朋友，努力为中美两国文化等交流牵线搭桥，期待上海代表团来美互访，延伸两国人民间的友谊。

2016年10月20日，现役UFC重量级名将阿里斯泰·欧沃瑞访问上海精武体育总会，求学太极功夫。上海精武体育总会总教练、中国武术九段王培锟向其讲解太极精义，并予现场指导与交流。

以武会友——世界精武武术文化大会

上海精武会受各精武友会委托，本着以武会友、交流武艺、弘扬精武的宗旨，在上海各级政府的大力支持和企业的赞助下，1990年9月8日在黄浦体育馆举办第一届精武国际武术邀请赛。参加的精武友会有马来西亚、新加坡、英国、美国、加拿大、日本，以及国内佛山、广州、天津、余姚和上海，还有苏联技击协会和东台市气功协会共8个国家13个代表团136人，其中武术运动员76人。分别参加了规定项目比赛和传统项目表演，涉及22个拳种、22个械种共186个项目。在两天交流比赛中，从12岁的小字辈精武选手到88岁高龄的精武前辈，几代精武人，荟萃一堂。国内上海、天津、广州精武选手各具优势，日本、英国的太极拳达到相当水准，马来西亚、新加坡的精武传统武术有很多精彩表演。上海精武代表团共20人参加，在130枚奖牌中获得51枚。

第二届精武国际武术邀请赛于1992年8月22日至27日在新建的虹口体育馆举行。参加的有新加坡、马来西亚、英国、美国、日本、加拿大，以及我国的香港、广州、佛山、天津、余姚和上海等13个代表团共197名代表，其中运动员119名。进行了5场比赛，涉及45个拳械种类计248个项目。此届比赛规定项目为精武十套和太极五式，表演项目为其他拳、械，显示出精武特色；按年龄分为甲乙组比赛，更具合理性；在乙组中增设全能项目；运动员比赛服装统一整齐。上海精武代表团共26人参加，夺得比赛项目96枚奖牌中的49枚。

第三届精武国际武术锦标赛于1994年9月20日至23日在上海虹口体育馆举行。新加坡、马来西亚、瑞士、波兰、俄罗斯、美国、日本等7个国家，和中国的佛山、天津、余姚、上海等地的11支精武友会代表团参加。这届比赛在项目、规则等安排上更趋完善，并将邀请赛改为锦标赛。第一次聘请友会成员担任裁判员（共10名）；年龄组别的设置分为甲、乙、丙三组，更为合理，上海精武代表团派出28人参加。

从1996年起，精武国际武术锦标赛更名为世界精武武术文化大会，赛事两年一届，由世界精武联谊机构和世界精武联谊会主办，各精武友会轮流承办，为表连续性，届数顺延，不另行计数。第四届世界精武武术文化大会1996年11月13日至16日在广州市海珠体育馆举行。此次参赛的运动员有326名，其中国内为101名。比赛项目分为三类：一是国家竞赛套路，包括长拳、太极、南拳、刀、枪、剑、棍；二是精武传统套路，包括潭腿、功力、大战、节拳、五虎枪、群羊棍、八卦刀；三是表演项目。经激烈角逐，上海精武代表团获得21枚奖牌。

此后历届举办情况分别为1998年第五届，马来西亚精武体育会总会承办；2000年第六届，天津精武体育会承办；2002年第七届，美国精武体育会承办；2004年第八届，波兰精武体育会承办；2006年第九届，英伦精武体育会承办；2008年第十届，马来西亚精武体育会总会承办；2010年第十一届，上海精武体育总会承办；2012年第十二届，天津精武体育会承办；2014年第十三届，上海精武体育总会承办；2016年第十四届，美国精武体育会承办；2018年第十五届，余姚精武体育会承办；2021年第十六届，上海精武体育总会承办；2024年第十七届，马来西亚槟城和怡保承办。通过世界精武武术文化大会比赛，增进了各国精武友会间的友谊和交流，展示了以中华传统武术为核心的精武文化风采。

成立世界精武联谊会，加强互动交流

为使精武的传统武术得到更好的传承，促进世界各地精武会之间的交流与切磋，从1991年开始，经过几年的酝酿，借1994年第三届精武国际锦标赛在上海举行之机，20个精武友会齐集上海丝绸之路大酒店举行会长会议，经过友好协商与讨论，决议成立世界精武体育会联谊机构，把常设秘书处设在中国上海精武体育会。1990年12月17日，上海精武体育会更名为上海精武体育总会。2008年11月，第十届精武武术文化大会在马来西亚怡保举行。其间召开世界精武友会会长会议，一致同意将世界精武体育会联谊机构的名称正式改为世界精武联谊会。亚洲、欧洲、美洲、大洋洲共39个精武友会成员单位，通过了世界精武联谊会章程，一致选举上海精武体育总会、马来西亚精武体育总会、马来西亚怡保中国精武体育会、天津精武体育会、美国精武体育总会、瑞士精武体育会、英伦精武体育会为联谊会执委。世界精武联谊会运行的常设机构为联谊会的秘书处,设在上海精武体育总会。

世界精武联谊会的主要任务为:1.每两年由各成员会轮流举办一次世界精武武术文化大会;2.定期召开联谊会各友会会长联席会议,商定和修改联谊会章程等事宜;3.经友会推荐,审核批准联谊会新成员;4.举办有关活动等。联谊会每年召开一次执委成员会议,在举办世界精武武术文化大会期间,召开世界精武联谊会会长会议,审议通过联谊会相关事项。2009年5月15日,在上海举行了世界精武联谊会执委会第二次会议,讨论制定了世界精武联谊会召开世界精武联谊会会长联席会议章程(草案),提交联谊会会长会议通过。世界精武联谊机构和世界精武联谊会的建立,使海内外精武会间的交流与活动日益频繁。

丰富多彩的海内外交流互鉴

2010年11月16日至20日,由国家体育总局、虹口区人民政府共同主办,上海精武体育总会等承办、上海精武体育赛事公司协办的精武百年庆典活动在上海虹口体育馆举行。海内外15个国家和地区,34个精武友会,361名精武同仁应邀参加庆典大会、第11届世界精武武术文化大会、世界精武论坛等系列活动,共襄盛举。

2013年5月30日至6月6日,上海精武体育总会一行6人赴美国、新加坡精武体育会进行访问交流,了解国外精武体育会运作模式及开展教育、比赛等活动情况,加强与国外友会之间的交流合作。12月6日至23日,马来西亚怡保精武武术总教练陈智强率领20名队员来到上海精武体育总会进行武术培训交流。

2014年1月25日,台湾中华少林拳道协会会长陈清钦率台湾武术交流团一行36人来访上海精武体育总会。两岸武术爱好者进行了形意拳、长拳、南拳、少林等中华传统武术的交流表演,共有100多位会员及武术爱好者参加活动。通过以武会友,切磋武艺,加深了海峡两岸武术爱好者之间的了解并增进了友谊。

2016年1月4日,日本香川精武会会长金森庸二等一行13人来上海精武体育总会参观访问,了解加入世界精武联谊会的手续,以及参加第十四届世界精武武术文化大会活动的问题。日本和歌山精武会会长胡叶丹陪同参访,介绍了和歌山精武会开展活动的有关情况。香川精武会一行还参观精武学堂、精武健身馆等。

2016年1月9日,罗马尼亚上海武术俱乐部主任朱荣富专程来上海体育总会,就筹建罗马尼亚精武会和加入世界精武联谊会等有关事项进行了交流。20多年之前,上海武术前辈朱荣富远涉重洋,赴罗马尼亚首都开设中医诊所,创办上海武术俱乐部,免费为当地1000多名爱好者传授中华传统武术,多名学员在欧洲及国际武术比赛中均获得优异成绩。7月14日,海外华裔青少年中国寻根之旅夏令营学生一行共32人来上海精武体育总会学习中华传统武术霍氏迷踪拳、咏春拳。此项活动是国侨办组织的华文教育夏令营赴虹口开展文化学习活动中的一项内容,营员分别来自加拿大多伦多、蒙特利尔市的12至16岁的华裔青少年学生。通过参观学习、体验,了解了精武的历史,以及爱国、修身、正义、助人的精武精神，这些海外华裔青少年更进一步感受到中华武术的魅力和中国传统文化的博大精深，增强了他们对祖国家乡的认同感和自豪感。

2017年4月，上海精武体育总会与东方广播中心合作，赴美国纽约参加第八届联合国中文日主题系列活动。在联合国总部、华美协进社、长岛中文学校等重要窗口机构进行《中华武魂——中华武术走进联合国》专场主题展演，以武术为载体，在国际舞台展示中华优秀传统文化的魅力。

2018年6月9日，上海精武体育总会与中华武魂全球推广项目组一行赴南非访问。在南非比勒陀利亚中国文化和国际教育交流中心孔子课堂举办的茨瓦内市校长会上，双方进行了友好交流。同月，由南非茨瓦内教育局局长率领的南非中小学校长团一行17人回访上海精武体育总会，双方就精武武术学校推广等事宜进行了探讨，建议将精武武术操碟片制作成中英版，适时在南非茨瓦内教育局下辖的两百多所学校推广精武武术操。

2019年6月20日至27日，上海精武体育总会领导赴德国柏林实地考察德国精武体育会，主要听取有关申办2022年第十七届世界精武武术文化大会前期筹备介绍。7月18日至23日，上海精武体育总会领导参加槟城精武体育会、槟城女子精武体育会以及怡保中国精武体育会庆祝建会95周年纪念活动。

"国不强兮招毁灭，人不强兮难自立。振我精神，锻我筋骨，充我知能，坚我体魄。百练此身如钢铁，任何威武不能屈。大家齐努力，厉行三达德。"精武会诞生在上海，以提倡武术、研究体育、铸造强毅之国民为主旨。经过100多年的发展，精武武术不仅成为国家级非物质文化遗产，是中华优秀传统文化的代表，而且活跃于世界各地，是民心相通的纽带。目前在全球范围内已成立了79个精武会。"青山一道同云雨，明月何曾是两乡。"人类只有一个地球，人类也只有一个共同的未来。可见，爱国、修身、正义、助人的精武文化和精神体现了人类共同的价值追求，反映了人类的美好愿望，能够践行好新时代中国文化连接中外、沟通世界的责任与使命，持续增进中国和世界之间的相互了解，同心同德共建世界美好大家庭。

四、世界精武联谊会成员单位

1		上海精武体育总会
2		广州市海珠广东精武体育会
3		天津精武体育会
4		余姚精武体育会
5		广东佛山精武体育会
6		香港精武体育会
7		澳门精武体育会
8		加拿大精武体育会
9		马来西亚精武体育会总会
10		马来西亚雪隆精武体育会
11		马来西亚怡保中国精武体育会
12		马来西亚吉打精武体育会
13		马来西亚槟城女子精武体育会
14		马来西亚槟城精武体育会
15		马来西亚马六甲精武体育会
16		马来西亚雪兰莪华人女子精武体育会
17		马来西亚太平华人精武体育会
18		马来西亚砂磱越精武体育会
19		马来西亚关丹精武体育会
20		马来西亚森美兰精武体育会
21		马来西亚沙巴精武体育会
22		马来西亚沙白安南精武体育会
23		新加坡精武体育会
24		新西兰精武体育会
25		荷兰精武体育会
26		美国精武体育总会
27		英伦精武体育会
28		西澳精武体育会
29		澳大利亚新州精武体育
30		瑞士精武体育会
31		波兰精武体育会
32		泰国精武体育总会

33	日本精武体育会（和歌山）
34	俄罗斯精武体育会（圣彼得堡）
35	加拿大精武体育会（卑斯省）
36	巴基斯坦精武体育会
37	印度精武体育会
38	巴西精武体育会
39	德国精武体育会
40	中国香港精武会（九龙）
41	南京建邺精武体育会
42	泰州海陵精武体育会
43	仪征市枣林湾精武体育会
44	深圳市精武体育会
45	保定市精武体育会
46	日本香川精武体育会
47	澳大利亚墨尔本精武体育会
48	秘鲁精武体育会
49	南非精武体育会
50	海盐县精武体育会
51	滨州精武体育会
52	宝鸡市精武体育会
53	希腊精武体育会

第二章
发展大事记

（本大事记以上海精武体育会毕业运动大会和世界精武武术文化大会为主，其他从略）

1909年10月，有英国大力士在上海表演手折铁条、遏阻汽车等技艺，中国观众既惊叹又屈辱，霍元甲闻讯首次从天津南下上海。

12月2日起，霍元甲在张园设擂台3天，但只有英国大力士奥皮音定于第三天，即4日下午与他进行生死对决，但并没有打成。

1910年4月初，霍元甲再次来上海，在张园设擂比武，并曾指名要与英国大力士爱君比武，可是对方始终未露面，此事不了了之。

5月14日起，霍元甲连续五天在《神州日报》刊登他创设中国精武体操会广告。

6月1日，中国精武体操会招收到第一批会员，初步成立。

6月26日下午，中国精武体操会在张园安垲第正式召开成立大会。首先由霍元甲报告开会宗旨，其次到会嘉宾先后演说，最后由会长农竹（名竹，字劲荪）发言。

8月，霍元甲因病在上海去世，享年42岁。

11月12日，中国精武体操学校因经济困难，在报纸上发布募捐启，筹建校舍。

1911年1月1日，中国精武体操会在新舞台开运动会，并筹集会中经费。

8月14日，中国精武体操会在上海县城内成立分会。

同年，绍兴精武体育会成立。

1912年10月27日，中国精武体操会在王家宅第二会址举行第一届毕业运动大会。

1913年，中国第一个摄影团体精武摄学部成立；同年中国精武体操会图画科成立，沈伯尘任主任。

1914年11月8日，中国精武体操会在王家宅第二会址举行第二届毕业运动大会。

1915年11月21日，中国精武体育会在民兴新剧社举行第三届毕业运动会。

1916年4月6日，中国精武体育会迁入倍开尔路（今惠民路）73号的新会所。新会所由陈公哲捐地、出资建造而成。

11月5日，中国精武体育会在十六铺凤鸣茶园举行第四届毕业运动会暨首届高级技击班毕业典礼，来宾2000多人。孙中山先生亲临大会，并发表演讲。

11月，浙江南浔精武体育会成立。

同年，萧汝霖在《青年杂志》杂志上发表了《大力士霍元甲传》和《述精武体育会事》两篇文章。

1917年11月25日，上海精武体育会在三马路大舞台举行第五届毕业运动大会。本届运动大会力行创新，新增技击说明环节，首次表演技击术军用实施法。

同年，女子模范团成立，开女子学武先声。

1918年7月7日，汉口精武体育会成立。

11月24日，上海精武体育会在三马路大舞台举行第六届毕业运动大会。本届运动会加大创新力度，除将上届运动会的技击说明环节扩大为武技解释和生理表示两部分，还增加了军乐合奏、喇叭独奏、弦乐合奏、四弦琴独奏和健美等部分内容。因此本届运动会改名为第六届毕业游艺会。

1919年4月9日，广东精武体育会成立。

同年，上海精武体育会第二分会（即沪城分会）在新北门煤炭公所内成立；孙中山作序的《精武本纪》出版；由上海精武体育会董事郭唯一发起全资收购屈臣氏汽水厂为会产，为精武发展提供资金（后设厂在汇山路 86 号）。

1920 年 4 月，精武公园被定为中国第一次五一劳动节庆祝活动场地，后因故临时转移活动地点。

8 月 6 日，美议员团参观精武体育会。

8 月，精武五特使下南洋，向海外传播精武文化。

10 月 30 日，上海精武体育会举行十周年纪念大会暨精武公园开幕式，同时合并举行第七届毕业运动会。3 天时间到场约 5 万人次。

同年，汕头精武体育会、澳门精武体育会成立。

1921 年 7 月 10 日，佛山精武体育会在清平戏院召开成立大会。

同年，正式建立中央精武，陈公哲将另一栋倍开尔路（今惠民路）75 号的家宅赠予精武会作为中央精武办事处。

同年，广东佛山精武体育会、金宝精武体育会、雪隆精武体育会、雪兰莪女子精武体育会成立；中央印刷厂建立，成为精武书局的发端，厂址位于塘山路大连湾路口。

1922 年 10 月，中央精武组织精武北游旅行团，前往北方推广精武武术。

同年，香港精武体育会、新加坡精武体育会、森美兰精武体育会、越南精武体育会成立。

同年，中国近代武侠小说第一人向恺然

精武体育会北四川路福德里新会址落成典礼

在《留东外史续集》中记述了霍元甲的故事，霍元甲的武侠故事从此开始。

1923年4月8日，上海精武体育会举行春季运动会暨十三届毕业典礼。

7月21日，福德里中央大会堂竣工，中央精武与上海精武第一分会迁入办公，精武体育师范学校和女子体育师范学校创办。

同年，江西精武体育会、槟城精武体育会、槟城女子精武体育会成立。

1924年7月5日，无锡精武体育会成立。

同年，怡保精武体育会成立；为收回中国的体育主权，上海精武体育会策划发起并创办了中华全国体育协进会，作为全国性体育培训与赛事的管理单位。

1925年，厦门精武体育会成立。

1926年8月27日，精武体育会放映霍东阁所拍摄南洋荷属、吧城精武教育影片。

1927年8月28日-30日，在上海召开国内外精武会第一次代表大会。

同年，张大千题名的《精武画报》创刊，辛酉学社重组为辛酉剧社。

1930年，安顺精武体育会、太平华人精武体育会成立。

1932年，马六甲精武体育会成立。

1933年2月5日，上海精武体育会在南京路大陆商场（今南京东路353号）3楼（即慈淑大楼）设立特区第一分会。

1936年6月，上海精武体育会选派符保卢、王润兰等参加柏林奥运，符保卢由此成为第一个进入奥运会复赛的中国选手。

1936年第十一届德国柏林奥运会，上海精武体育会的会员有三人入选中国体育代表团。其中，撑杆跳高运动员符保卢成为中

1936年第十一届德国柏林奥运会，上海精武体育会的会员有三人入选中国体育代表团。其中，撑杆跳高运动员符保卢成为中国第一位晋级奥运会决赛的选手

国第一位晋级奥运会决赛的选手

1941年10月5日，上海精武体育会在胶州公园举行第二十一届秋季运动会。

1945年，王晓籁成立光复上海精武体育总会会务委员会，发表劝募启事。

1946年11月12日，精武国术研究团成立，团员70多人。

1947年11月2日，上海精武体育会召开第一届会员大会，会务逐渐恢复。

1948年8月14日，各界群众共同捐资重修竣工的精武中央大会堂举行开幕典礼。

1953年，马来西亚精武体育总会成立。

1964年，砂捞越精武体育会成立。

1975年，瑞士精武体育会成立。

1976年，澳大利亚新洲精武体育会成立。

1978年，马来西亚第一届全国精武嘉年华会在金宝举办。

1983年，英国精武体育会成立。

1984年，上海精武体育会组织25位新老会员对精武传统拳械进行挖掘整理，整理出60多套精武传统武术。

1985年，加拿大精武体育会成立。

1987年，美国精武体育会、英伦精武体育会成立。

1988年，余姚精武体育会、沙巴精武体育会、关丹精武体育会成立。

1989年8月20日，上海精武体育会举行了中断40年之久的会员大会，选举产生恢复会务活动后的第一届理事会机构。

同年，广州市珠海广东精武体育会成立。

1990年6月30日，天津精武体育会正式成立，会址设在霍元甲的故乡，天津市西青区精武镇小南河村。

9月8日，第一届精武国际武术邀请赛在中国上海黄浦体育馆举办，共8个国家和地区的13个代表团参赛。

1991年5月23至27日，在上海复旦大学召开了"精武传统武术套路研讨会"，新加坡、马来西亚、英国、广州、佛山、上海等九个友会共20余名专家领导出席，会上统一了"精武基本十套套路"，通过了《精武国术武术竞赛规则》。

1992年4月，由上海精武体育会组织编排、摄制的一套三辑标准精武传统武术套路的录像带发行，分中英文解说和中文解说两种版本。

8月22日，第二届精武国际武术邀请赛在中国上海虹口体育馆举办，共7个国家和地区的13个代表团参赛。

同年，波兰精武体育会成立。

1993，荷兰精武体育会成立。

1994年9月19日，20个精武友会齐集上海丝绸之路大酒店举行会长会议，经友好协商，决议成立世界精武体育会联谊机构，明确联谊机构的秘书处设在上海精武体育总会。

9月20日，第三届精武国际武术邀请赛在中国上海虹口体育馆举办，共8个国家和地区的11个代表团参赛。

同年，斯里兰卡精武体育会成立。

1995年3月18日，广东陆丰精武体育会成立。

同年，辽宁葫芦岛精武体育会成立。

1996年11月15日，第四届世界精武武术比赛暨文化大会在中国广州海珠体育馆举办，共15个国家和地区的326名运动员参加。

同年，中国台湾精武体育会、澳大利亚精武体育会成立。

1997年7月21日，上海精武会赴香港参加"世界精武庆祝香港回归武术汇演暨世界精武武术研讨会"。

1998年6月2日，第五届世界精武武术文化大会在马来西亚怡保举办。

2000年9月3日，第六届世界精武武术文化大会在中国天津举办，共17个国家和地区的32个代表团参赛。

2001年，德国精武体育会、西班牙精武体育会成立。

2002年7月11日，第七届世界精武武术文化大会在美国达拉斯举办，美国总统小布什发来贺信。

2003年11月20日，在上海举办"精武基本十套"交流研讨会。马来西亚、新加坡、美国、英国、瑞士、波兰、荷兰、澳大利亚、天津、余姚等精武友会就套路动作做了进一步的修正和统一。

同年，马来西亚民都鲁精武体育会成立。

2004年7月3日，第八届世界精武武术文化大会在波兰华沙举办。

2005年，中国台湾花莲原住民精武体育会成立，日本精武体育会成立。

2006年8月18日，第九届世界精武武术文化大会在英国伦敦举办。

2007年6月，"精武体育"被列为上海市第一批非物质文化遗产保护名录。

10月21日，上海举办"世界精武武术比赛规则"的制定研讨会，拟定意见稿，并提交2008年举行的世界精武联谊会会长联席会通过。

2008年11月21日，第十届世界精武武术文化大会在马来西亚怡保举办，共29个国家和地区的600多名运动员参赛。同日，世界精武联谊会举行会长会议，议决成立世界精武联谊会。大会设立联谊会执委会，选举上海精武体育总会、马来西亚精武体育总会、马来西亚怡保中国精武体育会、天津精武体育会、美国精武体育总会、瑞士精武体育会、英伦精武体育会为联谊会执委。联谊会的常设机构为秘书处，设在上海精武体育总会。

同年，巴基斯坦精武体育会、加拿大卑斯省精武体育会成立，上海精武体育赛事公司注册成立。

2009年5月14日，上海举办第二、三组精武传统武术套路研讨会。

2010年11月16日，上海精武体育总会成立100周年庆典大会在虹口体育馆举办，来自15个国家和地区的34个精武友会应邀参加。

11月17日，第十一届世界精武武术文化大会在中国上海虹口体育馆举办，来自15个国家和地区的21个代表团参赛。

11月19日，第一届世界精武论坛在上海天鹅宾馆举行。

同年，《精武百年会史》编写出版；精武百年史料室重新建立；传统武术研究中心成立。

2012年10月18日，第十二届世界精武武术文化大会在中国天津举办。

2014年8月14日，第十三届世界精武武术文化大会在中国上海举办。

同年，"精武武术"列入中国国家非遗名录。

2016年7月22日，第十四届世界精武武术文化交流大会在美国德州达拉斯举办，共22个国家和地区的300余名运动员参赛。美国总统奥巴马发来贺信。

2018年8月8日，第十五届世界精武武术文化大会在浙江省余姚市举办。

同年，宝鸡市精武体育会、南非精武体育会成立，自此精武文化遍及全球五大洲。

2019年，滨州精武体育会、海盐县精武体育会、希腊精武体育会成立。

2021年11月28日，第十六届世界精武武术文化大会通过线上形式在中国上海举办，共有13个国家和地区的284名运动员发来参赛视频。

2024年7月20日，第十七届世界精武武术文化大会在马来西亚槟城举行，共有来自24个国家和地区的代表团参赛。同日，世界精武联谊会举行会长会议，选举产生第四届世界精武联谊会执委会，上海精武体育总会会长王智华当选为会长。

第三章
精武体育连接世界的传播之路

第一节 从沉寂到奋起的20年：1946-1965

重振精武会所

从1945年日本投降到1965年的二十年间，这个在战火中几乎湮灭的民间武术团体，经历了从废墟重建到制度新生的艰难蜕变，用两代人的汗水在时代夹缝中重新擦亮了精武的招牌。

1945年8月15日，日本宣布无条件投降，精武会同仁终于在颠沛流离之后，1946年回到了虹口四川北路福德里的会所，这时的精武会已被破坏得面目全非，办公场所一片破败之相，所有设备与来不及带走的资料荡然无存，面对百废待兴，复兴之路依然漫长，前进的步履依然艰难。

上海沦陷后，总会会所和中央大会堂均被日军强占，总会被迫迁往吴淞江以南与一分会合并活动。1946年迁回时，总会已被破坏，只得求助各界集资，于1948年修复。此后，因时局艰难，经费短绌，精武活动规模缩小，被迫将慈淑大楼场地大部分出让。1949年1月，国民党军警卫团、宪兵团又先后占用精武总会所驻兵，造成会务停顿。

当时，成立了以上海总商会王晓籁会长为首的精武会复兴会务委员会，全力复兴会务。值得一提的是王晓籁其人，此公虽然是海上闻人，然却有着非同寻常的传奇人生。他虽然是一个商人，但是在文化艺术方面也是行家里手，在上海商场很有人缘，人脉资源丰厚，职场生涯中，他写诗作画，以文会友。1936年鲁迅逝世时，王晓籁曾写下挽联以示哀悼。他对东西方文化均保持兴趣，不仅能跳西方的交谊舞，还会西式游泳等体育项目。王晓籁亲历和见证了辛亥革命、上海第三次工人武装起义、四一二反革命政变、抗日战争、解放战争、新中国建立，由此铸就了他不平凡的一生。

复兴精武会务需要大批资金，乃求助于劝募活动。1945年11月14日，王晓籁会长为复兴会务发表劝募启事：有赖各界热心人士赞助，深望社会贤达，慷慨捐输，成兹于举，使本会得以继续为社会服务。

当务之急是收回曾被侵占的会所，为此于1945年12月26日，以会长王晓籁的名义致函有关方面日侨管理处，要求从速归还曾被强占的精武总会会所。

位于虹口横滨桥福德里会所，除中央大会堂为精武出资自建外，毗邻的第34号房屋一幢系向广肇公所承租。为收回所承租的第34号，又致函广肇公所，务祈及早向上海房产处理委员会登记，请求收回上项房屋，提前发还本会，以利进行，无任感祷。其中的打通关节和洽商之烦，为一般人所难以想象。

征求会员大会是扩大会员，增加会费收入的传统活动。抗战胜利后第二十七届征求会员大会于1946年5月5日假康乐酒家举行，各征求队揭晓第一次得分结果，由39队姜守棠以110万分得第一名，由93队邓效良以80万分得亚军，季军为第75队崔衍纲以70万分获得。第二次揭晓由总队长王晓籁与奚玉书亲临主持，竞争结果93队邓效良以184万分夺得冠军，预计2000万分之目标业告足额。

重修精武体育会的主要建筑中央大会

堂已刻不容缓，所需经费求助于社会各界赞助。于1947年设立重修中央大会堂劝募委员会。以会长王晓籁、副会长吴涵秋名义向社会劝募。1947年11月2日，精武体育会又适时召开第一届会员大会。在会务报告中第一部分汇报了精武会发展中的过去时期、抗战时期和复兴时期。汇报的第二部分重点讲述了未完成及计划进行事项，包括体育方面，社会福利事业方面。

此后，精武会所先后修复，活动逐步开展，中央大会堂的修建工程经复兴会务委员会第一届理事王晓籁、奚玉书、张文魁、徐致一、郭琳爽、徐雨孙、崔聘西、崔挺东、黎衍卢、孙沣伟、王一、杨明新、李泽民、梁锦堂、郑家驹、邓启尧、陈贵立、黄育珊暨企业界巨子刘丕基、唐叔明、刘汉堃、陆菊生、邓宝虎、黄春芳、卢续章、杨延修、戴志明、邵修善、赵国梁、韩志成诸公见义勇为，捐资修建，完成巨大工程，而体育协会理事长奚玉书赞助尤力。当时精武中央大会堂为上海北区唯一完善的运动场所。于1948年8月14日正式举行揭幕典礼。由精武会举办的精武杯排球赛同时举行。沪上排球好手，踊跃参赛，计有甲组6个队，乙组12个队，女子4个队，老将新秀齐集一堂。

随着精武体育会会所的修复和设备的添置，使各项会务得到开展。为弘扬中华武术，精武国术研究团于1946年11月12日成立，团员70余人。除早晚分班训练外，为扩大对外宣传，曾先后在体育馆、中国红十字会上海分会，以及在中山公园举行的园游会上进行表演。影响日益扩大，练拳人数增多。

应浙江省国术研究会之邀，1946年11月9日至12月为杭州幼育所筹募经费，特派摔角班、双单杠班、健美班赴杭表演。表演三天门票收入悉数捐助幼育所。浙江省主席沈鸿烈在其公馆设筵招待精武全体人员，在座的还有抗日名将蔡廷锴将军。沈鸿烈主席还特赠精武体育会大银鼎一座。《杭州正报》刊登了鸣谢精武体育会的报道。

主办拳击比赛

1927年澳大利亚悉尼体育俱乐部拳击训练中心教练陈汉祥应上海精武体育会之邀，创办精武第一个拳击训练班，培养了被誉为亚洲毒蛇的郑吉常等中国第一代拳击手，击败多名日本、英国等拳击冠军，威震国内外拳坛，此后任上海精武拳击教练，培养了一批精武拳击爱好者。在参加中青会主办的1946年度全沪中西业余拳击比赛中，与苏、葡、意等七国业余拳击好手角逐，精武拳击选手陈松根、李琪英、钟颖业、周士彬、陈祖良、顾伯龄、高士宗参赛。比赛结果周士彬获华尔达级冠军，陈祖良获亚军，顾伯龄获中量级冠军，高士宗获亚军，精武选手压倒沪上各国业余拳击好手，不仅是精武的光荣，也为中国人赢得了荣誉。郑吉常这个日后被称为亚洲毒蛇的年轻人，此刻正用迷踪拳的步法配合直拳，创造着中西合璧的格斗美学。从拳击训练班到摔角团的成立，精武会在格斗运动领域的探索，恰似一部用拳套和跤衣书写的民族精神觉醒史。

精武摔角运动开展历史较长。最有影响是1946年11月20日在市体育馆举行的摔角比赛。特聘宿将佟忠义及北平少壮派摔角专家宋振甫担任顾问。大会主席团为邵汝干、吴瀚秩、徐熙等，裁判由陈伯民担任。精武参赛队员有周士彬、马松霖、陈惠利、华寿江等。

为适应精武摔角运动发展，由会长张文魁，常务理事和理事徐致一、梁锦堂、翁耀衡、孙沣一、朱廉湘、陈绪良、章伟川、陈占元等九人组成团务委员会并为发展摔角运动着重抓了以下几件事：首先拓宽摔角房，将8×8平方米的更衣室改成专用摔角房；其次，抓摔角人才培养，开办训练班，每期2个月，从初级至中级直至高级，毕业后即成为精武摔角团正式团员；再次，为争取把摔角运动列为第七届全国运动会正式项目，由精武体育会向第七届全国运动会正式建议，将摔角运动从表演项目改为正式项目，后经中央国术馆呈请教育部，建议将国术中的摔角列为锦标赛，后经第七届全国运动会筹委会通过，摔角轻量级分为丁丙乙甲，中量级分为乙甲，重量级分重乙重甲。最后，定期举行摔角观摩大会。第一次于1948年7月初在精武大会堂举行，邀请摔角名家宋振甫偕子宋保生莅会。王宏训对张世正，杨杰民对王立康，华寿江对曹彧进行表演；第二次观摩赛共有30人参加角逐；第三次观摩赛参加人数众多，持续一个多月才结束。在此基础上于1947年春正式成立上海精武摔角团。

摔角团首次亮相就一鸣惊人，在1947年12月23日在市体育馆举行的京沪摔角比赛，结果九对选手对阵，精武获得五胜、二平、二负的战绩，其中精武选手周士彬竟在与名震大江南北的摔角老将常东升对阵中，第一回合就摔倒对手。《大公报》的特写镜头记录下周士彬起身时下意识摆出的金鸡独立武术姿势，被外国记者称为东方神秘力量。从而周士彬一跤成名，成为美谈。

开展各项体育运动

精武体育会主办的精武杯全沪个人乒乓锦标赛，创办于1938年，后因太平洋战事发生，环境变迁，因而停顿。抗战胜利后，又继续举办第五届杯赛，参加选手有34人，于1946年12月14日揭幕，1947年1月12日闭幕，历时近一月。比赛采用分组单循环制，取各组冠亚军各一名，参加总决赛，决出名次。经各组单循环赛产生的各组冠亚军为一组王友信、陈兴权；二组张孚伟、范良骥；三组张善达、水涵高；四组李震、胡一萍；五组杨开运、陈曾亮。总决赛的优胜者为冠军王友信、亚军张孚伟、季军杨开运。这次赛后王友信、杨开运都相继加入精武乒乓球队。

精武足球队由来已久，早在1924年就建有足球队，但扬名于上海足坛是从1946年开始的。当时以学生为主体的蓝白队集体加入精武之后，于1948年由丙组晋级参加第四届甲组比赛，他们以充沛体力、娴熟技术，以2比2逼和当时盟主青白队，力挫劲旅志超队和中航队，成为上海足坛崛起的一支充满生机、颇具实力的新军。当时舆论评价：精武足球队是一支新军，技术颇佳，作战努力，而最好一点是他们以体育精神来作第一训练，赢来不骄，败亦不馁，曾经博得国内外一致赞赏。当时精武足球队阵容为：守门员高致文、陈慧民；后卫郑德耀、黄立甫；中卫赵宝礼、郁琪、应书昌、陈良琏、陈成达、陈福赉；前锋范本钧、庄心佳、陈一飞、吴敬仁、马群贤、李荣邦、吴祚昌、方纫秋、汪国光、夏贻德。

精武体育会开展的各项体育活动，不仅使广大会员丰富了业余生活，增强了体质，交流了友谊，而且培养和造就了一大批优秀运动员。他们为精武赢得了荣誉，为上海争了光，为中国争了气。1948年5月在上海举行的第七届全国运动会，在上海代表团中就有精武的胡维予、汪绍章（举重）、华寿江、曹彧、方明扬、周松霖（摔角）、周士彬（拳击）等七名选手入选。

精武会会所及中央大会堂的相继修复，为集中力量和节省开支，经理监会议决，拟将南京路慈淑大楼分会会所除保留办事处、健身房、浴室三处外，其余书报室、弹子房、演武厅、乒乓室各部出让予人，所得款项除清理债务外，其余为精武体育会基金。

尽管精武体育会的同人面对极度动乱的时局和十分困难的经济，团结奋斗，同舟共济，维护精武事业，但终难以实现复兴的愿望，尤其自1949年1月30日起，国民政府国防部警卫团第二营第五连二百余官兵借驻总会会所，以后又被宪兵十一团特务连一百五十余官兵续驻，造成一切活动被停顿，而且所用水电费甚巨，都由精武体育会来负担。在如此景况下，精武被迫停止活动，坚守阵地，迎接上海解放。

迎接新中国的诞生

1949年上海解放前夕，政局混乱，通货膨胀，百业凋零。精武会经费无着，会务受到严重影响。原会长王晓籁于1948年初辞任，纺织厂主、原理事长张文魁亦于1949年初转赴巴西经营，留下会务复兴委员会主席徐致一及部分留沪理事、教师、职工同舟共济，维护会务，一般活动尚能继续进行。

1949年5月27日，上海解放，给精武会带来了生机，徐致一和曾任副会长的朱廉湘等理事开展一系列会务活动。

1949年6月，为积极响应上海市民民主青年联合会（筹）发起的各界慰劳解放军活动，决定由精武会和市体育馆、侨联等八个体育单位共同筹备上海体育界劳军工作。派出副总干事盛泽钧代表精武参与。精武会全力以赴，全体工作人员和许多会员夜以继日，不取报酬，进行乒乓、健美、摔跤、体操和武术表演，还配合青年文工团，在解放剧场义演舞剧《白毛女》。另外，还组织体育队伍到上海市体育馆（后为卢湾体育馆）、大光明电影院、天蟾舞台（现逸夫舞台）、大世界等处慰问演出。

在组织会员与解放军进行联欢活动中，最盛大的一次是在兆丰公园（今中山公园）举行的全市性军民联欢，时任上海市市长陈毅亲临参加。

体育劳军历时一个多月，市民青联（筹）9月份在大光明电影院召开总结表彰大会，会上表彰了上海精武体育会并奖赠陈毅市长亲笔书写的劳军模范题词一幅。

1949年9月，上海市体育会筹备会成立，精武会徐致一等7人被推荐为委员。同年9月28日，精武会积极参与上海体育界保卫世界和平，庆祝中国人民政协、中央人民政府成立大游行筹备会。10月19日，上海市体育会（筹）接受中央有关部门邀请，组织赴首都体育参观团，精武常务理事朱廉湘为17名成员之一。

1950年初，上海市体育会以精武会为主，组织市体育会下属群众团体之一上海市国术联谊会，精武会5人被选为委员并由徐致一任主席，陈绪良任副主席。另有三人进入市体育会下属的举重委员会、技巧运动委员会和摔跤联谊会。

为促进会务，成立会务促进委员会。主席由徐致一担任，副主席是翁耀衡，总干事是黄维庆。其他常委和委员是陈绪良、胡维予、盛泽钧、朱廉湘、陈占元、章伟川、李伯龙、王一、梁锦堂、简世铿、文继康、张菊生、邓效良、朱威公。并于1950年8月17日向市教育局作了体育社团登记备案。

1951年10月，上海成立了专业足球队，精武足球队队员陈成达、方纫秋、郑德耀三人入选。1954年成立八一队，精武的陈复赉和汪国光三人被选为主力，不久，陈复赉、陈成达、方纫秋又升入国家队效力，而郑德耀则调往广东省队任教练。

上海解放后，精武活动恢复正常。经费依靠场地收费，可以自给自足。新中国成立以后，精武又为国家输送了大量的体育人才。1950年初，上海成立国术联谊会，来自精武的徐致一任主席、陈绪良任副主席，还有来自精武的三人分别任举重委员会、技巧委员会和摔跤联谊会委员。1951年10月，精武向上海足球队输送了陈达成、方纫秋、郑德耀三名主力队员，1954年1月，精武又为八一体工队输送了陈复春和汪国光，还有朱文伟到浙江省金融学校任校长，何炳荣到浙江大学任教授，胡维予、周士彬到上海体育学院任教授，潘文才到上海师大任教授，江涛到西安庆大任教授，李德辉到重庆大学任教授，王风岗到江苏省武术队任总教练，连民邦到陕西省任体操教练，王炳林到山东省任柔道教练。精武还将一大批优秀运动员输送到全国各地的专业队和体育学院去深造，为发展国家体育事业作出了重大贡献。

上海精武会原属市体委领导，市政府建立体育运动委员会后，1956年下半年，上海精武会下交虹口区体委管理，徐致一本人调至北京工作。会务促进委员会无形消失，会员制度也停止。日常管理工作由黄维庆、陈绪良和几位专职人员负责。经济上主要依靠总会、分会两处场地对社会开放，收取费用维持基本开支，自给自足。若遇有开展大型活动而经费有困难时，区体育部门也给予补贴，一些义务性的文体活动相应减少。

1956年，精武归区体委管理，重大活动由政府给予经费补助。1956年起，中央大会堂大修，亦由政府出资扶持。

20世纪50年代以来，精武会逐步趋向以场馆为社会服务的模式，主要以武术、乒乓球、摔跤、棋类四项特色服务项目。1956年市房管部门调整办公用房，南京东路慈淑大楼改为政府机关办公大楼，三、四楼的精武分会协商迁至延安东路57号二楼，面积441平方米，除继续开展武术、举重等活动外，还设立了大型乒乓室，安放12张乒乓桌，对社会开放，吸引了许多乒乓球爱好者前来练习，连续举办了几届全市乒乓球联赛（精武杯），培养了不少乒乓高手，乒坛名将徐寅生、李富荣、张燮林、孙梅英、杨瑞华等经常去这里练球,精武会还续办过几次精武杯乒乓联赛,对推动上海乒乓球活动起了良好作用,为上海乒乓球活动作出了重大贡献,那些乒坛名将,虽不是精武会员,但精武乒乓房的12张乒乓台却是他们训练的主要基地。

延安东路分会的改造更具创新性。12张乒乓球台按《周易》十二时辰排列,墙面用瓷砖拼出精武杯赛事历史。这里成为上海乒乓球的摇篮——徐寅生、李富荣等国手常来训练,张燮林的魔术师发球就是在精武乒乓房琢磨出来的。当时的管理员回忆:每天凌晨四点就有人来敲门,国手们带着馒头边练边吃,球台接缝处全是馒头屑。这种全民参与的氛围,让精武会在20世纪60年代成为上海人均运动场地占有率最高的体育机构。

精武会每天有百余人参加习武和摔跤,教练员们还深入到华东师范大学、闸北电厂等单位辅导,培养出了不少武术、摔跤的佼佼者。同时精武场馆还向虹口区的中小学开放,对开展群众体育活动,尤其是对中小学学生的体育训练起了积极的作用。

精武会对武术人才的培养,这阶段仍较突出,武术教师主要是鲍希勇、李龙标、王凤岗、孙润志,教精武基本十套武术外,鲍希勇是鹰爪拳陈子正的传人,李龙标之父李汇亭是精武名师,他自己擅长查拳、查刀。鲍、李两人主要在横浜桥总会任教。王凤岗是少林名家、精武总教练赵连和的高徒,擅长兵器,有单刀王的美称,在海内外精武任教40年。孙润志则是吴式太极名家,长期在精武服务,1959年,王凤岗受聘任江苏武术队总教练。

除武术外,还有胡维予教师担任举重、健美和摔跤指导,培养出多名一流举重运动员,1954年调至上海体育学院任教;被誉为亚洲毒蛇,曾在沪击败欧洲名手的郑吉常,一直担任拳击教练,直至1958年我国拳击暂停才停训;陈少秋任摔跤教练。

武术、摔跤、乒乓、棋类,是这段时期精武会的四项特色活动,经常以精武名义或虹口名义参加市级比赛和表演并为市专业队输送了多名人才。

虹口的室内体育场所只有精武会一家,而分会(先南京东路后迁延安东路)也是黄浦区内少数室内训练场所之一,场地租借和使用率都较高,对于开展群众体育,尤其是虹口区中小学生的体育训练活动起了积极的作用。虹口区体委每年都下拨一定经费让精武会添购体育设备。1965年,虹口区政府特批经费大修会所,原中央大会堂因建造年代久远,越修发现问题越多,预算不断追加,直至修好为止,1966年上半年竣工,面貌一新。政府对一个民间体育社团积极支持扶植,无疑是对精武体育会在体育事业上所作贡献的肯定。

受十年"文革"影响,精武会活动基本停滞,损失巨大。会名一度被改为要武体育馆、精武体育馆。此时,精武历史资料(包括档案、刊物、摄影等)和武术器械等大部被销毁。延安东路分会的房屋调作他用。

黄维庆、陈绪良、赵子平三位专职干事,在精武长期从事专职工作。黄维庆更是精武元老之一,自1916年起担任干事,后任总干事,服务于精武50余年,1967年初被退职。

第二节 新时期的振兴和图强

拨乱反正，为拳击比赛鼓与呼

1977年，"文革"结束后，上海精武体育会与各条战线、各行各业一样，开始拨乱反正，上下内外联系，积极筹备恢复。精武活动再度开展，曾承担组织市、区级武术、拳击、棋类等赛事。

根据当时的形势，针对上海精武体育会的现状，《中国体育报》记者平原向报社和国家体委写了一份内参，呼吁国家体委要给精武体育会正名，恢复上海精武体育会的本来面貌，发挥其体育团体的作用。时任国家体委主任李梦华作了重要批示并将批示精神写了编者按，刊登于国家体委内部刊物《体育工作情况》。随后，当时的虹口区体委主任沈文彬，即按内参与编者按的精神，着手进行恢复精武体育会的筹备工作。

从1978年开始，精武体育会在上海恢复社团活动，并于1990年作为市级民间体育社团注册登记，现称上海精武体育总会（Shanghai Chin Woo Athletic Federation）。精武会相继开展精武体育会的传统项目，组织开展武术引向学校工作，选派会员和教员进学校开展学生素质教育和创办武术特色学校，普及武术运动；加强会员在公园、社区开展全民健身活动的管理。组织开展各类培训、辅导和交流活动；加强同国内外精武友会和武术团体之间的联系，组织交流；举办武术、文化等培训；整理史料，传承和传授传统武术。保护非物质文化遗产。与海内外友会陆续取得联系，整修了会所，挖掘整理了精武传统套路，在各方面支持下，

举办了三次大型纪念活动（建会73周年、75周年，霍元甲逝世75周年）。

1980年起，陆续举办武术、拳击、摔跤、柔道、散打和棋类、桥牌等项训练班，每年开班15-20个，学员合计约2000人。还在天钥桥路、中兴路、乍浦路、历城中学、川沙和虹口体育场等处开设武术辅导站，吸引更多的人参加体育锻炼。面向全市举办武术、拳击、棋类、羽毛球、桥牌等各类精武传统项目比赛。

1982年8月7日借虹口体育场灯光篮球场举行"纪念上海精武会建会73周年传统项目表演大会"，邀请老精武理事出席，安排新老会员同场表演。会上介绍了精武会的简史和近况，邀请了各方面人士约400人观摩，100多名精武人员表演了武术、拳击、柔道、摔跤等节目共56个。

1983年恢复了上海精武体育会的原名。1984年初成立了精武理事会筹备会，由沈文彬、陈内华等负责，着手进一步开展恢复会务的各项工作。

根据《精武志》记载，为宣传武术，扩大影响，重塑精武形象，精武体育会广泛联系原精武教练、会员和武术界、拳击界人士共商推动方法，于1979年4月17日在会内举行一次大型群众性表演，共有60人表演武术套路和散打，参演的有傅钟文、蔡鸿祥、邹兴祖、吕继唐、黄寿亭、陈新富等老拳师和新秀。

我国的拳击运动是1959年3月被宣布暂停的，想不到这一停就是20年。直到1979年8月18日，上海精武会在虹口乍浦路灯光篮球场，公开组织了一场拳击表演赛，

率先在中国尝试开展中断20年的拳击运动，那一场拳击表演赛取得了很大成功，据汪康《上海拳击运动剪影》的描述：1979年夏天，精武体育会举办拳击表演赛。许多爱好者听到消息连夜赶来购票，门票很快宣告售罄。表演赛当晚，3毛钱一张门票被黄牛炒到1元5角，依然一票难求。直至锣声响起后，仍有数百人等在外面，久久不愿意离开……首次表演赛反响极好，随后，精武体育会又举办首届拳击公开赛。比赛过程中，运动员出拳迅猛、步法灵活、体力充沛，部分老观众认为：他们已然达到50年代上海拳击队的专业水准。从此，精武体育会每年都要举办以"精武杯"命名的拳击锦标赛或者邀请赛，而且规模越办越大，并邀请兄弟省市组队前来参赛。1979年12月，前世界重量级拳王穆罕默德·阿里第一次来华访问时，邓小平亲切会见了他。阿里建议中国应取消禁令，恢复拳击运动。1985年5月9日前拳王穆罕默德·阿里再次应邀来我国访问，在对北京和西安访问以后抵达上海，专程来精武会进行拳击指导，《文汇报》记者作了现场采访报道。不久，国家体委邀请上海精武体育会陈内华和郑吉常先生、周士彬先生赴北京开会，相关负责人认真征询了他们的意见。种种迹象表明，拳击运动解封为期不远了。

1980年11月21日当时国家体委工作情况反映（第26期）就上海精武会举办拳击表演一事加了编者按：多年来，拳击一直不予提倡，现在有些群众自愿组织开展拳击运动，我们认为，可以允许在一定范围内试验，引导抓好技术辅导和比赛的组织工作，保证活动的健康进步并注意这方面的经验。此后，上海精武会组织拳击队伍，赴有关省市进行表演和交流，并连续举办了9届精武杯拳击邀请赛，使拳击运动在中国开始复燃。1986年3月，国家体委正式宣布恢复拳击运动。

1986年6月，国家体委在秦皇岛会议上宣布恢复拳击项目。1987年8月22日成立上海市拳击协会，市体委宣布拳协的办事机构——秘书处设在精武会，时任区体委副主任贾瑞宝和精武会著名老拳击教练郑吉常两人担任拳协副主席、精武会干事长陈内华担任秘书长。

1987年4月，首届全国拳击锦标赛在南京举行。上海精武体育会专门率领新组建的上海拳击集训队赴宁参加比赛。可以这样说，倘若没有上海精武体育会的努力，1988年就不可能有中国奥运代表团拳击队出现在汉城奥运会的拳击擂台上。

整理史料，抢救各类武术秘籍

精武历史上传授过的拳术和械术有记载的达248套。为了继承和发扬中华武术，1984年组织了25位新老会员对精武以前传授过而流传下来的传统武术进行挖掘整理，整理出拳类有：潭腿、功力、脱战、十字战、大战、合战、短战、迷踪艺、八极、金枪手、少林、子孙丹、二郎、四六、卧地炮、黑虎、五虎、鹰爪行拳十路、鹰爪连拳五十路、鹰爪罗汉、杀手掌一、二、三路、杀蛟、绵掌、太祖、大雄、小雄、崩步、剁刚、一、二、三路摘要、五路梅花、十四路螳螂手、八步锤、八面锤、插锤、五郎锤、偷桃、出洞、柔铃、接潭腿、一百另八手、雁行、青龙、节和散拳等；械类有：八卦刀、五虎枪、虎扑群羊棍，达摩剑，金刚双刀，夜战枪，抱月刀，梅花刀，八仙剑，连环剑，撒手锏，奇门棍，六合刀和双刀进枪，单刀串枪等60多套精武传统武术。

这些挖掘整理的宝贵资料全部上交给上海和国家武术管理部门，并由上海武术馆出版了专辑，其中《精武拳械录》被授予二等奖并对25位整理者进行表彰奖励。

迷踪艺又称霍氏练手拳，是霍元甲打破秘不外传、传媳不传女的旧例，由其子霍东阁及高徒刘振声将此秘传授于精武会教员并惠赠其秘谱，武术教练苏锦标和会员袁继袖两人根据多年教学迷踪艺的体会，合作将迷踪艺谱于1984年下半年整理成册。这是后来精武武术成为国家级非物质文化遗产的重要文献基础。

主办各类体育赛事，精武再展雄姿

20世纪70年代中期，精武开始恢复活动后，逐步参与主办或协办上海的各类体育赛事。1974年参加上海市第五届运动会，获得武术男子团体第一名，女子团体第三名。1978年参加上海市第六届运动会，获得女子团体第一名，男子团体第二名。1980年起全面恢复武术、拳击、柔道、摔跤、散打、气功和棋类、桥牌等传统训练项目，据统计，1979年到1989年十年内就获得武术、散打、拳击、棋类等各项市级比赛的金牌221枚，还有5枚全国比赛的金牌。1995年参加上海第三届木兰杯武术社团观摩大会获团体一等奖和三个单项一等奖。1995年六名会员代表上海参加全国武术演武大会，其中五人获金牌，一人获银牌。1999年参加上海第五届武术社团观摩大会又获集体一等奖和三个单项项目一等奖。1999年参加在台州举行的国际武术暨绝技大赛，精武参赛的童子功、大关刀、牧羊鞭三个项目全部获得最高特别优秀奖，童子功、牧羊鞭还获得浙江电视台的中国电视吉尼斯证书。2002年代表虹口区参加上海市第十二届运动会成年组武术比赛，获得金牌2枚、银牌6枚，总分191分，金牌名列区县第二名，总分名列第一名。2012、2013年，精武组织人员代表虹口区参加全国武术之乡各类比赛活动，获得了几十枚金牌。

缅怀霍公元甲逝世75周年纪念大会

1985年9月，在新修葺的精武会堂隆重举办缅怀霍公元甲逝世75周年纪念大会，同时也是精武体育会建会75周年大会，活动得到了政府有关部门的支持与批准，也得到了许多企业的大力赞助。许多外省市的老会员和体育组织寄来信件表示祝贺。上海市体委主任沈家麟著文祝贺，副主任金永昌参加大会并致辞。

新加坡精武的舞狮侠士廖德南和教练林维明带着完成师傅的携金狮回娘家遗愿，在大会上作了精彩的表演。76岁的浙江慈溪姚电侠老师，参加精武会已60年，曾在上海、吉隆坡和佛山精武会授拳，回慈溪后任武协主席，出席盛会后，与弟子符永江成立了余姚精武会。天津西郊区代表团成员、霍元甲嫡孙霍文亭在讲话中回忆说：先祖霍元甲爱国尚武，取忌歹人，惨遭暗算，壮志未酬，含恨而逝。先祖逝世后，神圣的精武事业更加兴旺发展，历久不衰，这又足以令人欣慰。同时表示：作为霍氏后代，我愿和诸位先生秉承精武精神、为实现精武宗旨，发展精武事业，贡献余生。当年精武四大拳师之一，鹰爪王陈子正及其传人，嫡侄九十高龄的陈国庆，家居河北石家庄，特派其子陈正跃前来参加庆典，并在会上表演了鹰爪铁砂掌绝技。66岁的精武老会员李子怀，1960年去江西工作，24年中三回上海，都来精武走娘家。如今虽年过花甲，可在场上表演的当年在精武所学的一路杀手掌仍是刚劲有力，干净利落。

整个庆典活动传统武术表演、交流展示，内容丰富。近年来茁壮成长新手，老一辈精武教练，市武协副主席傅钟文和郝鸿昌、何炳泉等都登台表演。

中外宾客相聚在上海精武会堂，共同纪念建会75周年，缅怀霍公元甲辞世75周年，是继1920年10月庆祝建会10周年之后的又一次海内外精武大家庭的聚会。9月15日（星期日）下午7时在虹口体育场灯光篮球场上举行纪念活动。出席的有理事会筹备会成员、老会员及家属、上海各武术社团代表及区体育工作者和新闻单位等共约二千人。会上由区体委领导和老会员代表发言，缅怀先辈业绩，勉励后人奋进。纪念仪式结束后，由精武传统武术队、散打队和市武术队、市武警武术队作表演。

1985年9月14日是精武创始人、爱国武术家霍元甲逝世75周年纪念日。1985年，上海精武会专程走访了天津和北京的霍元甲后裔，并与天津协办了霍元甲生平事迹展览会，在天津、扬州各展一次，宣传霍元甲和精武精神。

无文不能行远与世界精武一家亲

精武先贤提出无文不能行远的文化精神，提倡"惟精惟一，乃文乃武"。曾经鼓舞了无数精武人既继承历史传统，又结合时代的特点，善于学习与创新，精武书局内容丰富，有传统文化临池（书法）、国画、国语、粤乐、弦乐、铜乐、戏剧和现代文化摄影、医学、雄辩、旅游等。精武还十分重视武术宣传和书籍出版工作，共出版书目44种，其中书籍31种，杂志7种，特刊6种。还摄制介绍精武活动推荐精武武术的电影五卷。开展教学活动，发展中华文化，弘扬民族精神。

精武粤乐早期甚为著名，1984年复建，队员有20余人，每周活动1-2次，配合会务活动经常宣传演出。1987年5月，广东江门市粤剧团来沪公演，曾邀请到精武会内联欢，同奏各种粤曲。

1984、1989年，精武借建会75、80周年庆典活动的契机，广泛地联络友会相聚上海，交流表演传统武术和体育项目，呈现了精武一家亲的热烈场面。1989年友会代表相聚上海共商建立世界精武联谊机构的大事，我会主动承担联谊机构常设秘书处的重担，负责日常事务，接着出访广州、佛山、香港、新加坡、马来西亚、英国、新西兰、美国等友会。1990年开始承办了第一届精武国际武术文化交流大会，1992、1994年又连续举办了两届。2004年7月在波兰华沙举办了第八届世界精武武术文化交流大会，2006年在英国伦敦举办第九届世界精武武术文化交流大会，世界精武友会的国际活动开展得如火如荼。

随着上海精武会会务活动的恢复，与海外友会的联络与交往也逐步开展，早在20世纪20年代初建会的马来西亚、新加坡等友会首先来信联系，随后，新加坡精武会老教师、原上海精武教练魏元峰于1980年专程来访；马来西亚总会委托森美兰精武副会长黄祝财回中国探亲之机于1983年10月访问上海精武，了解近况，共商协作事宜。至1989年初时，马来西亚及其下属十多个分会、新加坡、英国、加拿大、美国、瑞士以及中国香港、佛山、余姚等友会都已相互来往。日本、斯里兰卡、越南等地也来商议恢复或筹建精武会组织。

继精武会建会75周年纪念活动后，就着手访问老会员并制作表格登记，逐步寻踪，老会员也辗转相告，主动来会。又在当时所办训练班中择优发展会员。至1989年已登记会员有1405人，授予荣誉会员称号44人。

1988年11月30日，中国武术协会主席、亚洲武术联合会主席徐才，特地来上海精武会视察工作，在听取了工作汇报和参观场地后，在座谈中对精武工作提出了要求和希望：精武要有新的发展，要有传统的，又要有现代的；既要保留传统，又要注入新的精神，要推陈出新，武术要有精神支柱，要有精神的要求；对好的传统要敢于肯定，但对一些落后的东西也要敢于否定。并为精武会题词：古木逢春、推陈出新、整理扬弃、精武真情。

各项会务活动的恢复，使上海精武体育会发展进入新时期，建立新的组织机构势在必行。1989年8月20日举行了中断40年之久的会员大会，重新确立了上海精武体育会章程、会旗、会徽、会歌，选举产生了恢复会务活动后的第一届理事会机构：

会长：卢丽娟

副会长：姜其昌

常务理事：贾瑞宝、沈文彬、周士彬、何炳泉、平原、陈内华

理事：余觉安、陈立勤、苏锦标、黎永钊、方长生、王宝锷、周元钧、包文光、何炳生、孙申霖

干事长：陈内华（兼）

副干事长：陈立勤（兼）、苏锦标（兼）

并授予傅钟文、郑吉常、吴玉昆、胡维予、陈霖笙、荀达三、邓效良、盛泽钧、郝鸿昌等9位德高望重的精武老人为名誉理事；41位精武老会员和对精武恢复活动有较大贡献者列为荣誉会员。

1989年8月29日隆重举行上海精武体育会80周年庆典大会，有来自新加坡、英国、国内余姚等友会代表，日本太极拳人士，天津霍元甲家乡代表，以及精武会全体理事和会员共300多人参加。

国家体委、全国体育总会、中国武术协会、上海市政府、上海市体委等有关领导和海内外14个友会向大会发来贺词、贺信。

会上，各友会互赠纪念品并进行武术交流表演，其间，各友会还就精武传统武术作了交流探讨，以拳会友，情融一堂。还出版了建会80周年纪念册，除各种报道，照片外，还刊登了新老精武会员写的十二篇体会文章。

1990年12月17日，经政府批准会名改为上海精武体育总会。

1991年底制定了精武贡献奖条文，第一批授予周士彬、傅钟文等65名，并于1992年1月26日在会员大会上授奖。

至 1994 年底，上海精武会会员增至 1983 人，荣誉会员 52 人，每星期日上午在会内设立会员活动日，有计划组织武术的传授和交流，粤乐队亦开展自娱自乐活动。1994 年会所拆建后仍外借场地进行，风雨无阻，每年有 2000 多人次参加。

1994 年 10 月成立上海精武会会史编写小组，为广泛听取友会对上海精武会史的意见，上海精武会与香港精武会联合于 1995 年 8 月 30 日在港召开上海精武会史研讨会，并于 1996 年完成上海精武会史（1910-1996）编写和刊印工作。

1995 年 1 月《精武会讯》问世，传播精武事业日新月异的信息，传递各地友会的动态，成为交流精武会务活动的园地。至 1996 年 12 月止共出版了 10 期。

由于会务活动取得成绩，上海市体委授予上海精武体育总会 1992 年度上海市体育社团先进集体称号；卢丽娟、黎永钊被评为先进个人；授予精武会 1994 年上海市群众体育先进单位和 1995 年先进集体称号。

根据章程规定五年任期已满，须换届改选。1995 年 3 月 19 日经全体会员大会举手通过，产生第二届理事会。理事会下设宣传联络部、武术部、体育部和办公室，开展日常会务工作。

在友会间相互交往，探讨如何进一步从组织上巩固发展精武事业的基础上，从 1991 年开始，经过几年的酝酿，借第三届精武国际锦标赛在上海举行之际，于 1994 年 9 月 19 日，20 个精武友会齐集上海丝绸之路大酒店举行会长会议，经过讨论，友好协商，决议成立世界精武体育会联谊机构，参加联谊机构的团体成员必须是当地政府注册或以其他方式承认的精武体育会组织。明确联谊机构的秘书处设在上海精武体育总会，负责联谊机构的日常工作。联谊机构的产生，加强了各友会间的联谊、合作，促进了世界精武事业的发展。

1990 年第一届精武国际武术比赛后，各友会发现精武十套的一些动作存在差异并一致认为这是精武八十年沧桑历史的原因造成的。一致委托上海精武于 1991 年 5 月 23-27 日，在上海复旦大学，举办精武传统武术套路研讨会，有 9 个友会共 20 人出席，他们是：新加坡的廖德南、潘振强；马来西亚的杨柏志、邓炜如、叶汉辉、陈书章、陈才英；英国的黄济复；广州的招德光；佛山的黎日晴、区卓雄；上海的陈内华、苏锦标、黎永钊、袁继袖、包文光、孙审霖、孙剑狄等。研讨会统一了"精武基本十套套路动作"，通过了《精武国际武术竞赛规则》并分别作出决定，发布了《会议纪要》。

1991 年精武传统武术套路研讨会代表对讨论会内容签字生效

1991年精武传统武术套路研讨会代表合影

1991年精武传统武术套路研讨会代表进行武术套路演示

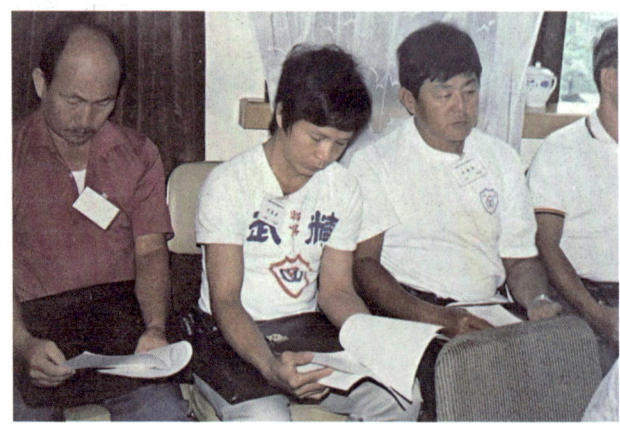

1991年精武传统武术套路研讨会各代表研读资料并现场讨论

上海精武会受委托，组织8名教练集中精力编辑和排练示范动作，与上海师范大学电教中心协作，摄制成一套三辑（拳术）：潭腿、功力拳、大战拳、节拳；（械术）：八卦刀、群羊棍、五虎枪；（太极）：陈、杨、吴、武、孙五式的资料录像带。录像带中有整套动作、分段动作、线路、解说和特技等内容，并分中英文解说和中文解说两种版本，并于1992年4月发行。

1991年4月制定了《上海精武体育总会武术技术考核办法》，这项办法的实施，对学员的水平巩固，对促进教学质量的提高都很有利。至1995年3月，经考核达到初级和中级毕业的总人数有102人。

精武武术队伍在1989-1995年的七年中参加了6次市级比赛，3次全国比赛（不包括三次精武锦标赛），共取得40枚金牌、24枚银牌和团体奖杯两座。

1995年冬，上海精武会与上海第七百货商店及上海体育学院合作组建精武七百武术队和精武七百散打队，招收有武术基础的人员参加，第七百货出资助学，有上海精武传授精武十套，上海体院武术系训练规定武术套路，在学期间，代表精武、七百参加表演和比赛。建队半年便开始见成绩，效果良好。

1992年上海精武体育总会获上海市体育社团先进集体称号。

百年精武论坛打造世界级文化品牌

2020年6月13日，在全国文化和自然遗产日之际，建会110周年的上海精武体育总会举办了百年传承精武之路高峰论坛。会上，上海精武体育总会举行了《精武志》筹委会和精武博物馆筹委会的揭牌仪式，以及精武世遗研究与申遗、精武文化工程《精武志》、精武学堂国际文化之路、精武文化资源研究与保护利用的签约仪式，正式迈出打造世界级文化品牌之路。

按照签约仪式的内容，上海精武体育总会将联手文汇出版社，将精武110周年历史用志书的形式呈现。上海精武体育总会还将在精武会旧址建成精武会史馆，以全媒体展现的方式向市民展现精武110周年历史与文化。未来，上海精武体育总会还将携手社会各界，共同筹建没有围墙的精武博物馆，并启动申请世界级非物质文化遗产。

每年6月的第二个星期六是我国的文化和自然遗产日。坚定文化自信、文明交流互鉴，让中国文化遗产走向世界。如今，中国入选联合国教科文组织非物质文化遗产名录（名册）项目数量位居世界第一，国家级非物质文化遗产代表性项目共计1372个。2020年是上海精武体育总会建会110周年，诞生于上海虹口的精武武术已经是上海市非物质文化遗产和国家级非物质文化遗产。已走过110周年的精武文化，正在积极准备申报世界非物质文化遗产。

一百多年前诞生的上海精武体育会，是中国人民反帝反封建的一个传承至今的文化成果，历史上真实的精武会，它是海派文化土壤里养育滋润的一项具有上海文化地标意义的成果，也是当年海派文化资源的一次整合，目前全球范围内建立了76个精武会，它是名副其实的一项世界文化遗产。精武文化本身的意义已经超越了体育与武术，超越了民族与种族，是上海一项不可多得的城市主题文化品牌。精武不仅属于上海,属于中国,也是属于全人类的共同财富。是不是可以通过世界非遗的申报,在全世界范围内进一步弘扬精武文化？据悉,上海精武体育总会将以线上与线下相结合的方式来开展110周年系列文化体育活动,将在线上开展云展览、云课堂、云展演、云集市、云旅游五个活动,并将在线下开展精武110周年相关活动。

此次举办的百年传承精武之路的高峰论坛,旨在以习近平新时代中国特色社会主义思想为指导,进一步加强世界各地精武会之间的联系和交流。回顾一个多世纪以来世界各地精武前辈筚路蓝缕、栉风沐雨、艰难开拓的奋斗历程,使民心相通成为增强各友会间团结、协作的桥梁与纽带,连接中外,沟通世界,促进中外民间文化的交流,对于传播与践行构建人类命运共同体的世界精武文化之路,提升上海精武城市品牌文化的发展之路,海派文化品牌的建设,具有深远的影响力。

精武会走过110年的历史进程,上海精武体育总会始终秉承爱国、修身、正义、助人的精神,在世界各地精武友人的共同努力下,76个精武友会在世界五大洲生根、发芽、开花、结果,承担起了连接中外,沟通世界的桥梁和纽带。展望未来,我们将进一步促进世界精武友会之间的交流,继续弘扬精武精神。与会专家认为,上海发挥服务国家"一带一路"建设桥头堡作用,精武文化也应充分体现服务和对接好国家倡议。以内外联动的大视野,加强上海精武体育总会与世界各地精武文化联谊会的组织建设与合作机制建设,为上海全球城市建设注入新动力。当前上海各方应形成共识,转变观念,凭借精武文化的优势与特色,将精武文化与"一带一路"的倡议结合起来,在坚持爱国主义与人类命运共同体的大趋势下,将精武文化服务社会,服务民众的旨意在世界舞台上放射光芒。

纪念五特使下南洋100周年,百年精武开启文化传播新征程,2020年8月16日,百年精武传播之路——精武五特使下南洋100周年纪念活动在上海精武体育总会举行。精武大讲坛、精武会客厅正式揭牌,教育部全职委副主任、华中师范大学博导、教授刘延申受聘为上海精武体育总会教育总监、精武学堂校长。中国人民大学杰出学者、教育部长江学者特聘教授、中国未来研究会理事长金灿荣,北京大学社会科学部副部长、教育部北京大学中外人文交流研究基地执行主任王栋,外交部亚非司原司长、中国中东特使、全国政协委员、全国政协外事委员会委员吴思科,中国拳击协会主席张传良,教育部全职委副主任、华中师范大学博导、教授刘延申,上海市人民对外友好协会副会长景莹,上海市文化和旅游局副局长王玮,上海市文化和旅游局非物质文化遗产处处长胡恩同,上海市人民对外友好协会亚洲处黄仰冰,以及虹口区体育局、虹口区文化和旅游局等领导、专家、学者汇聚一堂,共同纪念精武五特使下南洋开展民间文化国际传播交往100周年,探讨百年精武如何在新时代做好民间外交的友好使者,如何讲好中国故事、传播中国文化。

一个多世纪以来,世界各地精武先贤筚路蓝缕、栉风沐雨、艰难奋斗,在世界各地谱写下了辉煌的篇章。如今爱国、修身、正义、助人的精武精神已传遍五大洲，全世界76个精武体育会为传播中国文化、促进各国家和地区的民间外交默默耕耘。

100年前，精武五特使出访南洋，将精武武术和精武精神传向海外；100年后，精武体育会遍及世界五大洲，世界精武联谊会成为民间外交的桥梁。上海精武体育总会会长颜建平表示："爱国、修身、正义、助人"的精武精神与社会主义核心价值观高度契合，能更好地融入世界文化。在实现"中华民族的复兴、中华文化的振兴"的过程中，弘扬精武精神，有利于促进与世界各地的武术文化交流活动，进而不断扩大精武精神和中华文化在海内外的影响力，提高国家文化软实力，连接中外，沟通世界。

中国拳击协会主席、上海精武体育总会拳击总教练张传良也受邀参加本次活动。张传良直言，虽然自己有不少荣誉头衔，但没有任何一个头衔比起精武拳击总教练的身份更让他骄傲和自豪。因为精武、武术是我们中国人自己的体育文化。

作为虹口区教育局与上海精武体育总会共同打造的终身教育学堂，上海精武学堂正式开馆于2015年。目前精武学堂已开设社会管理（健康管理）大专专业，聘请文化、武术等多方面师资教学，致力打造融合成人高等教育、社区教育、老人教育三位一体的终身教育体系。

当今世界正经历百年未有之大变局，在发展同世界各国和地区交流合作，推进公共外交的人文交流时，武术作为人类共同文化遗产，具有独特的时代价值。与会专家学者从精武百年的历程来看，精武为民族振兴、国家开放都做出了非常重要的贡献。同时精武精神又具有民族性、世界性，精武精神不但是上海的、中国的，也是世界的璀璨文化之宝。为加强上海城市文化建设，与国家"一带一路"倡议对接，精武有着讲好中国故事，构建人类命运共同体的重要使命，同时，也可以将精武打造成为新时代中国文化的一个新载体。

加强上海精武体育总会会址的保护建设、加快精武数字博物馆的规划建设、加快精武档案文献资料的征集研究工作、在上海规划建设世界精武大会永久会址、大力推动精武武术申请世界级非物质文化遗产……未来，相信作为上海的文化地标，建立文有左翼联盟、鲁迅，武有精武会、霍元甲的上海著名文化马路，可以将上海精武体育总会建设成传承上海城市文脉和上海人文精神的文旅目的地。

第四章
世界精武武术文化交流大会

第一节　开放时代的精武绽放：世界武术文化大会的时代必然

20世纪90年代的中国，正沐浴在改革开放的春风中，思想解放的浪潮席卷大地，为各行各业注入了前所未有的活力。在这样的时代背景下，世界精武武术文化大会应运而生，它不仅是精武体育会发展史上的一座里程碑，更是国家改革开放成果在文化领域的生动体现。没有思想的破冰，没有改革开放带来的大好局面，精武文化的国际传播便无从谈起，世界精武武术文化大会的举办也只能是镜中花、水中月。

精武体育会自诞生之日起，就怀揣着"强国强种、振兴中华"的初心。在不同的历史时期，它始终与国家民族的命运紧密相连。改革开放后，随着国门的打开，精武体育会敏锐地察觉到，武术作为中华优秀传统文化的瑰宝，不应局限于国内，更应走向世界，成为促进国际文化交流的桥梁。这一想法在过去封闭的环境中难以实现，而思想解放让精武人打破了固有的思维定式，敢于将目光投向全球。

精武体育会开始积极开展国际交流活动，这成为世界精武武术文化大会诞生的重要铺垫。它先后与多个国家和地区的武术团体建立联系，派出武术教练前往海外传授技艺。例如，在东南亚地区，精武分会早已落地生根，当地的精武爱好者一直渴望能有一个全球性的平台进行交流切磋。精武体育会的工作人员不辞辛劳，奔波于各国之间，了解不同地区武术发展的特点，收集民众对武术交流的需求。这些实际工作，为世界精武武术文化大会的举办积累了宝贵的经验和人脉资源。

思想解放让精武体育会摆脱了传统武术传播中故步自封的局限，以开放包容的姿态吸纳各国武术文化的精华。在与海外武术界的交流中，精武人发现，不同国家的武术虽然风格各异，但在强身健体、弘扬武德等方面有着共通之处。于是，他们在保留中华武术精髓的基础上，借鉴了国际体育赛事的组织形式和规则，使精武武术更具国际通用性。这种创新举措，得到了国际武术界的广泛认可，也为世界精武武术文化大会的成功举办奠定了坚实的基础。

改革开放带来的经济发展，为世界精武武术文化大会的举办提供了物质保障。精武体育会利用国家对文化事业的扶持政策，积极筹措资金，改善训练设施，培养专业的赛事组织人才。同时，随着中国国际地位的提升，越来越多的海外华人华侨和国际友人对中国文化产生浓厚兴趣，纷纷为精武文化的国际传播提供支持。正是有了这样的物质基础和社会氛围，世界精武武术文化大会才得以从构想变为现实。

20世纪90年代，世界精武武术文化大会的成功举办，吸引了来自世界各地的武术爱好者齐聚一堂。在大会上，各国选手展示了精湛的武艺，交流了武术心得，精武文化所蕴含的"爱国、修身、正义、助人"精神得到了广泛传播。这不仅是对精武体育会多年来实际工作的肯定，更是改革开放后中国文化自信的生动体现。

从历史的维度看，世界精武武术文化大会的诞生，是改革开放时代的必然产物。思想解放为其提供了精神动力，开放的环境为其创造了有利条件，精武体育会的实际工作则为其铺就了坚实道路。它的成功举办，不仅推动了精武文化的国际传播，更让世界通过武术这一窗口，看到了一个开放、包容、充满活力的中国。而这一切，都离不开改革开放这一伟大的历史抉择，它如同一股强劲的东风，让精武之花在世界舞台上绚丽绽放。

第二节　世界精武武术文化大会概况

上海连续举办三届精武国际武术邀请赛

1990年9月的上海黄浦体育馆，当88岁的精武前辈李龙标挥出一记苍老却依旧刚劲的迷踪拳时，聚光灯下的拳影不仅照亮了赛场，更点燃了全球精武人跨越时空的文化共鸣。从1990年首届精武国际武术邀请赛到1994年世界精武联谊会的成立，上海以三届赛事为支点，将霍元甲开创的精武精神推向世界舞台，在全球范围内构建起武术文化交流的璀璨星河。

1990年9月8日在黄浦体育馆举办第一届精武国际武术邀请赛。除上海外，参加的精武友会有：马来西亚、新加坡、英国、美国、加拿大、日本、佛山、广州、天津、余姚等地的精武体育会，还有苏联技击协会和东台市气功协会，共8个国家13个代表团136人，其中武术运动员76人。分别参加了规定项目比赛和传统项目表演，涉及22个拳种、22个械种共186个项目。上海精武代表团共20人参加。

中国武术协会名誉主席李德生等领导送来题词。亚洲武术联合会主席、中国武协主席徐才专程来沪并与上海市副市长刘振元一起亲切接见各代表团领导人，在讲话中对精武事业予以高度评价。

虹口区区长黄跃金、市体育总会主席杜前等领导人出席并为运动员发奖。

在两天交流比赛中，从12岁的小字辈精武选手到88岁高龄的精武前辈，几代精武人，荟萃一堂。上海、天津、广州精武选手各具优势，日本、英国的太极拳达到相当水准；马来西亚、新加坡的精武传统武术有很多精彩表演；上海精武会在130枚奖牌中获得51枚。

各友会还就适应精武事业的发展和准备筹建精武国际联谊机构的问题进行了商讨，并议论了举办第二届邀请赛的改进措施。邀请赛期间，由上海精武体育总会同市体委体育文史委员会举办了精武历史和精武拳种专题论文报告会。100余名海内外精武友会代表与体育文史学者出席，有11篇论文经过征集、评审在会上报告。

1992年8月22-27日在新建的虹口体育馆举行第二届精武国际武术邀请赛。参加的有新加坡、马来西亚、英国、美国、日本、加拿大、中国香港、广州、佛山、天津、余姚和上海等13个代表团共197名代表，其中运动员119名。进行了5场比赛，涉及45个拳械种类计248个项目。此届比赛规定项目为精武十套和太极五式，表演项目为其他拳、械，显示出精武特色；按年龄分为甲乙组比赛，更具合理性；在乙组中增设全能项目；运动员比赛服装统一整齐。

上海精武代表团共 26 人参加，夺得比赛项目 96 枚奖牌中的 49 枚奖牌（金 21、银 19、铜 9），在 29 枚表演项目奖牌中获得 7 枚（金 1、银 3、铜 3）。

大会期间，各友会领导人聚集一堂，畅谈经验，交流会务，共叙友谊，商讨促进交往的意向和发展精武事业的大计。

1994 年 9 月 20-23 日在上海虹口体育馆举行第三届精武国际武术锦标赛。新加坡、马来西亚、瑞士、波兰、俄罗斯、美国、日本，和中国的佛山、天津、余姚、上海等 8 个国家 11 支精武友会代表团参加。中国武协主席张耀庭参加了开幕式。这届比赛的项目、规则等安排上更趋完善，并将邀请赛改为锦标赛；第一次聘请友会成员担任裁判员（共 10 名）；年龄组别的设置分为甲、乙、丙三组，更为合理，上海代表团派出 28 人参加。

1994 年的赛事升格为锦标赛，标志着精武武术的国际化进阶。瑞士裁判团带来的电子打分系统与传统喊趟子评分方式并存，体现了传统与现代的平衡智慧。俄罗斯代表团展示的武术桑搏融合体系，将精武摔角与俄罗斯格斗术结合，引发关于武术国际化路径的热烈讨论。而赛事期间成立的世界精武联谊会，其执委会成员构成本身就是一部微缩的精武海外发展史：上海代表见证初创，马来西亚代表传承南洋脉络，英国代表延续欧洲影响。

特别值得铭记的是闭幕式上的精武之光仪式：11 个代表团的选手手持刻有各自国家文字的精武灯笼，在体育馆中央组成太极图案。当灯光渐暗，灯笼的光芒汇聚成璀璨星河，象征着精武精神从上海一隅走向全球。此刻，88 岁的李龙标老人再次登场，与 12 岁的小选手共同表演老少阴阳拳，这种跨越七代人的技艺传承，让在场的 2000 余名观众潸然泪下。

世界精武联谊会成立于 1994 年，执委会由上海、天津、美国、瑞士、英国、马来西亚等地的 7 个成员单位组成。目前，有 19 个国家和地区的 42 个精武会为世界精武联谊会成员。自 1994 年开始，世界精武武术文化大会每两年举行一次，是架起世界各国和地区精武友会武术文化交流、增进友谊的桥梁。

每两年举办的世界精武武术文化大会，已形成独特的三维交流模式：竞技层面完善武术赛事规则，学术层面深化文化内涵研究，民间层面推动跨国技艺传承。2018 年的大会上，人工智能武术裁判系统与 VR 武术教学体验同时亮相，传统武术在数字时代焕发出新的生命力。这种既坚守文化根脉又拥抱现代科技的态度，正是精武精神在当代的最佳诠释。

广东举办第四届精武国际武术锦标赛

1996 年 11 月 15 日，广东精武会举办的第四届精武国际武术锦标赛在广东举行。本次比赛共有来自美国、英国、加拿大、澳大利亚、日本、韩国、新加坡、马来西亚、印度尼西亚、菲律宾，以及中国内地和港澳台等 10 多个国家和地区的 1000 多名运动员参加。

比赛项目包括套路、散打、太极拳、太极剑、南拳、南刀、南棍、长拳、刀术、剑术、枪术、棍术等。此外，比赛还设置了武术对练、集体项目等。

广东作为精武文化的重要传播地，在赛事筹备中融入了浓郁的岭南特色。比赛用的南拳器械全部由佛山铁匠手工打造，赛场背景音乐采用广东音乐改编的武术旋律，就连志愿者的服装也融入了粤剧元素。组委会特别设立精武历史长廊，展示从1912年精武会传入广东到当代的发展历程，其中1925年广州精武会编写的《岭南武术汇宗》手稿原件，成为连接过去与现在的文化纽带。

赛事的深远影响在赛后逐渐显现：新加坡精武会据此创办国际青少年武术营，美国代表队回国后成立精武文化研究中心，广东精武会则与马来西亚、澳大利亚等分会建立武术人才交流计划。正如赛事宣言所说：我们不仅在比赛，更在共同书写一部跨越国界的武术文明史。

当天河体育中心的灯光渐暗，各国武者在精武会旗下合影留念的画面，成为1996年世界武术史上的经典瞬间。从上海石库门里的拳声到南粤大地上的国际赛事，精武精神完成了从民族体育到世界文化的华丽转身。那些在赛场上交错的拳影剑声，终将化为文明交流的桥梁，让尚武精神在全球化时代焕发出新的光芒。

颁奖仪式充满东方美学意境。奖杯设计为武魂鼎，鼎身刻有15个参赛国家和地区的武术图腾：中国的龙、美国的鹰、马来西亚的虎、澳大利亚的袋鼠等，鼎足采用精武会标志性的三足鼎立造型。当冠军们举起奖杯时，背景屏幕播放着霍元甲1910年在上海打擂的历史影像与现代武术训练的蒙太奇，这种时空对话让在场所有人感受到武术文化的生命力。

1998年起历届世界精武武术文化大会概况

1998年6月2日，马来西亚怡保举办第五届世界精武武术文化大会。1998年，马来西亚精武体育会总会受世界精武体育会联谊机构委托，在怡保举行第五届世界精武武术文化大会。这也是马来西亚精武体育会因特殊原因而没有举办嘉年华会的两个年份。2001年之后，马来西亚的全国精武嘉年华会从一年一度，改为两年一度。

此外，全国精武嘉年华会也不再是唯一的大型活动，还有更大型的世界精武联谊会、武术大汇演以及其他竞赛活动，经协调后采用单数年及双数年的轮流制——单数年为全国精武嘉年华会，双数年则是世界精武联谊会。

2000年9月3日，中国天津举办第六届世界精武武术文化大会，有17个国家和地区的32个精武体育会报名参赛，人数近400人。1990年8月，1992年8月，1994年9月，上海精武体育总会连续举办了三届精武武术邀请赛；每两年举办一次世界精武武术文化交流大会，在国际武术界的影响越来越大，每次都吸引来自世界各地精武会员聚集一堂，成为一个武术文化交流的最佳场合，是发展精武事业的一个重大盛会。

2002年7月11日，第七届世界精武

术文化交流大会在美国达拉斯举办。自1994年开始，世界精武武术文化大会每两年举行一次，是架起世界各国和地区精武友会武术文化交流、增进友谊的桥梁。

2004年7月3日，波兰华沙举办第八届世界精武武术文化交流大会。

2006年8月18日，英国伦敦举办第九届世界精武武术文化交流大会。

2008年11月21日，马来西亚怡保举办第十届世界精武武术文化交流大会。此次大赛共有来自中、美、英、澳等29个国家和地区的代表队，600多名运动员参赛。开幕式上，全场2000余名会员到场，马来西亚国防部长到场祝贺，规模与气氛热烈壮重。2008年11月精武国际武术锦标赛期间正式选出上海、天津、马来西亚、美国、瑞士、英伦等地的7个精武体育会作为成员单位组成世界联谊会执委会。世界精武联谊会的成员单位也在不断壮大，发展至今已由18个国家和地区共42个精武会组成。世界精武联谊会成立起，就以弘扬精武武术文化为己任，发扬爱国、修身、正义、助人的精武精神，提倡乃文乃武，发展武术、文化和其他传统项目，加强各精武友会协作，广泛传播中华武术文化，不断促进世界精武事业发展和人类健康生活。

2010年11月16—20日，中国上海举办第十一届世界精武武术文化交流大会。

2012年10月18—23日，中国天津举行第十二届世界精武武术文化交流大会；

2014年8月14—19日，中国上海举办第十三届世界精武武术文化交流大会。

2016年7月21—26日，美国德克萨斯州达拉斯举办第十四届世界精武武术文化交流大会。来自全球22个国家和地区的300余名精武会友参加世界精武武术文化大会的角逐，本次大会设武术套路、散打、舞龙舞狮、书法、绘画、象棋等和中国传统文化相关的比赛项目。在此前的欢迎晚会上，美国、德国、希腊、澳大利亚、南非、秘鲁、马来西亚、日本等地的洋面孔竞相登场，带来了传统与时代相结合、各具地域特色的精彩武术表演。活动筹备期间，美国总统奥巴马、德州州长雅博特均发来贺信，预祝活动成功举办。

2018年8月8—13日，中国余姚举办第十五届世界精武武术文化交流大会；大会在余姚四明湖国际会议中心隆重开幕。8月9日下午，世界精武联谊会会长联席会议在浙江省委党校四明山分校内召开，世界精武联谊会各成员单位：上海精武体育总会、天津市精武体育会、南京建邺精武体育会、槟城精武体育会、深圳精武体育会、马来西亚精武体育总会、新加坡精武体育会、波兰精武体育会、瑞士精武体育会、德国精武体育会、英伦精武体育总会、新西兰精武体育会、美国精武体育总会、加拿大精武体育会（卑斯）等。这些来自世界各地的精武会代表出席了本次会议。

2021年11月28日，中国上海举办第十六届世界精武武术文化大会。原定2020年由世界精武联谊会主办、上海精武体育总会承办的第十六届世界精武武术文化大会受新型冠状病毒疫情影响，无法如期线下举行，经世界精武联谊会秘书处征求各执委成员会意见，讨论决定将采取各友会线上推荐、世界精武联谊会统一表彰的方式举行。各地精武友会积极响应，截至11月15日，共收到13个国家和地区、27个精武友会、284名运动员参与的网络视频，运动员年龄最大的是美国精武的85岁长者，最小的是4岁德国小运动员。此次网络展示，规模之大，影响之深，为各友会架起了全球精武友会之间的人文交流与推广传播的一座桥梁。

2024年7月19日至23日，第十七届精武武术文化交流大会在马来西亚槟城和怡保举行，这是来自世界各地精武会员的一场盛大集会，共同弘扬精武精神，传承武术文化。此次大会也是一个汇集全球精武武术爱好者、展示各种武术文化、促进国际间友谊与交流的盛会。

综合第一届至第十七届精武大会，由上海精武体育总会从1990年-1994年，在上海成功举办了第一至第三届精武国际武术邀请赛，为各国、各地区精武组织的武林同仁展示精湛的技艺提供大显身手的舞台，拓宽了中国传统武术向国际传播的通道，对于促进传统武术文化交流，增进各国之间友谊，弘扬中华民族精神具有重要的意义。活动由各

年份	举办地	大会名称	国家/地区	代表队数	运动员数
1990	中国上海	第一届精武国际武术邀请赛	8	13	97
1992	中国上海	第二届精武国际武术邀请赛	8	13	128
1994	中国上海	第三届精武国际武术邀请赛	8	11	94
1996	中国广州	第四届世界精武国际武术锦标赛	14	22	237
1998	马来西亚怡保	第五届世界精武武术文化交流大会	14	17	175
2000	中国天津	第六届世界精武武术文化交流大会	21	29	273
2002	美国达拉斯	第七届世界精武武术文化交流大会	18	30	305
2004	波兰华沙	第八届世界精武武术文化交流大会	25	43	400
2006	英国伦敦	第九届世界精武武术文化交流大会	14	18	220
2008	马来西亚怡保	第十届世界精武武术文化交流大会	17	33	360
2010	中国上海	第十一届世界精武武术文化交流大会	16	32	387
2012	中国天津	第十二届世界精武武术文化交流大会	15	21	375
2014	中国上海	第十三届世界精武武术文化交流大会	15	32	407
2016	美国达拉斯	第十四届世界精武武术文化交流大会	22		300余
2018	中国余姚	第十五届世界精武武术文化交流大会	17	34	466
2021	中国上海（线上）	第十六届世界精武武术文化交流大会	13	27	284
2024	马来西亚槟城和怡保	第十七届世界精武武术文化交流大会	24		600余

国民间精武武术团体组织承办。

中国上海共举办6届（第1、2、3、11、13、16届），天津2届（第6、12届），广州1届（第4届），浙江余姚1届（第15届），马来西亚3届（第5、10、17届），美国2届（第7、14届），波兰1届（第8届），英国1届（第9届）。

参与世界精武国际武术大赛的国家及地区数不断增多，各国各地区精武协会组织声势浩大，参赛运动队数和运动员人数历届呈上升趋势，尤其是国外运动员成倍的增加。

首届精武国际武术大赛初始仅设竞赛项目即个人单项与三项全能，而后几届大赛作了精细的规范分类，既考虑到精武传统内容和特色项目，又顾及国际武术规定竞赛内容，将竞赛项目分设精武传统竞赛项目和国际规定竞赛项目以及特色表演项目，这些内容进一步说明国际武术大赛逐步走向规范化。

参与精武国际武术大赛的特色项目、文化交流内容显得丰富多彩，组织形式新颖，突出武术传统风格的特点，而且更体现出其悠久历史与文化效应。不仅吸引着世界众多的国家与地区精武分会及武术界友人来参加盛会，而且在海内外名声斐然。无论在大赛的组织规模形式上，还是在竞赛、表演项目内容编排上以及在特色文化交流的项目设计上，做到了精心策划，独具匠心。为世界各国各地区协会组织的武林同仁展示精湛的技艺提供了大显身手的舞台，促进交流，增进友谊，打开了中国传统武术国际化发展、传播的窗口，搭起武术走向世界的桥梁。

第三节 第一届精武国际武术邀请赛

大会概述

当1990年北京亚运会的圣火即将点燃华夏大地，黄浦江畔的上海正以另一种方式诠释着体育精神的深刻内涵。9月6日至10日，由上海精武体育会与上海市对外文化交流协会联袂主办的"1990年上海精武国际武术邀请赛"在精武武术发源地盛大启幕。这场汇聚全球精武力量的盛会，不仅是对霍元甲强国强种精神的世纪回响，更成为东西方武术文化对话的璀璨舞台。

黄浦体育馆的聚光灯下，136名参赛者构成了一幅流动的武术文化地图。马来西亚精武会带来的富有民族特色武术融合表演，器械上还留着20世纪30年代华工下南洋的岁月痕迹；英国代表团中金发碧眼的太极拳习练者，演示着融入芭蕾韵律的太极剑；而苏联技击协会的翻子拳选手，其动作里依稀可见当年中苏武术交流的历史印记。最动人的莫过于年龄跨度——12岁的广州小武星李雅雯表演的精武小花刀轻盈如燕，88岁的上海老拳师王凤岗演示的太极十三式沉稳

1990年上海精武国际武术邀请赛期间历史论文报告会

如山，这种跨越七代人的技艺传承，让赛场成为活态的武术博物馆。

霍元甲嫡孙霍文亭与第五代子孙霍静红的亮相堪称神来之笔。当霍文亭展示祖传迷踪拳时，拳风里仍带着1910年上海擂台上的凛凛威风；而霍静红的太极推手表演，则融入了现代运动科学的人体力学原理。这种传统与创新的奇妙融合，恰是精武精神在当代的最佳诠释。日本伊藤聪的太极拳透着茶道的静雅，英国黄滔滔的招式里藏着绅士格斗的礼仪，马来西亚选手的南棍挥舞间仿佛能听见热带雨林的回响——186个比赛项目构成的，是一部立体的世界武术迁徙史。

赛事奖牌榜书写着令人振奋的数字：上海精武会以51金领跑，天津、马来西亚、广州精武会紧随其后。但比奖牌更重要的是评分标准里的精武哲学——组委会创造性地将文化表现力占比提升至30%，要求选手不仅展现技术，更要诠释武术背后的文化内涵。新加坡选手陈志强的南拳表演中，每个动作都对应着《孙子兵法》的战术思想，这种武以载道的诠释让他斩获金牌；美国选手大卫·张的太极剑融入了道家阴阳理论的英文讲解，虽未夺冠却赢得全场掌声。

裁判队伍的构成同样体现国际视野。由中、英、新、马等国组成的裁判组，赛前四天闭门研讨规则，特别针对精武十套传统套路制定了动作规范性40%、文化诠释30%、创新难度30%的三三制评分体系。当苏联裁判安德烈为中国选手的枪术打出9.8分时，他在评分表上写下：力量与韵律的完美结合，看到了斯拉夫击剑与中国枪术的哲学共通。这种跨文化的专业认可，让赛事超越了竞技层面，成为文明互鉴的桥梁。

赛事期间举办的精武历史与拳种专题论文报告会，堪称武术界的学术盛事。新加坡精武会秘书长邝元亨展示的1925年南洋分会训练日志，与上海档案馆藏的有关霍元甲的资讯形成珍贵互证，首次系统梳理出精武武术在东南亚的传播脉络；英国武术学者约翰·李提交的《太极拳力学分析》，用运动生物力学数据印证了以柔克刚的科学性；苏联体育研究院的《精武摔角与桑搏术比较研究》，则为武术国际化提供了新的理论视角。

十一篇论文中，《精武十套的形成与演变》引发最热烈讨论。上海体育学院教授通过比对1912年原始教材与当代套路，揭示出精武武术守正创新的发展规律。马来西亚代表提出的武术文化基因理论认为，精武精神如同DNA链，在不同文化土壤中既保持核心特质，又发生适应性变异。这些学术成果后来结集为《精武武术文化研究》，成为首部系统研究精武武术的国际学术著作。

赛事闭幕后的座谈会上，成立国际精武组织的呼声成为最强音。新加坡团长陈万教的发言掷地有声：一个世纪前精武将武术带向世界，今天需要国际组织来肩负新的时代使命。马来西亚张子贞更提出具体构想：这个组织应是非营利、非政治的民间平台，让武术成为不同文明对话的通用语言。英国会长黄济复则分享了欧洲精武会的发展经验，建议建立全球精武数字档案库，让分散各地的精武资源实现云端共享。国内佛山、广州精武会则强调母会责任，建议以上海为中心建立国际联谊总部，定期举办世界精武武术文化大会。这些构想最终催生了1994年成立的世界精武联谊会,使精武从地域社团升格为跨国文化共同体。

赛事的圆满举办离不开幕后的精密运作。上海市副市长刘振元在百忙中接见各代表团团长,他指着会场悬挂的霍元甲画像说:精武精神就是中华民族自强不息的缩影。亚洲武联主席徐才专程从北京来沪,带来国家体委"弘扬精武,振兴武术"的题词。虹口区政府不仅提供场地支持,更协调十四家企业

欢迎会上主持人介绍徐才主席

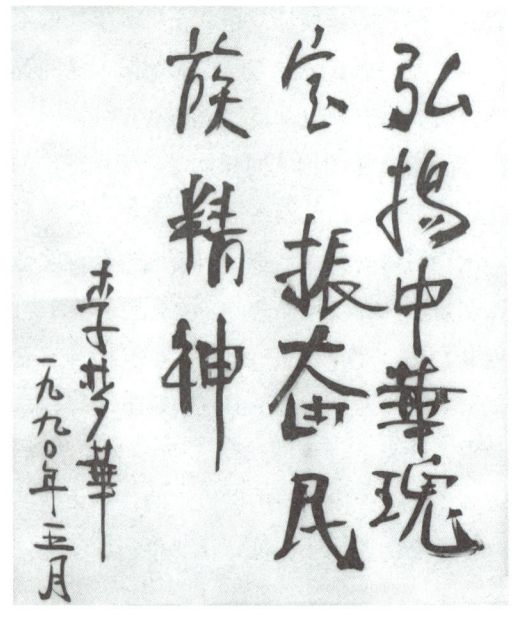

时任中国奥委会主席李梦华题词

资助经费，其中伟民空调器商店连夜抢修赛场空调，耗资10万元更换机组，确保比赛环境舒适。

裁判组的敬业精神令人动容——总裁判长陈顺安在运动员抵沪当晚，带着编排团队连夜核对临时变更的76名参赛者信息，在体育馆地板上工作至凌晨四点，用粉笔画出临时赛程表。这种精武效率让国际友人惊叹：你们不仅在比赛武术，更在演绎一种追求卓越的生活方式。

当赛事落下帷幕，各国（地区）选手在精武会堂前种下友谊树，每片叶子都刻着参赛国家（地区）的文字。霍文亭老人在植树仪式上感慨：祖父当年在上海打擂，为的是唤醒民族自信；今天大家同台竞技，为的是共建人类文明共同体。从1910年的闸北擂台到1990年的国际赛场，精武精神完成了从强国强种到协和万邦的升华。那些在黄浦体育馆上空交错的拳影剑声，终将成为不同文明对话的永恒见证，让尚武精神在新时代焕发出更璀璨的光芒。

新闻发布会、筹备会议

1990年上海精武国际武术邀请赛新闻发布会

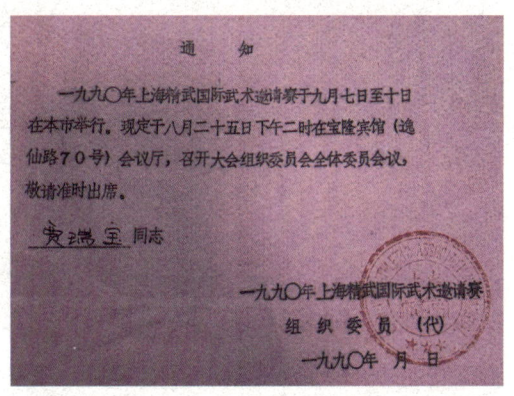

1990年上海精武国际武术邀请赛组委会会议通知

1990年上海精武国际武术邀请赛组委会会议

1990年上海精武国际武术邀请赛组委会会议

1990年上海精武国际武术邀请赛领队、教练、裁判长联席（地区）会议

欢迎会

1990年上海精武国际武术邀请赛欢迎会现场

1990年上海精武国际武术邀请赛欢迎会场地——上海精武体育会会馆

1990年上海精武国际武术邀请赛欢迎会迎接各国（地区）来宾

1990年上海精武国际武术邀请赛欢迎会天津代表合影

1990年上海精武国际武术邀请赛各代表团入住地——宝隆宾馆

开幕式

1990年上海精武国际武术邀请赛开幕式现场

1990年上海精武国际武术邀请赛开幕式上裁判员入场

1990年上海精武国际武术邀请赛开幕式上美国队入场

1990年上海精武国际武术邀请赛开幕式上加拿大队入场

1990年上海精武国际武术邀请赛开幕式上英国队入场

1990年上海精武国际武术邀请赛开幕式上日本队入场

1990年上海精武国际武术邀请赛开幕式上新加坡队入场

1990年上海精武国际武术邀请赛开幕式上苏联队入场

1990年上海精武国际武术邀请赛开幕式上余姚队入场

1990年上海精武国际武术邀请赛开幕式上马来西亚队入场

1990年上海精武国际武术邀请赛开幕式上佛山队入场

1990年上海精武国际武术邀请赛开幕式上广州队入场

1990年上海精武国际武术邀请赛开幕式上天津队入场

1990年上海精武国际武术邀请赛开幕式上上海队入场

1990年上海精武国际武术邀请赛比赛场地——黄浦体育馆

1990年上海精武国际武术邀请赛开幕式现场

大会现场

1990年上海精武国际武术邀请赛期间的武术交流活动之一

1990年上海精武国际武术邀请赛期间的武术交流活动之二

1990年上海精武国际武术邀请赛期间的武术交流活动之三

颁奖仪式

1990年上海精武国际武术邀请赛颁奖仪式之一

1990年上海精武国际武术邀请赛颁奖仪式之二

闭幕式招待会

1990年上海精武国际武术邀请赛招待会

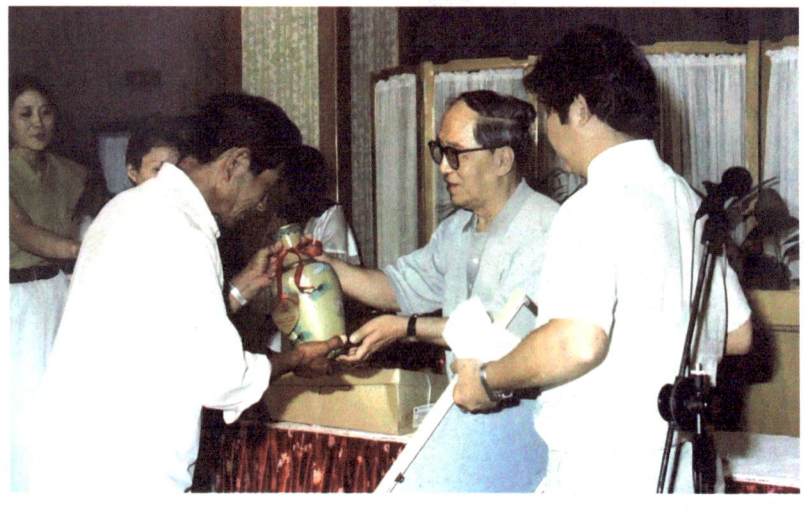
1990年上海精武国际武术邀请赛招待会向与会代表赠送纪念品

第四节 第二届精武国际武术邀请赛

大会概述

1992年8月的上海，在北京亚运会余韵未散之际，由上海精武体育总会主办的珍宝杯第二届精武国际武术邀请赛于20日至25日盛大举行。这场汇聚19个精武友会、197名代表的盛会，不仅是对两年前首届赛事的超越，更标志着精武武术从地域文化向国际品牌的质变。

虹口体育馆的玻璃幕墙上，19个参赛代表团的旗帜在夏风中飘扬，构成一幅微观的世界武术地图。马来西亚雪兰莪女子精武会的粉色会旗上绣着马来克力士剑图案，与新加坡精武会的狮头会徽相映成趣；美国代表团的星条旗底色上，太极图与精武会徽巧妙融合；日本日中精武会的团旗则以樱花衬底，中央是霍元甲画像。119名运动员中，10岁的广州小武童陈俊杰表演的精武小花枪灵动如飞，72岁的天津老拳师李德福演示的太极推手沉稳似山，这种一甲子的年龄跨度，让赛场成为活态的武术传承博物馆。

赛事项目设置暗藏精武智慧。45个拳种中，既有原汁原味的迷踪拳、太极拳等传统项目，也有马来西亚选手展示的雨林武术——将当地藤杖术与精武单刀结合；英国代表队的绅士太极则融入击剑步法。最具创意的是武术对练环节：新加坡与马来西亚选手合作的狮虎斗，用南拳和马来拳模拟动物搏斗；中美组合的东西合璧表演，将长拳的刚猛与太极的柔和编织成韵律体操。248个参赛项目中，70%带有跨文化融合特征，展现出精武武术和而不同的包容品格。

上海精武会以49金的成绩蝉联奖牌榜首，马来西亚、天津、日中精武会紧随其后。但比奖牌更重要的是赛事创造的精武标准——首次实施的《精武国际武术竞赛规则》将评分体系分为技术规范性40%、文化诠释30%、创新表达30%。日本选手伊藤美智子的太极拳表演中，每个动作都对应着《茶经》的和敬清寂理念，这种武以载道的诠释让她斩获金牌；英国选手大卫·王的刀术融入莎士比亚戏剧元素，虽未夺冠却赢得最佳文化表达奖。

裁判队伍的国际化构成堪称创举。由中、马、新、英、日五国组成的裁判组，赛前两个月便开始线上研讨，特别针对精武十套传统套路制定了详细评分细则。当马来西亚裁判陈志强为中国选手的棍术打出9.7分时，他在评分报告中写道：力量控制如马来藤杖，节奏把握似中国书法，看到了跨文化武术的可能性。这种专业认可使赛事超越竞技层面，成为武术标准化的里程碑。

赛事期间召开的精武发展研讨会颇具前瞻性。新加坡精武会会长陈万教提出武术产业化构想：我们不能只靠情怀，要像经营企业一样运作精武品牌。马来西亚代表张子贞则展示了精武武术+旅游的成功案例：怡保分会开发的霍元甲武术之旅已成为当地文化名片。最具突破性的是英国精武会的提议——建立全球精武数字平台，将分散各地的拳谱、影像数字化，实现云端共享。

商业合作的萌芽在招待会上悄然生长。中国香港精武会的实业家考察精武会后，提出武术文化综合体方案：在保留传统练功房的基础上，增设武术主题酒店、功夫影城和国际武术学院。英国精武会则带来武术+

教育计划，拟与上海高校合作开设精武文化研究中心。这些构想虽处雏形，却标志着精武从纯民间社团向文化品牌的战略转型。从赛场到商业，这届大会对于精武品牌的现代转型提出了新的构想。

赛事的圆满离不开精密的幕后运作。上海市体委主任金永昌与虹口区区长黄跃金担任组委会名誉主任，黄跃金在开幕式致辞中特别强调：精武精神是上海城市精神的重要基因。虹口区政府在财政紧张情况下仍专项拨款，上海金宝银饰品厂等企业的赞助则解决了设备更新问题——虹口体育馆为赛事紧急加装的中央空调系统，这成为当时上海体育场馆的标杆配置。宝隆宾馆的接待服务再升级，总经理叶家琪创立武术礼仪培训夜校，要求服务员掌握基本抱拳礼和武术术语；针对外籍宾客的饮食差异，推出精武养生套餐，将武术食疗理念融入西餐摆盘。裁判组的敬业精神令人动容——来自海外的五位裁判与中国同事组成规则攻坚小组，在体育馆地下室连续三天核对248个项目的评分标准，用粉笔在地板上画出动作示意图，最终形成厚达127页的《精武竞赛裁判手册》。

当赛事落幕的锣声响起，各国选手在精武会堂前共同种下友谊柏，每片叶子都刻着参赛国家的文字。72岁的天津老拳师李德福在植树仪式上感慨：我师父当年在天津教拳，总说精武要"走出国门"；今天看到这么多外国弟子传承武术，终于实现了先辈的梦想。从1910年霍元甲的上海擂台风云，到1992年跨国界的武术盛会，精武精神完成了从民族觉醒到文明对话的升华。那些在虹口体育馆上空交错的拳影剑声，不仅是对传统的致敬，更是对未来的宣言——精武武术，正在成为连接不同文明的文化纽带，让尚武精神在全球化时代焕发新的生命力。

筹备会议

1992年第二届上海精武国际武术邀请赛领队、教练、裁判联席会议

1992年第二届上海精武国际武术邀请赛团长、负责人会议

开幕式

1992年第二届上海精武国际武术邀请赛开幕式上代表队入场

1992年第二届上海精武国际武术邀请赛现场

1992年第二届上海精武国际武术邀请赛现场裁判

大会现场

1992年第二届上海精武国际武术邀请赛上年龄最大的参赛运动员——上海队朱明鑫

1992年第二届上海精武国际武术邀请赛颁奖仪式

1992年第二届上海精武国际武术邀请赛场上的小运动员

1992年第二届上海精武国际武术邀请赛日本代表队

闭幕式招待会

1992年第二届上海精武国际武术邀请赛招待会上现场赠送锦旗

上海精武体育总会与各友会互赠纪念品

上海精武体育总会与日本代表队互赠纪念品

第五节 第三届精武国际武术锦标赛

大会概述

"珍宝杯"第三届精武国际武术锦标赛于1994年9月20日至23日在上海虹口体育馆隆重举行，这场汇聚了新加坡、马来西亚、瑞士、美国、日本、俄罗斯、波兰、佛山、余姚、天津、上海等8个国家和地区的11支代表团的武术盛会，不仅是对前两届赛事的传承超越，更标志着精武武术国际化进程的关键跃升——赛事名称从邀请赛升格为锦标赛，背后是规则体系与组织架构的全面升级。

虹口体育馆的穹顶下，11支代表团的旗帜构成微观世界地图：新加坡精武会的狮头会旗绣着中文"武德"，马来西亚联队的星月旗上交织着马来剑与中国枪图案，瑞士代表团的十字旗底色中嵌着太极图，俄罗斯队的白蓝红三色旗旁别着精武会徽。近百名运动员中，7岁的日本女孩佐藤美咲表演的精武小花拳萌态可掬，76岁的天津老拳师赵振声演示的形意拳刚劲不减，这种跨越七十年的年龄跨度，让赛场成为活态的武术传承博物馆。

参赛项目展现惊人的文化融合度。45个拳械种类中，既有原汁原味的迷踪拳、少林棍等传统项目，也有创新演绎：马来西亚选手的雨林短打将当地藤杖术与精武单刀结合，瑞士代表队的阿尔卑斯太极融入登山杖技法，俄罗斯选手的伏尔加跤术则把精武摔角与桑搏术巧妙嫁接。特别设立的武术对练单元中，新加坡与马来西亚选手合作的狮象斗，用南拳和马来拳模拟热带动物搏斗；中俄组合的冰与火表演，将长拳的刚猛与太极的柔和编织成冰雪与火焰的意象对决，引发全场喝彩。

上海精武会以59枚奖牌（12金）的成绩再创佳绩，马来西亚联队以27枚奖牌（10金）紧随其后。但赛事真正的突破在于首次实施的精武竞技标准——组委会参照国际奥委会评分体系，将传统武术分为技术规范性35%、文化诠释30%、创新难度25%、武德表现10%四个维度。日本选手山田健太的太极拳表演中，每个动作都对应着《万叶集》的季节意象，这种武以载道的诠释助其斩获金牌；瑞士选手安娜·施密特的剑术融入芭蕾韵律，虽未夺冠却赢得最佳创新奖，体现赛事对多元表达的包容。

裁判团队的专业化程度显著提升。由中、马、新、瑞、俄五国组成的12人裁判组，赛前三个月通过卫星连线进行规则研讨，特别针对"精武十套"制定《动作量化评分表》。当俄罗斯裁判安德烈为中国选手的九节鞭打出9.85分时，他在评语中写道："速度控制如西伯利亚寒流，节奏把握似伏尔加船夫曲，实现了技术与艺术的完美统一。"这种跨文化的专业认可，使赛事成为传统武术标准化的重要里程碑。

9月20日举行的精武大厦奠基典礼，成为赛事之外最具象征意义的事件。上海市副市长与各国代表团团长共同挥锹培土，奠基石中封存着1910年精武会创会章程复印件、前两届赛事奖牌模具及各国精武会旗碎片。马来西亚精武总会长张子贞在致辞中感慨："从霍元甲先生的闸北武馆，到今天的国际化大厦，精武终于拥有了与世界对话的物理空间。"奠基现场展示的大厦设计图融合江南园林与现代建筑风格，武术擂台采用可升降式设计，平时可作为武术文化展厅。

赛事期间召开的"精武全球发展论坛"成果丰硕。新加坡代表提出"武术申遗"构想，建议以精武武术为载体申报人类非物质文化遗产；美国精武会展示的"武术 VR 教学系统"，通过虚拟现实技术还原霍元甲教学场景；瑞士代表团则带来"阿尔卑斯精武学院"计划，拟在欧洲开设武术文化分院。这些提案最终形成《精武国际化发展纲要》，确立文化传承、竞技提升、产业创新"三大发展方向。论坛上还提出了建立"精武体育会国际联谊活动联络机构"的建议。

赛事筹备展现很高的组织效率。虹口区政府成立专项工作组，协调交通、安保、医疗等二十余个部门；上海金宝银饰品厂不仅冠名赞助，更定制了镶嵌南粤翡翠的"珍宝杯"；宝隆宾馆升级为"武术主题酒店"，所有服务员经过三个月武术礼仪培训，客房内摆放精武拳谱微型刻本。最具创新性的是"陪同人员智能调度系统"，每位外宾配有带GPS功能的接待手环，实时显示行程安排与翻译服务需求。

9月20日的中秋冷餐会充满文化巧思。会场布置成"武术大观园"，餐桌上摆放用面塑制作的十八般兵器，月饼模子刻着精武会徽。当俄罗斯选手用俄语朗诵《静夜思》，马来西亚代表表演"月光下的武术茶道"时，不同文化在传统节日中实现奇妙融合。23日的"大观园一日游"更成经典——在黛玉葬花处，日本选手演示太极剑；在蘅芜苑前，瑞士代表团表演棍术，古典园林与现代武术形成穿越时空的对话。

当闭幕式的锣声响起，各国选手在精武大厦奠基处共同埋下"时间胶囊"，内装本届赛事奖牌、参赛拳谱及运动员寄语。76岁的赵振声老人在胶囊封条上写下："今日之精武，如大鹏之翅，既展中华之魂，亦纳天下之风。"从1910年的草创武馆，到1994年的国际赛事，精武精神完成从民族觉醒到文明对话的质变。那些在虹口体育馆上空交错的拳影剑声，不仅是对霍元甲先生的世纪告慰，更是向世界发出的文化邀约——精武武术，正以开放包容的姿态，成为连接不同文明的精神桥梁。

关于建立精武体育会国际联谊活动联络机构的建议书

一九一〇年霍元甲在上海创建精武体育会，近一个世纪由中国境内传到海外各地，相继成立精武体育会组织达数十所。

中国精武的一批精英，中坚前辈所订立的精武会宗旨和会训，经过严峻的时代变革和考验，今天仍然适用不朽，在各个领域里产生积极影响。在传播精武武术方面，更是起到了积极的推动作用。精武体育会以自己的实际行动，成为深受人民欢迎的有强大生命力的具有世界规模的民间体育团体。

为了继承霍元甲所创立的精武事业，弘扬精武精神，发扬精武传统，以适应海内外精武会相继成立日益发展趋势。根据各国各地的实情，便利开展精武体育会有益的联谊活动，以加强各地精武会联络，增进了解，达到团结、发展之目的。为此建议成立精武体育会国际联谊活动协调委员会（简称协调会）。

协调会是各国各地精武体育团体进行联谊活动的联络机构。

协调会参加成员，必须是当地政府注册或以其他方式承认的合法的精武体育会团体的负责人。

协调会设主席一人，由二年一届的精武国际武术锦标赛主办会的会长担（今后是否两年一届，请大家讨论）。

协调会除筹备精武国际武术锦标赛外，负责召集各精武体育会会长联席会议；负责各地精武体育会其他活动的联络。

参加协调会的精武体育会团体，每年交纳美元一百元，用于协调会联络活动、通讯、邮金等专项经费。

一九九四年九月

大会安排

大会日程安排

日期	上午	下午	晚上
9月17日	出席会议代表、各队教练、裁判员抵沪		
9月18日	会长联席会议、抽签仪式、技术会议		欢迎便宴
9月19日	各代表队抵沪、会长主持会议、裁判员学习、精武研讨会		
9月20日	精武大厦奠基典礼	领导接见会长、领队	开幕式、比赛
	运动员熟悉场地	运动员熟悉场地	
9月21日		比赛	比赛
9月22日		比赛	比赛
9月23日	大观园、水上运动场一日游览		闭幕式招待会
9月24日	离沪		

大会服装样式图

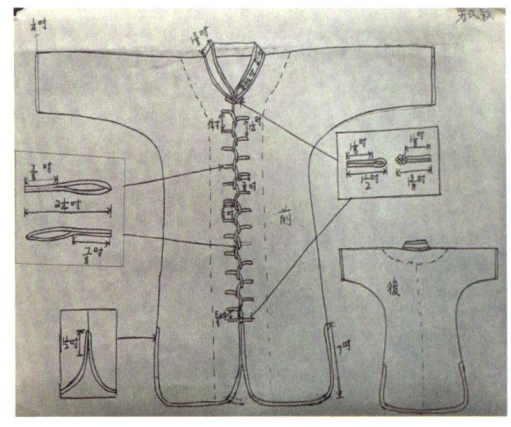 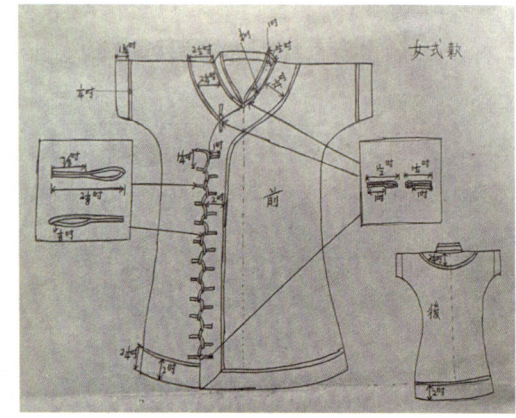

开幕式

开幕式程序

一、运动员、教练员、裁判员入场（奏进行曲）

二、"珍宝杯"第三届精武国际武术锦标赛组织委员会主任、上海精武体育总会会长卢丽娟女士致开幕词

三、运动员代表宣誓

四、裁判员代表宣誓

五、中国武术协会主席张耀庭先生致贺词

六、运动员、教练员、裁判员退场（奏进行曲）

七、正式比赛

1994年第三届上海精武国际武术锦标赛开幕式上各友会代表队

1994年第三届上海精武国际武术锦标赛开幕式现场

1994年第三届上海精武国际武术锦标赛开幕式致辞

开幕式上的讲话

致辞：卢丽娟

尊敬的来自海内外精武体育代表团的团长们，

尊敬的女士们，先生们，同志们：

由上海精武体育总会主办的第三届上海"珍宝杯"精武国际武术锦标赛，今天在这里隆重开幕了。

首先我代表上海精武体育总会向前来参赛的19个代表团的全体人员表示热烈的欢迎！

上海"珍宝杯"精武国际武术锦标赛自1990年举办第一届以来，至今已有四年多时间了，在各精武友会的热忱支持与亲密合作下，一届比一届办得好。通过精武国际武术锦标赛，不仅创造了各选手之间切磋技艺，相互交流，达到共同提高的目的，而且也为各友会之间沟通信息，交流会务，推进精武事业发展起了积极作用。

本届精武国际武术锦标赛，设有精武的传统项目和中华武术的竞技项目以及富有地区特色的表演项目。从而达到既发扬与提高具有精武特色的精武传统项目的水平，又弘扬中华武术，以促进中华武术发扬光大，走向世界。

我相信，在各友会的共同努力下，在各路选手奋勇拼搏下，本届精武国际武术锦标赛一定能取得预期的效果！

祝本届上海"珍宝杯"精武国际武术锦标赛圆满成功！

谢谢大家。

大会现场

1994年第三届上海精武国际武术锦标赛比赛留影

1994年第三届上海精武国际武术锦标赛颁奖仪式

1994年第三届上海精武国际武术锦标赛奖状样例

赛后游览

畅游大观园（光汉）

三天比赛甫毕，运动员们都期待着第二天好好放松一下。9月23日清晨，150余人分坐大小七辆旅游车，首尾相接，浩浩荡荡地横穿市区，当驶上沪青平一级公路后，车速就快起来了，只两个小时就到了第一站——上海水上运动场，主人们在大门口迎接我们，这里曾是首届东亚运动会的赛艇场，长两公里而又宽阔平直的赛池，加上四围的绿化，彩色的建筑，煞是壮观秀丽。大家争着留影后就由主人带着去看室内练习厅，运动员们纷纷坐上模拟艇，划动双桨，过一过陆地行舟的瘾，据说只有掌握好这一招，才能坐上尖而又长的真艇下水，不然准会翻艇无疑。

行至另一室，有一排锻炼臂力、腿力的设备。有几位技艺灵巧的武术运动员上前试拉，却未能拉到顶，可见赛艇运动员训练的艰辛。大家怂恿那位臂粗如碗的俄罗斯青年运动员依亚宁去拉，只见他果然身手不凡，屏气上前，仰身奋力，随着大吼一声，那四块叠着的方铁便被连续两次拉到最高点，全场发出掌声和叫好声。

自助餐后，离车登舟，在清澈的淀山湖里缓缓驶出，不时爆出一阵阵欢笑声，这就是江南水乡的丰收景象啊！经过一小时的湖中游，就到了主要的第二站——大观园。大家未入正门，就被"女娲补天"的照壁吸引住了，好不容易才招呼得全体入园，分成三组在导游小姐的前导下分头参观。古色古香的红楼园林本来就诱人欣赏，再加上当天正好是"黄浦旅游节"举办期间，平添了许多景点和表演，翻译和陪同们也忙碌起来，协助导游小姐宣传介绍，"既要讲得好，又要催着跑。"因为只有两个小时参观，只能是"快步看花"而已。走到一处，这里设有出租古装供拍照之用，于是有人扮宝玉和黛玉、有人装作七品芝麻官，这大概算是到过上海、游过红楼的最好影证了吧。

下午三时半上车返市区，对这匆匆而又悠悠的一天是满意的，比赛中的疲劳和紧张似乎全都消失了，增加的是精武大家庭的欢乐。

竞赛成绩

第一场比赛

获表演项目一等奖名单

序号	姓名	协会名称
1	王瑛	上海
2	黎永钊	上海
3	依瓦宁	俄罗斯
4	伊藤聪	日本
5	杨国斌	马来西亚

5	胡志雄	马来西亚
	张鸿飞	马来西亚

获表演项目二等奖名单

序号	姓名	协会名称
1	郭亮	上海
2	黄国英	上海
3	刘颖	上海
4	林俊谒	马来西亚
5	赖恭辉	马来西亚
6	俞斌	上海
7	谢菁	上海
8	伍国雄	马来西亚
9	曾玖通	马来西亚
10	蔡贤安	马来西亚

获表演项目三等奖名单

序号	姓名	协会名称
1	坡兰纳夫	俄罗斯
2	李景祺	马来西亚
3	吕烈仁	马来西亚
4	甄瑞仙	马来西亚
5	拿瑞加·格莱古斯	波兰
6	李细妹	马来西亚
7	陈慧娟	马来西亚
8	杨建南	余姚
9	黄敏豪	马来西亚
10	比奥抵古夫·安娜	波兰
11	吴桂英	马来西亚
12	陈艾琳	马来西亚
13	那松斯基·米歇尔	波兰
14	倪正莉	马来西亚
	陈楚远	马来西亚

| 15 | 郑玲 | 佛山 |

第二场比赛

一、男丙规定太极拳

名次	1	2	3	4	5	6
姓名	冯国胜	林俊谒	张钧	倪炳法	俞斌	郭亮
协会名称	马来西亚	马来西亚	上海	余姚	上海	上海

二、女丙规定太极拳

名次	1	2	3
姓名	倪正莉	谭佩丽	谢菁
协会名称	马来西亚	马来西亚	上海

三、男乙传统拳术

名次	1	2	3	4	5	6
姓名	曾玖通	张师福	谢永祺	久·希尔加	马福汉	伊藤聪
协会名称	马来西亚	马来西亚	新加坡	瑞士	新加坡	日本

四、男丙传统器械

名次	1	2	3	4	5	6
姓名	张钧	唐哲锋	范靖靖	黄敏豪	黄斐	张万亮
协会名称	上海	上海	上海	马来西亚	上海	天津

五、女丙规定器械

名次	1	2	3	4	5	6
姓名	王瑛	谢菁	吴笑晶	陈艾琳	倪正莉	孙敏雅
协会名称	上海	上海	上海	马来西亚	马来西亚	上海

第三场比赛

一、男丙传统拳术

名次	1	2	3	4	5	6
姓名	范靖靖	郭亮	蔡贤安	黄斐	张万亮	唐哲锋
协会名称	上海	上海	马来西亚	上海	天津	上海

二、女丙规定拳术

名次	1	2	3	4	5	6
姓名	王瑛	周赟	吴笑晶	陈静	陈慧娟	孙敏雅
协会名称	上海	上海	上海	天津	马来西亚	上海

三、女乙传统拳术

名次	1	2	3
姓名	李细妹	方红霞	吴桂英
协会名称	马来西亚	余姚	马来西亚

四、男乙传统器械

名次	1	2	3	4	5	6
姓名	曾玖通	张师福	王宏	李大林	谢永祺	成富男
协会名称	马来西亚	马来西亚	上海	上海	新加坡	日本

闭幕式招待会

1994年第三届上海精武国际武术邀请赛招待会现场

第六节 第四届世界精武武术文化交流大会

大会概述

1996年11月6日，广州精武会召开了第四届世界精武武术文化交流大会筹备会议，以及各精武友会会长、教练员会议。佛山、陆丰、葫芦岛和广州精武会的会长和代表出席。

当日，广州精武会会所内灯火通明，来自佛山、陆丰、葫芦岛及广州本地的精武会会长与代表齐聚一堂。上海精武会有关负责人也亲赴广州，交流传授精武传统套路，霍元甲始创的武学体系在南粤大地焕发新生。会议同期庆贺广州精武会成立六周年、佛山精武会成立七十六周年，两代精武人的庆典交织，恰似武学传承的薪火接力。

有关赛事名称和竞赛规程等，经过讨论，大家一致商定1996年赛事名称为第四届世界精武武术文化交流大会，于11月中旬在广州举行。比赛设精武传统武术规定的项目、国际竞技武术规定项目和表演项目三大类。

有关赛事安排竞赛规程，将由主办单位广州精武会发出通知，会议期间上海精武会还为各友会传授精武传统套路。与会代表还参加广州精武会成立六周年和佛山精武会成立七十六周年的庆典活动。

这次会议确立了三大项目体系：关于精武传统武术规定项目，严格遵循1910年创会以来的"精武十套"体系，包括迷踪拳、功力拳、大战拳等，要求选手还原霍元甲亲授的招式内核；关于国际竞技武术规定项目，引入亚运会武术套路评分标准，兼顾长拳、刀术、剑术等奥运化项目，实现传统与现代竞技的对话；关于文化表演项目，特设"武术+"跨界单元，如马来西亚精武会的"马来剑与南棍融合秀"、美国精武会的"太极街舞"等，展现武术在全球语境下的创新表达。

有关赛制革新，本届竞赛按年龄划分为少年（12～18岁）、青壮（19～50岁）、耆老（51岁以上）三组，72岁的佛山老拳师与14岁的广州小武童同台竞技，诠释"武无老少"的精武精神；增设"跨国对练"奖项，鼓励不同国家选手合作演绎，如新加坡与中国香港选手合演的"狮龙会"棍术对练。

11月15日，大会期间还召开了会长联席会议。

组委会

名誉会长：张俊生 梁灵光 霍震寰 邬梦兆 曾庆申 郭向阳 姚蓉斌

顾问：黄保生（马来西亚太平局绅）张子贞（马来西亚部长监誓律师）邝元享（新加坡）卢丽娟（上海）傅宝丽（天津中国武协副主席）陈冠湖（省体委副主任）陈和坤（市体委副主任）潘庆楮（海珠区委书记）刘材伟（海珠区区长）祝昌泽（市外宣办主任）董得强（省武协秘书长）罗德栽（星海音乐学院教授，广东汉乐研究会会长）

组委会主席：冯成标（海珠区委副书记，海珠对外文化交流协会会长）

组委会副主席：夏国培（海珠区委常委，区宣传部长，大会常务副主席）刘中生（海珠区委宣传部副部长，区文联主席）庄兴昭（海珠区文化局局长）黄建国（海珠区体委主任）陈昌棉（中国武术高级教练，高级裁

判，省武协副主席，广州精武体育会主席）

招德光（世界精武体育会联谊机构主席，广州精武体育会会长）

组委会秘书长：招德光

组委会副秘书长：李永茂 朱家勇

竞赛规程

一、日期与地点：

一九九六年十一月十三日至十七日在中国广州市举行

二、比赛组别：

甲．乐年组：45周岁以上

乙．成年组：18-44周岁

丙．少年组：17周岁以下

三、比赛项目：

1．精武会规定项目：

潭腿、功力拳、节拳、大战拳、八卦刀、五虎枪、群羊棍

2．国际规定项目：

长拳、南拳、42式太极拳、刀术、剑术、枪术、棍术、42式太极剑

四、表演项目：

1．各流派传统拳术

2．各流派传统器械

3．各种对练（拳术或器械）

4．集体项目（拳术或器械不得少于6人编组，如有特殊情况，由本会会长、领队写书面报告给大会）

五、参赛办法：

1．凡经当地政府批准注册或以其他方式承认的世界各地精武体育会组织均可组团（队）参加，正在筹办成立而未正式成立的精武组织只能组团（队）参加表演项目。

2．武术比赛项目各代表队设正副队长（或领队）各1名，教练1-2名，竞赛运动员不超过12名（男、女不限），同时可参加表演项目评比。

3．参加比赛者，必须参加精武拳术一项（潭腿、功力拳、节拳、大战拳任选其中一项），或精武器械一项（八卦刀、五虎枪、群羊棍任选一项），并可增报国际规定项目拳术一项（长拳、南拳、42式太极拳任选其中一项）或器械一项（刀术、剑术、枪术、棍术、42式太极剑任选一项）。

4．参加表演项目者，可任选一项拳术或一项器械，或对练一项，或集体项目一项（最多不超过三项，每项时间不超过三分钟）。

5．无故弃权任一项，取消所有项目成绩。

六、比赛方法：

1．本次比赛为个人单项目赛，不设团体总分。

2．按甲乙丙组分男、女子组，分别录取各单项名次。

七、录取及奖励办法：

1．各比赛单项8人以上参赛者，录取前6名；不足者减2录取；2人不录名次，作表演评奖。

2．表演项目按项分别设优胜、优秀奖。

3．获奖者由大会颁发奖牌或奖旗、证书。

八、报到时间与报到：

1．报名时间截止于1996年9月30日，报名后非特殊理由一律不予改动，报名表盖本会会章。所有参加人员个人大一寸证件相一张（相片背面要写上姓名）以便办理大会活动证件。

2．1996年11月12日为各代表队报到

时间，裁判员提前2天（11月10日）报到，参加裁判学习，颁发资格证书。（提前报到者，大会协助安排住宿，费用自理）

3. 按时向大会设立的报到处报到，领取文件和证件。

九、其他事项：

1. 参加比赛和表演的服装及器械由运动员自备。

2. 精武会规定项目的比赛执行《精武国际武术竞赛规则（试行）》。

3. 国际规定项目的比赛执行1991年《国际武术比赛竞赛规则》。

4. 各参赛队伍可派2名裁判员参加大会裁判工作（在报名时要同时报上裁判员名单），不足部分由承办单位聘请。

5. 各代表团请提前将到达广州的航班车次日期通知大会，以便迎接。

6. 不尽事宜由大会组委会补充通知，本规程解释权归大会组委会。

开幕式

1996年第四届世界精武武术比赛暨体育文化交流大会开幕式

1996年第四届世界精武武术比赛暨体育文化交流大会主席台

1996年第四届世界精武武术比赛暨体育文化交流大会期间会长联席会议

大会现场

1996年第四届世界精武武术比赛暨体育文化交流大会比赛留影

1996年第四届世界精武武术比赛暨体育文化交流大会比赛留影

闭幕式招待会

1996年第四届世界精武武术比赛暨体育文化交流大会招待会

第七节　第五届世界精武武术文化交流大会

大会概述

1998年6月3日至7日，马来西亚怡保迎来了第五届世界精武武术文化大会。这不仅是精武会每两年一次的武学盛会，更是全球精武人跨越地域、传承文化的重要契机。

大会在怡保的体育馆盛大开幕，来自世界各地的精武会代表齐聚一堂。马来西亚精武总会在此次活动中展现出强大的组织能力，其会长在开幕式上致辞："自1910年霍元甲先生创立精武会以来，精武精神已在全球生根发芽。今日，我们相聚在马来西亚，共同见证精武文化的传承与发展。"现场，马来西亚的传统舞蹈与精武武术表演相互交融，象征着精武文化与当地文化的和谐共生。

在武术竞赛环节，选手们各展绝技。精

武传统武术规定项目中，老拳师们一招一式尽显功底，还原了霍元甲亲授的精髓；国际竞技武术规定项目里，年轻选手们动作敏捷，融合现代竞技标准，展现出精武武术的与时俱进。值得一提的是，文化表演项目成为亮点，各国精武会带来创新节目。新加坡精武会的"狮舞太极"，将舞狮的灵动与太极的沉稳结合；美国精武会的"功夫街舞秀"，让武术与流行文化碰撞出火花。

6月5日，世界精武体育会联谊机构会长联席会议在大会期间举行。会上，马来西亚精武会提出的"世界精武体育会联谊机构简章"被接纳。该简章明确了联谊机构的宗旨为促进世界各地精武友会间的团结与合作、发扬精武传统武术与中华文化活动、弘扬精武精神和推动精武事业的发展；同时规定了成员加入条件、代表大会制度等内容。这一举措标志着精武体育会在全球化发展道路上迈出重要一步，马来西亚精武会在其中发挥了关键的推动作用。

除了赛事和会议，大会还组织了文化交流活动。代表们参观了马来西亚的历史文化遗迹，感受当地的风土人情。在交流座谈会上，大家就精武文化在不同国家和地区的发展情况展开讨论。中国的精武会分享了传统武术与现代体育教育结合的经验；马来西亚精武会介绍了如何在多元文化环境中推广精武文化；澳大利亚精武会则讲述了利用社交媒体传播精武精神的做法。

第五届世界精武武术文化大会在怡保的成功举办，不仅促进了全球精武人之间的交流与合作，更让精武文化在马来西亚这片土地上得到更广泛的传播与认可。它为后续精武会的发展奠定了坚实基础，让精武精神在世界舞台上持续绽放光彩。

欢迎会

1998年第五届世界精武武术文化大会上海代表队合影

竞赛规程

一、时间地点：2000年9月3至7日在中国天津举行。

二、主办单位：中国天津精武体育会

三、比赛项目：

1. 精武传统套路：潭腿、功力拳、节拳、大战拳、八卦刀、群羊棍、五虎枪、单刀串枪、接潭腿、套拳对打。

2. 国际规定套路：刀术、枪术、剑术、棍术、长拳、南拳、太极拳、南刀、南棍。

四、表演项目：

除比赛项目外的传统拳术、器械、对练、集体项目（不得少于6人编组）。

五、比赛组别：

1. 青少年组：20岁以下（1980年1月1日以后出生）

2. 成年组：21-49岁（1951年12月31日至1979年12月31日出生）

3. 老年组：50岁以上（1950年1月1日以前出生）

六、比赛办法：

1. 各精武会各队可报：领队1名，教练员2名，运动员人数不限。

2. 运动员可选报精武拳术1项、精武器械1项或精武对练1项，并可报国际规定拳术1项、器械1项。每运动员必须参加1项精武项目的比赛，否则不予录取名次。每运动员最多可选报2项精武项目、2项国际规定项目和1项表演项目。

七、比赛及奖励办法：

1. 本次比赛为个人单项赛，不计团体总分。

2. 按年龄组别分男女组，录取单项名次。

3. 各单项比赛8人以上参赛，录取前六名，不足者减2录取（即7人取五名、6人取四名、5人取三名，依此类推），2人及以下不录取名次。

4. 表演项目按项目分别设一、二、三等奖。

5. 获奖者由大会颁发奖牌、证书。

八、其他事项：

1. 报名时间：

第一次报名至2000年5月30日（只报队数和领队、教练员、运动员人数）。

第二次报名至2000年7月15日截止。报名后不得更改项目。

2. 按报名表填写参加比赛项目名称。

3. 精武比赛项目必须穿着精武传统服装方能参赛。

4. 精武传统比赛执行精武比赛规则，国际规定套路执行1991年国际武术竞赛规则。

5. 各参赛队可派2名裁判员参加大会裁判工作，不足部分由主办单位负责补充，比赛期间裁判员食宿由大会负责。

6. 按下发的报名单认真填写清楚，一式两份，交寄天津精武体育会（天津市西青区小南河村，邮编300382）。

7. 各参赛队所用器械自备。

8. 本规程未尽事宜，另行补充，解释权归大会组委会。

大会日程

日期	星期	上午	下午	晚
9月3日	日	各代表团报到	各代表团报到、训练	19:45 欢迎招待会 19:30 方向指导会（各代表团总务）
9月4日	一	9:00 拜谒霍元甲墓 9:00 中外裁判员学习	训练 13:30 中外裁判员看训练	20:00 开幕式
9月5日	二	9:00 比赛	14:00 比赛 学术交流研讨会	19:00 霍公故乡企业界欢迎招待会
9月6日	三	9:00 比赛	14:00 比赛	19:30 观光、游览

9月7日	四	9:00 比赛 会长联席会 闭幕发奖	观光、购物	19:00 精武联谊暨欢送晚会
9月8日	五		各代表队离津返程或国内旅游	

大会现场

1998年第五届世界精武武术文化大会全体代表队合影

闭幕式招待会

1998年第五届世界精武武术文化大会闭幕团结宴前交换礼品

1998年第五届世界精武武术文化大会闭幕，上海精武会与马来西亚精武会互换证书

第八节　第六届世界精武武术文化交流大会

大会概述

2000年9月3日至7日,第六届世界精武武术文化交流大会在天津盛大举行。作为霍元甲的故乡,天津自1998年在马来西亚接过会旗后,便全力筹备这场武术盛会。此次大会不仅是精武会每两年一次的传统赛事,更被国家旅游局列入"神州世纪游"重点项目,吸引了全球目光。

大会在天津市人民体育馆隆重开幕,来自马来西亚、澳大利亚、法国、荷兰、英国、捷克、美国、中国香港等18个国家和地区的31个代表团,共400多位精武精英以及200多位随团工作人员和观摩者齐聚津门。天津市副市长王述祖出席开幕式并致辞,强调武术作为中华民族文化瑰宝,在天津这片土地上有着深厚根基,此次大会将进一步弘扬精武精神,促进国际文化交流。

在武术竞赛环节,赛事设置延续传统与创新结合的思路。精武传统武术规定项目中,选手们严格遵循霍元甲创立精武会时的拳械体系,一招一式尽显对传统的坚守;国际竞技武术规定项目里,选手们依据现代竞技标准,展现出精湛技艺与高难度动作。文化表演项目更是精彩纷呈,马来西亚精武会带来融合马来武术与精武拳法的表演,将南洋风情与精武文化巧妙结合;法国精武会的"武术与芭蕾"跨界演出,用优雅舞姿诠释武术的灵动之美,赢得满堂喝彩。

大会期间,一场特别的纪念活动成为焦点——悼念精武会开山祖师霍元甲。全体与会人员前往霍元甲故居和陵园,敬献花篮,缅怀这位民族英雄。在霍元甲纪念馆内,各国精武人驻足观看历史资料,深入了解精武会的创立背景与发展历程,深刻感受霍元甲"爱国、修身、正义、助人"的精武精神内涵。

9月5日,世界精武体育会会长联席会议召开。会上,各国精武会代表就精武文化在全球的推广与发展进行深入探讨。澳大利亚精武会分享了在当地社区开展武术培训的成功经验,通过与学校、社区中心合作,让更多人了解并参与到精武武术中;荷兰精武会介绍了利用互联网平台传播精武文化的创新举措,制作线上教学视频、举办网络武术

日期	星期	上午	下午	晚
9月3日	日	各代表团报到	各代表团报到、训练	19:45 欢迎招待会 19:30 方向指导会(各代表团总务)
9月4日	一	9:00 拜谒霍元甲墓 9:00 中外裁判员学习	训练 13:30 中外裁判员看	20:00 开幕式
9月5日	二	9:00 比赛	14:00 比赛 学术交流研讨会	19:00 霍公故乡企业界欢迎招待会
9月6日	三	9:00 比赛	14:00 比赛	19:30 观光、游览
9月7日	四	9:00 比赛 会长联席会 闭幕发奖	观光、购物	19:00 精武联谊暨 欢送晚会
9月8日	五	各代表队离津返程或国内旅游		

比赛，扩大精武会的影响力。

除了赛事和会议，大会还安排了丰富的文化交流活动。组织各国代表团参观天津的历史文化景点，如古文化街、五大道等，让他们感受天津的独特魅力；举办武术文化讲座，邀请专家学者解读精武文化的内涵与价值，促进不同文化背景下对武术的理解与交流。

第六届世界精武武术文化交流大会在天津的成功举办，规模之大、水平之高史无前例。它不仅为全球精武人提供了切磋技艺、交流文化的平台，更让精武精神在新千年焕发出新的活力，进一步推动了精武文化在世界范围内的传播与发展。

大会现场

2000年第六届世界精武武术文化交流大会象棋比赛颁奖仪式

拜谒霍元甲陵

2000年第六届世界精武武术文化交流大会期间拜谒霍元甲陵

第九节　第七届世界精武武术文化交流大会

大会概述

2002年7月11-14日，美国国家精武总会主办了第七届世界精武武术文化大会（7th World Chin Woo Championships and Cultural Festival），这是这一比赛首次在西方国家举行。续写着精武文化在全球传播与发展的辉煌篇章。此次大会延续每两年一届的传统，吸引了来自世界各地的精武会代表与武术爱好者，成为武术技艺切磋、文化交流的重要平台。

美国精武秉承乃文乃武的宗旨，即在尚武的同时也要崇文。为了宣扬精武精神，他们走进中学、大学以及企业单位，传授讲座、表演节目。精武体育总会的成员都是不但会演说、会表演，还会授课的多面手。

大会选址别具深意，最终定在美国一座有着深厚武术底蕴的城市达拉斯。其古老的街巷中，武馆林立，民间武术氛围浓郁，为大会的举办提供了得天独厚的文化土壤。开幕式在当地一座宏伟的体育场馆内举行，现场座无虚席。各国精武会的旗帜在馆内飘扬，象征着精武文化的多元融合。来自不同国家和地区的精武人齐聚一堂，他们身着各具特色的武术服饰，脸上洋溢着对武术的热爱与期待。

在武术竞赛环节，项目设置丰富多样。精武传统武术规定项目依旧是赛事的核心之一，选手们在赛场上严格遵循精武创立之初的拳械规范，一招一式尽显传统武术的古朴韵味与深厚功底。无论是刚劲有力的精武拳，还是灵活多变的精武刀，都展现出对霍元甲先生所传技艺的忠实传承。国际竞技武

2002年第七届世界精武武术文化大会海报

THE WHITE HOUSE
WASHINGTON

June 18, 2002

I send greetings to those gathered for 2002 World Chin Woo Championships.

Martial arts provide an opportunity for individuals to demonstrate their skill, strength, and determination. In addition to learning the art of self-defense, competitors set high goals and work hard to achieve them. By teaching the values of self-control, respect, and sportsmanship, martial arts help build character and confidence.

I commend participants for your commitment and enthusiasm. I also applaud your families and coaches for their encouragement and support.

Best wishes for a memorable competition.

Sincerely,

George W. Bush

时任美国总统乔治·布什为第七届世界精武武术文化交流大会写的贺信

术规定项目则融入了现代体育竞技的标准与理念，选手们凭借精湛的技艺和高难度动作，赢得观众阵阵喝彩。他们在速度、力量、技巧的展示上，将武术的竞技之美发挥得淋漓尽致，体现出精武武术在新时代的创新发展。

文化表演项目更是精彩纷呈，成为展示各国精武文化特色的窗口。来自亚洲的精武会带来了融合当地传统艺术元素的表演。日本精武会的节目中，将剑道的凌厉与精武武术的刚柔并济相结合，身着传统和服的选手在音乐的伴奏下，动作整齐划一，展现出独特的东方美学。韩国精武会则把跆拳道的腿法与精武拳法巧妙融合，配以激昂的韩国传统音乐，表演充满活力与力量感。欧美国家的精武会也不甘示弱，带来了极具创意的表演。美国精武会的"功夫街舞秀"，将街舞的自由奔放与武术动作相融合，年轻的选手们在舞台上活力四射，用充满节奏感的舞蹈动作诠释武术的灵动与力量，让观众眼前一亮。法国精武会的"武术与歌剧"表演更是别出心裁，选手们在歌剧的音乐声中，以武术动作演绎着故事，将法国浪漫主义文化与精武武术完美结合，赢得现场观众的热烈掌声。

大会期间，还举办了多场学术研讨会与文化交流活动。武术名家们齐聚一堂，就精武文化的传承与发展、武术在现代社会的价值等议题展开深入探讨。在一场关于"精武精神在全球语境下的内涵演变"的研讨会上，各国专家学者各抒己见。中国的学者强调精武精神中"爱国、修身、正义、助人"的核心价值在任何时代都不应改变，它是精武文化的灵魂所在。而国外的精武会代表则分享了精武精神在当地的本土化发展，如何与当地的文化价值观相结合，吸引更多人参与到精武武术的学习与传承中来。例如，澳大利亚精武会代表介绍了他们通过开展社区武术公益活动，将精武精神中的"助人"理念融入其中，为当地社区的和谐发展做出贡献，同时也扩大了精武文化的影响力。

此外，大会还组织了参观当地武术文化古迹、武馆交流等活动。各国精武人走进古老的武馆，与当地的武术传承人交流切磋，亲身感受中国武术文化的源远流长。在参观一座有着数百年历史的武馆时，外国友人被馆内陈列的古老兵器、武术典籍所吸引，纷纷向传承人请教武术技艺与文化知识。传承人现场演示传统武术套路，精湛的技艺让外国友人惊叹不已，他们纷纷表示，通过这次近距离接触，对中国武术文化有了更深刻的理解与认识。

第七届世界精武武术文化交流大会的成功举办，不仅促进了全球精武人之间的友谊与合作，更在传承精武文化传统的基础上，推动了其在全球范围内的创新发展。它让精武精神在不同文化的碰撞与交流中，焕发出新的活力，为世界武术文化的繁荣发展做出了重要贡献，也为后续的精武大会树立了典范，激励着更多人投身到精武文化的传承与推广中来。

时任美国总统乔治·布什先生在任期间每一年都致贺信美国精武总会，恭祝美国精武总会对于中国功夫推广所作的努力和成就。

第十节 第八届世界精武武术文化交流大会

大会概述

2004年7月,第八届世界精武武术文化交流大会在波兰华沙盛大举行,这是精武文化首次在东欧国家绽放光彩。此次大会吸引了来自全球各地精武会的目光,为武术爱好者搭建了交流切磋的平台,有力推动了精武文化在欧洲乃至世界范围内的传播。

华沙,这座饱经历史沧桑又充满活力的城市,以热情好客的姿态迎接来自美国、瑞士、加拿大、英国、荷兰、俄罗斯、捷克、澳大利亚、新西兰、日本、马来西亚、新加坡等五十多个国家和地区的精武会代表。开幕式在华沙的一处标志性场馆举行,现场气氛热烈非凡。各国精武会的旗帜在微风中飘扬,不同肤色、不同语言的精武人齐聚一堂,他们怀揣着对武术的热爱与对精武精神的尊崇,共同开启这场武术文化的盛宴。

武术竞赛环节作为大会的核心部分,备受瞩目。精武传统武术规定项目中,选手们一招一式严格遵循精武创立之初的规范,展现出深厚的功底。他们或沉稳出拳,刚劲有力,尽显精武拳的雄浑气魄;或舞动刀枪,身姿矫健,将精武器械的凌厉之势发挥得淋漓尽致,一招一式间,传承着霍元甲先生创立精武会时的武学精髓。国际竞技武术规定项目中,现代体育竞技标准与武术完美融合。选手们凭借精湛的技艺、敏捷的身手和高难度的动作,赢得现场观众的阵阵喝彩。在速度与力量的较量中,在技巧与美感的展示中,武术的竞技魅力得以充分彰显,同时也展现出精武武术在新时代不断创新、与时俱进的发展态势。

文化表演项目堪称大会的一大亮点,成为各国精武文化展示与交流的窗口。来自亚洲的精武会带来了融合本土特色的精彩表演。日本精武会将剑道的严谨与精武武术的灵动相结合,选手们身着传统服饰,在音乐的伴奏下,动作整齐划一,一招一式尽显东方武术的独特韵味,刚柔并济间诠释着对武术的理解与传承。韩国精武会则把跆拳道的凌厉腿法巧妙融入精武拳法,表演中充满了力量与活力,激昂的音乐和富有节奏感的动作,将韩国文化的热情与武术的魅力展现得淋漓尽致。欧美国家的精武会同样带来了令人耳目一新的节目。美国精武会的"功夫街舞秀",将街舞的自由奔放与武术动作大胆融合,年轻的选手们在舞台上活力四射,用充满节奏感的舞蹈动作展现武术的灵动与力量,这种创新的表演形式,让观众眼前一亮,赢得了现场热烈的掌声与欢呼声。法国精武会的"武术与歌剧"表演别出心裁,选手们在歌剧的悠扬音乐声中,以武术动作演绎着动人的故事,将法国浪漫主义文化与精武武术完美融合,舞台上,武术的刚健与歌剧的柔美相互映衬,给观众带来一场独特的视听盛宴。

大会期间,各类学术研讨会与文化交流活动有序开展。武术名家、学者们汇聚一堂,围绕精武文化的传承与发展、武术在现代社会的价值等议题展开深入探讨。在一场关于"精武精神在全球语境下的传承与创新"的研讨会上,各国专家学者各抒己见。中国的学者强调精武精神中"爱国、修身、正义、助人"的核心价值始终是精武文化的灵魂所在，无论时代如何变迁，都应坚守与传承。而国外精武会代表则分享了精武精神在当地的本土化发展经验，讲述了如何将精武精神与当地文化价值观相融合，从而吸引更多人参与到精武武术的学习与传承中来。例如，澳大利亚精武会代表介绍了他们通过开展社区武术公益活动，将精武精神中的"助人"理念融入其中，不仅为当地社区的和谐发展贡献力量，还借此扩大了精武文化的影响力。

此外，大会还精心组织了参观华沙当地文化景点以及与波兰武术团体交流等活动。各国精武人走进华沙的古老街区，感受这座城市独特的历史文化魅力。在与波兰武术团体的交流中，双方相互学习、切磋技艺。波兰武术爱好者对精武武术表现出浓厚的兴趣，他们认真学习精武拳法，与各国精武会代表交流习武心得。精武会代表们也对波兰本土武术有了更深入的了解，这种跨文化的武术交流，促进了不同武术文化之间的相互借鉴与共同发展。

第八届世界精武武术文化交流大会在波兰华沙的成功举办，为精武文化在东欧地区的传播奠定了坚实基础。它不仅促进了全球精武人之间的友谊与合作，更在传承精武文化传统的同时，推动其在全球范围内不断创新发展。精武精神在不同文化的碰撞与交流中，焕发出新的活力，为世界武术文化的繁荣发展增添了浓墨重彩的一笔，也为后续精武大会的举办积累了宝贵经验，激励着更多人投身到精武文化的传承与推广事业中。

开幕式

2004年第八届世界精武武术文化大会开幕式之一

2004年第八届世界精武武术文化大会开幕式之二

第十一节　第九届世界精武武术文化交流大会

大会概述

2006年，第九届世界精武武术文化交流大会于英国伦敦盛大启幕，这场盛会承载着精武文化跨越洲际传播的使命，吸引了全球武术爱好者的目光。

伦敦，这座融合古老与现代魅力的国际都市，以其多元包容的文化氛围迎接来自世界各地的精武会代表。现场布置融合了精武文化元素与英国本土特色，中英两国的旗帜交相辉映，象征着文化交流的紧密纽带。各国精武会的代表们身着传统武术服饰，步伐矫健地步入会场，现场气氛热烈非凡。

武术竞赛环节依旧是大会的核心与焦点。精武传统武术规定项目中，选手们严格遵循精武创立之初的武学规范，一招一式尽显对传统的尊崇与传承。他们的拳法刚劲有力，动作行云流水，将精武拳的精髓展现得淋漓尽致；在器械项目中，刀光剑影闪烁，棍影呼啸生风，选手们精湛的技艺赢得现场观众的阵阵惊叹。国际竞技武术规定项目里，选手们将现代体育竞技的理念与武术技巧完美结合，凭借出色的身体素质、敏捷的反应和高难度动作，在赛场上一决高下。他们在速度、力量、技巧的展示上达到了新的高度，让观众深刻感受到武术的竞技魅力与时代活力。

文化表演项目精彩纷呈，成为各国精武文化展示的绚丽舞台。亚洲精武会带来了富有地域特色的表演。日本精武会的节目将剑道的凌厉与精武武术的刚柔并济相融合，身着传统和服的选手们在悠扬的音乐声中，动作整齐划一，一招一式尽显东方武术的独特韵味，诠释着对武术精神的深刻理解。韩国精武会则把跆拳道的快速腿法与精武拳法巧妙结合，表演中充满了力量感与节奏感,激昂的音乐和选手们活力四射的表现,将韩国文化的热情与武术的魅力展现得淋漓尽致。欧美国家的精武会也带来了令人耳目一新的节目。美国精武会的"功夫与嘻哈融合秀",将嘻哈音乐的节奏感与武术动作大胆创新组合,年轻的选手们在舞台上尽情释放活力,用独特的表演形式展示武术的灵动与自由,赢得现场观众的热烈掌声与欢呼声。英国本土的精武会表演也别具一格,他们将英式幽默与武术技巧相结合,在表演中加入了一些诙谐有趣的情节和动作,让观众在欢笑中领略武术的别样魅力,同时也体现了精武文化在英国的本土化发展与创新。

大会期间,学术研讨会与文化交流活动有序开展,为武术文化的深入探讨与传播提供了平台。武术名家、学者们齐聚一堂,围绕精武文化在全球的传承与发展、武术与现代社会的融合等议题展开热烈讨论。在一场关于"精武精神在不同文化语境中的传承与创新"的研讨会上,各国专家学者各抒己见。中国的学者强调精武精神中"爱国、修身、正义、助人"的核心价值是精武文化的灵魂,应在全球传承中坚守不变。而国外精武会代表则分享了精武精神在当地的本土化实践经验,讲述了如何将精武精神与本土文化价值观相结合,吸引更多人参与到精武武术的学习与传承中来。例如,澳大利亚精武会代表介绍了他们通过开展社区武术公益课程,将精武精神中的"助人"理念融入其中,不仅为社区居民提供了健身与学习武术的机会,还促进了社区的和谐发展,同时扩大了精武文化的影响力。

此外,大会还组织了丰富多样的文化体验活动。各国精武人参观了伦敦的历史文化景点,感受英国独特的历史底蕴。在与英国当地武术团体的交流活动中,双方相互学习、切磋技艺。英国武术爱好者对精武武术表现出浓厚的兴趣,他们认真学习精武拳法的基本动作,与各国精武会代表交流习武心得。精武会代表们也对英国的本土武术如拳击、击剑等有了更深入的了解,这种跨文化的武术交流促进了不同武术文化之间的相互借鉴与共同发展。

第九届世界精武武术文化交流大会在伦敦的成功举办,不仅为全球精武人提供了一个交流技艺、增进友谊的平台,更重要的是,它推动了精武文化在欧洲乃至世界范围内的广泛传播与发展。精武精神在不同文化的碰撞与交流中焕发出新的活力,为世界武术文化的繁荣发展注入了新的动力,也为后续精武大会的举办树立了新的典范,激励着更多人投身到精武文化的传承与推广事业中。

开幕式

2006年第九届世界精武武术文化大会开幕式

大会现场

2006年第九届世界精武武术文化大会上海代表团

2006年第九届世界精武武术文化大会英国代表团

竞赛成绩

各国奖牌榜

国家或地区	金牌	银牌	铜牌	表演项目金牌	表演项目银牌
比利时	1	0	0	0	0
捷克共和国	1	1	1	0	0
马来西亚	3	7	5	7	2
荷兰	2	3	3	3	0
新西兰	4	6	6	2	1
波兰	5	6	1	5	1
俄罗斯	11	15	13	14	4
上海	32	15	2	17	7
瑞士	3	18	17	3	3
英国（俱乐部）	17	14	15	6	4
英国	2	2	8	1	1
西澳大利亚	0	5	3	3	3

第十二节 第十届世界精武武术文化交流大会

大会概述

2008年11月21日至25日，第十届世界精武武术文化大会在马来西亚怡保市隆重举行，再度续写精武文化在全球传承与发展的精彩篇章。此次大会由世界精武联谊会主办，马来西亚精武总会和怡保中国精武体育会联合承办，吸引了来自世界各地的精武会代表、武术名家、教练以及众多武术爱好者齐聚一堂，在马来西亚这片充满活力的土地上，共同演绎一场武术与文化交织的盛宴。

大会开幕式于怡保英德拉慕丽雅室内体育馆盛大开启，现场座无虚席，气氛热烈非凡。马来西亚国防部长亲临现场祝贺，为大会增添了庄重与荣耀的氛围。来自全球29个国家和地区的代表队依次入场，各国代表队身着各具特色的武术服饰，步伐矫健，精神抖擞，充分展现出精武人的风采与活力。整个开幕式融合了马来西亚的本土文化特色与精武文化元素，传统的马来舞蹈、音乐与精武武术表演相得益彰，为观众带来一场精彩绝伦的视听盛宴，也拉开了这场武术文化交流大会的精彩序幕。

武术竞赛环节无疑是大会的核心与焦点。赛场上，选手们在各个项目中展开激烈角逐，充分展现出精湛的武艺与顽强的拼搏精神。在精武传统武术规定项目中，选手们严格遵循精武创立之初的拳法、器械套路规范，一招一式皆蕴含着深厚的历史底蕴与文化内涵。他们或沉稳出拳，刚劲有力，尽显精武拳的雄浑气魄；或舞动刀枪剑棍，动作行云流水，将精武器械的独特魅力展现得淋漓尽致。一招一式间，传承着霍元甲先生创立精武会时所倡导的武学精髓，让人仿佛穿越时空，领略到百年前精武武术的风采。国际竞技武术规定项目同样精彩纷呈，选手们依据现代体育竞技标准，在速度、力量、技巧等方面展开全方位较量。他们凭借敏捷的身手、出色的身体素质和高难度动作，赢得现场观众的阵阵喝彩。在长拳、刀术、剑术等项目中，选手们的动作刚健有力、节奏明快，将武术的竞技之美展现得淋漓尽致，体现出精武武术在新时代不断创新、与时俱进的发展态势，也展示了武术作为一项现代体育竞技项目的独特魅力。

文化表演项目作为本次大会的一大亮点，为各国精武文化的展示与交流提供了广阔平台。来自亚洲各国的精武会带来了融合本土特色的精彩表演。日本精武会与韩国精武会都做出精彩的表演，韩国精武会把跆拳道的凌厉腿法巧妙融入精武拳法之中，表演充满力量感与节奏感，激昂的韩国传统音乐与选手们活力四射的表现相得益彰，将韩国文化的热情奔放与武术的魅力展现得淋漓尽致。欧美国家的精武会同样带来了令人耳目一新的节目。美国精武会的"功夫街舞秀"别出心裁，将街舞的自由奔放与武术动作大胆创新融合，年轻的选手们在舞台上活力四溢，用充满节奏感的舞蹈动作展示武术的灵动与力量，这种独特的表演形式赢得现场观众的热烈掌声与欢呼声，也让人们看到精武文化在不同文化背景下的创新发展与独特魅力。英国精武会的表演则巧妙地将英式幽默与武术技巧相结合，在表演中加入了一些诙谐有趣的情节和动作，让观众在欢笑中领略武术的别样魅力，同时也体现了精武文化在英国的本土化发展与创新实践。

大会期间，还举办了世界精武体育会联谊机构会长联席会议。在此次会议上，来自世界各地精武友会的代表们经过充分协商，共同决定成立世界"精武联谊会"。这一重要举措标志着全球精武组织在团结协作、共同发展的道路上迈出了坚实一步。精武联谊会的成立旨在进一步促进世界各地精武会之间的交流与合作，推动精武文化在全球范围内的传承与发展。通过整合各方资源，加强信息共享，精武联谊会将为全球精武人提供更为广阔的交流平台，携手共同弘扬精武精神，传播中华武术文化，让精武文化在世界舞台上绽放更加耀眼的光芒。

此外，大会还精心组织了一系列丰富多彩的文化交流活动。各国精武人参观了怡保及周边地区的历史文化景点，深入了解马来西亚的风土人情与多元文化。在与当地武术团体及民众的交流互动中，大家相互学习、切磋技艺，分享习武心得与体会。这种跨文化的武术交流活动不仅增进了各国精武人之间的友谊，也促进了不同武术文化之间的相互借鉴与融合发展。同时，大会还举办了武术文化讲座、研讨会等活动，邀请武术名家、学者们齐聚一堂，围绕精武文化的传承与创新、武术在现代社会中的价值与发展等议题展开深入探讨。专家们各抒己见，为精武文化的未来发展建言献策，进一步推动了精武文化在理论研究与实践应用方面的深入发展。

在闭幕式上，大会对在本次活动中表现出色的个人和团体进行了隆重表彰。各奖项的颁发不仅是对选手们在赛场上精彩表现的认可与肯定，更是对他们所展现出的精武精神的高度赞扬。值得一提的是，余姚精武会荣获大会专门设立的精武精神奖，这一荣誉的获得充分体现了余姚精武会在传承和弘扬精武精神方面所做出的杰出贡献，也激励着更多精武组织和个人在未来的发展中继续践行精武精神，为精武文化的传承与发展贡献力量。整个闭幕式场面壮观，气氛热烈，在欢快的音乐声和观众们的掌声中，第十届世界精武武术文化大会圆满落下帷幕。

第十届世界精武武术文化大会在马来西亚怡保的成功举办，在精武文化发展历程中具有里程碑式的重要意义。它不仅为全球精武人提供了一个切磋技艺、交流文化的优质平台，促进了各国精武会之间的友好合作与交流，更推动了精武文化在全球范围内的广泛传播与深入发展。通过此次大会，精武精神在不同文化的碰撞与交流中焕发出新的活力，为世界武术文化的繁荣发展注入了强大动力。同时，大会的成功举办也为后续精武活动的开展积累了宝贵经验，激励着更多人投身到精武文化的传承与推广事业中，让精武文化在世界舞台上绽放更加绚烂的光彩。

大会日程

2008年11月21日起至25日，第10届世界精武武术文化大会在马来西亚怡保盛大举行。来自我国及外国的精英，聚集在山城互相交流书法、绘画、展览及武术。

11月21日晚上举行接风晚宴，在宴会上马汉顺先生代表马来西亚财政部副部长拿督江作汗，移交2万令吉捐款给马来西亚精武总会作为活动经费。另外，房屋及地方政府部部长拿督黄家泉赞助4万令吉。

11月22日，世界精武联谊机构代表大会则在怡保舜苑酒店举行。这项代表大会吸引约20个国家、40多个单位，近125人出席。大会上所讨论的内容共有6项事宜，即上海精武总会秘书长陈内华作联谊机构常设秘书处工作汇报及财务报告，大会审议精武国际武术比赛规程及竞赛规则、审议设立世界精武联谊机构执行委员会的建议、审议关于举行精武国际武术比赛裁判员培训的建议、审议关于整理推出《第二个精武十套套路》的建议，及确定关于承办2012年第12届世界精武武术文化大会主办单位，后会议进行投票，结果由瑞士精武体育会主办。

晚上，文化交流大会在怡保英迪拉姆里亚体育馆举行开幕礼，由怡保中国精式体育会顾问拿督易沛鸿担任开幕人，参与的精武友会除了马来西亚18家友会，还有来自瑞士、西澳、日本、英国、泰国、新西兰、俄罗斯、澳洲、新加坡、越南、波兰、德国、加拿大、上海、广东、余姚等地的精武友会。

11月23日，武术项目一连两天的比赛在MSN体育馆展开，计有精武基本10套、武术传统套路、国际竞赛套路。马来西亚精武总会派出 2 支队伍，本会武术部主任陈志强被总会委任为马来西亚精武队领队；而本会亦有 5 位武术运动员被遴选代表出征，他们是陈国健、陈文杰、杨伟豪、吴家盛、黄汉发。

赛场上武术运动员虎虎生威、霍霍有声、英姿威武，使武术比赛与竞技项目精彩绝伦，令现场观众叫好。比赛分为儿童组、少年组、青年组和乐龄组。随着武术在世界各地广泛传播，其中不乏来自西方国家的好手，他们通过练武了解和认识中国文化的博大精深。

11 月 24 日，书法、水墨画、水彩绘画比赛及展览会则在怡保精武体育会举行，参赛者踊跃，当中更有文武双全、多才多艺的参赛者。晚上举行了一场武术交流会，希望透过这场交流会，重新挖掘及整理传统武术套路，重视我们的珍贵遗产。雪隆精武体育会委派了数名表演者参与演出，该会副会长叶振华在交流会上表示，希望精武传统传遍全世界，带动更多世人深层探索，让中华武术造福全球人类，进一步提升学武之道及文化。名单及表演套路如下：

套路	表演者
少林连环拳	冼鹏芳
孙膑拳	陈文杰
飞龙拳	杜锦强
锁喉枪	吴家盛
少林剑	冯意馨
双头枪	张倩仪
八仙剑	张信辉
绨袍剑	邓志浩
三光剑	邓志浩
露花刀	江玉凤
罗汉拳	杨伟豪
伏虎拳	冯意伟
五虎拳	陈国健
空手夺双匕	陈文杰、冯意伟
空手单刀	陈文杰、冯意伟
地蹚双刀	江玉凤

11 月 25 日，精武总会安排了市内、市郊观光，晚上举行闭幕仪式，第 10 届世界精武武术文化交流大会正式落幕。

第十三节　第十一届世界精武武术文化交流大会

大会概述

2010 年，第十一届世界精武武术文化大会于上海盛大举行，此次大会与精武百年庆典同步开展，吸引了全球目光。

11 月 16 日下午，虹口体育馆内座无虚席，以"弘扬中华精神 传承华夏武德"为主题的精武百年庆典在此隆重开幕。上海市体育局局长李毓毅致贺词，虹口区区长俞北华，马来西亚精武总会会长、拿督黄保生局绅分别在会上致辞。现场，来自 15 个国家和地区的近 2000 名精武会员齐聚一堂，共同见证这一历史时刻。精武会员们带来的精彩表演,充分展示了"爱国、正义、修身、助人"的精武精神风貌,将现场气氛推向高潮。

11月17日下午,世界精武联谊会会长联席会议在上海天鹅宾馆一楼多功能会议厅召开。来自世界各精武友会的30位会长及代表50多人出席。上海精武体育总会代表秘书处汇报了2008-2010年的工作和财务状况;大会审议通过了世界精武联谊会章程,接纳加拿大卑斯省精武体育会加入世界精武联谊会,并确定第12届世界精武武术文化大会由天津精武会承办。此次会议的顺利召开,促进了世界精武大家庭的团结和谐,推动了精武事业的全球发展。

武术竞赛环节于11月18~19日在虹口体育馆举行,来自21个参赛队的近200名运动员展开激烈角逐。精武传统武术规定项目中,选手们一招一式严格遵循精武创立之初的规范,尽显对传统的尊崇。无论是刚劲有力的精武拳,还是灵动多变的精武器械套路,都展现出深厚的功底与传承。国际竞技武术规定项目里,选手们结合现代体育竞技标准,在速度、力量、技巧上各展所能,高难度动作频现,赢得观众阵阵喝彩。比赛成绩斐然,上海精武凭借出色发挥,斩获36金、16银、14铜;马来西亚精武会获得25金、28银、26铜;天津精武收获16金、13银、1铜等。各国运动员在赛场上顽强拼搏,赛场边观众热情助威,充分展现了精武人的精神风采,也增进了彼此间的了解与友谊。

11月19日上午,书法比赛在虹口体育馆北偏厅举行,来自上海、余姚、英伦、新加坡、马来西亚等的十位运动员参与其中。在限时一小时内,他们挥毫泼墨,以书法展现精武文化内涵,将武术的刚劲与书法的柔美相结合,为大会增添了浓厚的文化艺术氛围。

11月19日下午,"精武百年——世界精武论坛"在上海天鹅宾馆举行。该论坛由上海体育学院武术学院、上海精武体育总会、上海精武体育赛事有限公司联合举办,汇聚了世界各地精武体育会会长、全国各省市教授及相关专家、社会人士。大家围绕精武体育会过去百年的辉煌成就与未来发展目标展开深入探讨,为精武文化的传承与创新建言献策。

比赛结束后,大会还组织参会人员参观了上海武术博物馆、上海精武体育总会会所及精武百年陈列室。在精武体育馆内,精武同仁们相互交流展示、切磋武艺,浓厚的"精武一家"氛围弥漫全场。

第十一届世界精武武术文化大会在上海的成功举办,为全球精武人提供了交流技艺、增进友谊的平台,有力推动了精武文化在全球的传播与发展。它不仅回顾了精武百年的光辉历程,更展望了未来发展方向,激励着更多人投身精武文化传承与推广,让精武精神在新时代焕发出更加耀眼的光芒。

开幕式

2010年第十一届世界精武武术文化大会合影

2010年第十一届世界精武武术文化大会裁判团

2010年第十一届世界精武武术文化大会开幕式上天津精武体育会进行集体表演

2010年第十一届世界精武武术文化大会仲裁席

大会现场

2010年第十一届世界精武武术文化大会上美国队穆哈姆德在进行陈式太极成年组比赛

2010年第十一届世界精武武术文化大会书法比赛作品

2010年第十一届世界精武武术文化大会闭幕式上旗帜交接

2010年第十一届世界精武武术文化大会舞狮比赛

竞赛成绩

各国成绩排行榜

序	队名	金	银	铜	四	五	六	七	八	奖牌总数
1	上海	36	16	14	8	3	2	1		66
2	马来西亚	25	28	26	8	7	1			79
3	天津	16	13	1	1					30
4	瑞士	7	3	3	3		1	2		13
5	新西兰	4	6	5	3		1	1		15
6	美国	2	6	4	3		2	2		12
7	新加坡	2	5	1	1	1				8
8	余姚	1	7	4	8	3	2	1	2	12
9	日本	1	4	3	3	2	2	2		8
10	西澳	1	2	1			1			4
11	英伦		7	5	3	2	2	1		12
12	巴西			1	1	1				1
13	波兰			1		1				1
14	加拿大					1				
15	澳大利亚新洲							1		

书法比赛成绩表

名次 ranking	姓名 name	成绩 Gyade	名次 ranking	姓名 name	成绩 Gyade
一 First Prize	凌冬青	95	二 Second Prize	符飞云	93
三 Third Prize	陈智强	90	四 Fourth Prize	傅建清	89
五 Fifth Prize	黄承漳	86	六 Sixth Prize	张建方	85
七 Seventh Prize	王会佳	84	八 Eighth Prize	Jason Leung	82

集体表演项目成绩表

	单位 Units	成绩 Gyade	单位 Units	成绩 Gyade
一等奖 First Prize	天津精武体育会	9.2	马来西亚精武 B 队	9.01

二等奖 Second Prize	马来西亚精武A队	8.93	上海精武一队	8.92
三等奖 Third Prize	上海精武三队	8.9	日本精武队	8.89

个人套路项目成绩表
儿童组

名次项目		第一名 First Prize	第二名 Second Prize	第三名 Third Prize	第四名 Fourth Prize	第五名 Fifth Prize	第六名 Sixth Prize
男子 male	功力拳 Gong li quan	杜洪杰 8.40	陈昕宇 8.37	Jun Selwyn 8.35	—		
	潭腿 Tan tui	陈昕宇 8.37	郭德祖 8.36	DylanCrook 8.25	—		
	八卦刀 Bag gua dao	刘文祥 8.31	OliverLee 8.20	Dylan Crook 8.13	—		
	群羊棍 Qun yang gun	柳拓 8.33	罗俊明 8.32	JunSelw 8.27	—		
	棍术 Gun shu	罗俊明 8.61	柳拓 8.55	刘文祥 8.52	JunSelwyn 8.52		
	长拳 Changquan	郭德祖 8.68	柳拓 8.66	—	—		
	南拳 Nan quan	杜洪杰 8.60	刘文祥 8.51	—	—		
	器械合并 Appayatus	杜洪杰 8.72	郭德祖 8.72	—			
男女 Both sexes	接潭腿 Jie tan tui	Jenny Ling Rangiatea Buchanan 8.40	陈昕宇 朱雅涵 8.28	OliverLeeDylan rook 8.00			
女子 female	功力拳 Gong li quan	李雪娜 8.38	Jenny Ling 8.37	彭贝儿 8.36	朱怡静 8.36	冯芷茵 8.35	—
	潭腿 Tan tui	朱雅涵 8.37	刘莹莹 8.31	—	—		
	器械合并 Appayatus	朱怡静 8.69	李雪娜 8.62	彭贝儿 8.60			
	竞赛拳术 Quan shu	李奕萱 8.99	李雪娜 8.72	彭贝儿 8.60	刘莹莹 8.53	JennyLing 8.42	冯芷茵 8.37
	传统拳械 Quan shu Appayatus	李奕萱 8.95	刘莹莹 8.72	马玮昀 8.62	龚茹婧 8.58	龚茹婧 8.53	
	八卦刀 Bag gua dao	马玮昀 8.33	龚茹婧 8.13	—	—		
	群羊棍 Qun yang gun	李奕萱 8.48	马玮昀 8.25	Jenny Ling 8.25	—	—	

少年组

项目 Pyoject		名次 ranking	第一名 First Prize	第二名 Second Prize	第三名 Third Prize	第四名 Fourth Prize	第五名 Fifth Prize	第六名 Sixth Prize
男子 male		功力拳 Gong li quan	赵勇 8.59	张俊汉 8.57	Joshua Botting 8.55	黄耀洪 8.51	冯俊昕 8.44	ShivrajSharma 8.29
		大战拳 Da zhan quan	李小东 8.59	姚德龙 8.57	郑联升 8.55	林越 8.55	Rohit Rajput 8.51	—
		刀术 Dao shu	李思远 8.91	赵勇 8.91	黄耀洪 8.78	—	—	—
		剑术 Jian shu	余佳琪 8.85	姚德龙 8.84	陈国健 8.76	冯俊暐 8.68	—	—
		器械合并 Appayatus	杨梦园 8.90	朱健聪 8.80	吴智宏 8.71	—	—	—
		长拳 Chang quan	郑联升 9.03	崔飞龙 9.01	李思远 9.00	许俊霖 8.85	黄耀洪 8.82	林越 8.81
		南拳 Nan quan	杨梦园 9.01	朱健聪 8.84	Damian Rusa 8.81	—	—	—
		传统拳术 Traditionalfist	李小东 8.88	姚德龙 8.86	—	—	—	—
		枪术 Qiang shu	陈国健 8.86	姚德龙 8.83	郑联升 8.81	冯俊暐 8.67	—	—
		棍术 Gun shu	李小东 9.00	赵勇 8.97	—	—	—	—
		八卦刀 Bag gua dao	许俊霖 8.60	李思远 8.57	陈国健 8.56	余佳琪 8.26	DamianRusa 8.11	—
		群羊棍 Qun yang gun	吴智宏 8.48	杨梦园 8.25	崔飞龙 8.25	—	—	—
女子 female		功力拳 Gong li quan	姚晨思 8.57	朱慧琪 8.57	王会佳 8.45	JayminiHirani 8.45	—	—
		大战拳 Da zhan quan	潘依嫣 8.58	陈瑞琼 8.54	杨惠茵 8.53	—	—	—
		长拳 Chang quan	潘依嫣（马） 8.83	陈慧雯（马） 8.83				
		南拳 Nan quan	朱慧琪（马） 8.65	黄宝琪（马） 8.6				
		42 式剑 42Tai ji jian	徐静婷 8.65	王会佳 8.6	—	—		
		剑术 Jian shu	黄宝琪 8.60	陈瑞琼 8.56				
		竞赛器械 Appayatus	潘依嫣 8.71	陈慧雯 8.71	朱慧琪 8.60	杨惠茵 8.58	—	—
		八卦刀 Bag gua dao	徐静婷 8.54	黄宝琪 8.46	陈瑞琼 8.39	Nisha Rajput 8.37	—	—
		群羊棍 Qun yang gun	陈慧雯 8.56	杨惠茵 8.50				
男女 Both sexes		42 式拳 42Tai ji quan	吴智宏 8.54	徐静婷 8.52	姚晨思 8.51	—	—	—
		接潭腿 Jie tan tui	张俊汉 朱健聪 8.55	Joshua Botting Jun Selwyn 8.46	—	—		

青年组

项目 Pyoject		名次 ranking	第一名 First Prize	第二名 Second Prize	第三名 Third Prize	第四名 Fourth Prize	第五名 Fifth Prize	第六名 Sixth Prize	第七名 Seventh Prize	第八名 Eighth Prize
男子 male		42式剑 42 Tai ji jian	许康霖 8.71	胡耀升 8.70	—	—	—	—	—	—
		传统器械 TRADITIONAL WEAPON	冯鹤赟 8.68	大西浩二 8.60	Kenneth Ingram 8.51	邵永华 8.33	—	—	—	—
		传统太极剑 Tai ji jian	郁瑞君 8.91	Muhammad Junaid 8.62	Mark Lin 8.21	—	—	—	—	—
		竞赛拳术 Quan shu	BenMahmoud Sami 9.11	罗俊玮 9.08	何敏彦 9.00	Edgar Ruiz 8.69	KwokMan Hong 郭文康 8.56	—	—	—
		大战拳 Da zhan quan	孟磊 8.78	Siu Yuat Wong 8.76	胡耀升 8.73	秦剑昊 8.65	大西浩二 8.60	Jeffrey Windler 8.51	—	—
		节拳 Jie quan	Ben Mahmoud Sami 8.76	郁瑞君 8.76	何敏彦 8.75	陈文杰 8.73	Arash Dost 8.69	王恒良 8.61	Serghei Ovanesov 8.55	—
		八卦刀 Bag gua dao	Ben Mahmoud Sami 8.7	Arash Dost 8.6	Serghei Ovanesov 8.52	Jeffrey Windler 8.51	邵永华 8.47	Mark Lin 8.40	—	—
		群羊棍 Qun yang gun	罗俊玮 8.75	陈文杰 8.67	冯鹤赟 8.65	Aaron Tong 8.56	—	—	—	—
		五虎枪 Wu hu qiang	Siu Yuat Wong 8.75	许康霖 8.65	韦剑 8.62	KwokManHon 郭文康 8.56	—	—	—	—
		南棍 Nan gun	罗俊玮 9.06	Ben Mahmoud Sami 9.04	—	—	—	—	—	—
男子 male		竞赛长器械 Long apparatus	孟磊 8.87	Edgar Ruiz（枪术）8.77	何敏彦 8.76	—	—	—	—	—
		传统拳术 Traditionalfist	韦剑 9.35	孟磊 8.96	Kwok Man Hong 郭文康 8.86	邵永华 8.78	大西浩二 8.71	Kenneth Ingram 8.55	王嘉兴 8.54	—
		竞赛短器械 Shortapparatus	Ben Mahmoud Sami（南刀）8.99	Siu Yuat Wong 8.88	陈文杰 8.70	王恒良 8.61	—	—	—	—
		传统太极拳 Tai ji quan	郁瑞君 8.98	Jeffrey Windler 8.69	Mark Lin 8.59	Bruce Hung 8.57	—	—	—	—
		42式拳 42 tai ji quan	许康霖 8.77	胡耀升 8.70	—	—	—	—	—	—
		单刀串枪 Dan daoChuan qiang	Bruce Hung 8.72	Paramjit Singh BharjSerghei Ovanesov 8.65	—	—	—	—	—	—
女子 female		42式剑 42 Tai ji jian	李雅文 8.78	张婉莹 8.77	曾露奕 8.72	—	—	—	—	—
		传统器械 TRADITIONAL WEAPON	徐海凤 9.33	郭海霞 8.39	—	—	—	—	—	—
		竞赛拳术 Quan shu	丁诗敏 8.66	Schnyder Milena 8.65	杜妙娟 8.57	BuiLakk hana 8.39	—	—	—	—

	项目	第一名 First Prize	第二名 Second Prize	第三名 Third Prize	第四名 Fourth Prize	第五名 Fifth Prize	第六名 Sixth Prize	第七名 Seventh Prize	第八名 Eighth Prize
女子 female	大战拳 Da zhan quan	徐海凤 8.75	钟元哲 8.70	彭冬儿 8.65	Marianna Sokhan 8.62	郭海霞 8.61	张婉莹 8.60	Ngaroma Buchanan 8.53	—
	节拳 Jie quan	丁诗敏 8.77	蒋姬岚 8.76	Schnyder Milena 8.67	BuiLak khana 8.65	曾露奕 8.64	Marie Lee 8.53	Cenariu Anna 8.52	Panyushkina Warwara 8.50
	八卦刀 Bag gua dao	Panyushkina Warwara 8.56	Marie Lee 8.48	—	—	—	—	—	—
	群羊棍 Qun yang gun	蒋姬岚 8.73	Ngaroma Buchanan 8.56	Matthys Jasmin 8.41	—	—	—	—	—
	五虎枪 Wu hu qiang	张婉莹 8.68	李雅文 8.65	Marianna Sokhan 8.58	—	—	—	—	—
	竞赛长器械 Long apparatus	Schnyder Milena 8.84	丁诗敏 8.68	钟元哲 8.57	—	—	—	—	—
	竞赛短器械 Shortapparatus	Schnyder Milena 8.69	Bui Lakkhana 8.68	—	—	—	—	—	—
	传统拳术 Traditionalfist	徐海凤 9.05	李雅文 8.90	蒋姬岚 8.76	郭海霞 8.65	—	—	—	—
	42式拳 42 tai ji quan	彭冬儿 8.77	张婉莹 8.75	曾露奕 8.73	—	—	—	—	—
	单刀串枪 Dan daoChuan qiang	杜妙娟 钟元哲 8.76	Marianna Sokhan Marie Lee 8.67	—	—	—	—	—	—

成年组

	项目 Pyoject	名次 ranking	第一名 First Prize	第二名 Second Prize	第三名 Third Prize	第四名 Fourth Prize	第五名 Fifth Prize	第六名 Sixth Prize	第七名 Seventh Prize	第八名 Eighth Prize
男子 male		传统拳术 Traditionalfist	李文 8.90	王镇 8.77	马兴兵 8.61	李科才 8.58	—	—	—	—
		功力拳 Gong li quan	曹广耀 8.78	潘广基 8.75	林水源 8.72	Vajda Wilhelm 8.65	—	—	—	—
		大战拳 Da zhan quan	马兴兵 8.82	叶玉龙 8.81	Glenn Selwyn 8.75	—	—	—	—	—
		传统器械 TRADITIONAL WEAPON	马兴兵 8.78	叶玉龙 8.73	李文 8.71	孙会华 8.70	王镇 8.61	—	—	—
		群羊棍 Qun yang gun	叶玉龙 8.83	李科才 8.81	Vajda Wilhelm 8.75	林水源 8.68	—	—	—	—
		八卦刀 Bag gua dao	王镇 8.88	潘广基 8.87	—	—	—	—	—	—
女子 female		42式拳 42 tai ji quan	马伟玉 8.84	张玉兰 8.80	井上 Toshimi 8.70	许月素 8.70	许月忠 8.66	Lee moi Cheng 8.65	高桥祥子 8.65	楼爱君 8.62
		传统太极拳 Tai ji quan	何俊萍 8.74	Sarah Perry 8.51	邢丽丽 8.44	—	—	—	—	—
		42式剑 42Tai ji jian	张玉兰 8.74	马伟玉 8.70	许月忠 8.63	许月素 8.62	—	—	—	—

	项目	第一名	第二名	第三名	第四名	第五名	第六名	第七名	第八名
女子 female	功力拳 Gong li quan	Patty Sun 8.90	Joanna Frank 8.82	张玉兰 8.78	井上Toshimi 8.67	杨淑芳 8.66	Neilane Liew 8.66	邢丽丽 8.65	Matthys Jasmin 8.62
	大战拳 Da zhan quan	Lee Moi Cheng 8.82	Andrea Wong 8.79	—	—	—	—	—	—
	传统器械 TRADITIONAL WEAPON	何俊萍 8.83	杨淑芳 8.47	邢丽丽 8.38	—	—	—	—	—
	群羊棍 Qun yang gun	Andrea Wong 8.89	Patty Sun 8.88	Lee Huang Lim 8.75	—	—	—	—	—
	八卦刀 Bag gua dao	Andrea Wong 8.80	Lee Moi Cheng 8.78	Joanna Frank 8.74	—	—	—	—	—

老年组

	项目 Pyoject	名次 ranking	第一名 First Prize	第二名 Second Prize	第三名 Third Prize	第四名 Fourth Prize	第五名 Fifth Prize	第六名 Sixth Prize	第七名 Seventh Prize	第八名 Eighth Prize
男子 male		42式拳 42 tai ji quan	刘仲仁 8.83	张德平 8.75	何锦麟 8.72	—	—	—	—	—
		传统拳术 Traditionalfist	孙嘉雄 8.93	木田正宣 8.89	李国华 8.81	胡键 8.76	刘元 8.66	符飞云 8.58	Jason Leung 8.43	—
		42式剑 42Tai ji jian	刘仲仁 8.99	朱渭江 8.98	张德平 8.95	—	—	—	—	—
		传统器械 Traditionalweapon	孙嘉雄 8.82	朱渭江 8.80	胡键 8.79	李国华 8.79	—	—	—	—
		潭腿 Tan tui	刘元 9.11	符飞云 9.01	李国华 9.01	何锦麟 8.96	—	—	—	—
		功力拳 Gong li quan	刘仲仁 9.00	木田正宣 8.87	孙嘉雄 8.86	张德平 8.83	胡键 8.81	永野彦 8.70	—	—
女子 female		42式拳 42 tai ji quan	潘树明 8.97	安田启美 8.90	大西恭子 8.87	高桥丰子 8.84	孙华英 8.77	余必华 8.77	尾原广美 8.76	沈琴苗 8.70
		传统太极拳 Tai ji jian	林雪芳 8.65	Hildegard Patterso 8.63	—	—	—	—	—	—
		42式剑 42Tai ji jian	潘树明 8.98	孙华英 8.90	林雪芳 8.89	余必华 8.82	—	—	—	—
		潭腿 Tan tui	林雪芳 9.03	余必华 8.90	Hildegard Patterso 8.70	—	—	—	—	—
		功力拳 Gong li quan	大西恭子 8.76	Rosemarie Loomans 8.74	高桥丰子 8.73	安田启美 8.65	朱洁梅 8.64	尾原广美 8.64	潘树明 8.56	—
男女 Both sexes		八卦刀 Bag gua dao 群羊棍 Qun yang gun	符飞云 8.86	刘元 8.83	何锦麟 8.76	沈琴苗 8.56	—	—	—	—

第十四节　第十二届世界精武武术文化交流大会

大会概述

2012年10月27-29日，第十二届世界精武武术文化交流大会在天津盛大举行，以"传承精武文化、弘扬精武精神"为主题，在霍元甲的故乡奏响了精武文化传承与发展的激昂乐章。天津作为霍元甲的家乡，拥有深厚的武术底蕴与精武文化根基。西青区精武镇更是成为本次盛会的核心举办地，这里的精武门·中华武林园承载着精武百年的历史记忆，一期工程的霍元甲纪念馆和陵园已对外开放，吸引着世界各地精武爱好者前来瞻仰。而在大会期间，即将投入使用的二期工程——精武武术馆，也备受瞩目。该馆可容纳约3000名观众同时观演，舞台表演区达3000平方米，配备2900平方米的LED彩屏以及空中滑道、升降台、水幕等先进设施，为赛事与表演提供了一流场地。

大会开幕式在天津师范大学体育馆隆重举行，现场气氛热烈非凡。来自世界15个国家和地区的39个精武体育会代表团齐聚津门，世界各地精武会运动员、国内外武术界知名人士、精武文化专家学者与观众共2200余人出席。天津市西青区领导亲临现场并发表讲话，为大会拉开精彩序幕。运动员、裁判员整齐入场，宣誓环节庄重严肃，五星红旗冉冉升起，全场庄严肃穆。随后的节目表演精彩纷呈，将精武文化与艺术完美融合。

武术竞赛是大会的核心环节，来自16个国家和地区的500余名精武会运动员代表在多个项目中展开激烈角逐。在武术项目里，精武传统武术规定项目备受关注，选手们严格遵循精武创立之初的拳法、器械规范，一招一式皆蕴含着对精武先辈的尊崇与对传统的坚守。无论是刚猛有力的精武拳，还是变幻莫测的精武器械套路，都展示出深厚的功底与传承。国际竞技武术规定项目中，选手们依据现代体育竞技标准，在速度、力量、技巧上各展所能，高难度动作频现，充分展现了武术的竞技魅力与时代活力。散打赛场上，选手们拳脚生风，攻防转换间尽显力量与技巧的较量，每一次激烈对抗都牵动着观众的心。舞龙、舞狮项目同样精彩，一条条巨龙在选手们的舞动下，上下翻腾、栩栩如生；一只只醒狮灵动活泼，跳跃、登高、采青等动作一气呵成，展现出团队协作与精湛技艺，将中华传统民俗文化与精武精神完美结合。

除了体育竞技，大会还设置了丰富的文化交流项目。书法、绘画比赛现场，来自不同国家和地区的选手们挥毫泼墨、精心创作，用笔墨展现精武文化内涵，将武术的精气神融入到书画艺术中。中国象棋比赛中，棋手们凝神静气，在棋盘上排兵布阵，以棋会友，交流棋艺的同时，也增进了彼此间的文化交流。这些文化项目为精武文化的传播搭建了多元平台，让更多人感受到精武文化的深厚底蕴与独特魅力。

大会期间，还举办了多项重要活动。10月27日上午，全体精武同仁六百余人怀着崇敬之情拜谒霍元甲墓。入口处12米高的霍公雕像庄严肃穆，道路两旁精武拳武功雕塑群像栩栩如生。同仁们身披黄绶带，手持菊花，整齐列队，在霍公墓前举行庄重的拜谒仪式，缅怀这位精武文化的开创者，传承精武精神。下午，各精武会长联席会议召开，会上听取并一致审议通过世界精武联谊会第一届执委会秘书长所作的《世界精武2011-2012年工作和财务报告》，同时通过了印度、巴西、巴基斯坦等国精武会加入精武联谊会的议程，进一步壮大了精武大家庭。会议还决定2014年第十三届世界精武武术文化交流大会在广东佛山举办，并通过余姚精武体育会申报的2016年第十四届盛会在余姚举办的报告。此外，与会的各精武会代表举行天津世界精武武术文化研究会成立大会，表决通过《天津世界精武武术文化研究会章程》，为精武文化的研究与传承提供了更专业的平台，推动精武文化在学术领域的深入发展。

10月30日，大会在精彩的文艺表演伴随下圆满落幕。闭幕式由央视著名主持人白岩松、朱迅主持，众多国内外名演员、歌星参与演出，为大会画上了完美句号。

第十二届世界精武武术文化交流大会在天津的成功举办，进一步弘扬了精武文化，传播了精武精神，增进了世界各地精武会之间的合作与交流。它不仅为精武文化的传承与发展注入了新动力，也让天津这座城市与精武文化更加紧密相连，成为精武文化发展历程中的一座重要里程碑，激励着更多人投身到精武文化的传承与推广事业中。

竞赛规程

武术比赛规程

一、承办单位：天津精武体育会

二、比赛日期：2012年10月26日-31日

三、比赛地点：中国天津市

四、年龄组别：

（A）儿童组：12岁及其以下（2000年1月1日以后出生）

（B）少年组：13岁-17岁（1995年1月1日-1999年12月31日出生）

（C）青年组：18岁-35岁（1977年1月1日-1994年12月31日出生）

（D）成年组：36岁-55岁（1957年1月1日-1976年12月31日出生）

（E）老年组：56岁及其以上（1956年12月31日以前出生）

五、比赛项目：每位运动员最多可选报三项个人项目和一项表演项目，其中运动员必须报一项精武项目类。

（A）儿童组

1.精武项目类：

拳术：潭腿（下六路）、功力拳、十字战挡拳任选其一；器械：八卦刀、群羊棍、雪片刀达摩剑任选其一；

对练：接潭腿。

2.武术传统项目类：

拳术：各种传统拳术任选其一；

器械：各种传统器械（单器械、双器械、软器械等）任选其一。

3.国际武术竞赛项目类：

拳术：长拳、南拳、42式竞赛太极拳任选其一；

器械：刀术、剑术、枪术、棍术、南刀、南棍、42式竞赛太极剑任选其一。

4.表演项目类（集体项目、个人项目）：

（B）少年组

1.精武项目类：

拳术：功力拳、大战拳、十字战挡拳、散拳、崩步拳任选其一；

器械：八卦刀、群羊棍、雪片刀、达摩剑、露花棍、六合枪任选其一；

对练：接潭腿、套拳对、一百零八手、双刀对枪任选其一；

2.武术传统项目类：

拳术：各种传统拳术任选其一；

器械：各种传统器械（单器械、双器械、软器械等）任选其一；

3.国际武术竞赛项目类：

拳术：长拳、南拳、42式竞赛太极拳任选其一；
器械：刀术、剑术、枪术、棍术、南刀、南棍、42式竞赛太极剑等任选其一；
4．表演项目类（集体项目、个人项目）：

（C）青年组

1．精武项目类：
拳术：大战拳、节拳、十字战挡拳、散拳、崩步拳任选其一；
器械：八卦刀、群羊棍、五虎枪、雪片刀、达摩剑、露花棍、六合枪任选其一；
对练：套拳对、单刀串枪、一百零八手、双刀对枪任选其一。

2．武术传统项目类：
拳术：各种传统拳术、各式传统太极拳任选其一；
器械：各种传统器械（单器械、双器械、软器械）、太极器械等，任选其一；

3．国际武术竞赛项目、自选项目类：
拳术：长拳、南拳、42式竞赛太极拳或自选拳，任选其一；
器械：刀术、剑术、枪术、棍术、南刀、南棍、42式竞赛太极剑等，任选其一。

4．表演项目类（集体项目、个人项目）：

（D）成年组

1．精武项目类：
拳术：功力拳、大战拳、十字战挡拳、散拳、崩步拳任选其一；
器械：八卦刀、群羊棍、雪片刀达摩剑、露花棍、六合枪任选其一；
对练：接潭腿、套拳对、一百零八手、双刀对枪任选其一。

2．武术传统项目类：
拳术：各种传统拳术、各式传统太极拳任选其一；
器械：各种传统器械（器械、双器械、软器械）、太极器械等，任选其一；

3．国际武术竞赛项目类：
拳术：长拳、南拳、42式竞赛太极拳任选其一；
器械：刀术、剑术、枪术、棍术、南刀、南棍、42式竞赛太极剑等，任选其一；

4．表演项目类（集体项目、个人项目）：

（E）老年组

1．精武项目类：
拳术：潭腿（前六路）或功力拳、十字战挡拳、散拳、崩步拳任选其一；
器械：八卦刀、群羊棍、雪片刀、达摩剑、露花棍、六合枪任选其一；
对练：接潭腿、一百零八手、双刀对枪任选其一。

2．武术传统项目类：
拳术：各种传统拳术或各式传统太极拳任选其一；
器械：各种传统器械（单器械、双器械、软器械）、太极器械任选其一；

3．国际武术竞赛项目类：
拳术：长拳、南拳、42式竞赛太极拳任选其一；
器械：刀术、剑术、枪术、棍术、南刀、南棍、42式竞赛太极剑等任选其一；

4．表演项目类（集体项目、个人项目）。

六、参加办法

1．各团体可报1-3个队，设总领队1名，每队教练员1-2名，每队运动员12名（性别、组别不限）；

2．各团体可报1-2名有资证的武术裁判员，在担任裁判员工作期间由大会承担食宿，裁判员人数不足，由大会另行邀请。

七、竞赛办法

1．竞赛性质：本次比赛为个人单项赛。

2．竞赛规则：均采用《精武国际武术竞赛规则》和中国《传统武术竞赛办法（2006年版）》。

3．集体项目：须6人以上，不受形式、内容、音乐限制。集体项目以武术技术为主要内容，并能较好的利用和融合其他艺术形式的表现手法，来烘托武术的技术风格。

八、各项目比赛时间规定：

1．任何单练项目、对练项目和个人表演项目完成套路的时间为40秒至4分钟（太极项目4分钟以内，其他项目40秒至2分钟），太极项目演练至3分钟时，由裁判长鸣哨提示（原套路内容较多，完成全套时间较长者，按规程时间的规定可将套路进行简化）。

2．集体项目完成套路的时间不得超过4分钟。

3．完成套路时间不足或超出规定。凡不足规定时间达 2 秒以内扣 0.1 分，达 4 秒以内扣 0.2 分，达 4 秒以上，最多扣 0.3 分；凡超出规定时间达 5 秒以内扣 0.1 分，达 10 秒以内扣 0.2 分，达 10 秒以上，最多扣 0.3 分。

九、服装、器械、护具：

1. 服装：参加精武传统项目比赛者，必须穿着精武传统（连环扣）款式服装（颜色、面料、长短袖不限），软底鞋；其他项目只需穿着武术服装（面料、颜色、式样不作统一规定）。

2. 器械：参加传统项目比赛必须使用硬质器械。

3. 服装、器械由参赛选手自备。

十、录取名次：

1. 单练项目：按各项目类、年龄组别、性别、套路（以套路名称为准，同一套路 3 人以上可独立立项，未满 3 人的，大会有权利合并组别）分别录取前八名，不满 8 人的减一录取。

2. 对练项目：按各项目类、年龄组别、男女混编分别录取前八名，不满 8 对的减一录取。

3. 各单项、对练项目的第一至三名分别颁发金、银、铜奖牌和名次证书，第四至八名颁发证书。

4. 表演项目录取前八名（不分性别、组别），第一至三名分别颁发奖杯、证书和个人奖牌，第四至八名颁发证书。

十一、未尽事宜，由承办单位另行补充。

舞龙舞狮（南、北狮）竞赛规程

一、承办单位：天津精武体育会

二、比赛日期：2012 年 10 月 26 日 -31 日

三、比赛地点：中国天津市

四、比赛项目：

1. 舞龙（1）规定套路（2）自选套路

2. 南狮桩阵自选套路

3. 北狮比赛

五、参加办法

（一）舞龙队由 12 人组成，其中领队兼教练 1 人，替补队员 1 人，运动员 12 人，音乐带伴奏。

（二）南狮队由 7 人组成，其中领队兼教练 1 人，运动员 6 人，包括锣手鼓手及替补队员。

（三）北狮队由 8 人组成，其中领队兼教练 1 人，运动员 7 人，包括锣手鼓手及替补队员。

（四）各代表团参赛报名不超过两队。

六、竞赛办法

（一）比赛按照国际龙狮总会 2002 年颁布的国际舞龙舞狮（南北狮）竞赛规则进行，规定套路根据中国龙狮协会 1997 年、2003 年颁布的规定套路要求执行。

（二）舞龙、南狮、北狮套路采取一次性比赛决定名次。

（三）各参赛队于赛前二天提交自选套路登记表。

七、奖励办法

比赛奖励前六名，由大会颁发奖牌证书，不足八队减二录取名次。

八、其他事宜

1. 第一次报名至 2012 年 5 月 30 日。

2. 第二次报名至 2012 年 8 月 30 日。

3. 各参赛队所用比赛器材、音乐自行准备。

4. 本规程解释权归大会组委会，未尽事宜另行补充。

书法比赛规程

一、承办单位：天津精武体育会

二、时间地点：2012 年 10 月 26 日 -31 日中国天津

三、比赛内容：楷书、行书任选一体

四、比赛分组：

1. 各精武会均可报名参赛，人数、年龄不限，不分男女组别。

2. 参赛者自备笔墨，比赛用宣纸由大会提供。

五、比赛办法：

1. 书法内容、字数由大会统一规定，不得题写国家地区会名，以保证比赛公正。

2. 比赛时间为 1 小时。

3. 裁判的判决是最终判决，不得有异议。

4. 入选作品公开展出。

5. 比赛用纸大会统一尺码，不得变更，否则无效。

六、奖励办法：

比赛人数超过 8 人奖励前六名，不足 8 人减 2 奖励，由大会颁发奖牌、证书。

七、其他事宜：

第一次报名至 2012 年 5 月 30 日第二次报名至 2012 年 8 月 30 日

本规程解释权归大会组委会，未尽事宜另行补充。

绘画比赛规程

一、承办单位：天津精武体育会

二、时间地点：2012 年 10 月 26 日-31 日中国天津

三、比赛内容：

1. 中国画（水墨画）：依照中国画绘画方式用宣纸采用传统画法，自由命题。
2. 油画（西洋画）：绘画方式、技法不加限制，自由命题。

四、比赛办法：

1. 各精武会均可报名参赛，人数、年龄不限，不分男女组别。
2. 参赛者自备绘画用具、纸张，所用纸张赛前交裁判组鉴定盖章，否则无效。
3. 参赛者在指定时间内完成作品，并只许有一幅作品参赛。

五、奖励办法：

比赛人数超过 8 人奖励前六名，由大会颁发奖牌、证书，不足 8 人减 2 录取名次。

六、其他事宜：

1. 第一次报名至 2012 年 5 月 30 日第二次报名至 2012 年 8 月 30 日。
2. 填写报名表时请在组别栏中写清是中国画还是油画。
3. 比赛结束当日评出，获奖作品在比赛场地展出。
4. 为保证比赛公正，请勿在作品上署名国家地区会名。
5. 本规定未尽事宜另行通知，规程解释权归大会组委会。

象棋比赛规程

一、承办单位：天津精武体育会

二、时间地点：2012 年 10 月 26 日-31 日中国天津

三、比赛内容：中国象棋个人赛

四、比赛办法：各精武会均可报名参赛，不分男女组别，不限年龄、人数。

1. 比赛办法视参赛人数另定。
2. 比赛采用一局胜负制。
3. 比赛采用最新象棋比赛规则。
4. 采用计时钟，每局各方用时 60 分钟，用时完后，每 10 分钟内必须走完 10 招棋，否则以负局论。
5. 开赛后运动员迟到三十分钟按弃权论，未满三十分钟者，仍准参赛，其迟到时间在其用时 60 分钟内扣除。

六、奖励办法：

比赛 8 人以上奖励前 6 名，少于 8 人减 2 录取。

七、其他事宜：

1. 领队、教练员决定比赛细则。
2. 报名时间：第一次报名至 2012 年 5 月 30 日；第二次报名至 2012 年 8 月 30 日。
3. 运动员服从裁判判决，如有异议半小时内由领队提出书面报告。
4. 大会判决为最终判决。
5. 本规程解释权归大会组委会，未尽事宜另行补充。

各代表团名单

澳大利亚新洲精武体育会

主席：伍少梅

领队：王海光

教练：董蓓　陶建丽　陈伟雄

运动员：

SHIDI LUO 罗世迪

BRIAN COR LESS 布莱恩·克里斯

GE ZHANG 张歌

STEPHEN HEARD 史蒂芬·海德

MICHAEL DARCY 迈克·达西

CLIFFORD QUAN 克利福德·权

EDISON CHAN 爱迪生·陈

LIOYD BI 劳埃德·毕

BILLY CAI 比利·蔡

JOSEPHINE AXO 约瑟芬·爱索
MATHEW FONG 马修·冯
PENNY GULLIVER 尼格力佛
CARTER LIU 卡特·刘
NOREEN QUAN 诺恩·权
DEREK QUAN 德里克·权
SANDRA WONG 桑德拉·黄
DANIEL CHEUNG 丹尼尔·张

美国精武体育会

领队：王国强
运动员：
MARKLIN 马克林
MUKUND RAMESH 穆坤德·拉梅斯
JEFFREY WINDLER 杰弗里·温德勒
SHARONTU 莎伦图
HATU 哈图
EILEEN BAU 艾琳·鲍
CATHERINE STEVENSON 凯瑟琳·史蒂文森
ZHUGU 朱古
RICHARD GALIONE 理查德·加利
MUHAMMAD JUNAID 穆罕默德·朱奈德
TIFFANY LIN 铁菲尼·林
ERIK CHIRSTOPHERSON 埃里克·克里斯坦弗森
BRANDON SHAEFER 布兰登·西弗

瑞士精武体育会

运动员：
VAJDA WILLI 瓦吉达·威力
SCHNEEBELI DAVID 舒尼伯利·大卫
MULLER FLORIAN 穆勒·弗洛里安
STEHLI CATHERINE 史蒂利·凯瑟琳
CHON KOK YENG 周国英

俄罗斯精武体育会

领队：Alexey Ovodov 阿列克谢·欧沃德
裁判：Alexey Ovodov 阿列克谢·欧沃德
教练：Alexey Ovodov 阿列克谢·欧沃德
运动员：

Markov Kirill 马氏·基里尔
Gorbunov Denis 戈尔布诺夫·丹尼斯
Makarin Anton 马卡林·安东
Ovodov Alexey 欧沃德·阿列克谢
Obraztcov valerii 奥巴索夫·瓦列里
Vikhareva Alexandra 维克丽娃·亚历山大
Sharavina Daria 莎拉维娜·达里亚
Kamanina Larisa 卡玛尼娜·拉里莎
Bakhtenko Elena 巴卡邓口·埃伦娜
Emelianova Natalia 伊米丽埃洛娃·纳塔利亚
Stoliarova Nina 斯托利亚洛娃·尼娜
Lodygina valentina 劳迪吉娜·瓦伦蒂娜
Baranova Galina 巴拉诺夫·加琳娜
Startseva Natalia 斯塔谢娃·纳塔利亚
Sharavina Tatiana 莎拉维娜·塔蒂维娜

新加坡精武体育会

领队：陈坤泉
秘书：邝元亨 KWONG AH CHEONG
教练：廖德南
裁判：高焯洪 KO CHEOK HONG
陈清发 TAN CHENG HUAT
团员：
沈配如 SENG MU SAN
黄冠建 WONG KOON KHIAN
翁玉芬 YONG YOK FAN
林水英 LIM CHWEE ENG
陈文菁 TAN BOON CHING
叶枚铃 YIP MEE LING
何美莲 HO MAY LIN
陈德祥 CHAN TUCK CHEONG
邱莉莉 KHOO LILI
李玉娣 LEE NGEK TAI
谢汶峻 CHAY WEN JUN
运动员：
杨淑芳 YEO SOK HUANG
林先坤 LIM SOIN KHOON
陈家祐 CHAN KAH YOW
林志强 LAM CHEE KHEONG
廖永辉 LEOW YONG HWEE

林水源 LIM CHWEE GUAN
何国成 HO KOK SENG
何书茂 HO SE MONG
谢咏旗 CHAY WENG KHA

雪隆精武体育会
领队：陈志强 CHAN CHEE KEONG
教练：吴津津 WU JIN JIN
邓志浩 TANG CHEE HOE
裁判：李素君 LEE SUE KIUN
团员：
李秀琴 LEE SEW KIM
李玉玲 LEE SEW KIM
欧阳慧敏 EOW YONG WAI MUNG
欧阳慧蓉 AU YEONG WAI YOONG
潘志光 PUA CHEE KONG
江超国 KONG CHEW KWOK
运动员：
陈国健 TAN KOK JIAN
潘文谦 PUA WEN QIAN
杨伟豪 YOONG WEI HA
江浩兴 KONG HOE HENG
符传邦 FOO CHUAN PHANG
陈婉滢 RACHELLE CHIN YUUN YEEN
杜锦强 TOH KAM KEONG
郑金阳 CHANG KIM YONG
林道霆 LIM THAU THENG
侯伟健 HAW WEI JIAN
雷杰汉 FIDEL LOOI JIT HAN 林
志伟 LIM CHEE WOOI
周耀辉 CHEW YEW FEI
ELINA NOOR BINTI ISMAIL 艾莉娜·努尔·宾蒂伊斯梅尔

波兰精武体育会
领队：Piotr Osuch
运动员：
DAMIAN RUSA 达米安·鲁萨
MICHAL WASOWSKI 米哈尔·瓦萨夫斯基
WOJCIECH SZAMOCKI 沃伊切赫·希亚渥奇

荷兰精武体育会
会长：赵秋荣
领队：ASJES NANKESANG
教练：WINAND RAMESWAR 温那德·罗姆斯瓦
运动员：
H J Verbeek 维贝克
Toby Nanne 托比·纳内
Jan-Willem v/d Heiden 简威廉姆·海登
Pieter v/d heiden 彼得·海登

新西兰精武体育会
会长：廖国存 LIU KWOK CHUEN
副会长：陈荣德 CHAN WING TAK
教练：郭元成 GUO YUAN CHENG
裁判：郭元成 GUO YUAN CHENG
团员：
DEREK BUCHANAN 德里克·布坎南
TANJA BLINKHORN 坦亚·宾翰
BEN EWENS 本·埃文斯
运动员：
Nick Ewens 尼克·埃文斯
Jenny Ling 詹妮·凌
Tessa Ewens 泰莎·埃文斯
Ngaroma Buchanan 奈柔麦·布坎南
Rangiatea Buchanan 芮吉堤·布坎南
Helen Cheng 海伦·程

西澳精武体育会
领队：Thomas Chin Ee WONG 托马斯
教练：Bryce Jesus COELHO
运动员：
Jason Kok-Hon CHAN 杰森
Lee Moi CHENG
Neilane LIEW 内蓝廖
Michelle Wei Fong WOON 米歇尔
Geraldine Yan-Yee POON 杰拉尔·丁
Dylan Jun Xiang CHAN 迪伦

Thomas Chin Ee WONG 托马斯
Jason Kok-Hon CHAN 杰森
Kevin Excallibur EFFENDI 凯文·埃克斯卡利伯·伊芬迪
Kenning LEONG 肯宁
Astrid TJAHJONO 阿斯特里·德扎约诺

加拿大精武体育会

会长：KWOK ALEXANDER 郭其聪
秘书长：LEE BRENDAN VAL 李家明
团员：TANG BINH YEN
TANG CHRISTINE 克里斯蒂娜·唐
运动员：
TANG CYNTHIA 辛西娅
STRINGER KELVIN JOSEPH 凯文·约瑟
CHOO STANLEY 斯坦利
MERKEL RONALD STUART JAMES
梅尔克·罗纳德·斯图尔特·詹姆斯

加拿大卑斯省精武体育会

副主席：ADA YIP 艾达·叶
副会长：ALEX HUI 阿历克斯·辉
领队：ADA YIP 艾达·叶
秘书：YUNG CHO WA
运动员：
ALEX HUI 阿历克斯·辉
ADA YIP 艾达叶

马来西亚精武总会联合代表团

成员名单：林金 LIM KIM PJK
陈晓慧 TAN SIOW HUOY
李景祺 LEECHIN CHEE
郑瀚深 TEE HAN SHEN
郑联升 TEE LIAN SHENG
庄佩珊 CHONG PEI SHAH
庄奕扬 CHONG NYIT YANG
邱宝丽 KHOO POK LAI
潘依嫣 PHOON EYIN
黄国淇 WONG KOK KEI
郭德祖 KERK TECK ZHU

罗垠翃 LOH IN YEE
郭翠燕 KUAY CHOOI EAN
黄紫瑜 NG CHIH YU
黄子勋 OOI ZI XUN
冯芷茵 FONG ZHI YIN
张德平 TEOH TECK PENG
陈美成 Tan Bee Seng
郭玉心 KERK GEOK SHIN
黄保生 Dato 'Ooi Foh Sing
吴建新 NG KIEN SHIN
雷金虎 Looi Kim Hoo
温炳楠 Oon Peng Lam
黄淑芬 Ooi Siok Hoon
覃永福 Tham Weng Fook
蒋福荣 Cheoh Hock Eng
陈智强 Chan Chee Kheong
缪东海 Miau Tong Hoi
胡柏华 Woo Pak Wah
刘乔荣 Liu Chiau Yong
苏世佳 Saw Sze Chia
陈锡游 Chan Sek Yeow
游素红 Yew Soo Hong
张才英 Tan Chooi Eng
冯荣曜 Foong Weng Yew
李招华 Lee Chiew Wah
林秀萍 Lim Sew Ping
李能国 Li Len Ket
雷慧敏 Looi Huih Min
陈晓慧 Tan Siow Huoy
郭翠燕 Kuay Chooi Ean
刘泳森 Low Weng Sum
徐淑仪 Chooi Sook Yee
陆昭聪 Loke Chew Cong
邱宝丽 Khoo Pok Lai
张创伸 Chong Zhuang Shen
冯芷茵 Fong Zhi Yin
许美珠 Khor Mui Choo
陆伟良 Lak Wai Leong
练信良 Lean Soon Leong
张紫琳 Chong Chi Lam

钟家健 Choong Jia Jian
李嘉俊 Alex Lee Kar Chun
黄顺键 Wong Sop Khin
罗庆杰 Henry Loh H'ng Keat
覃炜豪 Tham Wai Hau
游晓君 Yew Hsiao Chiun

佛山精武体育会

会长：梁旭辉

印度精武体育会

领队：GAJANAND RAJPUT
理事长：CHANAKYA BRAHMA
官员：SARADA PRASAD PAUL
SANJOG NAKRANI
运动员：
HARDIK BRAH MABHATT RUSHIKA PUWAR
KRUSHNA CHANDRA SAHU APPALA NAIDU
MOLLI
JITENDRA JAISWAL MANJUSHREE JAISWAL

巴西精武体育会

团长：孟宪娜

上海精武体育会

团长：颜建平
副团长：薛海荣 贾瑞宝
秘书长：陈内华
副秘书长：方婷
领队：
刘黎平
周玲丽
王培琨
傅建清
陈名杰
裁判：施玉良 张云龙
教练：
陈毅忠
王宏

曹志豪
石双林
瞿荣良
金行强
陈中伟
丁裕春
潘树明
运动员：
胡军刘
杜宇扬
赵司雯
周海阳
王俊
林越
马玮昀
李泽东
汪路遥
于豪
朱雅涵
魏世扬
陈祎多
陶淳
戈梦洁
方敏
魏雪梅
李爱林
朱怡静
韦剑
杨世斌
李娜
王镇
马兴兵
沈国奇
唐少杰
尹直德
胡立敏
何磊
张周吉
周樾
郑道栓

张健
刘元
金中友
陈代付
张建方
孙嘉雄
林雪芳
罗湘
黄亮
王礼
伍成毫
胡亚伟
胡方伟
黄涛

余姚精武体育会

团长：符云飞
副团长：张宝勇
领队：陈小龙
裁判：胡芳 徐惠君
教练：陈利江
团员：
方永平
陈晓琴
运动员：
朱渭江
赵央敏
李科才
佟茂锋
杨卿
范高明
许月忠
许月素

天津精武体育会

天津精武体育会一队

领队：袁有亮
教练：胡先印
运动员：
丁倩

果然
金多多
朗克凡
刘佩先
周弘叶
刘佩先
赵跟水
马靖乔
杨梦圆
李雪娜
许佳佳
李小东
霍雨佳
赵大振
孟子浩
胡浩
王亚
蒙振华
王殿永
曹国安
曹宁
宫雅洁
张顺心
潘颖
徐良
王万里
崔长庆
张德成
王良贞
马香心
李淑娥
马瑞芳
刘连富
马赛
杨秀浩

天津精武体育会二队

教练：薛胜奇
运动员：
张世旭
王文成

田家瑞
李雪桐
罗继状
王颢然
徐亚宁
罗继状
郎荣
魏德胤
张奇
林本发
崔云辉
李庭吉
景茂林
胡津津
徐志明
朱科华
王志鹏
张耀文
田轩宇
张鹏
谢江
戴磊发

天津精武体育会三队

教练：于吉领
运动员：
陈赞峰
陈焕明
曹文彬
林子祥
贺立昌
李增
陈一涛
霍庆乐
冯玉杰
姚正鹏
王冰冰
牛子怡
李智健
栾丁丁

汪康
杨志华
张连华
孙思远
郑俊雄
刘海峰
冯良友
冯良坤
李恩宇
薛坤

天津霍元甲文武学校一队

领队：袁有亮
教练：李士超
运动员：刘京灵
王欣男
王俊杰
刘振
刘铁
董宏博
刘爱雯
沈荣凯
王宁
陈路安
曹轩玮
韩涛
王珣

天津霍元甲文武学校二队

教练：董明浩
运动员：
范佳辉
杨凤祥
李海霖
王强
牛泓杰
麻健康
雷冬
李殿麒
樊凯华

崔荐
陈邦雕
李坤泽

天津霍元甲文武学校三队

教练：郭士杰
运动员：
桐宇翔
孙文杰
杨锦红
张媛媛
金硕信
东伟
郭修
郑文博
王荣娟
尹开达
王庆龙
李雨清

各组别、各项目人数统计表

武术比赛

			男子组					女子组					合计
			儿童组	少年组	青年组	成年组	老年组	儿童组	少年组	青年组	成年组	老年组	
精武项目类	拳术	潭腿	0	0	0	0	13	3	0	0	0	8	24
		功力拳	33	20	5	7	5	4	6	0	6	3	89
		十字战	0	3	0	4	0	0	1	1	0	0	9
		挡拳	0	3	0	0	0	1	1	0	0	0	5
		大战拳	0	6	6	4	0	0	3	3	0	0	22
		节拳	0	0	3	4	0	0	0	1	0	0	8
		散拳	0	5	0	0	0	0	1	0	0	0	6
		崩步拳	0	0	4	0	0	0	2	0	0	0	6
		八卦刀	4	10	8	7	0	0	0	4	0	4	37
		群羊棍	4	6	5	4	0	3	5	0	4	0	31
		雪片刀	4	0	0	0	0	0	4	0	0	0	8
		达摩剑	0	0	1	1	0	1	0	1	0	0	4
		露花棍	0	0	5	0	0	0	0	3	0	0	8
		五虎枪	0	0	0	0	0	0	0	1	0	0	1
		六合枪	0	2	0	0	0	0	0	1	0	0	3
精武项目类	对练	接潭腿	1	1	0	0	0	1	0	0	0	0	3
		套拳对	0	2	0	0	0	0	0	0	0	0	2
		单刀串枪	0	0	1	0	0	0	0	1	0	0	2
		一百零八手	0	0	0	0	0	0	0	0	0	0	0
		双刀对枪	0	0	0	0	0	0	1	0	0	0	1
传统项目类	拳术	传统拳术	5	15	12	16	14	0	7	4	0	6	79
	器械	传统器械	0	15	12	14	14	0	8	5	0	6	74
		太极器械	0	1	0	0	0	0	0	0	0	0	1

国际武术竞赛项目类	拳术	长拳	3	4	3	0	0	0	4	0	0	0	14
		南拳	0	8	0	0	0	0	5	0	0	0	16
		太极拳	0	1	0	0	0	0	0	0	0	0	1
		42式太极拳	0	0	0	4	4	0	0	5	0	6	19
	器械	刀术	0	4	3	0	0	0	2	0	0	0	10
		剑术	3	0	0	0	0	0	4	0	0	0	10
		枪术	0	4	0	0	0	0	6	0	0	0	10
		棍术	1	1	0	0	0	0	1	0	0	0	3
		南刀	0	3	0	0	0	0	1	0	0	0	4
		南棍	0	1	0	0	0	0	1	1	0	0	3
		42式太极剑	0	0	0	6	0	0	0	0	3	6	15
小计			58	115	75	65	56	13	63	31	13	39	528
表演项目类	个人项目		55			21			11		23		110
	集体项目		4										4
合计													642

散打比赛

级别	48KG	52KG	56KG	60KG	65KG	70KG	75KG	80KG	85KG	90KG	合计
人数	2	1	2	5	6	6	3	2	1	1	29

其他项目比赛

比赛内容	书法	舞龙	象棋	绘画	南狮	北狮	合计
参赛人数	4	2	6	2	4	2	20

大会日程安排

日期	星期	上午	下午	晚
10月26日	五	全天报到，17:30 欢迎宴会前领导接见与会会员及相关人员		18:00-19:30 欢迎晚宴
10月27日	六	9:00-9:30 霍元甲公祭活动	14:00-16:00 领队、教练、裁判联席会裁判员学习	
		9:45-10:00 全体合影（比武馆前）	14:00-16:30 会长联席会	
		10:00-11:30 参观比武馆、纪念馆、陵园	14:00-16:00 各队运动员分别适应场地	

10月27日	六	10:00-11:00 执委会会议	16:00-18:00 开幕式走场	
10月28日	日	8:30-11:30 比赛	14:00-17:30 比赛	18:00 会长晚宴
			15:00-16:00 世界精武武术文化研究会成立	
			16:00-17:00 会长联席会	
10月29日	一	8:30-11:30 比赛	16:00-16:30 闭幕式 16:30-17:30 文艺演出	18:30 欢送宴会
10月30日	二	9:00 开始全天旅游、观光、购物		
10月31日	三	各代表团离津		

比赛日程

比赛项目	比赛时间	比赛地点
武术	2012年10月28-29日	天津师范大学
散打	2012年10月28日 上午：8:30 下午：14:00	天津霍元甲文武学校
舞龙舞狮	2012年10月28日上午：8:30	天津霍元甲文武学校
书法	2012年10月28日上午：8:30	天津霍元甲文武学校
绘画	2012年10月28日上午：8:30	天津霍元甲文武学校
象棋	2012年10月28日上午：8:30	天津霍元甲文武学校

欢迎会

由天津市西青区人民政府、天津市体育局、天津市文广局、天津市旅游局等单位主办，天津市精武体育会、西青区精武镇政府承办的第十二届世界精武武术文化交流大会于2012年10月27日至10月29日，在霍元甲家乡天津市西青区隆重举行。

2012年10月26日，来自世界15个国家和地区的39个精武体育代表团汇聚津门，以武会友，共同传播精武文化。晚上，本届精武体育交流大会筹委会举办了热烈的欢迎晚宴。天津市西青区委书记周家彪，天津市西青区委副书记、天津市西青区长王学旺，天津市西青区人大常委会主任王宝仁，天津市西青区政协主席燕连玉及相关部门领导亲切会见了国内外各精武友会，参加了本次晚宴。并对各武术同仁的到来表示热烈欢迎，预祝各精武体育会取得佳绩。

第十二届世界精武武术文化交流大会会长合影

第十二届世界精武武术文化交流大会全体合影

欢迎仪式上周家彪、王学旺、杨茂荣等西青区领导与澳大利亚新洲精武体育会会长伍少梅、巴西精武体育会会长孟宪娜合影

执委会会议

10月27日,第十二届世界精武武术文化交流大会举行期间,世界精武联谊会执委会会议顺利在天津召开。

世界精武联谊会长薛海荣先后主持召开了第四次全体执委会会议和2012年世界精武联谊会会长会议。此外还召开了世界精武联谊会执委会议和会长联席会议。

在先后召开的四次会议上,与会者听取了秘书处作的《2011年至2012年工作报告》;讨论了关于"佛山精武会承办第13届世界精武武术文化大会"的有关事宜;审议了关于"印度、巴西、巴基斯坦、中国香港等精武会申请加入世界精武联谊会"和"根据世界联谊会章程有关规定,自动退出世界精武联谊会"的有关事宜;讨论了关于"世界精武联谊会执委会换届筹备工作"的有关事宜和关于试行"世界精武武术竞赛裁判员管理办法"的建议。

会议最终确定了第十三、十四届世界精武武术文化大会承办事宜,并选举产生了新一届执行委员会执委。

精武论坛与会人员合影

2012年第十二届世界精武武术文化交流大会开幕仪式

开幕式

2012年10月29日19:30，第十二届世界精武武术文化交流大会开幕式在天津师范大学体育馆举行。在热烈的运动员入场式后，举行了庄重的升旗仪式，主办方和嘉宾代表分别致辞。而后，来自世界各地和地区的39个精武体育会的运动员和武术爱好者们，欣赏了精彩的开幕仪式表演。

2012年10月27日，以传承精武文化弘扬精武精神为主题的第十二届世界精武武术文化交流大会隆重举行。

天津市西青区委书记周家彪，区委副书记、区长王学旺，区人大常委会主任王宝仁，区政协主席燕连玉，区委副书记杨茂荣等区委、区人大常委会、区政府、区政协的领导同志，区人民法院院长、区人民检察院检察长、区总工会主席、西青开发区管委会主任及市相关部门的领导同志，世界各地精武友会运动员、国内外武术界知名人士、精武文化专家学者与慕名而来的观众2200余人出席盛会。

2012年第十二届世界精武武术文化交流大会主席台

开幕致辞

（世界精武联谊会副主席、怡保中国精武体育会会长 拿督黄保生局绅）

尊敬的西青区周家彪书记、尊敬的西青区王学旺区长，尊敬的天津市体育局刘凤山局长、尊敬的各位来宾和精武同仁，女士们，先生们：大家晚上好！

热烈祝贺天津精武会成功举办本届世界精武武术文化交流大会。大会的成功举办是全世界精武同仁的共同愿望，会友们以武会友、以文交友，共同传承精武文化，努力不懈地把"惟精惟一，乃武乃文"的精武精神推向新的高峰。

2010年我们曾在这里热烈庆祝霍元甲先师创立精武百年大庆和见证宏伟的霍元甲纪念馆。今天上午，我们拜祭了霍元甲先师陵，参观了非常壮观、即将竣工的精武馆，晚上又在这里隆重举办第十二届世界精武武术文化交流大会开幕式。两年一大突破，越变越强，这是天津精武人同心协力，团结一致所创下的成就，这是大会各主办单位和承办单位共同努力的结果，这是天津市西青区委、区政府和全区人民的骄傲，同时也给世界精武带来了无上光彩。

我们知道天津精武，历经千辛万苦才能成功主办本届大会。成功举办一届世界性的大会，在人力财力物力，天时地利人和等条件上缺一不可，能够经得起这个考验，才是真本领，了不起。天津精武再一次办到了，我们向你们致敬。

诸位世界精武同仁，我们爱精武，所以才致力于积极推动精武文化的传播和发展，是各位精武同仁的共同努力，才有了今天世界精武的大繁荣和大发展。让我们以此次大会为契机，以更加团结的精神，积极推动爱国、正义、修身、助人的精武精神在世界各地发扬光大。过去霍公元甲创立精武会有今天100年的光辉，作为精武的一分子，我们有责任、有义务使精武精神拥有500年、1000年的辉煌灿烂，共同开创更加美好的精武未来。谢谢大家！

来自澳大利亚的运动员和中国的裁判员代表参赛的运动员和裁判员宣誓

来自澳大利亚的运动员和中国的裁判员代表参赛的运动员和裁判员宣誓

第十二届世界精武武术文化交流大会运动员入场

东道主天津精武体育会运动员入场

开幕式表演

开幕式表演分为三个部分,动静皆有,刚柔并济,将七个比赛项目以艺术的形式融进整体的表演中。

第一部分精武传承,精彩的武术表现出尚武精神,同时结合各门派的武术绝技,展现武术的博大精深,更表现出霍元甲摒弃门户之见、采各家之所长,弘扬中国武术的初衷。

第十二届世界精武武术文化交流大会开幕式表演之三

武术表演《精武传承》

第十二届世界精武武术文化交流大会开幕式表演之四

第十二届世界精武武术文化交流大会开幕式表演之一

第十二届世界精武武术文化交流大会开幕式表演之五

第十二届世界精武武术文化交流大会开幕式表演之二

第二部分相弈之奕,以舞蹈形式来表现琴棋书画,体现出精武体育会乃文乃武的主旨。

武之魂数十名男舞者以红、蓝色服装分为对立的双方,以虚实结合的形式,表现对阵中刚柔并济。从而将纸上谈兵的象棋外化为战场,更深层次的解释武术如何被战争广泛利用。

武之墨以女子的长袖表现飞舞流动的中国书画神韵,舞动的长袖上浅下深犹如书法中的泼墨,中国女性的风范典雅、温婉俏丽,叠加地映入人们的眼帘,犹如一幅美丽的画卷。

第三部分狮龙际会,西青女子舞龙队与来自马来西亚的舞龙队共同表演,在体现龙狮比赛之余,更彰显以武会友、精武一家的时代意义。

《狮龙际会》表演之一

《狮龙际会》表演之二

大会现场

龙腾狮舞抖精神

本届精武武术文化交流会有一个特色，首次安排了舞龙、舞狮比赛项目，以求在武术为主的基础上拓展精武文化交流领域。比赛按照国际龙狮锦标赛的标准评判。

马来西亚怡保精武体育会的舞狮栩栩如生，它们时而伏地，时而跳跃，时而摇头摆尾，神态多变，引人眼球。

舞龙比赛中，怡保精武体育会的长龙黄与红形成鲜明的对比，场面壮观。20多米的长龙金光闪闪，气势雄壮，仿佛就要迫不及待地腾飞！10位队员卖力地舞，快速地奔跑，敏捷地穿梭，表现得淋漓尽致。

最终，马来西亚怡保精武体育会夺得了三个比赛项目的冠军。

上海精武体育会的长龙色彩绚丽，活灵活现，如同在云海中穿梭。在颁奖礼结束后，马来西亚怡保精武体育会会长黄保生先生还把精致的参赛龙狮道具赠予天津精武体

颁奖礼结束后，马来西亚怡保精武体育会会长黄保生先生还把精致的参赛龙狮道具赠予天津精武体育会

散打比赛

2012年10月28日，在天津精武学校演武大厅内，散打比赛激战正酣，赛场气氛激烈紧张，选手们的每一个动作都牵动

上海精武体育会的长龙比赛现场

马来西亚怡保精武体育会的舞狮

育会，庆祝此次大会的胜利举办。天津精武会的学生依次从队员们手中接过巨龙撑杆，代表了精武文化的交流与传承。

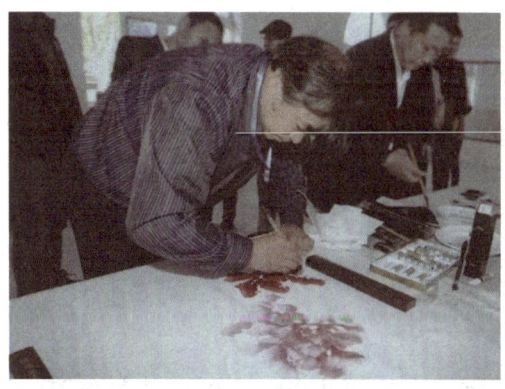

上海、加拿大、美国精武体育会获奖选手合影

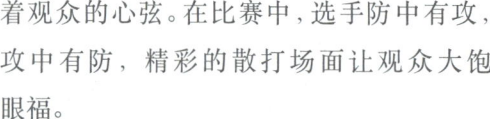

着观众的心弦。在比赛中,选手防中有攻,攻中有防,精彩的散打场面让观众大饱眼福。

提起精武会、精武人,人们想到的大都是他们在练武场上矫健的身姿,很少会和笔墨纸砚联想在一起。在第十二届世界精武武术文化交流大会书画比赛的现场,却能让人见识到这些武术高手们放下刀剑手执毛笔的样子,见识到了精武人的文武兼修。

竞赛成绩

2012年10月27日至29日,来自世界15个国家和地区的39个精武体育会的300多名运动员,进行了武术、散打、书法、绘画、中国象棋、舞龙、舞狮7个大项、105个小项的交流比赛,共产生金牌127枚、银牌134枚、铜牌103枚。最终,天津精武会位列金牌榜第一,共获得38枚金牌。

颁奖仪式

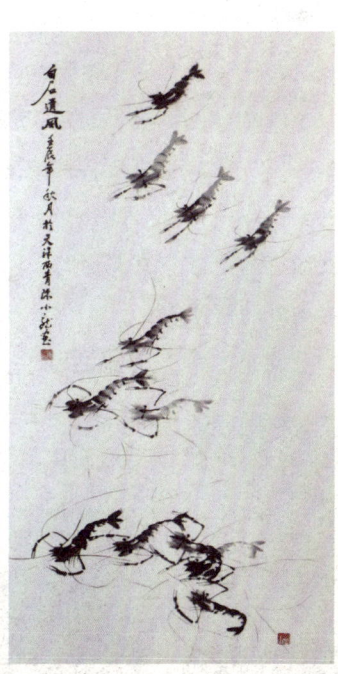

天津精武体育会志刚绘画作品

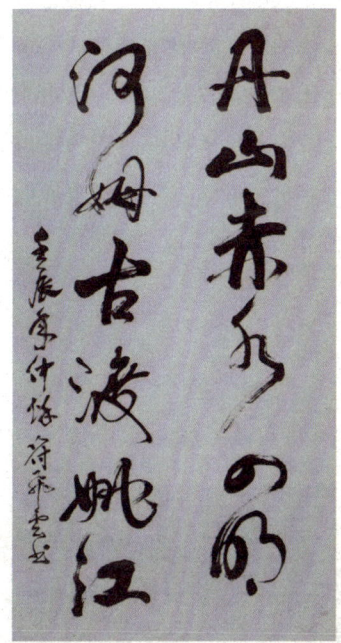

浙江余姚精武体育会符飞云书法作品

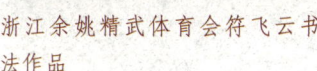

浙江余姚精武体育会陈小龙绘画作品

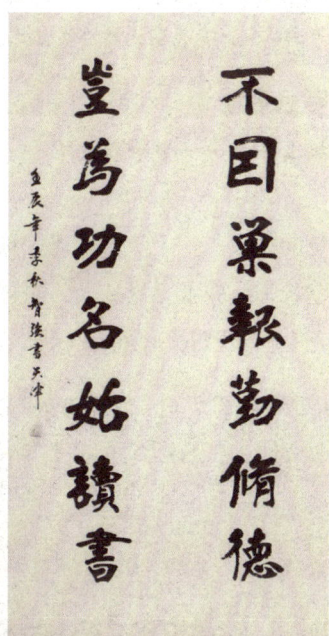

马来西亚雪隆精武体育会陈志强书法作品

天津精武体育会刘红书法作品

天津精武体育会谢天疆绘画作品

赛后活动
故土寻根——公祭霍元甲

2012年10月29日上午九时整,在霍元甲的故乡——天津市西青区精武镇小南河村举行了公祭霍元甲仪式。来自海内外的精武友人相聚霍元甲陵园,用虔诚崇敬的心,缅怀这位精武创始人。

一鼎香炉,一份哀思;一只白菊,一礼虔诚;一式抱拳,一世崇敬。霍公生前致力于武术传承发展,胸怀大义,为武术界留下了宝贵财富,更于国家危难时创立精武体育会。如今,精武体育会名扬海内外,分布于世界各地的精武友人和武术爱好者们,同聚于此,为了精武体育会和武术事业的发展而共同努力,以奠霍公英灵。

游览活动

2012年10月30日,第十二届世界精武武术文化交流大会参赛嘉宾到西青区参

第十二届世界精武武术文化交流大会大型文艺晚会《激情精武》

太极表演《行云流水》

观游览。

嘉宾们饶有兴趣地参观了杨柳青石家大院和玉佛禅寺，听取了景区的相关介绍，对独具特色的杨柳青民俗文化和佛文化表现出极大兴趣。

闭幕式招待会

《激情精武》大型文艺晚会

2012年10月29日，第十二届世界精武武术文化交流大会在天津文化中心剧场落下帷幕。晚会以多种形式展现了武术文化，突出了尚武精神和精武体育会爱国、修身、正义、助人的宗旨。

2012年10月29日下午，伴随着喜庆热闹的舞蹈《龙腾鼓韵》，拉开了第十二届世界精武武术文化交流大会闭幕文艺演出《激情精武》的序幕。

舞蹈表演《龙腾凤翔》

武术表演《功夫水袖》

刘亚津、韩剑光共同演唱歌曲《我是龙》

魔术表演《五子夺莲》

南开大学合唱团合唱歌曲《万里长城永不倒》

来自全球15个国家和地区的500余名精武武术健儿和西青部分代表一起，共同庆祝交流大会圆满顺利举办。央视著名节目主持人白岩松、朱迅担任此次演出的主持人。

出身于魔术世家的傅琰东先生专门奉献了极具西青地域色彩的魔术《五子夺莲》：一个个精武小英雄陆续从盛开的蓬花中走出，将年画题材与魔术巧妙地结合在一起。

中国铁路文工团的大型技巧表演《大武术》。俏皮的开场，灵巧的动作组合，将人体的柔韧性发挥到了极致，观众被高难度的力与美深深折服，不时爆发出热烈的掌声。

晚会突出体现了尚武精神，爱国、正义、修身、助人的精武宗旨，以及自强不息，厚德载物，世界大同的精武理念。演出在南开大学合唱团合唱的《万里长城永不倒》中圆满落下帷幕。

答谢晚宴

随着各项赛事的结束，第十二届世界精武武术文化交流大会也完美落下帷幕。2012年10月29日，本届世界精武武术文化交流大会为各参赛精武体育会举办了隆重的欢送晚宴。在宴会上，各精武体育友会欢聚一堂，共同庆贺本次盛会所取得的优异成绩。虽是离别时，但是各精武友会互相鼓励祝福，更深一步地交流了经验，并相约下次盛会再相聚，为发展精武事业共同努力。

第十五节 第十三届世界精武武术文化交流大会

大会概述

2014年8月14日-19日，由世界精武联谊会主办、上海精武体育总会承办的第十三届世界其精武武术文化交流大会在中国上海举行。其间世界精武联谊会召开第二届执委会第三次会议、世界精武联谊会会长联席会议、精武先贤后人座谈会，举行武术、舞龙舞狮、书法比赛等。

大会吸引了来自美国、瑞士、加拿大、德国、巴西、印度等15个国家和地区的32个世界精武友会，共计400余名精武高手不远万里齐聚上海，共襄武术文化盛举。大会期间，上海市副市长赵雯、亚洲武术联合会副主席霍震寰，国家体育总局、国家武术运动管理中心、上海市体育局、虹口区委、区政府、区人大、区政协等有关领导出席。

来自美国、瑞士、加拿大、马来西亚、新西兰、澳大利亚、荷兰、新加坡、日本、德国、泰国、巴西、印度、中国等15个国家和地区的24个世界精武联谊会成员，其他精武友会、观摩团体6个，计400余名教练员、运动员、观摩员；上海精武体育总会全体理事和会员2000余人；共约2500人参加活动。

2014年8月15日下午，在精武公园率先举行的精武历史人物铜像揭幕落成典礼，成为众人瞩目的焦点。由名家大师精心设计制作的霍元甲全身铜像，庄重而威严地矗立在公园中，仿佛向世人诉说着精武会创立以来的传奇故事。

2014年第十三届世界精武武术文化大会期间在精武公园进行精武英杰雕像揭幕仪式

同时亮相的还有十八座精武历史人物的胸像，他们都是精武发展历程中的重要人物。霍元甲曾孙霍自正，首任会长农劲荪之孙农晓陇、孙女农梦娜，创始人陈公哲之子陈哲明、鹰爪拳王陈子正曾侄孙陈桂学、查拳名宿李汇亭外孙刘元、南拳之王周士彬次子周樑华等众多精武先贤后人亲临现场，共同见证这一具有历史意义的时刻。

他们的到来，为大会增添了浓厚的历史底蕴与家族传承氛围，让现场的每一位精武人都深刻感受到精武精神的代代相传。区委书记吴清等区领导和霍元甲曾孙霍自正、精武会首任会长农劲荪之孙农晓陇、陈公哲之子陈哲明等精武先贤后人及世界各国精武体育会会长一行前往精武公园为精武宗师霍元甲铜像及精武十八座名人铜像举行落成揭幕仪式。

当晚，上海精武体育馆内灯光璀璨，气氛热烈非凡，第十三届世界精武武术文化大会在此盛大开幕。上海市副市长赵雯宣布大会正式开启，为这场汇聚全球精武力量的盛会拉开了精彩序幕。

此次大会内容丰富多样，涵盖了多个重要板块。世界精武联谊会会长联席会议顺利召开,各国各地区精武会的会长们齐聚一堂,围绕精武文化的未来发展方向、全球推广策略、资源整合等议题展开深入探讨。大家各抒己见,为推动精武文化在全球范围内的进一步传播与发展出谋划策,加强了世界各地精武组织之间的联系与合作。

精武先贤后人座谈会上,精武先贤的后人们分享着先辈们的故事与精神传承。他们从家族的角度,讲述了精武先辈们创立精武会的初衷、为弘扬中华武术和民族精神所做出的努力,以及精武精神在家族中传承的点点滴滴。这些生动的故事,让在场的每一位精武人对精武文化的内涵有了更深刻的理解,也激励着新一代精武人继续传承和发扬精武精神。

武术比赛无疑是大会的核心环节。大会期间举行武术套路、武术散打、舞龙舞狮、书法绘画、中国象棋等各项比赛。共有19个友会的25支参赛队参加了武术、书法、龙狮比赛。武术比赛项目共计四大类、115组、638项/次。增设了海外段位晋考赛,晋考人员20人(一段4人;三段5人;四段5人;五段6人)。

赛场上,来自不同国家和地区的选手们在各个项目中展开激烈角逐。精武传统武术规定项目中,选手们一招一式严格遵循精武创立之初的规范,尽显对传统的尊崇与热爱。他们的拳法刚劲有力,动作行云流水,将精武拳的精髓展现得淋漓尽致;在器械项目中,刀光剑影闪烁,棍影呼啸生风,选手们精湛的技艺赢得现场观众的阵阵喝彩。国际竞技武术规定项目里,选手们结合现代体育竞技标准,在速度、力量、技巧上各展所能,高难度动作频现,充分展现了武术的竞技魅力与时代活力。来自澳大利亚的精武团队在此次比赛中表现出色,由 Alice Dong 带队,三位教练(Wilson Chan 大师、Chen Zhi-cheng 大师和 Boun Lee 大师)指导,裴蕾武术学院和大雄功夫学院的学生们在个人武术和对练比赛中斩获4金、4银、4铜的优异成绩。

书法比赛同样精彩纷呈,为大会增添了浓厚的文化艺术氛围。选手们挥毫泼墨,将武术的精气神融入到书法作品中。有的作品笔力刚劲,犹如武术中的刚猛拳法;有的作品行云流水,恰似武术动作的灵动流畅。书法与武术,这两种中华传统文化艺术形式在大会中相互交融,展现出精武文化深厚的内涵与独特魅力。

段位制考核也在大会期间有序进行,部分海外精武会员有幸在上海参加国家段位制考试。这一举措不仅为海外精武会员提供了一个检验自身武术水平的机会,也进一步推动了精武武术标准化、规范化的发展,有助于精武文化在全球范围内的推广与传承。

第十三届世界精武武术文化交流大会在上海的成功举办,是对精武文化100多年发展历程的一次精彩回顾与传承,也是对未来发展的一次有力展望。上海作为精武会的发源地,第五次承办此次大会,再次彰显了其在精武文化传承与发展中的重要地位。通过此次大会,精武精神在全球范围内得到更广泛的传播,世界各地精武人之间的联系更加紧密,为精武文化在新时代的创新发展注入了强大动力,激励着更多人投身到精武文化的传承与推广事业中,让精武文化在世界舞台上绽放更加绚烂的光彩。

2014年第十三届世界精武武术文化大会全体代表合影

大会总则

一、主办单位：世界精武联谊会
二、承办单位：上海精武体育总会
三、日期：2014年8月15日-18日
四、地点：中国上海精武体育馆
五、内容：
1. 第13届世界精武武术文化大会武术套路、武术散打、舞龙舞狮、书法、绘画、象棋类等比赛；
2. 世界精武联谊会执委会会议、会长联席会议。
六、参赛资格：
1. 以世界精武联谊会成员会为单位组成代表团参加。报名队数、参赛人数见各项规程。
2. 未加入世界精武联谊会的其他团体参加比赛，不计成绩。
七、经费：参赛人员除往返旅费自理外，联谊会成员会每人每天缴付350元人民币，其他团体每人每天缴付400元人民币，观摩人员每人每天缴付450元人民币。
缴付费用包括：食宿费、观光、招待会、接送等。费用不足部分由承办单位承担。担任比赛裁判员，大会期间食宿由承办单位负责。
八、报名日期：
第一次报名：2014年3月30日前（报代表团总人数）

第二次报名：2014年5月30日前（最终确认代表团人员名单和参赛项目）
报名时请附上每位人员正面二寸免冠照一张。
九、报到
1. 各代表团于2014年8月14日（周四）到大会报到，8月19日离会。
2. 各代表团提前将抵达的时间、日期、航班和人数的详情告知大会，以便安排接迎。
十、世界精武联谊会会长联席会议
1. 大会期间召开世界精武联谊会各成员会会长联席会议。各成员会如有提案，请以书面形式在2014年6月30日前，寄到联谊会秘书处，以便安排议程。
2. 世界精武联谊会各成员会可派会长或代表2-3名出席，非联谊会的精武会代表1-2名可列席会议。
十一、其他事项：
1. 参加代表团请各自携带标准国旗和会旗（3号旗）。
2. 友会互相交换纪念品，在大会安排的活动中进行（以大会安排为准）。
3. 各代表团负责各自办理参加大会人员的人身保险（或委托承办方办理）。大会期间发生伤病等，均由各代表团自行负责，承办方予以协助并提供方便。

承办单位联系方式：
联系地址：上海精武体育总会（上海四川北路1702弄30号）
邮编：200080
联系电话：63830996 63241162
联系人：刘黎平
传真号码：63830996
E-mail: chinwooliu@163.com

竞赛规程

武术套路比赛规程

一、年龄组别：
（A）儿童组：12岁及其以下（2002年1月1日以后出生）
（B）少年组：13岁-17岁（1997年1月1日-2001年12月31日出生）
（C）青年组：18岁-35岁（1979年1月1日-1996年12月31日出生）
（D）成年组：36岁-55岁（1959年1月1日-1978年12月31日出生）
（E）老年组：56岁及其以上（1958年12月31日以前出生）

二、比赛项目：每位运动员最多可选报三项个人竞赛项目和一项表演项目，其中必须报一项精武传统套路项目类，否则不得参赛。

（A）儿童组：
1. 精武传统项目类：
拳术：潭腿（下六路）、功力拳、十字战、挡拳任选其一；
器械：八卦刀、群羊棍、雪片刀、达摩剑任选其一；
对练：接潭腿。
2. 武术传统项目类：
拳术：各种传统拳术任选其一；
器械：各种传统器械（单器械、双器械、软器械等）任选其一。
3. 武术竞赛项目类：
拳术：长拳、南拳、42式竞赛太极拳任选其一；
器械：刀术、剑术、枪术、棍术、南刀、南棍、42式竞赛太极剑任选其一。
4. 表演项目类：集体和个人套路不限。

（B）少年组：
1. 精武传统项目类：
拳术：功力拳、大战拳、挡拳、杨家手任选其一；
器械：八卦刀、群羊棍、雪片刀、三光剑、露花棍、六合枪任选其一；
对练：接潭腿、套拳对、一百零八手、双刀对枪任选其一。
2. 武术传统项目类：
拳术：各种传统拳术任选其一；
器械：各种传统器械（单器械、双器械、软器械等）任选其一。
3. 武术竞赛项目类：
拳术：长拳、南拳、42式竞赛太极拳任选其一；
器械：刀术、剑术、枪术、棍术、南刀、南棍、42式竞赛太极剑等任选其一。
4. 表演项目类：集体和个人套路不限。

（C）青年组：
1. 精武传统项目类：
拳术：节拳、散拳、崩步拳、杨家手、大绵掌任选其一；
器械：五虎枪、抱月刀、三光剑、奇门棍、张家枪任选其一；
对练：套拳对、一百零八手、底盘捶、双刀对枪、斩马刀对枪任选其一。
2. 武术传统项目类：
拳术：各种传统拳术、各式传统太极拳任选其一；
器械：各种传统器械（单器械、双器械、软器械）、太极器械等，任选其一。
3. 武术竞赛项目、自选项目类：
拳术：长拳、南拳、42式竞赛太极拳或自选拳，任选其一；
器械：刀术、剑术、枪术、棍术、南刀、南棍、42式竞赛太极剑等，任选其一。
4. 表演项目类：集体和个人套路不限。

（D）成年组：
1. 精武传统项目类：
拳术：功力拳、大战拳、散拳、崩步拳任选其一；
器械：八卦刀、奇门棍、雪片刀、三光剑、

露花棍、张家枪任选其一；
对练：套拳对、一百零八手、地盘捶、斩马刀对枪任选其一。
2. 武术传统项目类：
拳术：各种传统拳术、各式传统太极拳任选其一；
器械：各种传统器械（单器械、双器械、软器械）、太极器械等，任选其一。
3. 武术竞赛项目类：
拳术：长拳、南拳、42式竞赛太极拳任选其一；
器械：刀术、剑术、枪术、棍术、南刀、南棍、42式竞赛太极剑等，任选其一。
4. 表演项目类：集体和个人套路不限。

（E）老年组：
1. 精武传统项目类：
拳术：潭腿（前六路）、功力拳、十字战、挡拳、崩步拳任选其一；
器械：八卦刀、群羊棍、雪片刀、三光剑、奇门棍、六合枪任选其一；
对练：接潭腿、一百零八手、双刀对枪任选其一。
2. 武术传统项目类：
拳术：各种传统拳术或各式传统太极拳任选其一；
器械：各种传统器械（单器械、双器械、软器械）、太极器械任选其一。
3. 武术竞赛项目类：
拳术：长拳、南拳、42式竞赛太极拳任选其一；
器械：刀术、剑术、枪术、棍术、南刀、南棍、42式竞赛太极剑等任选其一。
4. 表演项目类：集体和个人套路不限。

三、参加办法
1. 各团体可报1-3个队，设总领队1名，每队教练员1-2名，每队运动员12名（性别、组别不限）；
2. 各团体可报1-2名参加2014年世界精武裁判员培训班并获得等级证书的武术裁判员；裁判员人数不足时，由大会邀请。

四、竞赛办法：
1. 竞赛性质：本次比赛只计个人成绩，不设团体总分。
2. 竞赛规则：均采用《精武国际武术竞赛规则》和中国武术协会审定的《传统武术竞赛办法（2006年版）》。

3. 集体项目：人数6-12人，不受形式、内容、音乐限制。集体项目以武术技术为主要内容，来烘托武术的技术风格。

五、各项目比赛时间规定：
1. 任何单练项目、对练项目和个人表演项目完成套路的时间为40秒至4分钟（太极项目4分钟以内，其他项目40秒至2分钟）。太极项目演练至3分钟时，由裁判长鸣哨提示。
2. 集体项目完成套路的时间不得超过4分钟。
3. 完成套路时间不足或超出规定。凡不足规定时间达2秒以内扣0.1分，达4秒以内扣0.2分，达4秒以上，最多扣0.3分；凡超出规定时间达5秒以内扣0.1分，达10秒以内扣0.2分，达10秒以上，最多扣0.3分。

六、服装、器械：
1. 服装：参加精武传统项目比赛者，必须穿着精武传统（连环扣）款式服装（颜色、面料、长短袖不限），软底鞋；其他项目只需穿着武术服装（面料、颜色、式样不作统一规定）。
2. 器械：参加精武传统项目比赛必须使用硬质器械。
3. 服装、器械由参赛选手自备。

七、录取名次：
1. 个人项目：按各项目类、年龄组别、性别、套路（以套路名称为准，同一套路3人以上可独立立项，未满3人的，大会有权利合并组别）分别录取前八名，不满8人的减一录取。
2. 对练项目：按各项目类、年龄组别、男女混编分别录取前八名，不满8对的减一录取。
3. 个人和对练项目的第一至三名分别颁发金、银、铜奖牌和名次证书，第四至八名颁发证书。
4. 个人表演项目：不分性别、组别，按人数分别设一等奖20%、二等奖30%、三等奖30%、优胜奖20%。一至三等奖分别颁发奖牌和证书，优胜奖颁发证书。
5. 集体表演项目：按队数分别设一等奖30%、二等奖30%、三等奖40%。分别颁发集体奖杯，个人颁发奖牌和证书。

八、未尽事宜，另行补充。

武术散打比赛规程

一、比赛项目：本次比赛只设男子组

1. 年龄：18岁-35岁（1977年1月1日-1994年12月31日出生）
2. 级别：48公斤，52公斤，56公斤，60公斤，65公斤，70公斤，75公斤，80公斤，85公斤，90公斤，100公斤，100公斤以上

二、参加办法：

1. 参赛资格

（1）各精武友会须经过散打训练。

（2）参赛前3个月内，未患过脑震荡或头部损伤者。

（3）提交运动员体检证明（内容包括脑电图、心电图、脉搏、血压，体检证明以赛前15日方能有效）和人身保险证明，以上各项缺一项不能参加比赛。

（4）运动员报到后，大会对运动员进行健康检查。

2. 参赛各队同一级别限报二人，教练一人。

三、竞赛办法：

1. 比赛采取单败淘汰制（4人以下采用单循环制）。
2. 赛前进行称量体重，确定参赛级别，超重者取消比赛。
3. 比赛参照中国武术协会颁布的《2011年武术散打竞赛规则》。
4. 比赛使用大会统一的器具。

四、录取名次与奖励：

1. 每个级别取前六名，不足六人减一录取。
2. 一至三名颁发奖牌和证书，其余颁发证书。

五、裁判员：裁判员由大会邀请。

六、未尽事宜另行通知。

书法比赛规程

一、比赛分组

A组：各精武会均可报名参赛，人数、年龄不限，不分男女组别。

B组：只限非华裔选手参加，性别和年龄不限。

二、竞赛办法：

1. 书体题材：书体不拘，每位选手书写命题和自选内容各一张的作品，命题字句指定为：尚武精神发扬光大8个字，自选内容为8-20字数。
2. 比赛时间：一小时内完成。
3. 二张作品的总分为该选手的得分。
4. 参赛作品上不得写上参赛者的姓名，由大会统一编号。
5. 比赛进行时，参赛者不得从旁人获得任何形式的意见、指导及启示等，否则将被取消参赛资格。
6. 大会组成评委会，评委由大会邀请。

六、书法工具：

参赛者自备书写工具，使用传统毛笔及墨汁，比赛纸张（宣纸）由大会提供。

三、名次奖励：

1. 按A、B组分别录取前八名，不满八名的减一录取。
2. 第一至第三名颁发金、银、铜奖牌和证书，其余颁发证书。

四、作品保存：所有参赛作品由大会公开展出后保存。

五、未尽事宜另行补充。

绘画比赛规程

一、比赛内容：

1. 中国画（水墨画）：依照中国画绘画方式用宣纸采用传统画法，自由命题。
2. 油画（西洋画）：绘画方式、技法不加限制，自由命题。

二、比赛办法：

1. 各精武会均可报名参赛，人数、年龄不限，不分男女组别。
2. 参赛者自备绘画用具、纸张，所用纸张赛前交裁判组鉴定盖章，否则无效。
3. 参赛者在二小时内完成作品，并只许有一幅作品参赛。

三、奖励办法：

1. 参赛人数超过八人录取前八名，不满八人减一录取。
2. 第一至第三名颁发金、银、铜奖牌和证书，其余颁发证书。

四、其他事宜：

1. 填写报名表时请在组别栏中写清是中国画还

是油画。
2. 比赛结束当日评出，获奖作品在比赛场地展出。
3. 为保证比赛公正，请勿在作品上署名国家地区会名。
五、未尽事宜另行补充。

中国象棋比赛规程

一、报名办法：
各代表团可报 2 名运动员（性别、年龄不限），1 名教练员。
报名人数不足 3 人，则取消该项目比赛。
二、比赛办法：执行亚洲《象棋比赛规例》。
8 人以上采用五轮积分编排制，8 人以下采用一局制单循环。每局棋每方基本时间为 30 分钟，每走一步加 15 秒。裁判员由承办单位邀请。
三、奖励办法：比赛奖励前六名，一至三名颁发奖牌和证书，其余颁发证书。
四、未尽事宜另行补充。

舞龙舞狮（南、北狮）竞赛规程

一、比赛项目：
舞龙、南狮、北狮均为自选套路
二、参加办法：
1. 舞龙、舞狮队各队分别报教练 1 人，运动员（包括替补、锣手鼓手）人数不限。
2. 每代表团每项目限报 1 队（男女不限），龙、狮队参赛人员可以兼任。
3. 龙、狮、锣鼓等器材及音乐自备。
三、竞赛办法
1. 比赛参照国际龙狮总会 2002 年颁布的国际舞龙舞狮（南北狮）竞赛规则。
2. 舞龙、南狮、北狮套路采取一次性比赛决定名次。
3. 比赛套路中不设桩阵内容，以防止伤害事故的发生。
4. 各参赛队于赛前提交自选套路登记表。
5. 裁判员由承办单位聘请。
四、奖励办法：比赛奖励前六名，由大会颁发集体奖杯和个人奖牌及证书，不足六队减一录取名次。
五、未尽事宜另行补充。

各代表团名单

（按会名英文字母排列为序）

巴西精武体育会
Brazil Chin Woo Athletic Association
会长：Li Kwok Kuen 李国权
副会长：Meng Xian Na 孟宪娜
秘书：Kikumi-Yoshioka.Li
武术套路队
领队：Kazumi-Yoshiokao-Yamamoto
教练：Claudia-Lica-Senda
医生：Ana-Claudia-Crespim-Dasilva
运动员：0101 Ricardo-Silva-Teixeira
0102 Samuel-Concalves
0103 Luciane-Landi-Rodrigues
0104 BatistaArlete-Tomoe-Mizokami
0105 Kikumi-Yoshioka.Li（兼）
0106 Miriam-Hitomi-Senda-Mass
0107 Maria Celina Goncalues
0108 Maria Raimunda Dosantos
0109 Miriam Correa De Lima
0110 Tamae Ariga
0111 Maria Lourde Crespim Silva
0112 Kyoko-Osada Nishimura
观摩人员：Valmir-Marqvezi
Sonia-Mizue-Mizokami

加拿大精武体育会
Canadian Chin Woo Association
会长：KWOK Alexander 郭其聪
武术套路队
运动员：2301 Kelvin Stringer
2302 Ron Merkel
2303 Kelvin Lam
观摩人员：YUM Kok Keung

加拿大卑斯精武体育会
Canadian Chin Woo Association(BC)

副会长：Ada Yip
武术套路队
运动员：0201 Yat Kit,Hui 0202 Alfred Leung
秘书：Cho Wa,Yung

荷兰精武体育会
Dutch Chin Woo Athletic Association
会长：Qiu Rong Zhao 赵秋荣
秘书长：Toby Alexander Joseph Nanne 窦弼
武术套路队
领队：Nanke Sang Ah Asjes
教练：Andro Raymond Biswane
运动员：0301 Jeremy v/der Linden
0302 Alex xian Zhao 赵向
0303 AndroBiswane（兼）0304 Toby Nanne（兼）
0305 Hendrik Verbeek Jan-Willem van der Heiden
观摩人员：Lucille Letitia Constance Young-Afat
容阿发

佛山精武体育会
Guang Dong Foshan Chin Woo Athletic Association
会长：梁旭辉
副会长：罗润作
吴德明
梁湛声
武术套路队
领队：罗润作（兼）
教练：吴德明（兼）
梁湛声（兼）
运动员：0401 关旺燕
0402 谢秀英
0403 王桂卿
0404 吕慧华
0405 区永生
0406 陈凤娇
0407 陈丽霞
0408 刘艳生
0409 王普丰

观摩人员：吴洁英
黎俊忻

海珠广东精武体育会
Guangzhou Haizhu Cantonese Chin Woo Athletic Association
会长：招德光
副会长：吴宇峰
观摩人员：李立丹
陈淑贤
聂嘉鸿
李润莲
宋碧玲
张健聪
蔡伟
蔡文胜

香港精武体育会
Chin Woo Athletic Association(H.K.)
会长：陈百祥
武术套路队
运动员：0501 曾昭荣
观摩人员：何丽霞
龚卓杰
吴志棠
何诗娜

印度精武体育会
Chin Woo Association of India
会长：Gajanand Rajput
秘书：Raju Newar
观摩人员：Amrita Badam
Sanjog Nakrani
Uttam Narzary Koch
Doctor Basumatary
Rahul Basumatary
Vijay Zarekar
Amankumar Patel Kadam Chandrashekhar

日本精武体育会（和歌山）
Japanese Chin Woo Athletic Association (Wakayama County)
会长：胡叶丹

马来西亚精武体育总会
Federation of Chin Woo Athletic Associations Malaysia
名誉会长：拿督黄保生局绅
名誉会长：黄凤年
会长：温炳楠
署理会长：吴玉妹
秘书长：刘永森
副秘书长：谭笑连
执行秘书：张月媚
助理秘书：黄钰婷
沙巴精武会长：陈建英
太平精武会长：陈再家
和丰精武会长：谭永福
太平精武总务：余湧强
英文秘书：叶仁星
槟城女会理事：苏世佳
怡保精武署理会长：黄文辉
代表：胡柏华
槟城精武理事：王盟顺
武术套路队
领队：温炳楠（兼）
教练：黄子勋
运动员：0601 郑靖璇
0602 郭德祖
0603 冯芷茵
0604 庄佩珊
0605 黄子勋（兼）
0606 黄耀洪
0607 黄国淇
0608 刘奕伟
0609 冯俊晖
0610 苏彩慧
0611 孙华英
0612 范丽英

龙狮队
教练：李政权（兼）
李能国　李招华
龙狮队员：张创伸
覃炜豪
练信良
曾国权
黄顺健
钟家健
李嘉俊
董家颖
黄瀚毅
陆伟良
张紫琳
黎俊轩
杨健尉
罗庆杰
书法队员：陈智强（兼）
观摩人员：梁雅生
陈锡游
梁克玮
吴明顺
戴嘉宏
黎素玲
陈春萍
涂美美
冯荣曜
李德民
詹宪昌
张志宏
冯玉华
吴美胜

新西兰精武体育会
Chin Woo Athletic Association of New Zealand Incorporated
武术套路队
领队/教练：Yuan Cheng Guo 郭元成
运动员：0801 Farah Thien

0802 Rangiatea Buchanan 阮佳悌·布坎南
0803 Jun Selwyn 军塞尔温
0804 Joseph De Guzman
0805 Michelle Lee
0806 Helen Cheng
0807 Derek Buchanan 德里克·布坎南
0808 Ngaroma Buchanan 格瑞玛·布坎南
0809 Mark Botting
观摩人员：Mong Ying Sim

马来西亚雪隆精武体育会
Chin Woo Athletic Association Selangor And Kuala Lumpur
副会长：李秀琴
武术部副主任：李玉玲
医生：杨贵福
秘书：郑名烈
林春华
秘书助理：欧阳慧敏
武术套路队
领队：陈志强
教练：邓志浩
裁判：陈国健
陈文杰
运动员：0901 陈婉滢
0902 江浩兴
0903 雷杰汉
0904 谢锦奇
0905 周耀辉
0906 郑金阳
0907 杜锦强
0908 林志伟
0909 林道霆
0910 何彦汉
0911 菊池光纱
0912 陆燕伦
0913 李婉文
0914 周耀发
观摩人员：陈伟勇
欧阳慧蓉

菊池幸人
黄芝
陆伟光
黄佩云
江喜婵
陈肖丽

瑞士精武体育会
Swiss Chin Woo Athletie Association
会长：Chow Kok Yeng 周国英
秘书长：Zhang Ying 张莹
武术套路队
领队：Chow Kok Yeng 周国英（兼）
教练：Zhang Ying 张莹（兼）
运动员：1001 Florian Mueller 佛洛里安·米勒
1002 Mike Gehrig 迈克·盖里克
1003 Martin Schreiber 马丁·施来伯
1004 Wilhelm Vajda 威力·瓦亚达
1005 Benjamin Jordi 本杰明·教迪
观摩人员：Roman Ingold
Fabian Bodmer
Daniel Kurmann

新加坡精武体育会
The Singapore Chin Woo Athletic Association
会长：陈坤泉
秘书长：邝元亨
董事：何书茂 曹广耀

天津精武体育会
Tian Jin Chin Woo Athletie Association
会长：高艳
秘书长：任广华
常务理事：房国海
潘作成
理事：马敬华
张洪秀
靳文林
武术套路队

运动员：1101 李雨清
1102 杜洪杰
1103 张家辉
1104 韩雅茹
1105 王鲁飞
1106 李书潇
1107 丁倩
1108 李雪娜
1109 郎克凡

泰国精武体育总会
Thailand Chin Woo Atnlentic Federation
会长：Fong Tong Tu 冯成虎
秘书长：Leong Kwok Khuen 梁国权
秘书：Renee Poh Foong Yi 符凤仪

美国精武体育总会
USA Chin Woo Federation
会长：Jimmy Wong 王国强
Gene Wong
武术套路队
运动员：2201 Sarah Perry
2202 Keith Johnson
2203 Mukund Ramesh
2204 Tiffany Lim
2205 Aaron Lim

余姚精武体育会
Yuyao Chin Woo Athletie Association
团长：符云飞
副团长：张宝勇
总领队：杨淑飞
武术套路一队
领队：胡键
教练：鲁建君
应爱娟
运动员：1201 杨淑飞（兼）
1202 赵央敏
1203 徐杏美
1204 楼爱君
1205 李科才
1206 胡松田
1207 陈素君
1208 胡键（兼）
1209 胡国强
1210 陈凤仙
1211 马惠敏
1212 佟茂锋
武术套路二队
领队：张翼超
教练：陈万祥
何珍珠
运动员：1301 陈燊浩
1302 魏楚航
1303 史一帆
1304 胡叉
1305 鲁家昊
1306 余则逸
1307 刘洪锋
1308 赵炎炎
1309 张翼超（兼）
1310 赵贵友
武术套路三队
领队：方永平
教练：张宝勇（兼）
孙会华
运动员：1401 孙露影
1402 孙鑫盼
1403 吴天慈
1404 谢骏
1405 方俊岭
1406 周自强
1407 马铭聪
1408 孙会华（兼）
1409 方永平（兼）
1410 张宝勇（兼）
书法队员：陈燊浩（兼）
魏楚航（兼）
观摩人员：余铁梅

德国精武体育会
German Chin Woo Athletic Federation

会长：Michael Streit 米歇尔·施特莱特
副会长：Mike Wedding 麦克·威丁
秘书：Dirk Ritt 迪尔克·利特
武术套路队
运动员：1601 Dirk Ritt 迪尔克利特（兼）
1602 Michael Streit 米歇尔施特莱特（兼）
1603 Mike Wedding （兼）
1604 Wladimir Schenge
1605 Maxim Schengel
1606 Lisa Schowarte
1607 Nora-Sophia Shidowezki
1608 Rebekka Müller
1609 Richard Meifert
1610 Maximiliane Henke
1611 Anika Jantzen
1612 Yves Marcel Obert
1613 Lion Fritjof Vogel
Claudia Müller
Robert Kranz
Katrin Potratz
Stephanie Liang
Rita Meifert   Ralf Meifert

中国香港精武体育会（九龙）
Chin Woo Athletic Association(H.K.jiulong)

会长：卢伟强
武术套路队
教练：陈国华
运动员：1701 温玉仪
1702 甄佩娟
1703 秦月云
1704 王海文
1705 黎锦娴

日本大阪精武体育会
Osaka Chin Woo Athletic Association, Japanese

会长：永野则彦
武术套路队
教练：藤渊一夫 金森庸二
运动员：1501 永野则彦（兼）
1502 藤渊一夫（兼）
1503 藤渊友美子
1504 金森庸二（兼）
1505 岸本典子

南京建邺精武体育会
Nan jing Jian ye Chin Woo Athletic Association

会长：袁继臣
副会长：郝南生
秘书长：沈维刚
武术套路队
运动员：1801 沈维刚（兼）
1802 司舰
1803 张肇元
1804 黄盛富
1806 石勇
1807 谷明生
1808 王作庆
1809 陈保平
1810 马娟
1811 严国富
医生：王凯宁

泰州海陵精武体育会
Taizhou Hailing Chin Woo Athletic Association

名誉会长：宋万熙
会长：徐志明
副会长：刘平坤
副秘书长：缪宜山

仪征枣林湾精武体育会
Yizheng Zaolinwan Chin Woo Athletic Association

会长：李彦

上海精武体育总会
Shanghai Chin Woo Athletic Federation

会长：颜建平
执行会长：华东平
副会长：薛海荣
陈内华
秘书长：陈内华（兼）
副秘书长：方婷
刘黎平
武术套路一队
教练：陈毅忠
杜洪彪
运动员：1901 应泽豪
1902 于豪
1903 赵司雯
1904 朱怡静
1905 单乾飞
1906 姜兴举
1907 张宗浩
1908 裴罗曼
1909 姚一奇
1920 韦剑
1921 李家豪
1922 卢权
武术套路二队
教练：方婷（兼） 曹志豪
运动员：2002 朱雅涵
2003 姚晨思
2004 张逸凡
2005 唐仁杰
2006 方敏
2007 赵晓悦
2008 蒋姬岚
2009 孙永梅
2010 雷龙兰
2011 郑明章
2012 朱崇芳
武术套路三队
教练：石双林
何君岗
运动员：2101 张义兵
2102 张莉红

2103 金金娣
2104 许金玉
2105 魏雪梅
2106 吕寿宝
2107 张建方
2108 高敖其
2109 刘元
2110 沈国奇
2111 黄孟彪
2109 邵永华

龙狮队：

教练：胡军
龙狮队员：李泽东
傅孝波
黄涛
尹直德
胡军
王永飞
赵小康
谭荣荣
康浩
曲来源
周永琪
书法队员：凌冬青
安伟丽
徐丰
邓思宇

大会日程

活动日期：2014年8月14日-8月19日，共计六天

时间	活动内容	地点
2014/8/14 第一天（星期四） 报到		宾馆大堂
12:00	午餐	宾馆餐厅
18.00	晚餐	宾馆餐厅
2014/8/15 第二天（星期五）		
7:30	早餐	宾馆餐厅
9:30	运动员熟悉场地	精武体育馆
9:30	裁判长、教练员技术会议	精武体育馆会议室
10:00	执委会会议	上外迎宾馆二楼1号会议室
11:30	午餐	宾馆餐厅
13:30	运动员熟悉场地	精武体育馆
13:30	裁判员学习	精武体育馆会议室
14:30	世界精武联谊会会长联席会议	上外迎宾馆二楼多功能厅
17:00	精武历史人物铜像揭幕落成典礼	精武体育公园
18:00	晚餐	宾馆餐厅
19:30	开幕式	精武体育馆内场
2014/8/16 第三天（星期六）		
7:30	早餐	宾馆餐厅
9:00	武术比赛	精武体育馆
9:30	精武先贤后人座谈会	精武体育馆会议室
11:30	午餐	宾馆餐厅
14:00	武术比赛	精武体育馆内场
18:00	晚餐	宾馆餐厅
2014/8/17 第四天（星期日）		
7:30	早餐	宾馆餐厅
9:30	武术比赛、书法比赛	精武体育馆
11:30	午餐	宾馆餐厅
14:00	武术、龙狮比赛	精武体育馆内场
18:00	联欢晚宴	宝隆美爵酒店金色殿堂
2014/8/18 第五天（星期一）		

7:00	早餐	宾馆餐厅
8:30	游览（朱家角古镇一日游）	宾馆大门候车
18:00	晚餐	宾馆餐厅
2014/8/19 第六天（星期二）		
7:30	早餐	宾馆
离会		

下榻宾馆：上外迎宾馆 地址：虹口区西体育会路189号 电话：35054500

上外宾馆 地址：虹口区赤峰路555号 电话：65314531

比赛场地：精武体育馆 地址：精武体育馆（东体育会路715号）

比赛场次安排
第一场比赛

一号场地 (field 1)	二号场地 (field 2)
精武传统套路	竞赛、传统套路
(Chinwoo traditional form)	(Athletic/traditional form)
101 男子 儿童 A 组 功力拳 7 人	201 男子 成年 D 组 竞赛拳术 3 人
Male children (A) GongLi fist 7P	Male mid age (D) athletic fist 3P
102 女子 儿童 A 组 功力拳 5 人	202 男子 成年 D 组 传统太极拳 5 人
Female children (A) GongLi fist 5P	Male mid age (D) traditional taiji fist 5P
103 男子 少年 B 组 群羊棍 5 人	203 男子 成年 D 组 传统长器械 4 人
Male teenage (B) QunYang cudgel 5P	Male mid age (D) traditional long weapon 4P
104 女子 少年 B 组 群羊棍 4 人	204 女子 成年 D 组 传统拳术 7 人
Female teenage (B) QunYang cudgel 4P	Female mid age (D) traditional fist 7P
105 男子 少年 B 组 露花棍 3 人	205 男子 老年 E 组 传统短器械 5 人
Male teenage (B) LuHua cudgel 3P	Male elder (E) traditional short weapon 5P
106 女子 少年 B 组 露花棍 5 人	206 男子 老年 E 组 传统太极器械 4 人
Female teenage (B) LuHua cudgel 5P	Male elder (E) traditional taiji weapon 4P
107 男子 青年 C 组 节拳 7 人	207 男子 老年 E 组 少林查拳 4 人
Male youth (C) Jie fist 7P	Male elder (E) traditional ShaoLin Cha fist 4P
108 女子 青年 C 组 节拳 5 人	208 女子 老年 E 组 孙式太极拳 3 人
Female youth (C) Jie fist 5P	Female elder (E) TaiJi fist SUN style 3P

109 男子 青年 C 组 散拳 4 人 Male youth (C) San fist 4P	209 女子 老年 E 组 各式太极拳功 3 人 Female elder (E) TaiJi mixture 3P
110 女子 青年 C 组 精武拳术 3 人 Female youth (C) Chinwoo fist mixture 3P	210 男子 少年 B 组 传统器械 7 人 Male teenage (B) traditional weapon 7P
111 男子 青年 C 组 三光剑 4 人 Male youth (C) SanGuang sword 4P	211 男子 儿童 A 组 器械综合 5 人 Male children (A) weapon mixture 5P
112 男子 成年 D 组 八卦刀 5 人 Male mid age (D) BaGua boardsword 5P	212 男子 少年 B 组 竞赛南刀/棍 4 人 Male teenage (B) athletic Nan boardsword &cudgel 4P
113 男子 成年 D 组 露花棍 4 人 Male mid age (D) LuHua cudgel 4P	213 男子 儿童 A/ 少年 B 组 竞赛刀术 6 人 Male children (A) &teenage (B) athletic broadsword 6P
114 女子 成年 D 组 功力拳 12 人 Female mid age (D) GongLi fist 12P	
115 女子 老年 E 组 功力拳 12 人 Female elder (E) GongLi fist 12P	214 男子 少年 B 组 对练 4 人 Male teenage(B) combat routine 4P
116 男子 老年 E 组 精武拳术 5 人 Male elder (E) Chinwoo fist mixture 5P	215 女子 儿童 A/ 少年 B 组 太极拳 4 人 Female children(A) &teenage(B) Taiji fist 4P
	216 男子 青年 C 组 竞赛南刀/棍 4 人 Male youth(C) athletic Nan broadsword &cudgel 4P
	217 男/女 少年 B 组 传统拳术 5 人 F/M teenage (B) traditional fist 5P
	218 男子 青年 C 组 竞赛器械综合 6 人 Male youth (C) athletic weapon mixture 6P
	219 男子 青年 C 组 传统长器械 6 人 Male youth (C) traditional long weapon 6P
	220 男女 青年 C 组 竞赛/自选拳术 4 人 F/M youth (C) athletic free style fist 4P

第二场比赛
8 月 16 日下午 2:00 开始

一号场地 (field 1)	二号场地 (field 2)
段位制晋考	竞赛、传统套路 (Athletic/traditional form)
三段 7 人　四段 6 人	
五段 6 人　六段 5 人	401 男子 老年 E 组 大刀朴刀 5 人

二、精武传统套路	male elder (E) Po boardsword 5P
(Chinwoo traditional form)	402 男子 老年 E 组 传统长器械 3 人
301 男子 青年 C 组 功力拳 5 人	male elder (E) traditional long weapon 3P
male youth (C) GongLi fist 5P	403 男子 老年 E 组 传统拳术 1 5 人
302 男子 成年 D 组 功力拳 15 人	male elder (E) traditional fist I 5P
male mid age (D) GongLi fist 15P	404 女子 老年 E 组 单双扇 5 人
303 男子 青年 C 组 崩步拳 4 人	female elder (E) fans 5P
male youth (C) BengBu fist 4P	405 女子 老年 E 组 42 式太极拳 4 人
304 男子 青年 C 组 大棉掌拳 3 人	female elder (E) 42 TaiJi fist 4P
male youth (C) DaMianZhang fist 3P	406 男子 儿童 A 组 竞赛 / 自选长拳 4 人
305 女子 青年 C 组 精武刀剑术 4 人	male children (A) athletic Chang fist 4P
female youth (C) Chinwoo sword 4P	407 男子 少年 B 组 竞赛长 / 太拳 7 人
306 男子 成年 D 组 潭腿 3 人	male teenage (B) athletic Chang &TaiJi fist 7P
male mid age (D) TanTui 3P	408 男子 少年 B 组 竞赛南拳 3 人
307 男子 老年 E 组 潭腿 7 人	male teenage (B) athletic Nan fist 3P
male elder (E) TanTui 7P	409 女子 少年 B 组 长 / 南拳 5 人
308 女子 老年 E 组 潭腿 4 人	female teenage (B) Chang &Nan fist 5P
female elder (E) TanTui 4P	410 男子 儿童 A 组 传统拳术 4 人
309 女子 成年 D 组 大战拳 4 人	male children (A) traditional fist 4P
female mid age (D) DaZhan fist 4P	411 女子 儿童 A/ 少年 B 组 太极剑 4 人
310 男子 老年 E 组 八卦刀 4 人	female children (A) &teenage (B)
male elder (E) BaGua boardsword 4P	TaiJi sword 4P
311 女子 成年 D/ 老年 E 组 精武刀术 5 人	412 男子 青年 C 组 竞赛 / 自选长拳 4 人
female mid age (D) &elder (E)	male youth (C) athletic Chang fist 4P
Chinwoo boardsword 5P	413 男子 青年 C 组 传统短器械 6 人
312 男子 儿童 A 组 群羊棍 5 人	male youth (C) traditional short weapon 6P
male children (A) QunYang cudgel 5P	414 女子 青年 C 组 竞赛器械 3 人
313 女子 儿童 A 组 群羊棍 3 人	female youth (C) athletic weapon 3P
female children (A) QunYang cudgel 3P	415 男子 青年 C/ 成年 D 组 对练 4 人
314 男 / 女 少年 B 组 雪片刀 4 人	male youth (C) &mid age(D) combat routine 4P
F/M teenage (B) XuePian boardsword 4P	416 女子 成年 D 组 传统太极拳 8 人
315 男子 少年 B 组 精武刀剑术 4 人	female mid age (D) traditional TaiJi fist 8P
male teenage (B) Chinwoo sword 4P	417 男子 成年 D 组 传统拳术 6 人
316 男 / 女 儿童 A 组 潭腿 5 人	male mid age (D) traditional fist 6P

F/M children (A) TanTui 5P	418 女子 成年 D 组 太极剑扇 5 人
317 女子 少年 B 组 三光剑 3 人	female mid age (D) TaiJi sword &fan 5P
female teenage (B) SanGuang sword 3P	419 男子 成年 D 组 太极器械 3 人
	male mid age (D) TaiJi weapon 3P
	420 女子 成年 D 组 42 式太极剑 3 人
	female mid age (D) 42 TaiJi sword 3P

第三场比赛

8月17日上午 9:00 开始

书法比赛 7 人

武术比赛

一号场地 (field 1)	二号场地 (field 2)
精武传统套路	竞赛、传统套路
(Chinwoo traditional form)	(Athletic/traditional form)
501 男子 少年 B 组 大战拳 5 人	601 男子 成年 D 组 传统短器械 7 人
male teenage (B) DaZhan fist 5P	male mid age (D) traditional short weapon 7P
502 男子 少年 B 组 功力拳 10 人	602 女子 成年 D/ 老年 E 组 传统器械 8 人
male teenage (B) GongLi fist 10P	female mid age (D) &elder (E) traditional weapon 8P
503 男子 少年 B 组 精武拳术 3 人	603 女子 成年 D 组 42 式太极拳 3 人
male teenage (B) Chinwoo fist mixture 3P	female mid age (D) 42 TaiJi fist 3P
504 女子 少年 B 组 大战拳 4 人	604 男子 成年 D 组 形意拳 3 人
female teenage (B) DaZhan fist 4P	male mid age (D) XingYi fist 3P
505 女子 少年 B 组 功力拳 3 人	605 男子 老年 E 组 42 式太极拳 3 人
female teenage (B) GongLi fist 3P	male elder (E) 42 TaiJi fist 3P
506 男子 青年 C 组 五虎枪 8 人	606 男子 老年 E 组 传统拳术 2 6 人
male youth (C) WuHu spear 8P	male elder (E) traditional fist II 6P
507 男子 青年 C 组 抱月刀 3 人	607 男子 老年 E 组 双刀 3 人
male youth (C) BaoYue boardsword 3P	male elder (E) double boardswords 3P
508 男子 青年 C 组 八卦刀 5 人	608 女子 老年 E 组 太极器械 5 人
male youth (C) BaGua boardsword 5P	female elder (E) TaiJi weapon 5P
509 男子 青年 C 组 奇门棍 6 人	609 男子 老年 E 组 传统刀术 4 人
male youth (C) QiMen cudgel 6P	male elder (E) traditional boardsword 4P
510 女子 青年 C 组 奇门棍 3 人	610 女子 老年 E 组 42 式太极剑 4 人
female youth (C) QiMen cudgel 3P	female elder (E) 42 TaiJi sword 4P
511 女子 青年 C 组 精武枪术 4 人	611 女子 老年 E 组 陈式太极拳 7 人
female youth (C) Chinwoo spear 4P	female elder (E) TaiJi fist CHEN style 7P
512 男子 成年 D 组 崩步拳 3 人	

male mid age (D) BengBu fist 3P	612 男子 儿童 A 组 传统剑术 4 人
513 男子 成年 D 组 大战拳 5 人	male children (A) traditional sword 4P
male mid age (D) DaZhan fist 5P	613 男子 少年 B 组 竞赛剑棍术 4 人
514 女子 成年 D 组 散拳 3 人	male teenage (B) athletic sword &cudgel 4P
female mid age (D) San fist 3P	614 女子 儿童 A/ 少年 B 组 刀术 3 人
515 男子 老年 E 组 功力拳 9 人	female children(A) &teenage(B) boardsword 3P
male elder (E) GongLi fist 9P	615 女子 少年 B 组 剑术 3 人
516 男 / 女 成年 D 组 精武器械综合 4 人	female teenage (B) sword 3P
F/M mid age (D) Chinwoo weapon mixture 4P	616 女子 少年 B 组 南刀 3 人
517 男子 儿童 A 组 八卦刀 3 人	female teenage (B) Nan boardsword 3P
male children (A) BaGua boardsword 3P	617 男子 青年 C 组 竞赛南拳 5 人
518 女子 儿童 A 组 八卦刀 3 人	male youth (C) athletic Nan fist 5P
female children (A) BaGua boardsword 3P	618 男子 青年 C 组 自选太极剑 3 人
519 男 / 女 老年 E 组 精武枪棍术 3 人	male youth (C) free style TaiJi sword 3P
F/M elder (E) Chinwoo spear &cudgel 3P	619 男子 青年 C 组 传统拳术 7 人
	male youth (C) traditional fist 7P
	620 女子 对练 4 人
	female combat routine 4P

舞龙舞狮比赛（第四场比赛）
8月17日下午2:00开始

一、舞龙比赛

二、武术表演项目比赛

一号场地	二号场地
女子个人表演项目 29 人	男子个人表演项目 29 人
Female Individual Performance Event	Male Individual Performance Event

三、南狮比赛

四、武术表演项目比赛

一号场地 (field 1)	二号场地 (field 2)
一、对练项目 5 项	男子个人表演项目 38 人
Combat Routine 5 groups	Male Individual Perfprmance Event
二、集体项目 5 队	
Group Event 5 groups	

五、北狮表演

开幕式

2014年8月15日晚，由世界精武联谊会主办、上海精武体育总会承办的第十三届世界精武武术文化大会在精武体育馆隆重开幕。上海市副市长赵雯；市政府副秘书长肖

2014年第十三届世界精武武术文化大会各代表团入场仪式之一

2014年第十三届世界精武武术文化大会各代表团入场仪式之二

2014年第十三届世界精武武术文化大会开幕式表演之一

2014年第十三届世界精武武术文化大会开幕式表演之二

贵玉,市体育局局长李毓毅,虹口区委书记吴清,副书记、区长曹立强,区人大常委会主任、上海精武体育总会会长、世界精武联谊会会长颜建平,区政协主席管维镛,区委副书记杜炯,区人大常委会副主任赵强,副区长李国华及世界精武联谊会成员会会长、六国驻沪领事馆官员及精武先贤后人等领导和嘉宾参加。

会长颜建平主持开幕仪式,伴随着雄壮的中华人民共和国国歌及精武会歌,大会正式拉开了序幕。区长曹立强致欢迎词,市体育局局长李毓毅致贺词,副市长赵雯宣布大会正式开幕。共有来自14个国家和地区31个友会精武同仁齐聚一堂欢庆大会开幕。开幕式上表演了富有精武内涵的武术文化节目。

大会开幕式前,区委书记吴清等区领导和霍元甲曾孙霍自正、精武会首任会长农劲荪之孙农晓胧、陈公哲之子陈哲明等精武先贤后人及世界各国精武体育会会长一行前往精武公园为精武宗师霍元甲铜像及精武十八座名人铜像举行落成揭幕仪式。

大会现场

2014年第十三届世界精武武术文化大会器械组比赛

2014年第十三届世界精武武术文化大会瑞士代表团

2014年第十三届世界精武武术文化大会书法比赛

竞赛成绩

组别		项目	第一名	第二名	第三名	第四名	第五名	第六名	第七名	第八名
男子	儿童A组	功力拳	1301 陈燊浩	1101 李雨清	1302 魏楚航	1407 马铭聪	2205 AaronLim	1303 史一帆	1310 赵贵友	
		群羊棍	2004 张逸凡	1306 余则逸	1302 魏楚航	1305 鲁家昊	1304 胡乂爻			
		竞赛自选长拳	1101 李雨清	0912 陆燕伦	1310 赵贵友	1407 马铭聪	0902 江浩兴	1905 单乾飞	1106 李书潇	1901 应泽豪
		传统拳术	1907 张宗浩	1407 马铭聪	2205 Aaron Lim					
		八卦刀	1907 张宗浩	2004 张逸凡	1303 史一帆					
		传统剑术	0912 陆燕伦	1305 鲁家昊	1302 魏楚航	1301 陈燊浩				
		竞赛剑棍术	0905 周耀辉	1106 李书潇	1905 单乾飞	0902 江浩兴				
	儿童A/少年B组	竞赛刀术	0602 郭德祖	0803 Jun Selwyn	1902 于豪	1101 李雨清	1906 姜兴举	1901 应泽豪		
男/女		精武潭腿	1908 裴罗曼	0912 陆燕伦	1306 余则逸	1305 鲁家昊	1304 胡乂爻			
女子	儿童A组	精武功力拳	0901 陈婉莹	0801 Farah Thien	1608 Rebekka Müller	1908 裴罗曼	0703 Renata Dorina Konya			
		精武群羊棍	2002 朱雅涵	0801 Farah Thien	1608 Rebekka Müller					
		八卦刀	2002 朱雅涵	1908 裴罗曼	0801 Farah Thien					

组别		项目	第一名	第二名	第三名	第四名	第五名	第六名	第七名	第八名
女子	儿童A/少年B组	太极拳	1104 韩雅茹	2003 姚晨思	1109 郎克凡	0901 陈婉滢				
		太极剑	1104 韩雅茹	1109 郎克凡	0901 陈婉滢	2003 姚晨思				
		刀术	0603 冯芷茵	1904 朱怡静	0703 Renata Dorina Konya					
男子	少年B组	精武群羊棍	0902 江浩兴	1905 单乾飞	1906 姜兴举	1307 刘洪锋				
		精武露花棍	1106 李书潇	0904 谢锦奇	1605 Maxim Schengel					
		精武刀剑术	2005 唐仁杰	1406 周自强	0704 Edison Chan	1404 谢骐骏				
		传统器械	1102 杜洪杰	1103 张家辉	0905 周耀辉	0704 Edison Chan	1405 方俊岭	1404 谢骐骏	0301 Jeremy v/der Linden	
		器械综合	1301 陈燊浩	1907 张宗浩	1306 余则逸	1310 赵贵友	1304 胡乂爻			
		竞赛南刀棍	1105 王鲁飞	0903 雷杰汉	1307 刘洪锋	2005 唐仁杰				
		对练	0704 Edison Chan	2004 张逸凡	1404 谢骐骏	1405 方俊岭				
			0706 Caytey Liu		1403 吴天慈	1406 周自强				
		竞赛长/太拳	0602 郭德祖	1902 于豪						
		竞赛南拳	1102 杜洪杰	0904 谢锦奇	1105 王鲁飞					
		大战拳	1102 杜洪杰	0903 雷杰汉	1105 王鲁飞	1605 Maxim Schengel	0803 Jun Selwyn			
		功力拳	0602 郭德祖	1103 张家辉	1307 刘洪锋	1405 方俊岭	0704 Edison Chan	1901 应泽豪	1613 Lion Fritjof Vogel	1613 Lion Fritjof Vogel
		精武拳术	0905 周耀辉	0904 谢锦奇	2005 唐仁杰					
男/女		传统拳术	1103 张家辉	1401 孙露影	1904 朱怡静	1903 赵司雯	1406 周自强			
		精武雪片刀	0803 Jun Selwyn	0603 冯芷茵	0903 雷杰汉	0802 Rangiatea Buchanan				
女子		精武群羊棍	2006 方敏	0601 郑靖璇	0911 菊池光纱	1904 朱怡静				
		精武露花棍	0604 庄佩珊	1104 韩雅茹	1107 丁倩	0802 Rangiatea Buchanan	1606 Lisa Schowarte			
		精武三光剑	1401 孙露影	2006 方敏						

组别		项目	第一名	第二名	第三名	第四名	第五名	第六名	第七名	第八名
女子	少年B组	长/南拳	1107 丁倩	0604 庄佩珊	1108 李雪娜	0603 冯芷茵	0601 郑靖璇			
		大战拳	0802 Rangiatea Buchanan	1402 方敏	1606 Lisa Schowarte	1109 郎克凡				
		功力拳 剑术 南刀	1108 李雪娜	2003 姚晨思	0911 菊池光纱					
			1107 丁倩	1903 赵司雯	0911 菊池光纱					
			0604 庄佩珊	1108 李雪娜	0601 郑靖璇					
男子	青年C组	自选太极剑	0609 冯俊昀							
		竞赛南拳	0906 郑金阳	1002 Mike Gehrig	0605 黄子勋	0608 刘奕伟	0102 Samuel-Concalves			
		传统拳术	1920 韦剑	0201 Yat Kit, Hui	2203 Mukund Ramesh	1308 赵炎炎	1922 卢权	1309 张翼超	2303 Kelvin Lam	0907 杜锦强
		精武散拳	1922 卢权	0804 Joseph De Guzman	1921 李家豪					
		精武三光剑	0607 黄国淇	0907 杜锦强	1402 孙鑫盼	1309 张翼超				
		精武功力拳	1005 Benjamin Jordi	0706 Carter Liu	0710 Gary Wong	0708 Vincent Fung	0707 David Huang			
		精武崩步拳	0909 林道霆	0605 黄子勋	0608 刘奕伟	0609 冯俊昀	0102 Samuel-Concalves			
		五虎枪	0906 郑金阳	1001 Florian Mueller	0606 黄耀洪	0201 Yat Kit,Hui 亚特基特惠	1002 Mike Gehrig	1403 吴天慈	2203 Mukund Ramesh	
		抱月刀	0605 黄子勋	0914 周耀发	0804 Joseph De Guzman					
		八卦刀	0707 David Huang	1003 Martin Schreiber	0706 CarterLiu	0710 GaryWong	0708 Vincent Fung			
		奇门棍	1005 Benjamin Jordi	0910 何彦汉	0804 Joseph De Guzman	1612 Yves Marcel Obert	0909 林道霆			
		竞赛自选长拳	1308 赵炎炎	0606 黄耀洪	0607 黄国淇	0701 DerekQuan				
		传统短器械	1922 卢权	1309 张翼超	1403 吴天慈	0201 Yat Kit,Hui	1402 孙鑫盼			
		竞赛南刀/棍	0608 刘奕伟	1005 Benjami Jordi	0906 郑金阳	0914 周耀发				
		竞赛器械综合	0701 Derek Quan	0607 黄国淇	0606 黄耀洪	1001 Florian Mueller				

组别		项目	第一名	第二名	第三名	第四名	第五名	第六名	第七名	第八名
男子	青年C组	传统长器械	0302 Alex xian Zhao	0910 何彦汉	1001 Florian Mueller	0706 Carter Liu	0102 Samuel-Concalves	0909 林道霆		
		大棉掌拳	0907 杜锦强	0914 周耀发						
	青年C/成年D组	对练	0804 Joseph De Guzman 0803 Jun Selwyn	0707 David Huang 0708 Vincent Fung	1409 方永平 1410 张宝勇	1403 吴天慈				
男/女		精武刀剑术	2303 Kelvin Lam	0610 苏彩慧	0806 Helen Cheng	2204 Tiffany Lim	0805 Michelle Lee			
		竞赛自选拳术	0610 苏彩慧	2007 赵晓悦	0609 冯俊昕					
女子	青年C组	精武节拳	1610 Maximilian Henke	1607 Nora-Sophia Shidowezki	0805 Michelle Lee	1611 Anika Jantzen	2204 Tiffany Lim			
		精武拳术	0913 李婉文	2204 Tiffany Lim	0806 Helen Cheng					
		竞赛器械	0610 苏彩慧	0913 李婉文	2007 赵晓悦					
		奇门棍	0805 Michelle Lee	1610 Maximiliane Henke	1607 NoraSophia Shidowezki					
		精武枪术	2007 赵晓悦	0806 Helen Cheng	0913 李婉文	1611 Anika Jantzen				
男子	成年D组	精武八卦刀	0908 林志伟	0807 Derek Buchanan	1206 胡松田	0809 Mark Botting	1603 Mike Wedding			
		精武露花棍	1004 Wilhelm Vajda	1004 Wilhelm Vajda	1604 Wladimir Schenge	0809 Mark Botting	0807 Derek Buchanan			
		精武功力拳	0705 Janos Konya	0303 Andro Biswane	1410 张宝勇	0908 林志伟	1601 Dirk Ritt	1004 Wilhelm Vajda	0304 Toby Nanne	0809 Mark Botting
		精武潭腿	1807 谷明生	2101 张义兵	2109 邵永华					
		竞赛拳术	1408 孙会华	0709 Min Qiang Li						
		传统太极拳	2101 张义兵	1409 方永平	1704 王海文	0409 王普丰	2202 Keith Johnson			
		传统长器械	2109 邵永华	0304 Toby Nanne	1504 金森庸二	1809 陈保平	2301 Kelvin Stringer			
		传统拳术	1502 藤渊一夫	1205 李科才	1603 Mike Wedding	0908 林志伟	1504 金森庸二	1604 Wladimir Schenge	2301 Kelvin Stringer	
		太极器械	2101 张义兵	1704 王海文	1410 张宝勇					

组别		项目	第一名	第二名	第三名	第四名	第五名	第六名	第七名	第八名
男子		崩步拳	1602 Michael Streit	0807 Derek Buchanan	0202 Alfred Leung					
男子		大战拳	1205 李科才	1604 Wladimir Schenge	1206 胡松田					
男子		传统短器械	0303 Andro Biswane	2109 邵永华	1408 孙会华	1205 李科才	1206 胡松田			
男子		形意拳	0303 Andro Biswane	1807 谷明生						
男/女		精武器械综合	1408 孙会华	1601 Dirk Ritt	1202 赵央敏	0808 Ngaroma Buchanan				
男/女		太极拳	1410 张宝勇 1204 楼爱君	2102 张莉红	0408 刘艳生					
女子	成年D组	精武功力拳	2102 张莉红	1204 楼爱君	1203 徐杏美	1207 陈素君	0408 刘艳生	1503 藤渊友美子	0103 Luciane-Landi Rodrigues	0407 陈丽霞
女子	成年D组	精武大战拳	1505 岸本典子	1810 马娟	1201 杨淑飞	1202 赵央敏				
女子	成年D组	传统拳术	1810 马娟	2008 蒋姬岚	1505 岸本典子	2009 孙永梅	1503 藤渊友美子	1207 陈素君	1203 徐杏美	
女子	成年D组	传统太极拳	1201 杨淑飞	0104 Arlete-Tomoe-Mizokami	0103 Luciane-Landi-Rodrigues	0407 陈丽霞	2201 Sarah Perry	0406 陈凤娇	0713 Jian Zhen Tong	
女子	成年D组	太极剑扇	1204 楼爱君	1207 陈素君	0103 Luciane-Landi-Rodrigues	0407 陈丽霞	0104 Arlete-Tomoe-Mizokami			
女子	成年D组	42式太极剑	1202 赵央敏	2102 张莉红	0408 刘艳生					
女子	成年D组	散拳	2008 蒋姬岚	2009 孙永梅						
女子	成年D/老年E组	精武刀术	0612 范丽英	0808 Ngaroma Buchanan						
女子	成年D/老年E组	传统器械	2008 蒋姬岚	2009 孙永梅	2010 雷龙兰	1810 马娟	1201 杨淑飞	1203 徐杏美	1211 马惠敏	
女子	老年E组	精武功力拳	2012 朱崇芳	1702 甄佩娟	0611 孙华英	1210 陈凤仙	1211 马惠敏	1701 温玉仪	1703 秦月云	0403 王桂卿
女子	老年E组	潭腿	2010 雷龙兰	2105 魏雪梅	2104 许金玉	2103 金金娣				
女子	老年E组	孙式太极拳	2105 魏雪梅	2010 雷龙兰	0404 吕慧华					
女子	老年E组	各式太极拳功	2104 许金玉	1705 黎锦娴	0713 Jenny Tong					
女子	老年E组	单双扇	1702 甄佩娟	0402 谢秀英	2012 朱崇芳	0404 吕慧华				

组别		项目	第一名	第二名	第三名	第四名	第五名	第六名	第七名	第八名
女子		42式太极拳	2103 金金娣	0611 孙华英	0612 范丽英	1210 陈凤仙				
		太极器械	2105 魏雪梅	1701 温玉仪	0403 王桂卿	2104 许金玉	1703 秦月云			
		42式太极剑	0612 范丽英	1210 陈凤仙	0611 孙华英					
男/女		精武枪棍术	2108 高敖其	1209 胡国强	1211 马惠敏					
男子	老年E组	42式太极拳	2110 沈国奇	0405 区永生	0305 Hendrik Verbeek					
		传统拳术	1801 沈维刚	0702 李碧清	2111 黄孟彪	0501 曾昭荣	0501 曾昭荣	2302 Ron Merkel		
		双刀	1804 黄盛富	1803 张肇元	2107 张建方					
		精武拳术	2107 张建方	2011 郑明章	1804 黄盛富	0501 曾昭荣				
		精武潭腿	2110 沈国奇	1803 张肇元	2111 黄孟彪	0702 李碧清	0101 Ricardo-Silva-Teixeira	1212 佟茂锋		
		传统短器械	1807 谷明生	2108 高敖其	1801 沈维刚	1802 司舰	1809 陈保平	1209 胡国强		
		传统太极器械	2110 沈国奇	0101 Ricardo-Silva-Teixeira	1208 胡键	0405 区永生				
		少林查拳	1811 严国富	2106 吕寿宝	2011 郑明章					
		八卦刀	2109 刘元	1811 严国富	1808 王作庆	1212 佟茂锋				
		大刀朴刀	1804 黄盛富	2106 吕寿宝	2111 黄孟彪	1811 严国富	1806 石勇	1803 张肇元		
		传统长器械	1212 佟茂锋	1802 司舰	1808 王作庆					
		传统拳术1	2107 张建方	1208 胡键	2108 高敖其	0101 Ricardo-Silva-Teixeira	1501 永野则彦			
		功力拳	2109 刘元	1806 石勇	2106 吕寿宝	1209 胡国强	1802 司舰	0305 Hendrik Verbeek	2302 Ron Merkel	
		陈式太极拳	1705 黎锦娴	0402 谢秀英	1702 甄佩娟	1701 温玉仪	1703 秦月云	0403 王桂卿		
		传统刀术	1806 石勇	1808 王作庆						
女子		对练	1401 孙露影	2002 朱雅涵	0805 Michelle Lee	2012 朱崇芳				
			1402 孙鑫盼			2011 郑明章				

表演项目

组别	奖项	姓名	项目	姓名	项目
男子个人表演项目	一等奖	0607 黄国淇	自选枪术	1410 张宝勇	峨眉霹雳掌
		0201 Yat Kit,Hui	洪侠混形拳	0803 Jun Selwyn	地躺拳
		1922 卢权	单刀	0605 黄子勋	八极拳
		0606 黄耀洪	自选枪术	0202 Alfred Leung	群羊棍
		1004 Wilhelm Vajda	双手刀	2303 Kelvin Lam	工字伏虎拳
		2110 沈国奇	太极刀	0608 刘奕伟	三节棍
		2106 吕寿宝	朴刀	1906 姜兴举	棍术
		0904 谢锦奇	春秋大刀	2108 高敖其	心意六合枪
		0602 郭德祖	棍术	2203 Mukund Ramesh	群羊棍
		2109 邵永华	牧羊鞭	1302 魏楚航	少林棍
		2109 刘元	五花炮捶	1905 单乾飞	刀术
		1408 孙会华	醉拳	2011 郑明章	麟角刀
	二等奖	1301 陈燊浩	武松脱铐	1801 沈维刚	形意棍
		1309 张翼超	苗刀	1212 佟茂锋	九节鞭
		1704 王海文	陈式太极拳	0906 郑金阳	武松脱铐
		0909 林道霆	月牙铲	2004 张逸凡	南拳
		0908 林志伟	陈式老架一路	0609 冯俊昕	周家鹤拳
		2005 唐仁杰	南拳	2111 黄孟彪	黑虎拳
		0907 杜锦强	露花刀	2107 张建方	武当拂尘
		1409 方永平	陈式太极单刀	1310 赵贵友	连环拳
		2005 唐仁杰	南拳		
		0903 雷杰汉	露花棍	1407 马铭聪	陈式单刀
		1901 应泽豪	南拳	1303 史一帆	武松脱铐
		0902 江浩兴	青龙拳	1307 刘洪锋	24 式太极拳
		0205 周耀辉	罗汉拳	0914 周耀发	开门豹
	三等奖	2202 Keith Johnson	六合八法拳	1306 余则逸	峨眉剑
		0910 何彦汉	金箍棒	1305 鲁家昊	双铁筷
		0912 陆燕伦	传统长拳	2205 Aaron Lim	潭腿

男子个人表演项目	三等奖	1304 胡乂爻	电侠短打		
女子个人表演项目	一等奖	0610 苏彩慧	周家梅花枪	0611 孙华英	武当太极剑
		2009 孙永梅	九节鞭	0601 郑靖璇	华拳
		0604 庄佩珊	散拳	2204 Tiffany Lim	功力拳
		1702 甄佩娟	陈式太极拳	1207 陈素君	拂尘
		0901 陈婉滢	拂尘剑	1211 马惠敏	陈式 49 式太极剑
		2006 方敏	十字战	2010 雷龙兰	罗汉拳
	二等奖	0612 范丽英	武功扇	2012 朱崇芳	太极枪
		2008 蒋姬岚	八卦刀	0603 冯芷茵	虎头双钩
		1701 温玉仪	陈式太极拳	1703 秦月云	陈式太极拳
		0913 李婉文	少林拳		
	三等奖	0806 Helen Cheng	少林七星拳	0911 菊池光纱	青龙拳

书法比赛

一等奖		二等奖		三等奖		
安伟丽	凌冬青	陈智强	徐丰	陈燊浩	魏楚航	邓思宇

舞龙舞狮比赛

舞龙	一等奖	马来西亚精武总会
	二等奖	上海精武总会
南狮	一等奖	马来西亚精武总会
	一等奖	上海精武总会

比赛奖章和成绩证书

2014 年第十三届世界精武武术文化大会比赛奖章

第十六节 第十四届世界精武武术文化交流大会

大会概述

2016年7月22日~25日,第十四届世界精武武术文化大会在美国德克萨斯州达拉斯举行。来自全球各国家和地区的三百多名精武会友齐聚一堂,武术套路、舞龙舞狮、书法绘画……比赛紧张激烈、表演精彩纷呈。此次世界精武文化大会,精彩亮点纷呈,开幕式设有不同拳种的表演环节,形式自由。当咏春拳表演环节开始时,佛山精武会队员在副会长带领下站在台中央表演,外国选手也纷纷跟着耍起来,场面热闹。

7月25日晚的欢送晚宴上,举行了第十五届世界精武武术文化大会承办方交接仪式,美国国家精武总会代表将世界精武联谊会会旗交给中国余姚精武会代表。

嘉宾与参与人员:中国驻休斯敦总领馆文化参赞解飞、杨松,世界精武联谊会秘书长薛海荣,美国传统武术总会会长阎泰等嘉宾出席。来自全球6大洲22个国家和地区的300余名精武会员参与其中。

赛事项目:大会设置了武术套路、散打、舞龙舞狮、书法、绘画、象棋等与中国传统文化相关的比赛项目。武术套路又分为精武

时任美国总统奥巴马为大会发来的贺信

拳、咏春、洪拳、鹰爪拳等不同拳种,并按选手年龄划分组别进行比拼。

文化宣传:7月22日起,由上海广播电视台制作的以"弘扬中华魂,共筑中国梦"为主题的《中华武魂》武术文化宣传片亮相纽约时代广场"中国屏"。

工作站揭牌:开幕式上,上海广播电视台"中华武术文化全球推广项目"将首个"海外工作站"授予美国国家精武总会。

第十四届世界精武武术文化大会在美举行之际,世界精武联谊会执委会和会长联席会议同期举行,增补了中国仪征枣林、深圳、保定,日本香川、澳大利亚墨尔本和秘鲁精武体育会加入世界精武联谊会。

贺信祝福:美国总统奥巴马、德州州长艾伯特为大会发来贺信,祝贺中国武术文化活动成功举办。

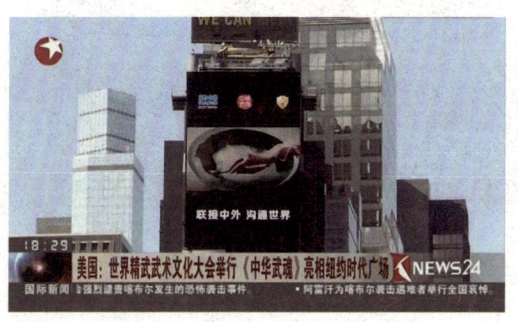

纽约时代广场中国屏投放宣传片

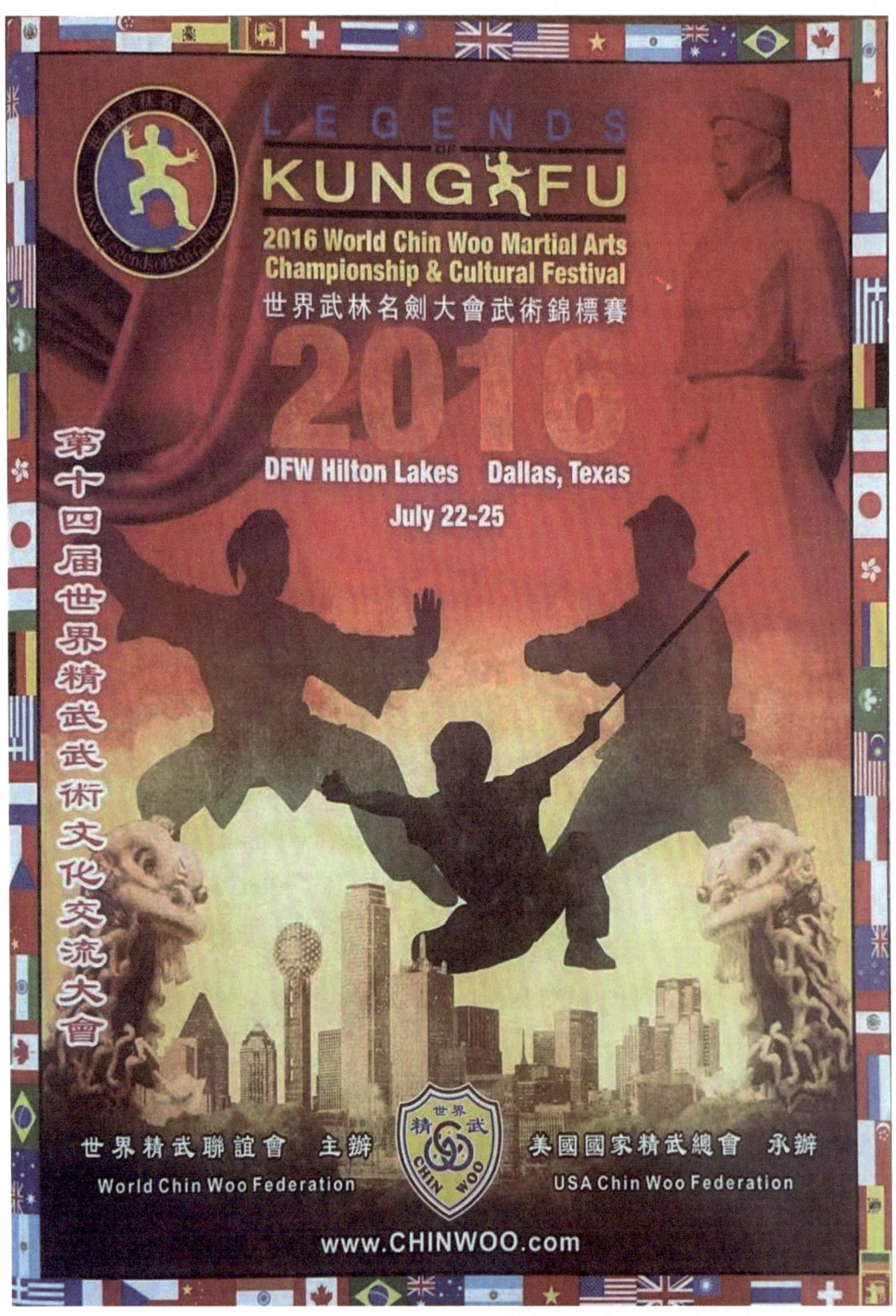

第十四届世界精武武术文化交流大会海报

开幕式

2016年第十四届世界精武武术文化交流大会主席台

2016年第十四届世界精武武术文化交流大会开幕式表演

比赛现场

2016年第十四届世界精武武术文化交流大会上海队合影

2016年第十四届世界精武武术文化交流大会比赛留影

媒体报道

第十四届世界精武武术文化大会SMG作为首席媒体合作方，派出东方广播中心和五星体育传媒组成的精干团队，赴达拉斯协办本次活动，除旗下广播、电视、新媒体平台全程报道外，还策划组织新华社、人民日报、中新社等中央媒体及全国各地方媒体协助报道。中央级主要媒体的报道经国内外数百家媒体转载，迅速将大会影响力推广至全国及全球各地，极大地扩大了精武品牌及本次活动在全球范围的影响力。

与此同时，以上海精武体育总会为素材，以弘扬中华魂、共筑中国梦为主题的《中华武魂》宣传片在纽约时代广场中国屏同步投播，国务院新闻办公室官方网站对此刊发消息（首页-对外交流）。

全文如下：

第14届世界精武武术文化大会在美国达拉斯举行

第14届世界精武武术文化大会当地时间7月23日-25日在美国达拉斯举行，美国总统奥巴马、德州州长艾伯特为大会发来贺信，祝贺中国武术文化活动成功举办。

世界精武武术文化大会每两年举行一次，是架起世界各国和地区武术文化交流、增进友谊的桥梁。本次交流大会设武术套路、散打、舞龙舞狮、书法、绘画、象棋等和中国传统文化相关的比赛项目，来自全球6大洲的300余名精武会员参与角逐，比赛将于7月25日结束。

在22日的欢迎晚会上，美国、德国、希腊、澳大利亚、南非、秘鲁、马来西亚、日本等地的洋面孔竟相登场，带来了传统与时代相结合、各具地域特色的精彩武术表演。从美国当地时间7月22日起，由上海广播电视台制作的以精武为题材、以"弘扬中华魂 共筑中国梦"为主题的《中华武魂》武术文化宣传片亮相纽约时代广场中国屏。

中国驻休斯敦总领馆文化参赞解飞、杨松，世界精武联谊会秘书长薛海荣，美国传统武术总会会长阎泰等嘉宾及来自世界各地精武友会的300余名武术爱好者出席了活动开幕式。

本次关于第十四届世界精武武术文化大会的宣传报道经细致、周密地提前策划，采用线上线下相结合、大众传媒与自媒体相结合、国家与地方媒体相结合的形式，横向传播范围广，纵向则覆盖了不同年龄阶段的受众。

线上如新浪、搜狐、网易、爱奇艺等媒体发布或转载报道，纸媒如《新民晚报》《东方早报》《东方体育日报》《扬子晚报》《烟台日报》等同步更新电子版本，针对身为网络主要用户的年轻人进行宣传，线上媒体传播速度快、载体成本低、使用便捷、波及范围较广。特别值得一提的是，这次在自媒体宣传方面，社交平台微信也成为一条宣传途径，微信公众平台如中华武魂、话匣子、990、90.9（上广、东广微信公众号）、五星体育广播、邻声（《新民晚报APP》）、中国武术在线等均为本次活动做了持续的跟进推送，社交平台在宣传方面的作用不可小觑。

而线下以报刊、电视、广播等形式宣传精武大会相关信息，则弥补网络鞭长莫及之处，使宣传范围得以扩大，覆盖到对网络知之甚少的中老年年龄阶段人群。7月25日990早新闻报道《第十四届世界精武武术文化大会在美举办》、90.9、94.0早新闻同步播放；22日-26日各新闻频率全天候口播连线，（990、90.9、940）；7月24日东方卫视新闻、体育频道7点晚新闻（由《中华武魂》

第14届世界精武武术文化大会在美国达拉斯举行

国务院新闻办公室网站　www.scio.gov.cn　2016-07-25　来源：新华社

原标题：第14届世界精武武术文化大会在达拉斯举行

第14届世界精武武术文化大会在达拉斯举行

　　第14届世界精武武术文化大会当地时间7月23日-25日在美国达拉斯举行，美国总统奥巴马、德州州长艾伯特为大会发来贺信，祝贺中国武术文化活动成功举办。

　　世界精武武术文化大会每两年举行一次，是架起世界各国和地区武术文化交流、增进友谊的桥梁。本次交流大会设武术套路、散打、舞龙舞狮、书法、绘画、象棋等和中国传统文化相关的比赛项目，来自全球6大洲的300余名精武会员参与角逐，比赛将于7月25日结束。

　　在22日的欢迎晚会上，美国、德国、希腊、澳大利亚、南非、秘鲁、马来西亚、日本等地的"洋面孔"竞相登场，带来了传统与时代相结合、各具地域特色的精彩武术表演。从美国当地时间7月22日起，由上海广播电视台制作的以精武为题材、以"弘扬中华魂共筑中国梦"为主题的《中华武魂》武术文化宣传片亮相纽约时代广场"中国屏"。

　　中国驻休斯敦总领馆文化参赞解飞、杨松，世界精武联谊会秘书长薛海荣，美国传统武术总会会长阎泰等嘉宾及来自世界各地精武友会的300余名武术爱好者出席了活动开幕式。

国务院新闻办公室官方网站刊发消息

电视宣传片投放

前方报道组配合达拉斯活动现场采访,第一财经驻纽约记者拍摄时代广场中国屏《中华武魂》宣传片投播情况,丰富新闻素材内容)。报刊、电视、广播,宣传投放渠道多样化保障并提高了不同年龄阶段、不同知识水平人群对信息的接受与了解。

国家与地方媒体相结合则横向覆盖了不同地域的受众,地域之别对于受众接受信息的渠道有一定影响,新华社、人民网刊发消息通稿后,全国地方性媒体纷纷转载,借助地区主流媒体提高宣传力度的同时,也使得信息接受率得以保障。

就宣传时间分段来说,本次宣传主要分为会前宣传与会中宣传,会前宣传的主要形式是宣传片《中华武魂》的投放,除了纽约时代广场中国屏外,大会开始前,宣传片即在上海众市级电视台如电视剧频道、新娱乐频道等投放两周,横跨世界精武武术文化大会前后,同时在上海市的地铁移动电视与公交车的车载电视上也实现宣传片连播。而作为上海精武体育总会战略合作方,东方广播中心提前制作音频宣传片,在旗下13套广播频率滚动投播,为期一个月,持续时间长、力度大的宣传预热使得本次大会开始前就在上海本地引起极大关注。

会中宣传则于大会开幕式开始时启动,形式如上文所述,线上线下多渠道宣发相关消息,集中地报道和爆发的提及量令宣传热度达到整个宣传过程巅峰,范围广、途径多、信息统一不繁杂是会中宣传的特点,开幕式后正式比赛部分驻美媒体持续跟进报道,发回相关信息,使得开幕式带来的爆发热度效应得以持续。

本次宣传合作媒体种类众多,从国家级到地方级媒体,从重量级网络媒体到社交平台,涉及针对各个社会阶层、年龄阶段人群的媒体。大众传媒坚实的群众基础和网络媒体传播速度快、成本低、受众广泛与跨地域性的特点相结合,辅以社交媒体使用频率高、用户跨界层的优点,各自扬长避短,取长补短,提高了精武大会宣传效率,并有效规避了大部分宣传过程中可能出现的种种弊端。合作媒体品牌质量高,网络媒体中许多都属于中国媒体标杆、现象级媒体,例如新浪、网易、搜狐、爱奇艺等多家知名网站,新浪门户网站日浏览量逾百万、网易体育是网易最知名版块之一、凤凰网新闻阅读量全国居高,由此可见网络媒体对精武大会宣传势必影响巨大,不容忽视。

海外媒体方面,本次宣传与部分美国当地媒体合作(以华侨媒体及美国中文媒体为主),同步宣传,提高了活动在美国华侨华裔之间的知名度,吸引了对功夫有一定兴趣的美国民众的注意,而《中华武魂》宣传片在纽约时代广场为期一周的持续投播,则极大地扩大了上海精武体育总会的知名度和精武品牌的世界影响力。

第十七节　第十五届世界精武武术文化交流大会

大会概述

2018年8月8日至13日，第十五届世界精武武术文化大会在浙江省余姚市四明湖国际会议中心举行。世界精武联谊会主席、上海精武体育总会会长颜建平，世界精武联谊会副主席、马来西亚怡保中国精武体育会会长（马来西亚拿督）黄保生，世界精武联谊会秘书长、上海精武体育总会副会长薛海荣及来自世界各地的精武友会会员和精武同仁出席了大会。

此次大会由世界精武联谊会与余姚市政府联合主办，吸引了全球目光。余姚与精武文化渊源深厚，1988年创立的余姚精武体育会，作为世界精武联谊会的创始成员，其"精武拳技（械）"项目被列为宁波市"三位一体"非遗保护示范项目。近年来，余姚积极推动精武体育与群众体育、竞技体育、体育产业协同发展，让精武精神深入人心。

8月8日晚，四明湖国际会议中心灯光璀璨，开幕式暨首届世界武术日活动启动仪式在此隆重举行。浙江省副省长成岳冲，世界精武联谊会会长颜建平，宁波市副市长许亚南，余姚市领导潘银浩、叶枝利、姚桂珍、王安静、朱卫东等出席启动仪式。

开幕式上，精彩的文体表演接连上演。余姚非遗代表性项目舞龙、醒狮和木偶摔跤率先暖场，生动展现地方特色文化魅力。随后，余姚市精武体育会带来太极拳和武术表演《刚柔相济》，动静结合间尽显武术神韵。浙江省非物质文化遗产临安十八般武艺惊艳亮相，招式繁复、技艺精湛，博得阵阵喝彩。各国精武会员同打功力拳，整齐划一的动作，彰显世界精武的磅礴气势与和谐氛围。浙江省武术队、浙江省杂技总团也带来高水准表演，将开幕式气氛不断推向高潮。当大会主题曲《天下精武》奏响，全场激情澎湃，开幕式在《美丽中国我爱你》和《茉莉花》的悠扬歌声中圆满落幕。

赛事方面，设置丰富多元。武术比赛涵盖精武传统套路、中国武术传统套路、国际武术竞赛套路、个人或集体表演项目等。来自17个国家和地区的34支代表队、466名精武会员踊跃参赛，其中国外团队来自美国、英国、加拿大、日本等15个国家，共204人；国内会员有262名，来自上海、天津、佛山、余姚等地。赛场上，选手们各展绝技。

大会邀请了上海精武体育总会总教练、中国武术九段、著名武术家王培锟先生担任总裁判长；上海精武体育总会副秘书长、中国武术八段方婷女士担任仲裁主任，确保赛事公平公正、专业权威。在精武传统套路比拼中，严格遵循精武传统武学规范，一招一式尽显对传统的尊崇与传承；国际武术竞赛套路项目里，现代体育竞技理念与武术技巧完美融合，选手们凭借出色身体素质、敏捷反应和高难度动作，赢得现场观众阵阵掌声。

除武术赛事外，文化交流比赛同样精彩。中国象棋比赛中，棋手们凝神静气，在棋盘上斗智斗勇、以棋会友；书法、绘画比赛现场，选手们挥毫泼墨、精心创作，将武术的精气神融入艺术作品，有的书法笔力刚劲如武术拳法，有的绘画灵动飘逸似武术招式，充分展现精武文化深厚内涵。

值得一提的是，本届大赛恰逢首个"世界武术日"。大赛组委会特邀世界武术联合会官员出席首个"世界武术日"活动启动仪式，共同见证这一重要时刻。在龙山文化广场，还举行了"庆祝首个'世界武术日'活动暨第十个全民健身日广场武术展演"，众多武术爱好者齐聚，展示多样武术流派与精湛技艺，吸引大量市民围观，进一步推广了武术文化，营造了全民健身氛围。

比赛期间，世界精武联谊会执委会会议顺利召开。来自全球6个国家的7个执委会成员精武会代表，围绕精武文化全球推广、组织发展规划等议题深入交流，并投票选出下届比赛举办地及承办单位，为精武文化未来发展奠定坚实基础。

8月11日晚，第十五届世界精武武术文化大会闭幕式暨余姚市精武体育会创会三十周年庆典答谢晚宴在四明湖国际会议中心隆重举行。余姚精武体育会回顾了其发展历程与辉煌成就，激励更多人投身精武事业。此外，余姚文艺工作者献上精美文艺表演，不同国家和地区的武术爱好者分享习武心得、交流文化感悟，现场氛围热烈而温馨。

闭幕式上还举行了2020年世界精武武术文化大会承办会的会旗交接仪式。最后，颜建平会长代表上海精武体育总会全体会员向国内外各兄弟友会发出了诚挚的邀请：欢迎大家2020年来中国上海参加第16届世界精武武术文化交流大会。

第十五届世界精武武术文化大会在余姚的成功举办，为全球精武人提供了交流技艺、增进友谊的绝佳平台，有力推动精武文化在世界范围内的传播与发展。余姚凭借此次大会，进一步提升城市文化影响力，让更多人领略到精武文化魅力。未来，精武文化将继续传承创新，在世界舞台上绽放更加绚烂的光彩。

组委会

名誉主任：潘银浩 余姚市政府市长

主任：王安静 余姚市政府副市长

副主任：杨玉红 余姚市市府办副主任

李岳定 余姚市文广局（旅游局）、体育局局长

成员：柳科（市委宣传部）、毛建忠（市委党校）、叶文溢（团市委）、周海江（市公安局）、杨立华（市公安局交警大队）、卢孟君（市公安局出入境管理大队）、杨卫丰（市公安局国保大队）、刘海疆（市公安局消防大队）、姚永尧（市公安局治安大队）、宋建忠（市财政局）、韩玉仙（市审计局）、谢林权（市安监局）、马斌（市市场监管局）、丁长生（市交通局）、谢福源（市综合行政执法局）、韩茂洪（市文广局）、黄胜利（市卫生和计划生育局）、金黎君（阳明文旅集团）、赵婕（市接待办）、孙雪丹（市外事办）、张胜（宁波国安余姚联络处）、周洪涛（市供电公司）、周优（梁弄镇）、张宝勇（市精武体育会）。

工作机构

综合协调组

组长：杨玉红

成员单位：大会组委会各成员单位

办公室

主任：李岳定

成员单位：大会组委会各成员单位

竞赛组织组

组长：韩茂洪

成员单位：市文广局（体育）、市精武体育会等单位

宣传报道组

组长：柳科

成员单位：市委宣传部、市精武体育会等单位

开、闭幕式工作组

组长：严芸

成员单位：市委宣传部、市文广局（文化）、市精武体育会等单位

旅游推介组

组长：何建军

成员单位：市文广局（旅游）、市精武体育会等单位

医疗卫生组

组长：黄胜利

成员单位：市卫计局、梁弄镇、市精武体育会等单位

志愿服务组

组长：叶文溢

成员单位：团市委、市精武体育会等单位

后勤保障组

组长：高李生

成员单位：市文广局、市委党校、市接待办、市外事办、市精武体育会等单位

竞赛委员会

主任：韩茂洪、张宝勇

副主任：张建平、叶建挺、胡键、章建新

委员：沙静明、徐杏美、符飞云、符鸣民、汪东波、陈百军、符芯畅、赵夏良、吴君、朱伟、顾瑛、方娟英、朱志刚、邵林尧

工作机构

会务办公室：胡键、朱伟、吴君、方娟英、朱庆利、应丹、韩建丰

竞赛组：章建新、符飞云、符芯畅、符鸣民

会务接待组：沙静明、朱伟、应建龙、郑国年、赵央敏

后勤：徐杏美、郑建英、朱伟、吴君、陈素君、顾瑛、朱志刚、邵林尧

信息中心：章建新、朱伟、张煜

宣传组：汪东波、符芯畅、黄承漳、胡国强

安保组：赵夏良、胡建国、鲁建君、胡明生、孟书卿

财务组：郑建英、朱伟

医务组：市卫生局医护人员若干名

仲裁委员会

主任：方婷（上海精武会）

委员：符飞云（余姚精武会）、赵裕庆（浙江省武协）

武术裁判人员名单

总裁判长：王培锟（上海体育学院）

副总裁判长：符鸣民（余姚精武会）、崔明伟（浙江省武协）

武术比赛裁判人员

一号场地

裁判长：方媚（上海）

副裁判长：陈百军（余姚）

裁判员：李政权（马来西亚）、高焯洪（新加坡）、孟宪娜（巴西）

辅助裁判：计分：卢奇男、计时：王丽青、联络员：张映波

检录长：许建军

检录员：宋建利、鲍皆轶、郑博文、章

秀春

二号场地

裁判长：陈晓慧（马来西亚）

副裁判长：王耀芳（余姚）

裁判员：郭元成（新西兰）、谢咏祺（新加坡）、平志刚（上海）

辅助裁判：计分：陈霈波、计时：周伟君、

联络员：杨小英

检录长：刘谓荣

检录员：楼爱君、车雨声、陈姚佳、徐建才

备选裁判：赵央敏、崔明伟

文化交流评审员名单

书法比赛裁判员

裁判长：徐仁清

裁判员：陈小龙、方传军

绘画比赛裁判员

裁判长：陈小龙

裁判员：徐仁清、方传军

中国象棋比赛裁判员

裁判长：方传军

裁判员：陈小龙、徐仁清

编排记录组

编排负责人：章建新、符芯畅

总记录处

总记录长：符芯畅

文员：章梦媛等志愿者6人

成绩公告：志愿者1人

奖牌证书管理：郑健英等志愿者2人

颁奖处

志愿者6人

赛程控制

章建新、符鸣民

大会日程

日期	时间	活动内容	项目
8月8日（第一天）星期三	9:00-17:30	接机、接站	旅行社、跟团志愿者
	9:00-17:30	报到，安排食宿	省委党校、健峰跟团志愿者
	12:00-13:30	午餐	各住地餐厅
	12:00-17:30	运动员适应场地（早到的团队优先安排）	国际会议中心
	18:00-19:30	晚餐	各住地餐厅
8月9日（第二天）星期四	7:30-9:00	早餐	各住地餐厅
	9:00-11:30	裁判会议	省委党校
	9:00-12:00	运动员适应场地	国际会议中心
	9:00-11:30	世界精武联谊会执委会会议	省委党校
	12:00-13:30	午餐	各住地餐厅
	13:30-15:30	领队、教练会议，集体项目抽签	省委党校
	13:30-15:30	世界精武联谊会会长联席会议、执委换届选举会议	省委党校
	17:00-18:30	晚餐	各住地餐厅
	19:30-21:30	开幕仪式及文艺晚会	国际会议中心

日期	时间	活动内容	项目
8月10日（第三天）星期五	7:00-8:00	早餐	各住宿地餐厅
8月10日（第三天）星期五	8:30-12:00	第一场武术比赛	国际会议中心
	8:30-12:00	文化交流（书法比赛）	国际会议中心
	12:00-13:00	午餐	各住地餐厅
	13:30-17:00	第二场武术比赛	国际会议中心
	13:30-16:30	文化交流（绘画比赛）	国际会议中心
	17:00-18:30	晚餐	各住地餐厅
8月11日（第四天）星期六	7:00-8:00	早餐	各住宿地餐厅
	8:30-12:00	第三场武术比赛	国际会议中心
	8:30-12:00	文化交流（中国象棋比赛）	国际会议中心
	12:00-13:00	午餐	各住地餐厅
	14:30-16:00	全体参会人员集体照拍摄	健峰培训中心
	18:00-20:00	闭幕式及答谢晚会	国际会议中心
	20:00	部分团队离会	旅行社送站
8月12日（第五天）星期日	6:30-8:00	早餐	各住地餐厅
	8:00-18:00	全天旅游观光	旅行社安排，跟团志愿者
	18:30-19:30	晚餐	各住地餐厅
	20:00	部分团队离会	旅行社送站
8月13日（第六天）星期一	6:30-8:00	早餐	各住地餐厅
	8:00	各代表团离会	旅行社送达机场、高铁，跟团志愿者

开幕式

2018年第十五届世界精武武术文化交流大会开幕式致辞

比赛现场

2018年第十五届世界精武武术文化交流大会比赛留影

2018年第十五届世界精武武术文化交流大会比赛留影

闭幕式招待会

2018年第十五届世界精武武术文化交流大会闭幕式旗帜交接仪式

2018年第十五届世界精武武术文化大会闭幕式

第十八节　第十六届世界精武武术文化交流大会

大会概述

原定于2020年由世界精武联谊会主办、上海精武体育总会承办的第十六届世界精武武术文化大会，因新型冠状病毒疫情的影响，无法按原计划线下举行。面对这一挑战，世界精武联谊会秘书处积极应对，广泛征求各执委成员会意见，最终讨论决定以一种创新的方式——各友会线上推荐、世界精武联谊会统一表彰的形式来举办此次大会。

这一决定得到了各地精武友会的积极响应。2021年11月28日，第十六届世界精武武术文化交流大会正式在中国上海举办。截至11月15日，世界精武联谊会共收到来自13个国家和地区、27个精武友会的参与，涵盖284名运动员的网络视频。运动员年龄跨度极大，其中年龄最大的是来自美国精武的85岁长者，最小的则是年仅4岁的德国小运动员。他们通过镜头，将自己对武术的热爱与精湛技艺传递到世界的各个角落，充分展现出精武文化跨越年龄与地域的强大魅力。

尽管无法相聚在传统的赛场，线上展示却为全球精武人搭建了一座别样的桥梁。在收到的视频中，选手们在各自的场地内，精神抖擞地展示着各类武术项目。精武传统套路里，他们一招一式严格遵循精武创立之初的规范，尽显对传统的尊崇，刚劲有力的拳法与灵动多变的器械套路，无不彰显着深厚的功底与传承。国际武术竞赛套路项目中，选手们也结合现代体育竞技标准，展示出高难度动作与出色的身体素质，在速度与力量的展示上毫不逊色于线下比赛。

文化类项目同样精彩纷呈。在书法视频中，选手们挥毫泼墨，笔锋游走间，将武术的精气神融入书法作品，有的作品笔力雄浑刚健，恰似武术中的凌厉拳法；有的行云流水，犹如武术动作的灵动飘逸。绘画作品里，创作者们以武术为主题，用色彩与线条描绘出武术的魅力瞬间，或展现武者的飒爽英姿，或呈现武术动作的神韵。

此次线上展示规模宏大、影响深远，它打破了时间与空间的限制，让全球精武友会之间的联系更加紧密。以往线下大会受场地、行程等因素制约，部分精武人难以参与，而此次线上形式为更多人提供了展示与交流的机会。精武友会之间借此相互学习、借鉴，分享武术训练经验、教学方法以及精武文化在当地的推广模式。

新加坡时任总理李显龙专门为新加坡精武体育会发来贺词，称赞该会在疫情防控期间"继续为保存和发扬本地华族传统文化做出了宝贵贡献，尤其传承了创始人霍元甲先生提倡的'爱国、修身、正义、助人'精神"，同时也提及在新加坡精武体育会中，有不同种族同胞共同练习武术，这也从侧面反映出精武文化在全球多元文化背景下的融合与发展。

在统一表彰环节，世界精武联谊会依据既定标准，对表现出色的运动员、团队以及在文化项目中展现出独特创意与深厚功底的参与者进行了表彰。尽管没有线下颁奖典礼的盛大场面，但这份荣誉通过网络传递到获奖者手中，同样意义非凡,激励着全球精武人在特殊时期依旧坚守对精武文化的热爱与传承。

第十六届世界精武武术文化大会以线上形式成功举办,为全球精武人在疫情阴霾下带来了希望与力量。它不仅加强了各友会间的联系与交流,更是在艰难时期为精武文化的传承与推广搭建起一座稳固的桥梁,让精武精神在虚拟世界中继续焕发光彩,也为未来特殊情况下举办类似活动提供了宝贵经验。

经过第十六届世界精武武术文化交流大会组织委员会评审,评定出第十六届世界精武武术文化大会传承中华武术优秀奖表彰,并授予获奖证书(按中文会名首拼字母排列为序,以下只显示第一个澳大利亚墨尔本精武体育会的获奖证书作为例样):

第十六届世界精武武术文化大会传承中华武术优秀奖表彰获奖证书(例样)

优秀奖表彰名单
（按会名英文字母排列为序）

澳大利亚墨尔本精武体育会
个人项目：
中年组 刘志泉 七星螳螂拳

澳大利亚新州精武体育会
集体项目：集体太极剑 8 人
Krista Brennan
Mitchell Brown
Choo Bengchew
Angela Jia Li Mak
Sherman Shu Hang Mak
Desmond Chung
Eugenia Ngau
Cheryl Toi
个人项目：
儿童组　Zi Chi Zhou　基础剑术
少年组　Adrian S.Jon　精武八卦刀
青年组　Derek Yokwai Quan　朴刀
中年组　Sherman Shu Hang Mak　精武张家枪
老年组　Choo Beng Chew　六合八法

保定市精武体育会
集体项目：集体功力拳 9 人
马天翼
董鹏飞
季恩旭
蔡子睿
李桓
刘方洲
杨斯凯
唐鑫桐
左昀昊
个人项目：
儿童组
王兆业　功力拳
少年组
王贩　剑术
青年组
仇嘉璐　罗汉拳
中年组
杨海滨　八面追
老年组
陈桂学　鹰爪翻子拳

波兰精武体育会
集体项目：潭腿 12 人
Oskar Osuch
Oriana Osuch
Song Bo
Daria Kryczyńska
Stanislaw Kryczyński
Rafal Feldo
Tomasz Owczarczyk
Adam Owczarczyk
Weronika Feldo
Song Jingjing
Advaita Kumavat
Grzegorz Grodzki
个人项目：
儿童组　Oskar Osuch 群羊棍
少年组　Weronika Feldo 群羊棍
青年组　Stanislaw Kryczyński 大战拳
中年组　Daria Kryczyńska 大战拳
老年组　Andrzej Braksal 功力拳

秘鲁精武体育会
集体项目：Taolu Traditional South Choy Ka 7 人
Karla Tarazona
Rodrigodela Cruz
Valeria Vigil
Sergio Casanova
Dalia Zumaeta
Claudia Flores
Hillary Vasquez
个人项目：

青年组
Christian José Chang　Tantui
中年组
Christian Jesus Chang　TaoluTiěChā
老年组
ulio Chang Shijhao　Taolu Siulam Chika

巴西精武体育会
集体项目：陈式太极扇 6 人
Diana Antoniados Santos
Elian Sandi
Letícia Perucci
Rafael Reis
Ricardo Silva Teixeira
Richardy Cunha Messias
个人项目：
少年组　Letícia Perucci　陈氏太极拳 18 式老架
青年组　Samuel Gonçalve　武术心剑
中年组　Maria Celina Gonçalves　陈式 24 扇
老年组　Ricardo Silva Teixeira　精武腿 潭腿

滨州市精武体育会
集体项目：迷踪拳 10 人
吴霜
郭钰轩
周子涵
张世豪
高子航
杜宇航
张博涵
胡梦琪
贾子靖
毛宇辰
个人项目：
儿童组
郭瑞轩 迷踪拳
少年组
高嘉临 南拳
青年组
吴松 迷踪拳
中年组
陈安记 二郎拳
老年组
陈景元 九节鞭

德国精武体育会
集体项目：功力拳 6 人
Leon Goldemann　Maja Dornblut
Steffi Dornblut　Thomas Schwanebeck

德国精武会一位 4 岁小朋友 Luca Joshua Ritt 展示潭腿的截屏图

Maxim Schengel　Wladimir Schengel
个人项目：
儿童组　Luca Joshua Ritt　Tan Tui 潭腿
少年组　Leonie Zapke　Gon gLi Quan 功力拳
青年组　Maxim Schengel　San Quan 散拳
中年组　Dirk Ritt　Qun Yang Gun 群羊棍

佛山精武体育会
集体项目：罗汉伏虎拳 6 人
陈承庆
吴宏基
王永吉
谭文杰
吴颖珊
吴雅雯
个人项目：
儿童组 罗子俊 八卦刀
少年组 陈承庆 打虎棍

青年组 杨敏锋 虎鹤双形
中年组
陈兰广　五虎枪
老年组
陈标根　传统杨式太极拳

哥伦比亚精武体育会

集体项目：洪拳千字拳6人
Sifu: Fábio Barbosada Silva
Laoshi: Patricia Ariza Rodríguez
Lydia Patricia Ariza Rodríguez
Ana Carolina Barbosa Ariza
Juan David Lerma Pinto Sifu
Leonardo Guzman Gómez
个人项目：
儿童组　Ana Carolina Barbosa Ariza　洪拳梅花拳
少年组　Juan Alejandro Perez　精武拳潭腿
青年组　Victor Barbosa Ariza　洪拳劈扑单刀
中年组　Leonardo Guzman Gome　精武潭腿
老年组　Lelialrmã Muete León　陈式太极拳18式

海盐县精武体育会

集体项目：少林练步拳6人
胡东阳
于浩光
沈晨健
沈晨啸
黄阳艺
黄阳星
个人项目：
儿童组
郭星宜　三路长拳
少年
强玉龙　大战拳
青年组
郑华锋　功夫拳
中年组
李晓林　武当五行拳
老年组

储建培　迷踪拳

美国精武总会

集体项目：武式太极9人
Denise Nicely（女）
Leni Ying（女）
Micki Webb（女）
Robert Lovgren
Mike Wade
Stephen Gregorio
Billy Ray Mc.Swain
David Morcom

美国精武会一位85岁老人以武式太极参赛的截屏图

Brendan Leung
个人项目：
儿童组　WinstonTiro　功力拳
少年组　TristanaTiro　功力拳
青年组　RichardOu　王虎枪
老年组　LynnPerrine　武式太极拳

马来西亚槟城精武体育会

个人项目：
中年组
张文狮　雪片刀

老年组
许经才　崩步拳

马来西亚槟城女子精武体育会
集体项目：八卦刀 6 人
王盈思　温苡芯　陈俊恒　许展权　胡杰　胡骏
个人项目：
儿童组
梅旭陞　档拳
少年组
谢微棋　档拳
青年组
林珏信　自选剑术
中年组
何思维　42 式太极拳
老年组
张兰卿　太极掌

马来西亚关丹精武体育会
集体项目：吴氏太极拳短架 7 人
李昭春
李荻颐
曹馨方
蔡忠佑
叶展宏
黄玉莲
李玉仙
个人项目：
青年组
马彬翔　关刀
老年组
刘乔柴　虎鹤双形拳

马来西亚雪兰莪暨吉隆坡精武体育会
个人项目：
儿童组
叶恩杞　练步拳
少年组
萧志伟　功力拳

青年组
丁俊维　大战拳
中年组
李官云　露花棍

马来西亚怡保中国精武体育会
集体项目：档拳 6 人
林于晴
陆展贤
罗立衡
李逸豫
温勇恒
江佳傲
个人项目：
儿童组
何俊澔　功力拳
少年组
陈星耀　长拳
青年组
陈恺力　春秋大刀
中年组
李官云　露花棍
老年组
黄伟明　太极剑

南京建邺精武体育会
集体项目：六合刀 6 人
张明凤
鲁世玲
胡乐春
张立新
吴彦永
李世发
个人项目：
儿童组
孙蕴豪　少儿初级刀
少年组
钟思莹　功力拳
青年组

王朔　形意洪锤
中年组
林春雷　春秋大刀
老年组
刘桂花　闪光剑

日本精武体育会（和歌山）

集体项目：飞云十三刀9人
高桥丰子
峰千鹤
井上寿美
高桥祥子
大西恭子
月森安雄
中上企作子
中西启子
大山美香
个人项目：
老年组
高桥祥子　闪光剑

日本香川精武体育会

个人项目：
儿童组
水口银二郎　霍氏练手拳
少年组
金森彪太朗　崩步拳
青年组
山冈大介　大战拳

瑞士精武体育会

个人项目：
儿童组　Eric Trudel　捷击拳
青年组　Corinne Kaufmann　功力拳
中年组　Wengen Andreas　脱战
老年组　Fernandez　节拳

深圳市精武体育会

集体项目：精武少年集体拳12人

许航睿
蔡宇锋
吴子琪
林琪
朱妙菲
黄博庆
马子琪
李淑婷
李智源
郑泽铭
詹嘉锐
林煜翔
个人项目：
儿童组
王宇涵　功力拳
青年组
李龙清　迷踪拳
成年组
方向东　临清肘锤

上海精武体育总会

集体项目：刀剑如梦7人
邱天乐
邹翰林
周睿
曹啸虎
曹恒彬
陈家锋
叶逸涵
个人项目：
儿童组
曹啸虎　潭腿（下六路）
少年组
边霆轩　大刀
青年组
郑好男　太极剑
中年组
许斌　迷踪拳27式
老年组
张守仁　形意刀

天津市精武体育会

集体项目：精武英豪12人
林冲
李涛
邵天凯
王一诺
刘浩东
程研杰
刘普航
郭有成
柏松博
宋伟奇
吴繁逊
王绍晗
个人项目：
儿童组
郎恩浩　双鞭
少年组
耿子涵　五虎群羊棍
青年组
陈换明　大战拳
中年组
牛印军　三节棍
老年组
冯良友　刀加鞭

新加坡精武体育会

集体项目：功力拳6人
温祖仪
叶渲铃
徐楠荃
张淑莲
沈斌才
谢咏
个人项目：
青年组
温祖仪　节拳
中年组
叶玉龙　鹰抓罗汉拳

老年组
谢咏旂　六合枪

英伦精武体育会

个人项目：
儿童组　Mark Zaslavskiy　潭腿上
少年组　Sheila Xia　潭腿上
青年组　Richard Yadgar　节拳
中年组　Tatiana Kazantseva　五虎枪
老年组　Joanna Frank　八卦刀

余姚市精武体育会

集体项目：精武拳技12人
于子恒
白肖肖
史文燕
周新裕
邵佳飞
陈胜利
李睿
徐国金
黄美君
章建新
宋瑞根
王同武
个人项目：
儿童组
李睿　五虎枪
少年组
白肖肖　小洪拳
青年组
王同武　武松脱铐
中年组
陈胜利　虎头双钩
老年组
胡国强　螳螂拳

第十九节　第十七届世界精武武术文化交流大会

大会概述

2024年7月20-24日，第十七届世界精武武术文化大会和槟城精武体育会、槟城女子精武体育会、怡保中国精武体育会百年庆典在马来西亚槟城和怡保举行。来自中国、马来西亚、英国、美国、澳大利亚等24个国家和地区的精武会600余人参加。

2024年正值中国和马来西亚建交五十周年，同时也是怡保中国精武体育会、槟城精

第十七届世界精武武术文化交流大会开幕式

世界精武联谊会会长王智华把会旗传递给第十八届世界精武武术文化交流大会承办方德国精武体育会

上海精武体育总会副会长黄新农代表上海队致答谢词

武体育会、槟城女子精武体育会建会100周年,加之世界精武联谊会创建至今已30周年,使得此次大会成为精武文化传承与交流历程中的重要里程碑。这既是全世界精武人交流武艺的大赛,也是中马建交五十周年的民间盛典,更是精武人向世界彰显友好和平的盛会。

至本届大会开幕,精武会创会114年,全球精武会79个,分布在30多个国家地区,这是全球有记载的武术组织中,成立时间最长、分布区域最广、开展国际性活动最多的。世界精武联谊会创建至今30周年,每两年一届的世界精武武术文化大会为传承精武武术文化的传播发挥了积极作用,为世界精武友会之间的联系、交流、合作,提供了必要条件,为民族传统和精武精神的赓续和发扬创造了重要贡献。

世界精武联谊会会长、上海精武体育总会会长王智华在大会讲话中提出:"我们要继续加强精武的国际合作。天下精武是一家。我们有共同的发源、共同的记忆、共同的精神、共同的文化,无论所处国家地区,民族各异,我们都能够用精武武术来沟通交流。我们要组织开展多种形式的合作交流活动,不断增进友会之间的了解,促进友会的互通互鉴。以武会友,以文交友,以民间外交的方式,促进各国人民的友好交流。通过合作,推动精武武术、精武文化在各国各地的传播推广,让精武事业发展壮大。"

此次大会吸引了来自中国、英国、美国、澳大利亚、瑞士、德国等24个国家和地区的精武会,共600人齐聚马来西亚。上海精

颁发世界精武杰出贡献奖

第十七届世界精武武术文化交流大会全体合影

武体育总会会长王智华、上海市体育总会常务副主席赵光圣、世界精武联谊会原秘书长薛海荣、上海精武体育总会副会长王兴余等出席活动，上海精武体育总会还组织了70余人的代表团积极参与。

第十七届世界精武武术文化交流大会欢迎晚宴致辞（王智华）

尊敬的槟州旅游及创意经济事务行政议员黄汉伟先生，尊敬的马来西亚精武总会会长拿督骆南辉先生，尊敬的精武体育会会长兼工委会主席骆炳煌先生，尊敬的各国精武友会的会长和代表，参加第十七届世界精武大会的选手和嘉宾们，女士们，先生们：大家晚上好！

在这美好的夜晚，我们欢聚在马来西亚美丽的槟城，共同庆祝精武会创会114年，世界精武联谊会成立30周年，第十七届世界精武大会胜利召开，共同见证全球精武同仁欢聚一堂。我代表世界精武联谊会，向十七届世界精武武术文化大会的承办方，马来西亚精武体育总会、怡保中国精武体育会、槟城男女精武体育会致以崇高的敬意和诚挚的感谢！

精武武术，是中华传统的重要组成，是中华文化的重要体现，是人类文明的重要部分。全球精武人，通过传承精武术，传播精武文化，为民族精神的弘扬，为民族文化的继承，为所在国家和地区的社会进步做出了重要贡献。两年一度的世界精武武术文化大会，正是对精武人不懈努力的展现。

今年是中国和马来西亚建交五十周年，也是怡保中国精武体育会、槟城精武体育会、槟城女子精武体育会建会100周年，第十七届世界精武武术文化大会在马来西亚召开，意义深远。这既是全世界精武人交流武艺的大赛，也是中马建交五十周年的民间盛典，更是精武人向世界彰显友好和平的盛会。我们以武术和文化为载体，在全世界建起了一座友谊的桥梁。希望我们加强交流，互学、互鉴、互通、互融，共同谱写精武新的篇章！

预祝本届大会圆满成功，祝愿各位在接下来的日子里通过不断地增强交流、增进友谊，共同为促进精武事业的发展做出更大贡献！

大会期间，各项活动精彩纷呈。武术比赛无疑是核心焦点，来自不同国家和地区的选手们在赛场上展开激烈角逐。精武传统武术规定项目中，选手们一招一式皆严格遵循精武创立之初的规范，将精武拳、器械套路的精髓展现得淋漓尽致，尽显对传统的尊崇与深厚功底。国际竞技武术规定项目里，选手们结合现代体育竞技标准，在速度、力量、技巧上各展所能，高难度动作频现，充分展示了武术的竞技魅力与时代活力。

文化类比赛同样亮点十足。在书法与绘画比赛现场，选手们以笔为剑、以墨为魂，将武术的精气神融入作品之中。有的书法作品笔力刚劲，恰似武术中的凌厉拳法；有的绘画作品灵动飘逸，犹如武术动作的神韵再现。余姚精武体育会的黄漳副秘书长，以一幅《螳螂斗公鸡》的国画斩获绘画金牌，其书法作品也荣获银牌。

除了赛事，大会还举办了多场重要会议与交流活动。世界精武联谊会执委会会议顺利召开，各国各地区精武会代表围绕精武文化的全球推广、组织未来发展规划、资源整合等议题深入探讨，为精武文化的持续发展出谋划策，进一步加强了世界各地精武组织之间的联系与合作。

值得一提的是，7月18日至19日，世界精武联谊会在马来西亚槟城举办了"精武武术"裁判员培训班。通过培训，陈安记、王爱华等10人获得世界精武A级裁判员证书，霍乃荣等16人获得B级裁判员证书，为精武武术

第四届执委会第一次会议选举产生了世界精武联谊会新一届领导班子：
会长：王智华（上海精武体育总会会长）；
副会长：骆南辉（马来西亚精武体育总会会长）；副会长：郎荣标（天津精武体育会会长）；
秘书长：王兴余（上海精武体育总会副会长）；副秘书长：刘黎平、郑天子

赛事的规范化、专业化发展提供了人才支持。

第十七届世界精武武术文化大会在马来西亚的成功举办，不仅为全球精武人提供了一个切磋技艺、交流文化的优质平台，有力推动了精武文化在世界范围内的传播与发展，促进了各国精武会之间的友好合作与交流，更在特殊的时间节点上，以精武文化为桥梁，增进了中国与马来西亚及其他国家和地区的民间友好往来，让精武精神在不同文化的碰撞与交流中焕发出新的活力。

上海精武体育总会会长王智华、上海市体育总会常务副主席赵光圣、世界精武联谊会原秘书长薛海荣、上海精武体育总会副会长王兴余等总会工作人员、运动员、教练员、裁判员、观摩员共70余人参加大会。

7月20日，世界精武联谊会召开第三届第三次执委会议，审议通过世界精武联谊会会长会议议程和工作报告。同日，世界精武联谊会举行会长会议，选举产生第四届世界精武联谊会执委会。上海精武体育总会、天津精武体育会、马来西亚精武体育总会、马来西亚怡保中国精武体育会、美国精武体育会、澳大利亚精武体育会、英伦精武体育会、瑞士精武体育会、新加坡精武体育会等九个友会当选第四届执委成员。

会议还一致通过向59位为世界精武事业发展和精武国际传播作出重要贡献的精武前辈授予"世界精武杰出贡献奖"。

世界精武杰出贡献奖推荐名单

所属友会	姓名
怡保中国精武体育会	拿督黄保生局绅
	拿督黄文辉

所属友会	姓名
怡保中国精武体育会	温炳楠
	吴华生
	黄喜明
	缪东海
	冯荣曜
	丹斯里黄家泉
	陈才英
	拿督张子贞
槟城精武体育会	骆炳煌
	拿督骆南辉
	许经才
	林源义
	袁伟铨
	梁悦球
	谭关成
槟城女子精武体育会	伍翠莲
	区育恩
	卢文姬
	骆秀叶
	卢瑞丝
	蔡金英
	陈宝莲
	伍彩喜
	张兰卿
	张丽英
雪隆精武体育会	丹斯里拿督郑福成局绅
	李秀琴
美国精武体育总会	Wong Kok Khang 王国强
瑞士精武体育会	周国英
英伦精武体育会	Lee Yoke Wan 李育文
新加坡精武体育会	邝元亨
	陈坤泉
	陈清发

所属友会	姓名
澳大利亚新州精武体育会	董蓓
	伍汉伟
波兰精武体育会	皮特 奥苏赫
新西兰精武体育会	Peter Yu 余汉祺
	George Guo 郭元成
香港精武体育会	柯俊龙
上海精武体育总会	卢丽娟（已故）会长
	颜建平
	薛海荣
	贾瑞宝
	陈内华
	苏锦标（已故）总教练
	王培琨
天津市精武体育会	付宝丽
	郎荣标
	任广华
广州市海珠广东精武体育会	招德光
佛山精武体育会	朱浩仁
余姚市精武体育会	张宝勇
深圳市精武体育会	方向东
保定市精武体育会	陈桂学
	黄立士
南京建邺精武体育会	袁继臣
滨州市精武体育会	王学芳

竞赛成绩

在这届大会上，各地精武会均收获颇丰。澳大利亚新南威尔士州精武体育会派出35名运动员参赛，在个人项目中斩获11枚金牌、25枚银牌和48枚铜牌，其团队项目也获得铜牌。滨州精武体育会代表团的孙忠诚获得2枚金牌，袁越获1金1银，付贵华获1金1银。余姚精武体育会的17名成员共获得16金15银12铜，会长张贻军荣获世界精武杰出贡献奖。

上海精武体育总会代表团在本届世界精武武术文化大会上个人项目奖牌103枚，其中：金牌43枚（武术42枚，绘画1枚），银牌34枚（武术33枚，书法1枚），铜牌26枚，集体项目第一名。

第十七届世界精武武术文化大会中国上海队颁奖仪式

序号	队伍	金	银	铜	优
1	马来西亚精武总会（C）	21	5	2	1
2	上海精武体育会（一）	17	8	10	3
3	上海精武体育会（二）	14	13	8	3
4	马来西亚精武总会（B）	13	16	2	1
5	马来西亚精武总会（A）	13	14	4	3
6	上海精武体育会（三）	12	12	8	3
7	澳大利亚新州精武总会（A）	9	8	13	10
8	日本香川精武体育会	6	7	3	0
9	余姚市精武体育会	4	14	12	4
10	天津精武体育会（一）	4	7	14	3
11	德国精武体育会（B）	3	7	17	8
12	加拿大精武	3	6	10	2
13	新西兰精武体育会	3	0	4	1
14	佛山精武体育会（A）	2	11	17	6
15	波兰精武体育会	2	4	6	5
16	天津精武体育会（二）	2	2	6	2
17	滨州精武体育会	2	2	2	1

序号	队伍	金	银	铜	优
18	澳大利亚新州精武总会（B）	1	9	19	8
19	澳大利亚新州精武总会（C）	1	8	18	5
20	德国精武体育会（A）	1	8	11	6
21	佛山精武体育会（B）	1	7	11	1
22	英伦精武体育会	1	4	12	3
23	新加坡精武体育会	1	4	4	4
24	美国国家精武总会	0	4	3	2
25	哥伦比亚精武体育会	0	2	7	1
26	瑞士精武	0	2	4	0
27	巴西精武体育会	0	0	3	4
28	广东精武体育会	0	0	2	0

闭幕式

在世界精武武术文化大会闭幕式上，世界精武联谊会向一批为精武事业发展和精武国际传播作出重要贡献的精武前辈颁授了世界精武杰出贡献奖。

世界精武联谊会会长王智华在闭幕式中致辞

世界精武联谊会秘书长王兴余在闭幕式中宣布世界精武杰出贡献奖表彰名单

怡保中国精武体育会100周年纪念活动中上海精武体育总会赠送瓷器

大会闭幕式上海精武体育总会赠送马来西亚精武体育总会瓷器

附录

附录一 精武国际武术竞赛规则（1994年版）

第一章 裁判人员及其职责

第一条：裁判人员的组成

一、总裁判长1人、副总裁判长1至3人。

二、每裁判组调裁判长1人、裁判员5至7人（包括计分、计时员）。

三、编排、记录长1人，编排、记录员2至3人。

四、报告员1至2人。

第二条：裁判人员的职责

裁判人员在大会领导下要有弘扬精武"爱国、修身、正义、助人"的精神。严肃、认真、公正、准确地做好裁判工作，其职责如下：

一、总裁判长

（一）总裁判长由承办团体决定。

（二）负责比赛事宜。指导各裁判组的工作，保证规则的执行。比赛前，组织裁判员熟悉规则和裁判法，检查各项准备工作。

（三）讲解和解决规则中不详尽或无明文规定的问题，但无权修改规则。

（四）在比赛进行中，运动员有不正当行为或裁判员发生严重错误时，可酌情处理。

（五）在竞赛过程中，根据工作需要可调动裁判人员。

（六）审核并宣布大会比赛（表演）成绩，搞好裁判总结。

二、副总裁判长

三、裁判长

（一）裁判长由总裁判长决定。

（二）组织裁判组的业务学习，落实裁判工作的各项事宜。

（三）负责运动员申请重做和掌握套路的时间，起收势不符合规定的扣分，宣布运动员完成套路的最后得分。

（四）裁判员发生严重错误时，应建议总裁判长给予适当处理。

四、裁判员

（一）每参赛团体可推荐1至2名裁判员，不足裁判员由主办团体落实。

（二）认真执行大会的各项决定。参加裁判学习和做好各项准备工作。

（三）认真执行规则，独立进行评分，并做好详细记录。

五、编排、记录长

（一）编排、记录长由承办团体决定。

（二）负责编排记录处的全部工作。审查报告单，并根据大会要求编排好秩序册。

（三）准备比赛时需要的记录表格，审查核实成绩，计算得分及排列名次。

六、编排、记录员

（一）由承办团体决定。

（二）根据编排、记录长分配任务进行工作。

七、计分、计时、套路检查员

（一）由承办团体决定。

（二）计算运动员完成套路的时间，遇有与规则不符者及时报告裁判长。

（三）负责所在裁判组的记分工作，并核算最后得分。

八、检录长

（一）由承办团体决定。

（二）负责检查处的全部工作，如有变化应及时与总裁判长取得联系。

九、检录员

（一）由承办团体决定。

（二）按照比赛顺序及时召集运动员做好准备，委托一名运动员负责带入场，并向裁判长递交检录表，运动员与裁判长互敬抱拳礼。

（三）检查运动员的服装与器械。

十、报告员

（一）由承办团体决定。

（二）在比赛过程中，报告比赛成绩，介绍竞赛规程、规则和比赛项目的特点以及经大会审查过的有关武术运动的宣传材料。

第二章 竞赛通则

第一条：竞赛性质

一、年龄组别个人竞赛

二、表演赛

第二条：竞赛项目

一、精武传统套路

即：潭腿、功力拳、大战拳、节拳、接潭腿、八卦刀、五虎枪、群羊棍、套拳、单刀串枪。

二、传统太极拳

即：陈式、杨式、吴式、武式、孙式。

（注：五式太极拳按陈式沈家桢、顾留馨；杨式傅钟文；吴式徐致一；武式郝少如；孙式孙剑云等教师作本）。

第三条：规定套路

即：长拳、南拳、刀术、枪术、剑术、棍术。

第四条：太极拳

即：42式。

第五条：表演项目

除竞赛项目外传统拳术、器械、对练和集体项目。

第六条：名次评定

一、个人单项名次：得分最多者为该项目的第一名，次多者为第二名，依次类推。

二、个人全能名次：按传统套路、规定套路各两项得分总和，得分最多者为全能第一名，次多者为第二名，依次类推。

三、年龄组别：30岁以下，30岁以上、50岁以上三个不同年龄组别。

四、得分相等的处理：两个或两个以上的运动员得分相等按下列办法处理：

（一）个人单项得分相等时，以比赛中其他项目分值总和较多者列前；如仍相等，则以该项目的无效分值总和高者列前；如仍相等，则以该项目的无效分值中低分高者列前。

（二）个人全能得分相等时，以获得比赛中单项第一名较多者列前；如仍相等，则以第二名较多者列前，依次类推。

第七条：服装、进场、退场、起势、收势、套路、计时配乐与礼节。

（一）裁判员应穿统一服装、佩戴统一标志。

（二）在比赛中，传统套路项目运动员必须穿精武传统式服装，服色不限。

（三）运动员听到上场比赛和比赛后裁判长宣布最后得分时，应向裁判长行抱拳礼。

（四）抱拳礼：双脚并步站立，左掌

右拳在胸前相抱高于胸齐，掌拳与胸间距离20-30厘米。

（五）运动员应在同侧场地内完成相同方向的起势和收势，如有其他起势、收势者，必须事先向裁判长声明。

（六）计时以裁判组的计时表为准。运动员身体任何部位开始动作即为起势，开始计时。运动员并步收势，计时结束。裁判组用两块表计时，其中一块表达到规定时间，即为没有达到时间，时间不够的扣分，以接近规定时间的一块表为准。

（七）除集体项目外，任何项目在比赛和表演时均不得配乐。

第三章 评分标准与方法

第一条：各竞赛项目的评分标准

各项目的最高得分均为10分，评分和扣分标准如下：

（一）动作规格的分值为6分

凡手型、步型、手法、步法、腿法、跳跃、平衡和各种器械方法与规格要求轻微不符者每出现一次扣0.1分；与规格要求显著不符者每出现一次扣0.2分；与规格要求严重不符者，每出现一次扣0.3分。剑指出现的次数以定势为准，扣分均为一次总扣，最多扣0.3分，一个动作出现多种错误时，最多扣分不得超过0.3分。

凡握刀、持剑和刀刃、剑刃触及身体任何部位或刀、剑不分者均按动作规格分值予以扣分。

（二）劲力、协调的分值为2分

凡劲力充足、用力顺达、力点准确、功力显著、手眼身法步协调（器械项目还需身械协调），动作干净利落者，给予满分。

凡与要求轻微不符者，扣0.1-0.5分；显著不符者扣0.6-1分；严重不符者扣1.1-2分。

（三）精神、速度、风格的分值为2分

凡符合精神饱满、节奏分明、风格突出的要求者，给予满分。

凡与要求轻微不符者扣0.1-0.5分；显著不符者，扣0.6-1分，严重不符者扣1.1-2分。

二、太极拳的评分标准

（一）动作规格的分值为6分

凡手型、步型、手法、步法、腿法与规格要求轻微不符者，每出现一次扣0.1分；与规格要求显著不符者，每出现一次扣0.2分；与规格要求严重不符者每出现一次扣0.3分；一个动作出现多种错误时，最多扣分不得超过0.3分。

（二）劲力、协调的分值为2分

凡符合动劲顺达、沉稳准确、连贯圆活、功力显著、手眼身法步法协调的要求者，给予满分。

凡与要求轻微不符者，扣0.1-0.5分；显著不符者扣0.6-1分；严重不符者扣1.1-2分。

（三）精神、速度、风格的分值为2分

凡符合意识集中、精神饱满、神态自然、速度适中的要求者，给予满分。

凡与要求轻微不符者，扣0.1-0.5分；显著不符者，扣0.6-1分；严重不符者扣1.1-2分。

三、其他各单练项目的评分标准

（一）姿势正确，方法清楚分值为4分。

（二）劲力顺达、动作协调分值为3分。

（三）风格突出、功力显著分值为2分。

（四）精神贯注、节奏分明分值为1分。

四、对练项目的评分标准

（一）方法准确、攻防合理的分值为4分。

（二）动作熟练、配合严密的分值为3分。

（三）劲力顺达、功力显著的分值为2分。

（四）意识逼真、风格突出的分值为1分。

五、其他错误的扣分标准

（一）没有完成套路：任何项目的比赛，凡运动员没有完成套路中途退场者，均不予评分。

（二）遗忘：在比赛中，每出现一次遗忘现象，根据不同程度，扣0.1-0.3分。

（三）器械、服饰影响动作：在比赛中，刀彩、剑穗和软器械缠住身体任何部位影响了动作或出现刀彩、剑穗、服饰掉地、服装开钮，以及器械触地、脱把、碰身等失误现象时，每出现一次扣0.1-0.2分。

（四）器械变形、折断及掉地：比赛中，器械弯曲变形，根据不同程度，扣0.1-0.3分；器械掉地，每出现一次扣0.4分；器械折断，扣0.4分；为避免甩出伤及他人，裁判长可令其暂停将折断部分去除再接做，扣0.3分。

（五）失去平衡：在比赛中每出现一次晃动，扣0.1-0.2分；每出现一次附加支撑，扣0.2-0.2分；每出现一次倒地扣0.4分。

（六）出界：身体的某一部分接触线外地面，扣0.1分；整个身体出界，扣0.2分。

以上六种错误的扣分，均由裁判员执行。

六、起势、收势：起势与收势不符合要求者，扣0.1分；起势或收势有意拖延时间扣0.1-0.2分。

七、重做：

1. 运动员在比赛中因客观原因，造成比赛中断者，经裁判长许可，可重做一次，不予扣分。

2. 运动员在比赛中因遗忘、失误、器械损坏等原因造成比赛中断者，可重做一次，但应扣1分。

3. 运动员在比赛中临场受伤不能继续比赛者，裁判长有权令其中止，经过简单治疗即可继续比赛的，可安排在该组最后一名继续上场；如果是该组最后一名，则安排第二天该项目比赛组的第一名参加比赛，按重做处理，扣1分。如在上述时间内不能上场继续比赛者，则作弃权论。

八、时间不足和超出规定时间：运动员完成套路的时间不足规定时间达0.1秒至2秒者，扣0.1分；不足2.1秒至4秒者，扣0.2分；依次类推。太极拳不足或超出规定时间5秒者，扣0.1分，不足或超出5.1秒-10秒者，扣0.2分。

以上三种错误的扣分，均由裁判长执行。

第二条：评分方法

一、裁判员评分：裁判员根据运动员现场发挥技术水平，按照各竞赛项目的评分标准。在各类分值中减去错误动作的扣分，即为运动员得分。

二、应得分数的确定：五位裁判员评分，去掉一个最高分，去掉一个最低分，取中间三个分数的平均值为运动员的应得分。

三、最后得分的确定：裁判长从运动员

的应得分数中扣除"其他错误的扣分",即为该运动员的最后得分。

第三条：竞赛中的其他规定

1. 精武传统套路项目的比赛时间暂不作规定。

2. 太极拳项目的比赛时间为10分钟（到9分钟时，裁判长应鸣笛示意）。

3. 规定套路项目的比赛时间，按国际武术竞赛规则规定。

4. 表演项目中的单练项目的比赛时间，不得少于1分钟；对练项目不得少于40秒；集体项目，不得少于3分钟。

二、场地：比赛在长14米、宽8米地毯上进行，四周应标明5厘米宽的边线，在场地的两长边中间做两个中线标记。

三、运动员不能按时参加比赛和表演，做弃权论。

四、本规则在执行期间，不准任意修改，若要修改，需经各精武会代表协商决定后才能进行。

附录二 精武国际武术竞赛评分标准与方法

在精武国际武术竞赛的舞台上,一套科学严谨的评分标准与方法是确保赛事公平、公正,推动武术技艺精进传承的关键。其评分体系紧扣动作质量、演练水平与难度系数等维度,全方位考量选手表现。就动作质量而言,从一招一式的规范性、准确性到力度、速度的把控,细微偏差皆有相应扣分,精准规范的动作方能获得高分,这不仅是对传统武术招式精髓的尊重,更督促选手扎实基本功。

演练水平层面,劲力的运用、动作的协调性、节奏的把握以及整体风格的展现,还有配乐的契合度(若有配乐),都纳入评分范畴,划分成三档九级细致评判,旨在挖掘选手对武术神韵的理解与诠释能力,使武术超越肢体运动,成为艺术表达。难度系数上,区分动作难度与连接难度,不同级别难度动作对应不同分值,激励选手挑战自我,不断突破技术瓶颈,同时也保证了难度加分的合理性与公正性。

对练与集体项目另有侧重,除个人表现,团队配合的默契程度、动作整齐度等成为关键评分点,强化了武术运动的社交与团队属性。如此全面且细致的评分标准与方法,既为精武国际武术竞赛的有序开展筑牢根基,也在国际舞台上向世界精准传递中华武术的价值与魅力,促进精武武术文化在全球的交流与传承。

各竞赛(表演)项目的评分方法与标准

一、各项比赛的满分为10分

二、评分方法

(一)裁判员根据运动员现场发挥的技术水平,根据与等级评分的总体要求相符程度,按照等级分的评分标准,并与其他运动员进行比较,确定运动员等级分数,在此基础上,减去其他错误的扣分即为运动员的得分。裁判员评分可到小数点后两位数,尾数为0-9。

(二)应得分数的确定

3名裁判员评分时,取中间裁判员评出的运动员得分为运动员的应得分;4名裁判员评分时,取中间2名裁判员评出的运动员得分的平均值为运动员的应得分;5名裁判员评分时,取中间3名裁判员评出的运动员得分的平均值为运动员的应得分。应得分可取到小数点后两位数,第三位数不做四舍五入。

(三)最后得分的确定

裁判长从运动员的应得分中减去裁判长的扣分和加上裁判长调整分,即为运动员的最后得分。

三、评分标准

(一)等级分的评分标准:

分为3档9级,其中:8.50-10.00分为优秀;7.00-8.49分为良好;5.00-6.99分为尚可。(表1)

(二)等级评分的总体要求是:

1. 运动员应表现出所演练的拳种及项目的技术和风格特点,应包含该项目的主要内容，动作规范、方法正确，表现出该项目的主要技法；

2．劲力顺达，力点准确，通过运动员的肢体以及器械表现出该项目的力法特点；手眼身法步配合协调，器械项目还需身械协调；

3．节奏恰当，表现出该项目的节奏特点；

4．结构严密，编排合理，整套动作均应与该项目的技术风格保持一致。

5．对练还须动作逼真、配合严密、攻防合理。

6．集体项目还须队形整齐，配合默契并富于变化，应以该项目的技术为主要内容，突出该项目的风格。

7．配乐项目的动作与音乐和谐一致，音乐的风格应与该项目的技术风格相一致。

（一）裁判员执行的其他错误内容及扣分标准（表2）。

（二）裁判长执行的其他错误内容及扣分标准：

1．完成套路时间不足或超出的规定。

运动员完成套路时间，不足规定时间在2秒以内（含2秒），扣0.1分；不足规定时间超过2秒，在4秒以内（含4秒），扣0.2分；不足规定时间达4秒以上扣0.3分，最多扣0.3分。凡超出规定时间在5秒以内（含5秒），扣0.1分；超出规定时间超过5秒，在10秒以内（含10秒），扣0.2分；超出规定时间达10秒以上，扣0.3分，最多扣0.3分。

运动员超过规定时间扣分已达0.3分时，裁判长应请运动员立即收势停止比赛。此种情况应视为运动员完成套路。

2．运动员在规定套路比赛中每漏做或多做一个动作，扣0.1分。

3．运动员因主观原因未完成套路，经裁判长同意可重做一次。运动员重做后，裁判长在其应得分的基础上，扣1分。运动员因客观原因未完成套路，可重做一次，不扣分。重做的运动员安排在该项目比赛的最后进行比赛。

4．集体项目的人数，少于竞赛规程规定的人数，每少1人，扣0.5分。

竞赛中的其他规定

一、完成套路的时间：

1．精武传统套路：40秒至2分钟。

2．竞赛套路和传统套路：50秒至2分钟。

3．对练项目：40秒至2分钟。

4．太极拳和太极器械：3至5分钟。

5．集体项目：2至4分钟。

6．其他表演项目：时间不限。

二、场地：

比赛在长14米，宽8米的地毯上进行，四周应标明5厘米宽的边线，在场地的两长边中间做两个中线标记（没有条件也可不用地毯）。

三、运动员不能按时参加比赛和表演，则做弃权论。

等级评分标准

等级	级别	评分分值
优秀	上 ①级	9.50-10.00
优秀	中 ②级	9.00-9.49
优秀	下 ③级	8.50-8.99
良好	上 ④级	8.00-8.49
良好	中 ⑤级	7.50-7.99
良好	下 ⑥级	7.00-7.49
尚可	上 ⑦级	6.50-6.99
尚可	中 ⑧级	6.00-6.49
尚可	下 ⑨级	5.00-5.99

裁判员执行的其他错误内容及扣分标准

错误种类	错误内容及扣分标准		
	扣0.1分	扣0.2分	扣0.3分
服装、饰物影响动作	▲刀彩、剑穗掉地或缠身 ▲服装开纽或撕裂 ▲服饰、头饰掉地 ▲鞋脱落		
器械触地、脱把、碰身、变形、折断、掉地	▲器械触地 ▲器械脱把 ▲器械碰（缠）身 ▲器械弯曲变形		▲器械折断 ▲器械掉地
出界	▲身体任一部位触及线外地面		
失去平衡	▲上体晃动、脚移动或跳动	▲手、肘、膝、足、器械的附加支撑	▲倒地（双手或肩、头、躯干、臀部触地）
遗忘	▲遗忘一次		
对练项目特殊错误		▲误中对方	▲误伤对方

注：运动员在一次失误中若出现多种所列举的其他错误，累计扣分。

附录三　上海精武体育会历届运动大会

1912年精武体操会首届毕业运动大会

精武体操会成立后，霍元甲的大名如雷贯耳，精武体操会的声誉日隆，激发了社会各界的极大热情，对于振兴武术、民族救亡起到了振聋发聩的作用。惜乎精武体操会成立三个月，霍元甲就突然辞世，出师未捷身先死，长使英雄泪满襟，引发人们极大地悲痛。霍元甲一生都在为振兴中国武术耗费心力，在清末民族危难之际，是敢于直面强权、扬我国威的一代武术宗师。不幸的是却在人生到达巅峰时，猝然而去。英年早逝，英雄远去，浩气长存，深得人们的怀念与爱戴，他的威名也长久地留在中国人的心中。在精武体操会会长农劲荪等人的资助下，由霍公胞弟霍元卿与次子霍东阁、徒弟刘振声一起扶柩归里，一代宗师终于入土为安。

为重振精武，霍元甲弟子刘振生、赵汉杰以及陈公哲、姚蟾伯、卢炜昌等共商重振精武大计，决定化悲痛为力量，表示：既感受种种之刺激，复以身受霍先生之教育不能尽，引以为憾，乃约同志继霍先生之业。

精武体操会还得继续霍元甲的未竟事业，会址遂从闸北旱桥以西王家宅旧址，迁入万国商团中国义勇队旧址（即现民德路南端跨越铁路至北浙江路处），称为第二会所。第二会所落成后，会员略有增加，会务管理也得到了加强。学校的第一批学员73名，是由霍元甲采用武术传统教授方法，亲自教授霍家祖传的迷踪拳术。霍元甲由此与徒弟刘振声在上海以教授武术为业，开展以武术强国强种的征程。1912年10月27日，精武会首次初级班学员毕业典礼隆重举行，这是精武会创办成功的重要标志，第一批学员毕业生中，有陈公哲、卢炜昌、姚蟾伯、郑灼辰、宁竹亭、黎惠生等，这些学员后来都成为精武会的栋梁与骨干精英，为精武会事业的发展做出了重大贡献。

毕业典礼当日的场景被《申报》记者捕捉：临时搭建的木制主席台上，农劲荪手捧霍元甲遗像端坐中央，两侧站着臂缠黑纱的刘振声与赵汉杰。当陈公哲率领学员行三跪九叩礼时，73个学子同时挥出的迷踪拳却让空气凝固：起势如灵猫捕鼠，收招若苍鹰归巢，原本松散的队列在招式转换间凝成钢铁方阵，惊得租界巡捕房的望远镜纷纷聚焦。仪式高潮是破板表演：宁竹亭单掌劈开三寸厚青石板的瞬间，木板碎裂声与观众惊呼同时爆发。《时报》特写镜头记录下微妙细节：坐在贵宾席的沪军都督府代表，下意识将佩刀刀柄攥得发白——在武昌起义刚过去一年的特殊节点，这场武术表演早已超越体育范畴，成为新生国家的精神阅兵。当黎惠生演示迷踪十三式时，围观的黄包车夫们突然集体跺脚应和，节奏竟与拳路严丝合缝，这种底层民众与精英武术的奇妙共鸣，预示着精武精神即将扎根市井。

由于精武会将武术与近代体育结合，提

为精武文化传播艰苦奋斗五十年的武术工作者陈公哲

倡体、智、德三育并重。以爱国、修身、正义、助人为宗旨,倡导乃文乃武、惟精惟一的精武精神。1912年,袁世凯为了巩固统治,曾下令解散社团,精武会因为不问政治,奇迹般地未被取缔,存活下来;到20世纪30年代,南京国术院想把精武体育会合并,变为国立,会员也不同意。有人说:如果当时变成国立,就不会再有精武会了。

运动会纪

中国精武体操会举行第一届运动大会兼毕业礼的当天,主席台正中挂着霍元甲像,对联是"惟精惟一,乃武乃文",横批是群贤毕至。精武会每年都在秋季举行毕业典礼,并同时召开运动会以展示发展成绩。与会学员穿着统一操练衣,队伍整齐,引来数千名观众现场见证。运动大会当天,现场气氛热烈而庄重。众多学员身着统一的操练服装,精神抖擞、队列整齐地出现在运动场上,展现出了高度的纪律性和团队精神。他们以饱满的热情参与到各个比赛项目中,充分展示了自己在武术、体操等方面的训练成果。在中国近代体育发展的历程中,精武体操会首届毕业运动大会的举行无疑具有重要意义。

在《精武本纪》中陈铁生对这次大会进行了描述——

本会每年于秋季举行技击毕业礼。并于是日运动。第一届在民国元年(1912)十月二十七日,于王家宅第二会址前。操场中搭盖演武台。来宾数千人围绕而观。先由会长袁恒之先生报告一切,次由各会员教员运动。有:

刘日暄、刘冠山、宁竹亭、浦阔亭	潭腿上六路
徐人龙	穿拳、节拳上半路
李国基、李良友双	工力拳
陈抱一	溜脚势
袁孙	工力拳
姚蟾伯	八卦刀、穿拳
周浩如	节拳下半路
王维藩、黎惠生	接潭腿
何庆滔	大战
刘宸臣	金刚拳、双刀
徐柏堂	群羊棍、青龙拳
邱亮	十字战、春秋刀
高尧夫、胡允昌	合战
陈公哲	节拳
李迪初	八卦刀、脱战
卢炜昌	短战、五虎枪
平雪士	软鞭
黎惠生	六合刀
李佩然	溜脚势
邱亮、陈公哲	扎拳

王维藩	练手拳
徐振汉	穿拳
王焕文	大战
李迪初、陈公哲	扎拳

次由各教员运动，并有广东、山东、浙江、湖南各技击家表演武技。五时散会。是届开会前后数天皆大雨滂沱。惟二十七则青天白日、大放光明，诚可喜也。

首届毕业运动大会比赛项目丰富多样，涵盖了武术套路展示、器械演练、体能竞赛等多个领域。学员们在赛场上尽情挥洒汗水，将平日所学发挥得淋漓尽致。他们的精彩表现不仅赢得了现场观众的阵阵喝彩和掌声，也彰显了精武体操会在培养人才方面的卓越成效。此次大会还吸引了社会各界的广泛关注。众多知名人士、学者、体育界专家等纷纷莅临现场，见证这一具有历史意义的时刻。他们对大会的成功举办给予了高度评价，认为这不仅是精武体操会发展的重要里程碑，也为中国近代体育事业的进步起到了积极的推动作用。

在大会的闭幕式上，对表现优异的学员进行了表彰和奖励，激励着他们在未来继续努力提升自己。同时，这也为其他学员树立了榜样，鼓舞着他们不断追求卓越。总之，1912年精武体操会首届毕业运动大会是一次具有深远影响的盛会，它在中国近代体育发展史上留下了浓墨重彩的一笔。

大会现场

1912年，精武会首次学员毕业庆典大会

媒体报道

精武体操会运动大会

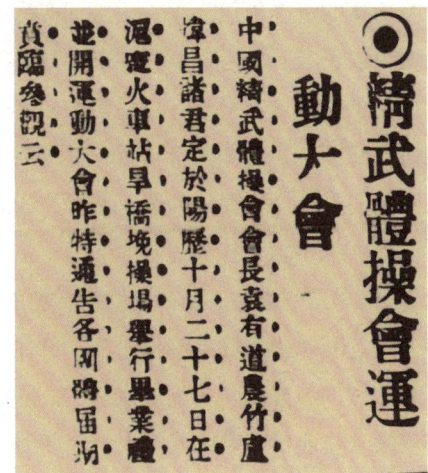

《时报》1912年10月25日第五版

精武体操会举行毕业礼

《时报》1912年10月30日第五版

报道原文如下：中国精武体操会会长袁有道、农竹、卢炜昌诸君定于阳历十月二十七日，在沪宁火车站旱桥堍操场举行毕业礼，并开运动大会，昨特通告各团体届期贲临参观云。

《新闻报》1912年10月19日第三张第一版

报道原文如下：闸北中国精武体操会为技击专家霍元甲君所创办，已届两年。兹定于阳历十月廿七日下午一时举行初次毕业礼，并开运动会，藉以淬励体育精神。该会素以普及为宗旨，闻将分赠入场券，遍请各界参观，并欢迎各处技击名家与会，俾南北绝技，共冶一炉，藉促全国体育之进行云云。

1914年第二届毕业运动大会

大会概况

1914年11月8日，中国精武体操会举行第二届毕业运动大会。地点仍在王家宅精武旧会址，来宾千人，精武会会长袁恒之作报告，然后由会员和教练进行表演，展示精彩武术功夫，更多的是学员参加表演。看当时的运动会出场秩序表可知，参加表演的教练有霍东阁、叶凤池、孙赞轩、赵振群、孙玉峰、赵连城、陈维贤等。

1914年，对于精武体育会而言，是意义非凡的一年。彼时，社会局势依旧复杂，西方文化持续冲击着古老的华夏大地，传统武术的发展面临诸多挑战。但精武体育会在首届毕业运动大会成功举办的鼓舞下，稳步前行。1914年，陈公哲慷慨捐出位于提篮桥倍开尔路73号的两亩宅地，用于修建精武新会舍，也为学员们提供了更为广阔、优良的训练与展示空间。

在积极筹备新会舍建设的同时，精武体育会的教学与训练工作也有条不紊地开展着。相较于首届学员，第二届学员的数量有所增加，来源也更为广泛。他们中有热血青年，怀揣着对武术的热爱和强身健体、振兴中华的理想踏入精武的大门；也有各行各业的人士，期望通过学习武术，获得坚韧的意志与强健的体魄。精武体育会的教师团队在总结首届教学经验的基础上，进一步优化教学方法，因材施教，针对不同学员的特点与基础，制定个性化的教学方案。无论是基础的武术套路练习，还是实战技巧的传授，都力求做到精益求精。

终于，在众人的期待中，1914年精武体育会第二届毕业运动大会盛大开幕。当日，新会舍前彩旗飘扬，热闹非凡。现场不仅有精武体育会的会员、学员及其家属，还吸引了众多社会各界人士前来观礼。他们或是被精武体育会的名声所吸引，或是对武术表演满怀好奇，都齐聚于此，共同见证这一重要时刻。

大会在激昂的鼓乐声中拉开帷幕。首先进行的是学员们整齐划一的武术套路表演。他们身着统一的练功服，精神抖擞，动作刚劲有力。一招一式，尽显武术的魅力与精髓，将精武体育会的训练成果完美地展现在观众面前。从拳法到刀法，从棍法到枪法，学员们的表演精彩纷呈，赢得了阵阵掌声与喝彩。每一个动作的流畅衔接，每一次发力的精准到位，都展现出他们在训练中的刻苦与专注。

随后的实战对抗环节，更是将大会的气氛推向了高潮。学员们两两一组，展开激烈角逐。他们在赛场上灵活闪躲、巧妙进攻，展现出顽强的斗志和扎实的实战能力。虽然是比赛，但学员们秉持着精武体育会的精神，点到为止，既展现了武术的技击性，又体现了武者的风度与修养。现场观众们的心随着选手们的动作起伏，紧张而又兴奋，不时为选手们的精彩表现欢呼呐喊。

在大会过程中，精武体育会的领导们也发表了重要讲话。他们回顾了精武体育会自成立以来的发展历程，强调了武术对于强身健体、振奋民族精神的重要意义，并对毕业学员们寄予了厚望，希望他们能够将在精武所学传承下去，传播到社会的各个角落，为推动武术发展、振兴中华民族贡献自己的力量。

当毕业学员们走上舞台，接受毕业证书与荣誉表彰时，现场响起了热烈而持久的掌声。这些学员中，有的将继续投身于武术教学工作，成为精武精神的传播者；有的则带着武术技能，奔赴各行各业，以武术所赋予的坚韧与勇气，迎接生活中的挑战。他们如同星星之火，即将在社会的各个领域发光发热。

1914年精武体育会第二届毕业运动大会的成功举办，不仅是对第二届学员学习成果的检验，更是精武体育会发展的新起点。它向社会展示了精武体育会的实力与成就，吸引了更多人关注武术、热爱武术，为精武 的活力。
体育会的进一步发展壮大奠定了坚实基础，
也为武术在近代中国的传承与发展注入了新

运动项目

尹鹤林	四潭腿、接潭腿、金刚拳
刘宸臣	大刀战枪、对枪、双铜、提炉枪、黑虎拳
孙荣轩	四潭腿、八卦刀
浦阔亭	四潭腿、五虎拳
陈公哲	太祖拳、方天戟、三节棍对枪、夜战枪、对手八卦刀、青龙拳、合战下半、大刀战枪、双刀串枪、春秋大刀
刘日暄	四潭腿、八卦刀
李迪初	脱战、练手拳
郑灼辰	四工力拳、露花刀、扎拳、金刚拳、挡步捣、套拳
黎惠生	刀拐战枪、合战上半、八折拳、拦门枪、露花刀、对八卦刀
冯兰皋	四工力拳、双刀、扎拳、大战上半
黄汉佳	四工力拳、套拳
冯铁魂	四工力拳
陈洪钧	群羊棍、节拳、穿拳、二关西拳、扎拳
卢炜昌	大战下半、春秋大刀、刀拐战枪、合战下半、大刀战枪、双刀串枪、五虎枪、双钩、节拳
徐人龙	穿拳、八卦刀
陈善	套拳
姚蟾伯	软鞭、五虎架、三节棍对枪、单刀串枪、达摩剑、大刀战枪、对手王麐生、七步短打、硬捣
陈敏	二关西拳、套拳
宁竹亭	对八卦刀、挡步捣、合战上半、双刀、扎拳、单刀串枪
王英章	工力拳
翁耀衡	溜脚势
王宝镜	套拳
周树声	节拳
黄汉昭	工力拳
邱亮	十字战、短战
陈白涛	六合刀、劈山刀
包云祥	春秋刀
周芹如	二路练手拳
唐瑞华	小扎拳

第二届毕业运动大会是一次具有重大意义的体育盛会。运动会当天，各项程序严谨而有序地展开。首先是庄重的开幕仪式，彩旗飘扬，乐声激昂，与会人员精神饱满地齐聚一堂。随后，精彩的表演逐一登场。学员们展示了精湛的武术套路，一招一式刚劲有力，虎虎生风，

体现出扎实的功底和对武术的深刻理解。体操表演则充满活力与韵律，动作整齐划一，展现出高度的协调性和团队精神。还有各种特色的体育项目展示，如力量竞技、敏捷训练等，充分彰显了学员们的全面素质。

这次运动会不仅是对学员们学习成果的一次检验和展示，更是推动中国体育事业发展的重要力量。让更多的人认识到体育锻炼的重要性以及中国传统武术的魅力，激励着广大民众积极参与体育运动，提升身体素质，培养坚韧不拔的意志和团结协作的精神。

1915年第三届毕业运动大会

1915年在精武会历史上也是从艰难中振起的关键之年，这年7月4日，在王家宅练武之用的会舍笪棚，被一场剧烈的台风席卷而去，无法练武。因此，精武体操会的三名主事陈公哲、姚蟾伯、卢炜昌，共议未来精武新会址之事。陈公哲当即慷慨献出提篮桥培开尔路73号宅地2亩，乃合姚卢之力，同任建筑，动工建造了新会舍（今惠民路荆州路口）。

1915年，风云变幻的华夏大地依旧在风雨中飘摇。外有列强环伺，妄图蚕食中国的主权与资源；内有军阀割据，社会秩序动荡不安，百姓生活苦不堪言。然而，在上海这座充满机遇与挑战的东方大都市，精武体育会却如同一颗闪耀的星辰，在黑暗中为人们带来了希望与力量，而其第三届毕业运动大会更是成了当年上海滩乃至全国瞩目的焦点。

这一年，精武体育会已走过了五个春秋。历经风雨洗礼，它不仅在武术教学领域取得了显著成果，更在传播爱国精神、倡导强身健体理念方面发挥了重要作用。年初，精武体育会积极筹备第三届毕业运动大会，从场地布置到节目编排，从学员训练到嘉宾邀请，每一个环节都凝聚着精武人的心血与汗水。

1915年11月21日午后一时半，中国精武体育会第三届毕业运动大会法租界民兴新剧社举行。根据《精武本纪》及上海精武体育会档案资料，这届运动会的情形如下。

启事

第三届运动大会主办者还在精武杂志和有关报刊上发表了启事，全文如下：

一、本会历年举行运动，因会场座位不多且来宾多有站立观看，致阻碍后来者之视线，同人憾焉，今座位既多，就座者无事请勿起立，免紊秩序。

二、本会授艺首重潭腿，无论个人团体或孩童，均无不宜，良以其手法多步武稳而更饶实用，只区区十二路而于精气神三者，皆能贯彻且丝毫无悖夫生理。洵初学之阶梯入艺之基础也，此次以口令指挥亦以表其适用于团体教授耳，至若由简入繁，渐形剧烈，此由精神之作用使然，初非同人所及料，然同人每日练习亦仅半小时，而获益乃至不可觑缕技击之功用亦神矣哉。

三、本会运动员襟缀双星者，为四年毕业生，单星者为二年毕业生，无星者为初级修业生，其表演亦各如其所诣之程度，以成参差之姿势希阅者谅之。

四、本会会员有宁竹亭者，一年以来从无一日告假，其恒心毅力诚有足多者，旧岁徇各会员之请准，其提前毕业亦创举也，兹特制金牌奖之借为会员矜式宁君，于工课商业外尚能以余暇，担任惜阴公会技击教授，勤励不息宁君有焉。

五、发给毕业文凭后，为各省及各学校来宾运动，此为本会介绍各派技击于阅者之成例。凡斯道名家均可登台表演，借一洗从前囿于一家之积习，而有以发挥各派造诣之精华，来宾运动后，殿以本会教员等之运动。

六、来宾如欲泡茶，可给价请社内茶房为之，但须出于自愿，如茶房有强逼等事，请即拒绝或诉之本会招待员。

大会次序

第三届运动大会程序是：

一、开会

二、报告

三、演说

四、运动

五、给凭

六、来宾运动

七、教员会员运动

八、闭幕

精武体育会以提倡武术，研究体育，铸造强毅之国民为宗旨。1915 年以前，活动仅限于推广武术。从 1915 年起，扩充学科，改良形式，增设了兵操、文事、游艺等内容。

比赛科目

以下是 1915 年 11 月 21 日第三次会员运动大会比赛科目：

李国荃 双铜战枪 红字拳 齐眉棍

王麟生 燕氏扣春秋刀 劈面刀

金光曜 四工力拳 金刚拳 撩裆拳

刘飞熊 四工力拳 套拳 小扎拳

李迪初 练手拳 齐眉棍 八折

陈洪钧 八折拳 群羊棍 扎拳

孙弘 大扫子 提炉刀 捆耳棍

费实秋 套拳 捆耳棍 夜战解腕刀

黄汉佳 扎拳 穿拳 溜脚式

徐振汉 三步枪 青龙拳

沈季修 齐眉棍 头路刀

林逸云 八极拳 露花枪

陈国衡 双铜战枪 二路拳

叶棣瑄 工力拳 八折

翁耀衡 群羊棍 扎拳

徐人龙 节拳 八卦刀

徐劲行 练手拳 溜脚势

陈汉卿 爱中拳 齐眉棍

张英甫 扑拳 盘花刀

陈白涛 六合刀 劈山刀

王宝镜 关西拳 五虎拳

包云祥 春秋刀 青龙拳

秦公望 八卦刀 溜脚式

过辉 节拳 套拳

周瀚恩 小扎拳 露花刀

周芹如 下路练手拳

吴耀之 上路练手拳

刘冠山 工力拳

孙荣轩 金刚拳

李伟卿 工力拳

郑灼辰 露花刀 二郎拳 五虎枪 挡步捶 对手刀 三节棍 六潭腿

刘宸臣 黑虎拳 双铜 大刀战枪 双拐战枪 刀拐战枪 六潭腿

孙毓庭 四工力拳 套拳 练手拳 八折

邱亮 短战 双刺 十字战 八折

冯兰皋 六合刀 小扎拳 大战 合战

宁竹亭 六潭腿 挡步捶 对手刀 三节棍 九节软鞭 醉八仙 双刀 虎头钩 双腿插 串子 扎拳

陈公哲 盘龙棍 对大刀 大刀战枪 扫子战枪 开门豹 双刀战枪 对手枪 六潭腿 太祖拳 方天戟

拦门刺

姚蟾伯 盘龙棍 对大刀 大刀战枪 扫子战枪 开门豹 单刀枪 空手夺枪 少林拳 达摩剑 六潭腿

卢炜昌 大刀枪 双拐战枪 拐刀战枪 串子大刀 双刀战枪 枪战刀 六潭腿 夜战枪

浦阔亭 四工力拳 双腿插 合战 脱战 燕氏刀 抱月刀 五虎拳

黄天星 工力拳

尹鹤林 大枪

黄善祥 对齐眉棍

随后，精彩绝伦的武术表演正式开始。学员们身着整齐的练功服，精神抖擞地走上舞台。他们的眼神中透露出自信与坚定，仿佛在向世人宣告精武人的力量与决心。首先进行的是武术套路表演，学员们的动作整齐划一，刚劲有力。从拳法到掌法，从腿法到身法，每一个动作都展现出了武术的独特魅力和深厚内涵。他们的表演如行云流水般顺畅自然，又不失力量与速度，赢得了观众们的阵阵喝彩。

从本届毕业运动大会起，中国武术从形式到内容，从理论到实践，以及中国武术训练与教学的科目及功能，都发生了巨大的变化，使武术得到了前所未有的发展，对近代中国武术的发展产生了重要影响。它成功地将西方体操的方式、体育教学的方法以及竞技运动的思想注入传统武术之中，汇成了民间武术多功能发展的潮流，丰富和发展了武术的社会功能，使中国武术得到了巨大的发展。

1916年第四届毕业运动大会

1916年11月5日，上海精武体育会举行第四届毕业运动大会。这次运动会在精武会历史上具有转折的意义。1916年4月6日，精武体操会迁入新会舍，并更名为上海精武体育会。1916年陈公哲捐出提篮桥倍开尔路（今惠民路）宅地修建新校舍，主张武术与近代体育结合，提倡德、智、体并重，在中国武术界产生深远影响，精武会的壮大和繁荣也是从这里开始的。

1916年，对精武体育会而言，意义非凡。年初，精武体育会便紧锣密鼓地筹备起第四届毕业运动大会。为了让大会顺利举行，工作人员不辞辛劳，四处奔走。他们精心挑选合适的场地，经过反复考量，最终选定了十六铺凤鸣茶楼。这里交通便利，场地开阔，能够容纳众多观众，为大会的成功举办提供了基础保障。同时，在节目的编排上，精武体育会的老师们绞尽脑汁，力求推陈出新。他们深入挖掘学员们的潜力，根据每个人的特长和优势，精心设计表演项目，不仅保留了传统武术套路表演的精髓，还融入了一些新颖的元素，如创新的器械组合展示、别出心裁的团队对练等，让整个节目单充满了看点。此外，为了提高学员们的竞技水平，老师们加强了日常训练的强度和针对性，从基本功的夯实到高难度动作的雕琢，从个人技巧的打磨到团队协作的培养，每一个环节都严格把关，不放过任何一个细节。

11月5日下午1时，在上海十六铺凤鸣茶楼举行第四届毕业典礼，孙中山先生莅临演说，表达了他对精武体育会的支持和对中国体育事业的关注。孙中山在演讲中强调了体育对于个人和国家的重要性。他认为，体育不仅能够锻炼身体，还能够培养人的意志品质和团队合作精神。他希望精武体育会能够继续发扬武术精神，为中国的体育事业做出更大的贡献。此外，孙中山还对精武体育会的毕业生们提出了殷切的期望。他希望他们能够将所学的武术技能运用到实际生活中，为社会做出贡献。同时，他也希望他们能够继续努力学习，不断提高自己的综合素质，为中国的现代化建设贡献自己的力量。演讲得到了现场听众的热烈响应。

启事

从体操向体育的转变，使精武会的发展更加多元化。第四届精武运动大会照例事先发布了启事：

（一）本会授艺，首重潭腿，盖有深意爱。以本会从经历中所得之效验略举一二以为介绍，盖潭腿一门手法既多，步武稳固。一技有一技之精华，一技有一技之实用，熟而习之，不特后来练习各技迎刃而解，且使精神气力日见增加，操练时既能各个运动，即合百十人为团体，亦可以口令指挥。繁简咸宜，长幼可习，苟能略分暇，暑日以半小时为度，则其精神体魄已获无穷利益矣。体育一事动关家国，愿大众同注意焉。

（二）本会此次开会特加武技论释一门，诚以武技消沉日久，今始重见萌蘖，窃欲以种种方法引人入胜，务使国人脑海中咸知道为强身卫国之根本。然技击术无论徒手器械，在普通人眼中几于千手雷同，最难引起观者之兴味，此次特于技击各类择要解释其实用法，冀偿普及技击之素愿，匪云借以炫人也。

（三）本会运动员襟缀三星者，为六年毕业学员；双星者，四年毕业；单星者，两年毕业；无星者为初级修业。各个表演只能各如其所诣之程度，因成参差之姿势，惟希阅者谅焉。

（四）技击毕业名单（另录）

（五）会员中有一年以来从未请假者，恒心毅力颇有足多，本会特奖金牌俾为会员矜式。此次得金牌中之沈季修君尤为苦心孤诣，勇往向前，特著片言以勖同学（特奖金牌者）沈季修、陈公哲、郑灼辰、黄汉佳、黄善祥、陈汉钦。

（六）本会会员陈公哲、姚蟾伯、卢炜昌、黄汉佳曾于今年国庆日同乘自由车作旅行，以数小时间同抵苏州同人等，以此举有益体育，公送银盃一具以为纪念。

此届最精彩者为技击说明一节，来宾鼓掌之声如春雷轰耳。从前来宾，只如看武戏，我之如何着劲，如何巧妙，彼不知也。自有此次之说明，而门外汉亦懂得一二，彼江湖派与剧场中之伎俩尽露矣。是节卢炜昌任说明者，夫以炜昌平日之规行矩步，今日忽而伶牙俐齿，口角春风，人固不可以皮相也。吾谓此一节，感动来宾不少，后来之发达，此一场说明，有大力焉。广东小学之髫龄学生，服制一如本会，操潭腿，非常齐整而有精神，誉者声震屋瓦，学界之观感不浅矣。姚蟾伯、陈公哲、郑灼辰虽任教授之劳觌，此亦足自慰哉。翌日，上海中西报纸，皆有评论，多奖励语，亦佳象也。从前会员运动，每多雷同，是届以后，力袪此弊。

是为本会在剧场举行毕业礼之始。五年乃技击高级会员毕业之初次，假十六铺新舞台旧址之凤鸣茶园为运动场，十一月五日举行。来宾中有孙逸仙博士演说，力言技击之有益于身体，且言科学昌明，长枪大炮必有失恃之日，勖国人以必须致力于技击云云。先生为医学博士，其言皆在科学上负责任者也，此为第四届毕业，运动表如左。

大会次序

第四届精武运动大会的次序是：

一、奏乐

二、开会

三、报告

四、演说

五、会员第一节运动

六、给凭

七、武技说明

八、旅沪广东小学中华铁路学堂运动

九、教员会员第二节运动

十、闭幕

会员运动表

一 姚蟾伯 陈公哲 郑灼辰 卢炜昌 四潭腿

二 郭建霄 黄鸣岐 吴耀之 周杰生 四工力拳

三 黎惠生 溜脚势

四 宁竹亭 南派醉溜膛

五 林逸云 露花枪

六 孙毓庭 金刚耀 接潭腿上六路

七 陈汉钦 南派十八技

八 费实秋 解腕刀

九 邱亮 黎惠生 对齐眉

十 姚蟾伯 五虎架

十一 郑灼辰 露花刀

十二 刘宸臣 黑虎拳

十三 金光曜 群羊棍

十四 周锡三 翁达方 套拳

十五 卢炜昌 南派十八技

十六 张勤益 南派金枪手

十七 黎惠生 大刀

十八 姚蟾伯 南派教员 孙赞轩 南派红操

十九 张倬卿 脱战

二十 郑灼辰 短战

二十一 刘宸臣 提炉枪

二十二 翁耀衡 黄汉佳 挡步挞

二十三 陈公哲 大战上

二十四 冯兰皋 大战下

二十五 陈公哲 太祖拳

二十六 黎惠生 双刺

二十七 陈国衡 南派小梅花拳

二十八 姚蟾伯 郑灼辰 空手枪

二十九 邱亮 撩挡拳

三十 卢炜昌 五虎枪

三十一 费实秋 孙弘 提炉刀

三十二 林逸云 独臂拳

三十三 宁竹亭 双刀

三十四 教员李振江 浦阔亭 双刺战枪

三十五 费实秋 插拳

三十六 黎惠生 南派梅花枪

三十七 陈公哲 铜刺

三十八 刘宸臣 卢炜昌 大刀战枪

三十九 黄汉佳 五虎拳

四十 姚蟾伯 双座钩

四十一 沈季修 陈国衡 二郎棍

四十二 浦阔亭 少林拳

四十三 孙毓庭 八卦刀

四十四 霍东阁 黎惠生 风雷棍

四十五 李国荃 雄字拳

四十六 张英甫 盘花刀

四十七 郑灼辰 宁竹亭 三节棍

四十八 黎惠生 齐眉棍

四十九 陈世俊 黑虎拳

五十 刘宸臣 卢炜昌 刀拐串枪

五十一 姚蟾伯 陈公哲 对大刀

教员会员运动表

一 宁竹亭 子孙丹

二 卢炜昌 卧地豹

三 姚蟾伯 绨袍剑

四 翁达方 小扎拳

五 黎惠生 达摩剑

六 沈季修 练手拳

七 费实秋 孙弘 捆耳棍

八 卢炜昌 六合刀

九 周杰生 小扎拳

十 冯铁魂 大战上

十一 黎惠生 双铜

十二 陈汉钦 俞耀堃 双工力拳

十三 陈国衡 南派 中劈刀

十四 费实秋 孙弘 串子

十五 周锡三 翁达方 接潭腿下六

十六 金光曜 金刚拳

十七 翁耀衡 劈山刀

十八 姚蟾伯 陈公哲 大刀串枪

十九 冯兰皋 挡拳

二十 卢炜昌 南派 金箍棍

二十一 刘庑臣 黎惠生 扎拳

二十二 黄善祥 青龙拳

二十三 孙弘 鸭嘴拐

二十四 郑灼辰 宁竹亭 合战

二十五 陈善 金刚拳

二十六 黎惠生 节拳鞭

二十七 姚蟾伯 教员赵振群 单刀战枪

二十八 邱亮 粤派 太极拳

二十九 陈公哲 九节鞭

三十 薛巩初 南派 小梅花拳

三十一 教员李振江 浦阆亭 双扫战枪

三十二 翁耀衡 挡拳

三十三 黎惠生 头路 劈山刀

三十四 刘庑臣 卢炜昌 双拐串枪

三十五 冯铁魂 脱战

三十六 林逸云 劈山刀

三十七 姚蟾伯 陈公哲 猴拳

三十八 周燧 八折拳

三十九 黎惠生 双刀

四十 宁竹亭 浦阆亭 空手夺双匕

四十一 孙毓庭 节拳

四十二 翁耀衡 群羊棍

四十三 冯铁魂 金光曜 套拳

四十四 张英甫 扑拳

四十五 卢炜昌 虎头钩

四十六 刘庑臣 黎惠生 对手枪

四十七 陈善 穿拳

四十八 浦阆亭 双八卦

四十九 姚蟾伯 陈公哲 虎头钩串枪

五十 林逸云 醉八仙

五十一 黎惠生 方天戟

五十二 郑灼辰 宁竹亭 开门豹

五十三 黄汉佳 关西拳

五十四 浦阆亭 燕青刀

五十五 卢炜昌 陈公哲 双刀串枪

五十六 叶棣瑄 节拳

五十七 姚蟾伯 教员赵振群 空手夺刀

五十八 黎惠生 夜战枪

五十九 孙弘 大扫子

六十 郑灼辰 宁竹亭 对八卦刀

六十一 邱亮 春秋刀

六十二 姚蟾伯 陈公哲 盘龙棍

1916年精武体育会第四届毕业运动大会在热烈的掌声和欢呼声中圆满落幕。这场大会不仅是对毕业学员们学习成果的一次检验，更是精武体育会发展历程中的一个重要里程碑。它向社会各界展示了精武体育会的实力和成就，吸引了更多人关注武术、热爱武术，为精武体育会的进一步发展壮大奠定了坚实基础。同时，它也激励着更多的人投身到武术事业中来，传承和弘扬中华武术文化，为实现中华民族的伟大复兴贡献自己的力量。精武体育会的薪火在这一年继续熊熊燃烧，照亮了武术

上海精武体育会1916年高级毕业生合影

发展的道路，也为那个动荡不安的时代注入了一股强大的精神力量。

1917年第五届毕业运动大会

从第一届毕业运动大会到第五届，毕业运动大会几乎年年在办。民国初年，因精武会和全国一些武术体育组织的示范与践行活动，有识之士吸取西方先进体育教育经验，逐渐由兵操向体育方向转型，人们开始反思和重视中国传统体育的价值，提出发展武术，并把武术改称国术。孙中山先生也把武术精神归结为以振兴体育之技击术，为务于强种保国有莫大之关系推而言之的尚武精神。各界有志人士也纷纷提倡强身御侮、强国强种。

更多的普通民众则通过练武强身健体，除了技击性，武术的健身功能也被人们所注重。而这也恰恰是武术的体育性开始被更大范围的人群所认知，此后，大批武术家涌入城市，互相挑战也让更多武术让更多人所熟知，由于武术被视作增强军力和完善国民的手段，赋予了救国救民、强身强种的目的，因此更多人开始学习武术，一方面是强身健体，另一方面，也是迎合当时的潮流。

从师徒相授到体育课程，强种强国的思潮同样也进入了学校，不少学校革新和丰富体育课内容，增设体育科系，开办各种体育专科学校。在兴办新学的浪潮推动下，一些学校相继在体育课中增添武术课，使武术成了学校体育课程中的主要内容之一。

从中国精武体操会到上海精武体育会，几乎每年都将学员毕业典礼与兴办运动大会相结合，发扬尚武精神。1914年，精武会骨干成员徐一冰在《整顿全国学校体育上教育部文》的提案中，建议将武术列为中小学和师范学校的正课。北洋政府教育部采纳了此建议，明令各学校应添授中国旧有武技。至此，武术被列入各级学校体育课程走向了合法化。因此，精武会学员毕业典礼暨运动大会，即有刀、枪、棍、剑、拳等武术表演，比赛项目则有潭腿、功力拳、刀术、柔术、大铁刀等。

新年伊始，精武体育会的师生们便全身心地投入到大会筹备中。为了让这届大会达到更高水准，他们在各个环节都投入了大量心血。场地的选择至关重要，经过反复勘察和权衡，最终敲定了位于上海繁华地段的爱

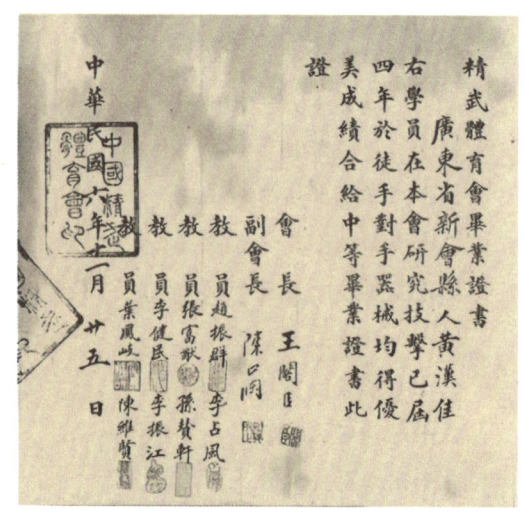

上海精武体育会1917年毕业证书

多亚路大舞台。这里交通便利，人流量大，能够吸引更多人前来观礼，为武术文化的传播创造更有利的条件。在节目的编排上，老师们充分发挥智慧，力求突破以往的模式，展现出更多的创新与亮点。他们深入研究每一位学员的特点和优势，精心设计表演内容，不仅保留了精武传统武术的经典项目，还大胆引入了一些新的元素，如融合多种武术流派特点的综合表演、结合音乐和舞蹈的武术艺术展示等，使整个节目单丰富多样、精彩纷呈。为了提升学员们的竞技水平和表演质量，老师们加大了训练强度，从基本功的反复打磨到高难度动作的精准指导，从个人技艺的雕琢到团队协作的培养，每一个细节都严格把关。学员们也毫不懈怠，他们怀着对武术的热爱和对精武精神的执着追求，日夜刻苦训练，在训练场上挥洒着辛勤的汗水。

大会风貌

1917年11月25日的第五届毕业运动大会，根据《精武本纪》的记述：赁四千座位之大舞台，然挤壅如故也。说明无论从出席人数和比赛项目，这届运动大会都超过了此前几届，《精武本纪》这样记述道：

第五届技击毕业，在民国六年之十一月二十五日，是届鉴于前此之挤壅，特赁四千座位之大舞台，然挤壅如故也。开始时，由最久任之会董袁恒之君报告一切情节。本会教练之学校日多，须节省会员之运动时间，俾各学校学生，得贡所学于社会。故本会高级会员，亦略有休息时矣。今年有技击术军用实施法一门，用技击手法，施于火枪上刺刀之对敌，及刺刀与指挥刀交战，最新式而受国内外来宾之欢迎。来宾中有耳语予曰，曷弗绘图立说，以饷国人。予曰，其如邻有矮窃何。开会之翌日，国文报纸，多奖借语。即英人之字林报、美人之大陆报，皆表同情。字林于会医林锦华之科学证明，尤多赞美。大陆报，长篇大论，记载更详。

启事

1917年11月25日的第五届毕业运动大会启事：

（一）本会以唤起国人尚武精神，改铸国人体魄为宗旨，所授所习咸取有禅实用平易近人，务使不论老幼，练一日即得一日之长，练一技即有一技之兴趣。今以运动场中来宾众多，特添入武技解释一门，将技击术中之徒手器械各种用法，择要说明，且以吾国旧传之枪法刀法，改施于军用刺刀指挥刀，俾知技击术之无往不宜，更添生理表示一门，从医学生理上表出人身强弱之大原因，此节犹关紧要，须知积民成国人身之强弱，即国家兴亡所由系焉，同人等以为欲救国，先强种，强种之法究竟当取何道，迄未得一定论。自本会开办以来，会员中有以孱弱病夫不逾年而转为健者，有以五十衰翁不逾年而转为壮汉，亦已数见不鲜。有会员某君已在中年未习技击以前，所得之儿女，躯体皆弱不胜衣，习技数年后再得之儿女壮健无伦，同人等因以上种种经历，乃得一正确之定论，盖欲强种必使中国人人皆习技击即强种之第一法门也。本会同人自问，于名利两途最无兴味，然以堂堂神明华胄，日负病夫弱种之恶名，长如芒刺在背，必欲拔而去之，同人等常以体育之言强聒不舍织，是故也，来宾中能父诏其子兄勉其弟，每日以半时余暇练习技击，则中国已于无形中而转弱为强国家，已受诸君莫大之赐，语云十年树木百年树人，同人等馨香顶祝，切望于今日来宾者也。

（二）本会习技，纯就实用上着意，无取花样奇异炫人耳目，尤愿来宾注意单人表演，盖无论徒手与兵器；两人对手容易见长，若独自表演始显真力量。

（三）本会表演各技，不取重复，惟各团体运动既同渊源自不能免，然亦可借此以资比较互相劝勉。

大会秩序

（一）奏乐（本会音乐部）
（二）开会
（三）报告
（四）运动
（五）给凭
（六）同源各团体运动
　　甲　复旦公学
　　乙　中华铁路学校
　　丙　恒丰纱厂
　　丁　德大纱厂
　　戊　竞存学校
　　己　培德学校
　　庚　爱国女学
　　辛　广东小学
　　壬　澄衷中学
　　癸　仓圣明智高校
　　子　岭南中学
　　丑　本会女子模范团
（七）技击术运用实施法解释
（八）技击术之生理表示
（九）运动
（十）闭幕

教员会员第一节运动表

一　操脱战　黄痴　黄荫生　潘文植　黎永锦　黄鸣岐　梁少田　郑礼卿
二　伏虎拳　吕启明
三　操五虎枪　姚蟾伯　卢炜昌　陈公哲　郑灼辰
四　天罡手　沈金泰
五　露花枪　周㰈
六　插拳　翁耀衡
七　二郎刀　刘日暄
八　套拳　周锡三　翁达方
九　溜脚势　潘文植
十　八卦刀　王松龄
十一　接潭腿　宁竹亭　黎惠生
十二　双刺　薛巩初
十三　练手拳　李维新
十四　脱铐　卢炜昌
十五　对手齐眉棍　邱亮　沈季修
十六　卧地豹　陈世俊
十七　纵扑刀　张勤益
十八　踊步捶　教员叶凤墀　浦阆亭
十九　双铜　刘宸臣
二十　醉溜膛　宁竹亭
二十一　刀拐串枪　沈季修　陈国衡
二十二　青龙拳　黄善祥
二十三　板凳　翁达方
二十四　虎头钩串枪　郑灼辰　陈世俊
二十五　十八技　陈公哲
二十六　达摩剑　姚蟾伯
二十七　串子　卢炜昌　宁竹亭
二十八　五虎架　黄汉佳
二十九　春秋刀　陈善
三十　双刀串枪　沈季修　陈铁生
三十一　子孙丹　冯铁魂
三十二　双扫子串枪　教员李莲村　浦阆亭
三十三　梅花双舌枪　曾启文
三十四　双斧　卢炜昌
三十五　猴拳　姚蟾伯　陈公哲
三十六　空手夺枪　教员赵振群　郑灼辰

教员会员第二节运动表

一　工力拳　李逢生
二　八宝刀　黄鸣岐

三 蒋手 黄荫生
四 群羊棍 李国荃
五 小扎拳 王汉礼
六 太极大刀 黎惠生
七 拦门刺 曾启文
八 挡步捶 黄维庆 陈敬让
九 露花刀 黄汉佳
十 八极拳 周燧
十一 双拐串枪 沈季修 陈国衡
十二 峨眉刺 姚蟾伯
十三 关西拳 周俊生
十四 战枪 宁竹亭 郑灼辰
十五 穿拳 陈善
十六 抱月刀 翁耀衡
十七 合战 金光耀 冯铁魂
十八 提炉刀 费实秋
十九 金刚拳 郭健霄
二十 黄操教员 孙赞轩 陈世俊
二十一 五郎棍 卢炜昌
二十二 金翦枪及空手夺刀 姚蟾伯 陈公哲
二十三 二郎拳 冯兰皋
二十四 绨袍剑 黎惠生
二十五 对手八卦刀 宁竹亭 郑灼辰
二十六 节拳 叶衍鸿
二十七 提炉枪 刘宸臣
二十八 玄灵杖串枪 姚蟾伯 卢炜昌
二十九 太极拳 邱亮
三十 九节鞭 陈公哲
三十一 扎拳 叶子华 叶衍鸿
三十二 对手五郎棍 费实秋 翁耀衡
三十三 四六拳 叶棣瑄
三十四 对枪 黎惠生 刘宸辰
三十五 开门豹 宁竹亭 郑灼辰
三十六 盘龙棍 姚蟾伯 陈公哲

1918 年第六届毕业运动大会

随着近代西方体育的传入，西方体育思想和体育教学方法影响扩大，武术家们开始学习并运用西方体育教学的理论和方法并加以创新融入到武术教学当中。上海各学校按照《中华新武术》的创意改进武术教学形式，有效促进武术现代化发展。在中西文化的交流与融合过程中，中华新武术从形式到内容，从理论到实践，以及它的功能，都发生了巨大的变化，对近代中国武术的发展产生了重要影响。对武术的研究和推进，成为近代体育演变过程中的重要内容。但在这一过程中也出现了一些争鸣，而其中最有名的，莫过于鲁迅与精武体育会陈铁生的论战。关于这两人的争论，美国汉学研究代表人物柯文（Paul A.Cohen）认为其症结点在于两人对义和团的看法不同。鲁迅把义和团当神话看，并且视为随时可能复活的幽灵，而陈铁生则将义和团看成历史的陈迹，不管它是多么可怕或令人厌恶，都不再复返。因此，国人可以把中国武术视为完全不同的一种人类生活方式，而且绝不会再发生义和团那样负面的影响。简而言之，鲁迅关心的是现在与将来中国文化的走向，而陈铁生关心的是中国武术的名誉。柯文的看法，确实点出了当时部分中国人对义和团事件的不良印象。无论哪种看法，武术界也逐渐承认旧时武术界确实有不少缺点，都应该反思。

上海率先以运动会形式，促使武术竞争方式的近代化发展。上海对武术传统体育不遗余力地提倡，随着西方竞技体育在上海的发展，上海精武体育会大胆吸纳西方体育竞赛办法，制定武术竞赛规则，建立武术竞赛机制，使武术进入了近代竞技体育竞赛体制，并且较早开始了领风气之先的含有武术内容体育比赛。

1918年10月，在众人的翘首以盼中，精武体育会第六届毕业运动大会盛大开幕。开幕当日，现场热闹非凡，彩旗随风舞动，锣鼓喧天震地。社会各界人士从四面八方汇聚于此，有朝气蓬勃、怀揣救国理想的青年学生，他们渴望从武术中汲取力量，为改变国家命运贡献力量；有在乱世中艰难求生的普通百姓，期望在这里寻得一丝精神慰藉与振奋的希望；还有不少对中华武术满怀好奇的外国友人，被精武体育会的赫赫声名吸引，专程前来领略武术的独特魅力。一时间，会场周围人山人海，水泄不通，人们的脸上洋溢着兴奋与期待，现场气氛热烈而欢腾。

大会风貌

1918年第六届毕业运动大会，据《精武本纪》记载：

> 第六届毕业，仍在大舞台举行。是届有军乐合奏、喇叭独奏、弦乐合奏、四弦琴独奏与体育真相，故秩序表署名曰第六届毕业游艺表。盖本会各种学科，日有增加，后此开会，断不止技击表演之一种也，故易名为游艺会。体育真相，为筋肉之表示，使人知躯体之非能天然发育，须锻炼之，然后强健。彼面团团之富家儿，壅肿如五石匏，虽庞然大物，实则非常柔脆，弱不禁风也。惟表示肌肉，非裸体不可，乃创制豹皮衣，以蔽体之一小部分。公哲等以余体质发育在四十而后，为生理上之新发明者，翘使杂入豹队，以为标本。是队全演对手拳，第一郑灼辰、宁竹亭，二为余与黄汉佳，三陈公哲、卢炜昌，四姚蟾伯、赵连和。是届学生更多，且有音乐表演与摄学给凭，故会员运动，只有六十八节。军用实施法，增入一人与多人战之种种法门。盖会员之程度，继长增高也。游艺表上初次刊有盾式徽章形，以后吾会永以此为标识，会员当知之也。

启事

从精武会第六届毕业礼运动大会的启事，也是开宗明义地说明了这个特点：

（一）本会成立以来，秋冬之交必举行运动一次，一以资社会之观感，发扬技击之幽光；一以策同学之进，行勿堕功程于中道，循是以往，亦越九年幸而技击中兴推行日广，商学两界同志者大不乏人，然运动会性质半属选手于本会普及技击之素志未酬，且技击既能施于团体教练，则将来远东运动会中，亦思占一席地，为吾国光，是则本会同人亟以自励者也。

（二）本会习技，纯就实用上着意，无取花样奇异炫人耳目，尤愿来宾注意单人表演，盖无论徒手与兵器，两人对手容易见长，独自表演始显真力量。

（三）本会表演各技，不取重复。惟各团体运动既同渊源自不能免，然亦可借此以资比较互相劝勉。

（四）本会运动员襟缀三星者为六年毕业学员；双星者四年毕业；单星者两年毕业；无星者为初级修业员，各个表演只能各如其所诣之程度，因成参差之姿势，惟希阅者谅焉。

（五）本会今日行第六届毕业礼，非专开运动会，来宾幸勿以观武戏心理，责望本会致碍会场秩序。

（六）军用实施法，即武技袭击法之绪余，其效用全在基本教练，否则不能运用裕如苟躐等而求为效甚，仅试观美国近编《对手战术》一书，先于徒手教练三致意焉，吾国士夫其亦恫夫，斯术之输入异域，而思有以广其传播于祖国欤，不禁企予望之，此届军用实施法表演者为霍东阁、郑灼辰、宁竹亭、卢炜昌。

（七）体育真相之角抵术，乃根据近代体育家露肌运动法，以鼓舞运动员之兴致，并以资筋肉发展之观感，此举关系体育甚巨，西人曾编专书论及之，观者幸勿误为欧美卖技者流借筋肉之膨胀以炫人也。

（八）今年各级毕业会员表（另列）

（九）技击部会员，有三载二载或逾年而未辍课及未告假者，颇有足多分别赠以金牌银牌以勉来者，三年未请假赠毅字银牌者黄汉佳、陈国衡；二年未请假赠奋字银牌者黄鸣岐；一年未辍课赠勤字金牌者杨琛伦。

（十）本会设有摄影学一部，向由留美毕业摄学专家叶向荣君及陈公哲君教授，今年毕业者金光曜、陈寿之、陈延年、梁少田、周锡三、唐文琦、聂云台、杨伸卓、陈国衡。

大会秩序

（一）开幕

（二）军乐（本会军乐队）

（三）报告

（四）演说

（五）喇叭独奏（本会军乐教员）

（六）第一节教员会员运动

（七）技击术军用实施法

（八）给凭技击部摄学部

（九）弦乐合奏（本会音乐部）

（十）本会派员教授各团体运动

　（甲）复旦高校

　（乙）中华工业专门学校

　（丙）东亚体育学校

　（丁）澄衷学校

　（戊）岭南中学

　（己）震亚中学

　（庚）恒丰纱厂

　（辛）德大纱厂

　（壬）商务印书馆工界青年励志会

　（癸）青年俱乐部

　（子）广东小学

　（丑）培德小学

　（寅）培本小学

　（卯）郇光学校

　（辰）唯一学校

　（巳）浴德小学

　（午）爱国女学

　（未）本会女子模范团

（十一）小国民运动

六龄童李树森

七龄童刘一璧

八龄童郑启光

十二龄简观昌

（十二）弦乐独奏（本会弦乐教员）

（十三）体育真相（角抵术）

（十四）第二节教员会员运动

（十五）军乐（本会军乐部）

（十六）闭幕

教员会员运动比赛次第顺序（1）

一 哪吒式 金光曜

二 八折拳 容麟生

三 红操教员 孙赞轩 彭幼典

四 八卦刀 梁少田

五 四六拳 余文厚

六 溜脚式 李少棠

七 双拐串枪 沈季修 陈国衡

八 工力拳 程仙洲

九 露花枪 周杏生

十 五虎拳 原乐岩

十一 套拳教员 赵振群 周锡三

十二 纵扑刀 朱勉仙

十三 挡拳 刘冠山

十四 春秋刀 沈金泰

十五 刀拐串枪 李维新 刘日暄
十六 双龙拳 黄鸣岐
十七 方天戟 薛巩初
十八 少林拳 葛荣先
十九 虎头钩串枪 沈季修 陈国衡
二十 步战刀 何其森
二十一 十八技 温朝书
二十二 文操教员 孙赞轩 冯廷芳
二十三 板凳 徐云岳
二十四 大战 郑福良
二十五 达摩剑 何瑞生
二十六 合战 黎惠生 王松龄
二十七 脱铐 裘松泉
二十八 卧地豹 刘辰臣
二十九 梅花大刀串枪教员孙玉峰 刘日暄
三十 双扫子串枪教员叶凤池 浦阔亭

十七 空手夺刀 金光曜 吕启明
十八 粤派双龙拳 马湘
十九 峨眉枪 陈铁生
二十 开门豹 姚蟾伯 陈公哲
二十一 梅花双舌枪 卢炜昌
二十二 猴拳 浦阔亭
二十三 对枪教员 霍东阁 赵连城
二十四 四门重手教员 孙赞轩
二十五 梅花大刀教员 孙玉峰
二十六 孙膑拳 郑灼辰
二十七 扎拳教员 赵振群 张富猷
二十八 伏虎拳 杨琛伦
二十九 五虎棍 费肇昌 翁耀衡
三十 节拳 卢炜昌
三十一 抱月刀教员 赵连城
三十二 断门刀教员叶凤池 黎惠生
三十三 乐侠拳教员 陈维贤
三十四 双铜教员 赵振群
三十五 醉酒刀教员 叶凤池
三十六 单刀对三节棍 宁竹亭 浦阔亭
三十七 大刀对枪 刘辰臣 卢炜昌
三十八 盘龙棍 姚蟾伯 陈公哲

教员会员运动次第顺序（2）

一 青龙拳 费肇昌
二 五虎枪 罗克己
三 脱战 黎永锦
四 少林棍 卓德
五 飞虎拳教员霍东阁 周俊生
六 散拳 刘伯言
七 群羊棍 陈子学
八 金刚拳 卢颂虞
九 串子 裘国梁 朱栋君
十 太极大刀 张勤益
十一 拦门枪 冯廷芳
十二 单刀及软鞭 承鑫培
十三 串拳教员孙玉峰 刘兰坡
十四 醉溜膛 宁竹亭
十五 劈山刀 翁耀衡
十六 黑虎拳 黄汉佳

第七届毕业运动大会

（民国）八年运动预记
单拳

伏虎拳 安佩文
节拳 容麟生
小扎拳 郑启光
短战 陈善
少林拳 葛荣先
子孙丹 朱穰丞
崩步 张言珍
金刚拳 劳锡藩

硬搥 蔡子荣
四六拳 程仙洲
大战上 卢献辉
大战下 李志羲
工力拳 陈启英
脱战 黎永锦
二郎拳 冯兰皋
十字战 陈铁生
五虎拳 黄汉佳
五虎架 黄汉佳
黑虎拳 刘宸臣
卧地豹 刘宸臣
孙膑拳 郑灼辰
粤派伏虎拳 卓德
粤派双龙拳 马湘
四门重手 何勉之
大雄拳 张勤益
林氏下山拳 张勤益
黄氏下山拳 宁竹亭
醉溜膛 宁竹亭
金枪手 谢名成
罗汉拳 朱勉仙
哪吒势 金光曜
十八技 谭瑞和
小梅花拳 徐云岳
天罡手 乐致远
燕氏插拳 刘日暄
马武拳 黄善祥
跳地龙 原乐岩
奇门拳 黄鸣岐
插拳 翁耀衡
穿拳 翁耀衡
八折拳 容麟生
五躺查拳 程镜川

二鞘串拳 朱穰丞
反车 陈寿之
挡拳 陈寿之
练手拳 李维新
溜脚势 黄维庆

对拳

捻手拳上路 孙玉峰 刘日暄
捻手拳下路 孙玉峰 徐云岳
挡步捶 程镜川 蔡景麟
接潭腿 何瑞生 霍东阁
文操 陈海澄 薛巩初
黄操 杨仲绅 孙赞轩
花鲍操 彭幼典 孙赞轩
合战 卢炜昌 陈公哲
猴拳 姚蟾伯 陈公哲
开门豹 宁竹亭 郑灼辰
扎拳 刘宸臣 黎惠生
串子 宁竹亭 卢炜昌
短打 陈铁生 赵连和
飞虎拳 宁竹亭 霍东阁
八极搥 叶书田 郑福良
桃花珊 杨学南 傅莲芳
拍暗手 罗光玉 马丞鑫
燕氏对子 罗光玉 马丞鑫
套拳 卓德 郑福良
步战五虎拳 黄痴 李汇亭

兵器

少林棍 陈子学
板凳 周锡三
长棍 黄惠龙
盘龙双刀 彭幼典
拦门铗 曾启文

双舌枪 罗克己
混成枪 罗克己
夜战枪 黎惠生
群羊棍 陈兆珽
抱月刀 简伟卿
双刀 陈士超
五虎枪 王汉礼
露花刀 葛荣先
八卦刀 梁少田
地蹚刀 郑福良
步战刀 蔡景麟
梅花大刀 刘日暄
方天戟 薛巩初
大扫子 陈公哲
软鞭 陈公哲
双座钩 宁竹亭
双斧 黄惠龙
绨袍剑 姚蟾伯
达摩剑 何瑞生
二郎刀 贺日三
蛾眉刺 姚蟾伯
铜锤 薛巩初
钯 黄惠龙
春秋大刀 邱亮
劈山刀 翁耀衡
雪片刀 翁耀衡
棋盘刀 何其森
双刺 乐致远
八宝刀 黄鸣岐
三面两刃刀 卓德
六合四门封刀 原乐岩
太极大刀 张勤益
双铜 刘宸臣
峨眉枪 陈铁生

兵器对手

盘子对刀 金光曜 马承鑫
降龙棒 郑灼辰 罗克己
棍对枪 郑灼辰 黄汉佳
刀拐串枪 刘日暄 孙玉峰
大刀对方天戟 刘日暄 孙玉峰
大刀枪 黎永锦 程镛
七十二棍 卓德 陈子学
板凳战双刀 黄惠龙 霍东阁
空手夺单刀 吕启明 霍东阁
双拐串枪 陈国衡 杨其森
盘龙棍对枪 姚蟾伯 陈公哲
单刀枪 姚蟾伯 赵连和
对手大刀 卢炜昌 赵连和
对手八卦刀 宁竹亭 郑灼辰
空手夺双插 浦阔亭 宁竹亭
空手夺枪 郑灼辰 赵连和
龙虎斗 黎惠生 刘宸臣
空手夺双刀 陈公哲 姚蟾伯
对手双刀 裴松泉 叶书田
单刀战大刀 陈铁生 赵连和
龙翔凤舞（即剑对枪） 浦阔亭 罗光玉
三节棍对手 宁竹亭 郑灼辰
双刀串枪 陈公哲 卢炜昌
双刀对棍 黄惠龙 彭幼典
风雷棍 程镛 霍东阁
三节棍对枪 吕启明 霍东阁
空手夺匕 黄惠龙 霍东阁
梅花枪对手 马湘 孙玉峰
对手单刀 翁耀衡 叶书田
对双舌枪 翁耀衡 何其森
左门棍战枪 黄痴 李汇亭
刀拐枪 黄维庆 陈善

1920年十周年纪念暨第八届毕业运动大会

大会概述

1920年10月16-17日,上海精武体育会成立十周年纪念会与毕业礼运动大会在新建成的精武公园隆重举行。这时的上海精武体育会声誉日隆,会员人数激增,并相继成立了三个分会,地址分别在北四川路福德里、南市新北门煤炭公所和鲁班路山东会馆。1920年,倍开尔路址改称上海精武体育总会,统领三个分会。各分会均派代表参加,全国教育联合会黄炎培及各省代表20人列席,来宾人数超过两万。孙中山题赠匾额,书写了"尚武精神"四个大字,在担任该会名誉会长之余,还为特刊《精武本纪》撰写序文。

也正是在1920年,上海精武体育会的办会宗旨与方式更趋明晰与成熟,这可以在精武四杰之一陈铁生所撰《大精武主义》得到印证。该文是作为《精武本纪》导论性的著作,信息量非常丰富,他对精武体育会性质的阐述,就是意在国民体育的体育与养生:运用武术以为国民体育,一则寓拳术为体育,一则移搏击于养生,武术前途方能伟大。其中有大量的信息可供我们探讨,陈铁生认为,精武会注重的是对个体技击术的培养,并认为技击术是千年遗传之绝,习之以达到健全之精神,是为体育之目的。他认为习武有强身之功用,技击术还有治病的功能,转弱为强,有助于国民团结,增强抵抗能力。平等是天经地义的,康健则是智识道德的前提,故康健平等乃人世间头等大事。若想达到此种境界,非技击不可。因此,精武会宗旨以技击为根本,以武德为辅。据其所述,本会虽为学校之性质,而无年龄之限制……本会虽有俱乐部之性质,而严禁不规则之行为……本会既有学校之性质,故从前拳师之积习,在所严禁,无谓之政谈,亦当屏绝,造成学养功深、武德纯粹之平民。可以看到,精武会虽有学校的性质,但在学者年龄上略有区别,即学校有年龄限制,而精武会以实际经验为参考,并要适应时势的要求。陈铁生提倡课余应有行乐游戏,并有相应场所,虽有俱乐部性质,但精武体育思想的一个重要内涵,就是把学养功深、武德纯粹作为学员修习的最高目标。精武会有严格的规则约束。精武会管理取分部法,分别分为技击部、兵操部、文事部和游艺部。从精武会的部门分布来看,性质显然是较早的以研究武术、提倡体育为宗旨的综合性群众体育组织。

到1920年精武会已经发展相当成熟了,精武体育会内部实行了一套较为完备的组织运行机制,使得体育会一改初建时的传统武馆模式,走上较为正规发展的道路。精武体育会实行的是正副会长、董事领导下的参事会执行机制。在武术传播推广上首设技击部,下设拳术、兵器、对手、内功四门。精武会能打破门户畛域,不争一家一派之短长,不论是黄河流域武术、长江流域武术,还是珠江流域武术,凡有价值者基本予以提倡。当年中华民族处于列强环伺、风雨如晦、孱弱不堪、任人欺侮之时,众多仁人志士莫不对以强国强种为己任的精武体育会寄予厚望。

精武体育会是中国第一个民间爱国武术团体,促发了民国时期中国武林各派的联合,对促进中国武术发展起到了重要的推动作用。精武会在理念上是非常先进的,打破对女子的偏见，认识到只有女子之强健，才可能养育强健之国民，破除重男轻女、传男不传女等旧俗。1920年5月，精武女子体育会成立，陈士超任主任。精武女子体育会是一个完全由女性组成的精武体育组织，培养、团结了众多的女性武术和体育爱好者、从业者，为中国女性体育事业的发展奠定了基础。上海精武女子体育会的成立，成为精武事业的重要组成部分。在精武体育会的各地分会如广州、香港、新加坡、吉隆坡等都相继建立了精武女子会或女子部。精武体育会提倡女子体育和女子武术，在很大程度上扩大了武术的传播对象。

1920年的精武体育会，走过十年的坎坷发展历程，在一批各界爱国人士，特别是上海总商会爱国商人的鼎力支持和资助下，不断得以发展壮大，并产生越来越大的影响。十周年纪念大会暨第七届毕业运动大会结合在一起，值得热烈庆祝一番。

为筹备这场盛会，精武体育会早在年初便倾尽全力。在硬件设施方面，历经不懈努力与投入；在节目编排上，老师们汇聚集体智慧，力求全面展示精武十年来的教学成果与武术传承。他们根据学员的不同特长，精心设计表演项目，从基础的武术套路到高难度的实战对抗，从单人技艺展示到多人团队协作表演，涵盖了武术领域的方方面面；还融入了一些创新元素，如结合当时流行的音乐节奏设计武术动作，使表演更具观赏性与时代感。同时，为了提升学员们的竞技状态与表演水平，老师们加大训练强度，从清晨到日暮，陪伴学员们在训练场上挥洒汗水，对每一个动作的规范、每一次发力的技巧都进行细致指导。

10月30日，这个注定被精武历史铭记的日子，精武体育会十周年纪念暨第七届毕业运动大会盛大开幕。首先进行的是庄重而热烈的十周年纪念仪式。精武体育会的元老们纷纷上台，回顾了精武自1910年创立以来的风雨历程。从最初在艰难时局中艰难起步，到逐步发展壮大，开设多个分会，传播武术与爱国精神，每一步都凝聚着无数精武人的心血与汗水。现场大屏幕上播放着精武十年间的珍贵影像资料，从霍元甲先生创会时的壮志豪情，到一届届学员刻苦训练的身影，再到精武会积极参与社会公益、爱国救亡活动的场景，无不令在场观众心潮澎湃，感慨万千。

随后，精彩绝伦的武术表演正式开始。首先登场的是大型团体武术表演，数百名学员身着整齐的精武练功服，精神抖擞地步入表演场地。他们动作整齐划一，刚劲有力，一招一式间尽显精武人的风采与气魄。在激昂的音乐伴奏下，学员们的拳法刚猛有力，出拳虎虎生风，每一拳都仿佛蕴含着千钧之力；掌法变幻莫测，手掌在空中挥舞，如利刃般凌厉；腿法轻盈而有力，高踢低扫，令人眼花缭乱。整个表演过程中，学员们的动作协调一致，节奏把握精准，充分展示了精武体育会严谨的教学体系和学员们扎实的基本功，赢得了现场观众的阵阵掌声与喝彩。

个人武术套路表演环节更是精彩纷呈。学员们各展所长，将中华武术的博大精深展现得淋漓尽致。观众们被学员们的精彩表演深深吸引，目光紧紧跟随着舞台上的一举一动，不时爆发出热烈的掌声和欢呼声。

器械演示环节同样令人拍案叫绝。刀、枪、剑、棍等传统器械在学员们手中犹如活物一般，上下翻飞，呼呼作响。刀术表演中，学员们手持长刀，动作刚健有力，刀光闪烁，寒气逼人。他们的刀法变幻多端，时而迅猛劈砍，时而巧妙撩挑，每一次挥动都带着强大的力量，让人胆寒。枪术表演中，学员们的长枪犹如游龙一般，在空气中穿梭自如，枪尖所指，无不令人望而生畏。他们的枪法精准娴熟，动作敏捷迅速，展现出了高超的技艺水平。剑术表演中，学员们的剑如白蛇吐信，时而轻盈飘逸，时而凌厉迅猛，剑花闪烁，美不胜收。他们的剑法灵动优雅，姿态优美动人，给观众带来了极致的视觉享受。棍术表演中，学员们的棍棒挥舞得虎虎生风，如泰山压顶般气势磅礴，让人真切感受到强大的力量冲击。他们的棍法娴熟多变，动作刚劲有力，每一次舞动都伴随着呼呼风声，令人惊叹不已。现场观众们被学员们精彩的器械演示所折服，欢呼声、叫好声此起彼伏。

实战对抗环节无疑是整个大会最激动人心的部分。学员们两两一组，在赛场上展开了激烈而精彩的较量。他们充分运用平时所学的武术技巧，灵活地闪躲腾挪，巧妙地进攻防守，将精武体育会注重实战应用的教学理念展现得淋漓尽致。虽然是实战对抗，但学员们始终秉持着精武体育会的高尚武德，点到为止，尊重对手。他们在比赛中展现出的顽强斗志和拼搏精神，赢得了观众们的阵阵掌声和喝彩。在一场紧张激烈的实战对抗中，两位学员你来我往，互不相让。一位学员身形灵活，不断地变换着攻击角度，试图寻找对方的破绽；另一位学员则沉稳应对，凭借着扎实的基本功和丰富的实战经验，成功地化解了对方的一次次进攻。双方的攻防转换迅速而流畅，每一次的进攻和防守都让人看得惊心动魄。观众们的情绪也随着比赛的进程不断高涨，他们为每一位学员的精彩表现欢呼呐喊，现场气氛热烈非凡。

在众多学员的精彩表演中，有几位学员的表现尤为突出，赢得了全场观众的高度赞誉。其中一位学员在拳法表演中，动作刚劲有力且富有节奏感，对拳法的理解和运用达到了极高的境界，每一拳都仿佛蕴含着无尽的能量，将拳法的精髓展现得淋漓尽致，让观众们不禁为之赞叹，深深折服于其精湛的技艺。另一位学员在器械演示中，将长枪使得出神入化，枪花飞舞，令人眼花缭乱。他的表演不仅展示了高超绝伦的技艺，更彰显出强大的自信与非凡的气场，赢得了台下观众的阵阵欢呼和掌声，成为舞台上耀眼的焦点。还有一位学员在实战对抗中，凭借灵活多变的身法和巧妙精妙的战术，多次成功避开对手的攻击，并给予有力的反击。他在比赛中的出色发挥，充分展现了精武学员的卓越实力和独特风采，赢得了全场观众的一致认可和高度赞扬，成为众人瞩目的明星。

表演环节告一段落，紧接着迎来了第七届毕业学员的毕业典礼。精武体育会的领导们郑重地为毕业学员们颁发毕业证书和荣誉证书，对他们在学习期间的努力和成绩给予了充分肯定。毕业学员们身着整齐的服装，满怀激动地走上舞台，从领导们手中接过象征着荣誉与责任的证书。他们的脸上洋溢着自豪和喜悦，眼中闪烁着对未来的憧憬和期待。在毕业典礼上，毕业学员代表发表了感言。他回顾了在精武体育会学习的点点滴滴，表达了对老师们的感激之情。他表示，在精武的学习经历让他们不仅掌握了武术技能，更培养了坚韧不拔的意志、团结协作的精神和强烈的爱国情怀。他们将带着精武人的使命和担当，走向社会的各个角落，传播精武精神，为弘扬中华武术文化、实现中华民族的伟大复兴贡献自己的力量。

此次大会不仅是精武体育会十年来发展成果的集中展示，更是一次武术文化的盛会。它吸引了来自全国各地的武术爱好者和社会各界人士，促进了武术文化的交流与传播。同时，通过学员们的精彩表演，向世人展示了中华武术的魅力和精武体育会的精神风貌，激发了更多人对武术的热爱和对民族精神的认同。

1920年精武体育会十周年纪念暨第七届毕业运动大会在热烈的掌声和欢呼声中圆满落幕。这场大会在精武体育会的发展历程中留下了浓墨重彩的一笔，成了精武人继续前行的动力源泉。此后，精武体育会在传承与发展的道路上继续阔步前行，不断书写着新的辉煌篇章，其影响力也随着时间的推移，逐渐扩大至全球，成了中华武术文化传播的重要旗帜。十周年纪念大会暨第七届毕业运动大会，很有一种检视以往、总结经验、继往开来的意味。

附：筹办会议及通告
精武补行十周纪念会议纪要

本埠精武体育会因补行十周纪念，于十二日上午九时在总会开筹备会议。由卢炜昌主席宣布补行十周纪念，拟在精武公园举行，定期十月十六、十七两日，下午二时至五时。请各职员讨论。

陈铁生言："十周纪念应组织筹备委员会，俾利进行。"众以为然，遂决定设筹备会。陈铁生言："这一回筹备，我们应体谅卢炜昌，不可使之过劳。因炜昌近来实在一日二十四小时，除了睡眠四五小时外，实在无一息之暇。他一星期教拳钟点，已经不少，又要任社会各事，又要赚钱来精武会用。若是又要他筹备开会，他的钱赚少了一文，精武就少一文钱去做事业，殊不上算。"

如姚蟾伯、陈公哲亦当准此。这三位但请他充当原有职责，不再加以筹备事务。旋由众推郑灼辰、周锡三、连炎川、郑福良、宁竹亭、王汉礼、梁少田、赵振群、蔡志枬女士、陈铁生十人为筹备员，定名曰"精武十周纪念临时筹备委员"而分科办事。

卢炜昌又言："凡各部主任，如雄辩部须组成演说团，在会场分任演讲，以传宣本会真精神。"梁少田言："已早有预备。"卢又言："摄学部须速筹备。"程子培言："顷正急促进行。"

蔡志枬女士言："临池科陈列成绩，形式须一律，而表美观。"陈铁生言："临池科课卷，向归梁少田经理。请梁君一手总办。"

翁耀衡言："从前开会在戏院，故能风雨不改。此次在公园，不知能否办得到？因本会开会，国文、英文报纸皆有登载。据精武式须登载明白，请筹备委员注意。"卢炜昌言："会场须有报纸，拟借用《广肇周报》。凡各会员有言论，请先一星期付至筹备处，以便载入。"又言："须设临时饭食茶点部，以便来宾。"

陈铁生言："女会一方面由蔡志枬女士、由女子部会议办理。第一分会由王汉礼负责。第三分会由宁竹亭负责。外埠总分会由连炎川负责。各筹备委员十四日会议，分科办事。"

卢炜昌言："请秘书陈铁生起草通告，本埠、外埠各会员，公哲负责。"

至十时半乃散会。

精武会为筹备十周纪念敬告全体会员
（1920年《广肇周报》第76期）

会员诸君：我们精武会到民国八年，已经是

成立十周年了。去年就该举行十周纪念，因为纪念的大会，规模宏大，没有相当的会场，故此要等到我们精武公园建筑完成，才能够开会。如今公园是完成了，职员部九月十二号会议，决定在十月十六、十七两天下午二时至五时，在公园里补行十周纪念大会。并九年秋季毕业礼。

公推郑灼辰、周锡三、梁少田、陈铁生、蔡志枬女士、王汉礼、宁竹亭、赵振群、郑福良、连炎川诸位为筹备委员。但是以上十位不过是做一个筹备开会手续临时机关里的委员，那各部分的事情，仍须原有各部分的职员自行办理。不但是各部分职员要各自尽力做去，就是本会各位会员，不管是本埠的、外埠的、总会的、分会的、男会的、女会的、老的、少的会员，也要自己知道精武会的事，个个都要负责成。因为我们精武会员的一般心理，见得精武就是我，我就是精武。我们会里本埠、外埠共有会员数千人，在身体上虽然分开数千个人，在精神上只是一个人，这就是精武会与别的团体不同之处。

更有一件，精武的人，凡会里想做一样事情，必要达到目的，不管什么阻力，一定要成功。数千会员从来没有怕难的，从来没有不肯为会里出力的。若是我们会员将来秉着这点精神去做社会的事，做国家世界的事，简直是天下通行，不看见本埠的第一分会吗？第三分会吗？不看见汉口总会、广东总会吗？他的发达情形，诸位都看见了。现在南洋的吉隆坡、星架坡，安徽的芜湖，各分会也有眉目了。但是有一句话要告诉诸君，既然是本会如此发达，我们会员更要奋发。这一回十周纪念，当然要各人担负一份大大的责任，不能够全数责望在职员身上。

各会员有见得到这纪念会，应该怎么办理，然后才得完善，就要写一封信送给筹备委员（总会里有一个箱子，放在书报室，凡有会员送来的意见书，可放在箱子里面，或者交给总会的会计员陈启英也可以的）教他留心，这是"精武式"应该做的事情，闻听这一回纪念，各埠都有会员来此参与，真是空前未有的盛事。而且上海的外国人，也是知道我们精武办事讲求实际的。我们这一回纪念，外国人来参观的一定不少。中华民国的真精神，也要给他看看。

诸君多用一点心，我们中华真精神，自然多表示一点。诸君赶快想想罢，怎么样去办理呢？

精武会筹备十周纪念分科办事录
（1920年《广肇周报》第77期）

九月十四日下午七时半，精武十周纪念筹备委员在工界协进会楼上开第一次会议。举周锡三为临时主席，连炎川为临时书记。议决分科办事如下：

布置会场工程科	周锡三
女子部各科	蔡志丹枬女士
外埠总分会科	连炎川
本部分会科一分会	王汉礼
本部分会科三分会	宁竹亭
会场招待科	唐琼相
贸易科	冯少山
陈设科	李国荃
记事科国文	陈铁生、连炎川
记事科英文	翁耀衡
兵式教练科、拳术会操科	郑灼辰
文牍科	陈铁生、吴见真、连炎川、招伟民
临时新闻科	刘耿卿、招伟民、罗伯夔、陈铁生
演讲科	梁少田
摄影科	程子培
出纳科	卢炜昌
纠察科	卢炜昌
调查科	郑福良
庶务科	金光曜
音乐科京乐	陈善

音乐科粤乐、沪乐	陈铁生
音乐科西乐	莫俭
拳术科	姚蟾伯、赵连和
游戏科	莫俭
发券科	卢炜昌
聚餐科	何杰卿
临时救伤科	林锦华、汤节之

又九月十九日，筹备委员会在总会议决各事如下：

（一）赠送来宾纪念物，拟由摄影部取一最佳之武术或会场照片，用玻璃版印成明信片。

（二）十七号星期日分上午、下午两次运动，由总务处排定秩序、规定时间，其最重要之拳术大会操在星期日上午行之。

（三）各分科主任须在十月三号以前，各项事宜办理告竣，而报告于总务处。

（四）临池会由梁少田刊印硬纸皮，分售临池会会员，每张小洋一角，由姚蟾伯书签。

（五）此次中初级毕业会员太多，行礼时不能各个分给。拟先列名张榜，临时则分排三班，由会长汇给该级毕业会员之入会时日在前者。

（六）即日通信呈报开会日期于会长、会董。

总务处通告各分科主任函

本会补行十周纪念，现举定先生充当某科筹备主任。惟开会期近，先生所任之该科应在阳历十月三号以前预备完全，并将筹备情形报告总务处，万勿延迟。本筹备总务处逢星期四日下午七时半，假座虹口西武昌路工界协进会楼上会议。星期日上午十时在总会会议。各主任如有不明任务者，可到议场问明。

九月十九日启

神圣公启

会员公鉴：此次补行十周纪念，据"精武式"，我会员皆当绝对尊重。凡会员倘为筹备各主任，请其分任事务者不能或邻，盖神圣之精武式，当如是也。

聚餐科预售餐券广告

本会十周纪念会定于十月十六、十七两日，在倍开尔路精武公园举行。届时本会特设午膳、晚膳，以备会员及亲友来宾之用。预计是日到者必多，而时间颇长，势不能枵腹从事。惟倘无预算，备办为难。兹由聚餐科先行印便两日餐券，预日发售，每位小洋五角。务请先期购定。该项餐券售至十月十三日为止，无券者无论职员、会员，一概谢绝。特此通告。

售券处

（一）本会；

（二）北四川路横滨桥福德里第一分会

（三）法界吕班路山东会馆内第三分会

（四）虹口西武昌路工界协进会

附告

十七号星期日上午大会操，各学校、各团体同学来会操者人数众多。本科特设最简便之午饭，每大碗售小洋一角，以期利便会操诸君及诸位学生，免因午饭而劳往返。

欢迎代表记

（1920年《广肇周报》第85期）

香港精武代表余少常、凌犕、凌骏，暨教员李树山，不日回港。汉口代表刘宸臣亦将回汉。月之八日下午八时，上海总分会会员在工界协进会开欢送会。由卢炜昌主席，先述各代表皆营商业，乃不远四千里而来，牺牲许多时间，见足精武人之真精神。吾辈今日之欢送，与寻常之送往迎来者有别。在座会员请以极短之时间，各纾欢送之诚意。

陈铁生起言："昔者粤会干事罗君啸璈之往南洋，都人会以'不放弃责任'五字勖之。今回各代表返旆，亦以数字贡之，曰：'请传布精武'。"

陈俪璇代表女子部致欢送词。罗啸璈言："各代表分道扬镳，形骸虽隔而精神仍息息相通。"黎惠生言："今夕之会，可云痛快。"复由周锡三、薛巩初、王汉礼各致欢送词。

各会员群请陈公哲略宣布南洋事迹，俾各代表略知梗概。陈公哲言："南洋事太繁，容日另撰《精武外传》布告大众。惟至星架坡时，有一笑话，请诸般运动如食面包，而中国之精武式运动如食饭。现在南洋一带，已成为口头禅云。"

旋凌赠起答谢，并言伊幼时久患晚上遗溺，自学精武式运动后，其病若失。"吾敢谓精武式体操术为救世灵丹。鄙人亦如《精武本纪》之希望，推行全球。"

刘展臣起致谢词，并言："汉会建筑已成，又添设音乐、临池各科云，末复由雄辩科员作化装演说，发展武化救世主义。力言今世之军阀是强盗行为，是不武的，与武术无涉。且言文弱是亡国灭种之根源，欲言救国，先宜以武化武德为皈依云。"

并有幼穉生两人，表演《长春不老》短剧，以娱众听。至十时，乃尽欢而散。

欢迎新会员会记
（1920年《广肇周报》第85期）

精武体育会日前举行十周纪念时，会有征求会员之举，结果共征得三百数十名。因于十四日在精武公园开欢迎新会员会，并拍照活动影片，用留纪念。是日新会员几全体莅会，旧会员莅会者亦甚踊跃，秩序如下：

（一）拍照

（二）致欢迎词

（三）介绍教员

（四）新旧会员简单演讲

（五）茶会

首由主席卢炜昌君致词，略谓："精武会向不注重征求会员，惟此次举行十周纪念，所以特设征求科者，一则狥会众亲友之要求，二则所以志盛典。又历言精武旨趣，不仅练习拳术，自健体魄而已，必也行有余力，则以此身服务于社会、于国家，乃至世界。盖精武会者，乃牺牲主义之团体也。凡欲人为社会服务，则自己必先为牺牲。"末复言世界人类互助要旨，语中肯要，洵可为我国体育界之良好模范也。

次将会中教员向新会员介绍。俾资接洽，复由新会员相继登台演说。平日感觉于精武者之深，故此次于征求会员之际，加入惟恐不速，深望此精武主义普及全国，庶足以振吾国之衰弱，而雪东方病夫国之耻云。

旋茶会而散，时已钟鸣五下矣。

委员会第十三次会议记
（1920年《广肇周报》第85期）

九日下午十时，委员会仍在工界协进会开议，周锡三为主席，连炎川为书记。主席宣布会员林焕庭送来奖品，请讨论如何处置。经多人讨论，或言当奖给征求纪念会员之最出力者，或言当询之林焕庭。付表决结果，托卢炜昌转询林君。

陈铁生提议："此次纪念会各科非常出力，七号日来宾三万人，群集会场而秩序井然。以一团体办理，其成绩能若是，推而广之，吾精武字典殆无难字。当各赠以纪念章，以示不忘。"王汉礼和议。主席付表决，全体通过。

陈铁生并提议各省代表当各赠以纪念章，郑灼辰和议。付表决，通过。又言各科主任及科员，请于十六日下午七时仍在此开第十四次会议。结束各项手续，并将各科人员开列名单，送存总务处，以便将来凭单赠给纪念章。

总务处通告
（1920年《广肇周报》第85期）

纪念会各科主任公鉴，兹定于本月十六号，即星期二晚七点半钟，假座工界协进会开第十四次常会。请各科主任将手续先事收束，以便于会议时结束一切。届期务望贲临，幸勿放弃。

精武十周纪念会总务处谨启。十二日。

委员会第十四次会议记
（1920年《广肇周报》第85期）

十一月十六日下午七时半，在工界协进会开第十四次常会，公推郑福良为主席，刘耿卿为书记。主席言："此为委员会末次会议，请各位宣布各科用欵，以便结束。"

征求主任陈善言："本科征得纪念会员三百三十八人，内计成年者一百九十九人，学生一百三十九人，共收洋一千六百一十一元。计交与出纳主任卢炜昌收洋一千六百零二元七角半。支出使费洋八元二角半，进支两数符合。尚有已填志愿书而未交银者二十五人，已交半数者三人。"

庶务主任金光曜言："本科约须费去一百八十余元，因头一天开会后遇雨，将借来之万国旗洒湿，其太残破者不能璧还，须略买新旗填补之。因此各事尚不能完全结束，请问总务处如何办理？"

贸易主任梁少田言："光华毛巾厂及足安袜厂及其余各热心家，皆有零星捐款，应否登报鸣谢？"众议交《广肇周报》八十六期登载。

总务处员陈铁生言："今夕作为委员会结束，请主席宣布解散委员会，其各科尚有手续未完者，可归还总会职员部办理。好在委员会中人多半是总会职员或分会职员，而出纳主任，即总会之会计员，故名义上之委员会虽解散，而实际上各人脑子里个个都有精武两字，肩膀上即须终身担负精武义务。以后请直向总会职员部接洽可也。"

前次会议通过送赠之纪念奖章，凡曾任纪念会各科任者，无论本埠外埠，各赠一枚。请各主任于此星期内开列名单送交总会，由陈启英手转交鄙人。将来即以此名单为凭，请勿漏载。此种纪念章须六越月方能制成。

梁少田提议："请各主任及科员于一个月内，各撰会场闻见录及各该本科办事手续记一篇，须详细叙明。不特本科事务，即他科事情，苟有所闻所知，亦须列入撰成，请交总会秘书处，以便汇登《广肇周报》或刊专册，则将来廿周、卅周以至千百周，皆可据为参考。"陈铁生和议。主席付表决，全体赞成，通过。

九时，主席宣布："经此次会议作为结束，解散委员会。未完各事，请向总会职员接洽。"

散会后，各员群至天潼路西工界音乐部参观。

会场规则

一、来宾请守秩序，幸勿喧哗。

二、请勿攀折园内花木。

三、请勿涂污墙壁椅桌。

四、不得在场内散布无意识之传单。

五、凡欲在场内散布传单及印刷品者，须将样本送经总务处过目，并签盖章，给予场内通行证书方能散布，否则定为警备队员没收。

六、中外来宾皆在公园门外下车，各车辆勿停放门前，免碍交通。

七、有未明事件或未知厕所何在者，请向问事处询问。

八、各来宾之有座位者，请勿起立，免碍后座视线。

九、各贩卖什物者不得阻碍交通及乱掷果皮果壳等物。

十、倘有不守秩序者，得由警备队员制止或由纠察员指令出场。

大会致辞
精武公园开幕词（陈公哲）

公园是公众游乐的地方，所以各国都有无数的公园。上海有公园吗……有的……唉……我不忍说出来了。去年有一位隐名氏先生，送了一张三万块钱的银票到我们精武会里。我们就把那三万块钱造了一所公园。以后我们中国人也有了自己的公园了。

大家要晓得，我们中国有了这位隐名氏先生，才有我们自己的公园。有了这所公园，才有一所舒舒齐齐的游耍地方。今天公园开模

（幕），我替那同享公园利益的我们中国人道谢一声。

黄钟铭（罗伯夔）

精武公园落成，会员安步团将累年所省得之车费数百金，女会员卢雪英女士并熔其金饰资助之。仿美国自由钟式，铸成一器，命曰黄钟。送置园中，以留纪念，迺为之铭曰。

黄钟伟器，古所崇，大叩大鸣群乐空。是谁铸造金在镕，铁血主义万夫雄，并有女杰表情同。于烁哉，黄钟黄钟，一声振响醒群声。

来宾万岁（陈铁生）
——长春不老法

万岁是恭祝人家长寿的意思。今天我也学学时髦的样儿，呼一声"来宾万岁"，但是别人呼万岁是一句空话，我说的万岁是有一个长寿的法子，送给诸位来宾。

长寿要自己修练得来，修练的法子只有一个，什么菩萨啦、教主啦、补药啦，一概没相干。任你天天去烧香、天天求教主、天天食补药，全不中用。

少年的人大概以为自己年富力强，什么事也能够。到了三十岁以后，可就有点不像从前了；到了四十岁，更是不成了一般人的普通思想。大概说道："我老了。"我想古人常常说道"三十而有室，四十强而仕"，可见得四十以后才是出来担当世界大事的时候，四十岁就要说老了老了，这是什么话。

但"四十岁就老了"这句话，却也有点讲究。我曾听见一位医生给我说道，一个人若是少年时代不讲究运动，到了四十岁，那骨里都有一种沉淀的东西，很像石头一样，石头一天一天的多，那性命就一天一天的短。来宾诸君你说道可怕不可怕？

诸君听了我这一回的话，可晓得要长寿非运动不可。那什么菩萨、什么教主、什么补药，全没相干了。但是运动也有许多的法子。近来在外国学得来的徒手体操、器械体操，都是运动的法子，都是好的。不过是我们中国还有最好的运动法子。因为讲究运动是要全身一起运动，全身运动，那身体里气血才能够同时运行，才是运动的真正路道。我敢说这个全身运动的法子，除了我们中国以外是再没有了。

我们中国的运动从前叫做拳术，也叫做技击。从前只晓得那拳术是打仗使用的。如今我们精武用十年的工夫、十年的经验考究出来，才晓得这是中国式的运动法子是最好的。全身运动法子有了，这个法子那偏于一部分的运动可就用不着了。

今天要看开会我也不多说了。诸君要长寿的可以来我们会里试试看。不管老的少的男的女的（女的另设导部），每天只要练十五分钟就够了。诸君要长寿是很容易的事，何妨试试看。

现在我们精武的职员因为会员一天一天的多了，有许多会员住址离我们提篮桥的总会太远，所以我们在法租界吕班路山东会馆里设了一所分会（这是上海第三分会）。公共租界虹口北四川路横滨桥福德里内也设了一所分会（这是上海第一分会）。这两所分会都在交通最便利的地方，电车是达到门前的。诸君要练精武式的体操，随便到哪一处分会，总会都是一样的。

导言

在上海精武体育会自行印发的《精武十周纪念、公园开幕新闻》这本小册子中，姚蟾伯写了一篇《大会游览导言》，从这篇文章中我们可以快速了解大会的活动内容。

今天是我们精武举行十周纪念，又是精武公园开幕的日子。诸君到此参观，头一件就想晓得那会场里面是怎样情形，怎样布置，那一处地方有什么好看的东西？因此我就先做出一篇导言作为向导，诸君看完那就通通明白了。

沪乐粤乐

入了精武公园的盾形铁门，向右面走过去，

有一个亭子。亭子里有上海音乐,有广东音乐。这奏上海音乐的是中华全国工界协进会的会员。他们用了多年的工夫,练到这种好音乐。平日是不容易表演的。广东音乐有丝竹合奏,有唱的。也是工界协进会的会员。我们精武也有三五位会员参预(与)。这广东音乐有一种叫做梵唱,是十余人同声共唱,而且有乐器和音。真是别开生面,到(倒)是不可不听。

黄星台

再往前去就有一座台子,那叫黄星台。此台有上海音乐、广东音乐,也有各种游艺。三十一日上半天,有广东工界人在此耍狮子。

精武体育会

黄星台对面就是我们精武体育会。楼下前面是第一演武厅,平日我们会员运动就在此处。现在因为开会,就将此处略为铺设,陈列我们会里各种成绩。有用照相镜子拍出来的摄影品,有字、有画,通通是我们会里的人所作的。字啦、画啦现在我们用工的日子浅,说不了一个好字。那几张摄影颇有数张不俗的,请诸位鉴赏鉴赏。楼上本来是书报室、弹子房、乒乓室,现在因为开会,暂时把来做了办事机关。这两天不能招待来宾,诸君要游览的,请改天来罢。除了开会这两天,我们精武样样事情、处处地方都是公开的。不论哪一天只管请来参观。

问事所传达所

精武第一演武厅外,阳台的西南角是问事所及传达所,那处常常有人办事。诸君有询问一切事情的,请问他便得。

第二演武厅

后面是第二演武厅,现在暂用为本会的董事办事及休憩处。

纪念会员摄影台

精武会左侧是纪念会员摄影台。

第三演武厅雨操场

精武会左侧是第三演武厅,我们会员一天一天的多了,运动的地力不够,所以再起造这第三演武厅。我们会里有兵操科,所以这第三演武厅要起造雨操场的样了。现在开会,把来做卖点心、茶食、水果的地方。这里头的东西,全是经我们检查无碍卫生的,都是国货。

蓝星台

第三演武厅后头的草地,搭有一个台子,那是蓝星台。有京戏、有外国调的音乐,有各种游戏,也有各种技击运动。刀枪剑戟,样样都有。

陈宅

蓝星台旁的洋房子,是会董陈升堂君的住宅,现在借来做各女校的招待处。

红星台

陈宅右边、公园当中是红星台。这台有本会的技击运动,有女校的跳舞,有女子白话戏,有演说,有唱歌。

盾阵

红星台后面,东北方是盾阵。道路曲折,不能够容纳多数人,必要轮班进出。门口有守卫,一问就晓得,里面有许多滑稽画。

卖茶处

盾阵左方有茶卖。

西乐

盾阵右面亭子里是西乐,有军乐、有铜乐。

纪念会员报名处

亭子右方是纪念会员报名处。我们会里因为这一回十周纪念，同公园开幕，是从来未有的事。而且我们得到了精武式技击的好处。我们一般精武会员，总算把那外国人所奉送的东方病夫头衔革除了。但是我们精武会员难道忍见多数可亲、可爱的同胞，不能革除这个病夫名目吗？这一回开会来宾总有三四万人，我们趁此机会也想来宾中，人人知道替我们中华民国争一口子气。来我们会里练习练习，把这病夫名目去掉。（另有纪念会员章程在后头）

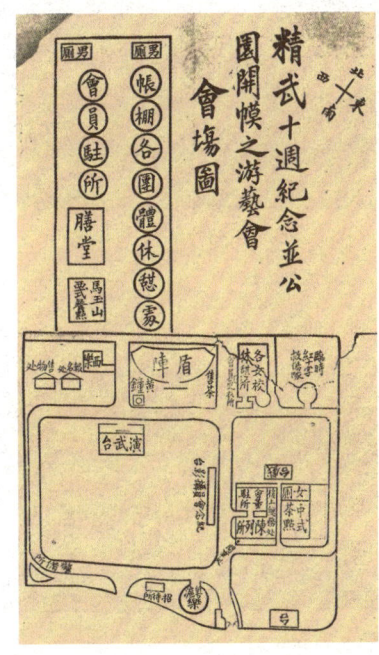

精武十周纪念游艺会会场图，出自《精武十周纪念·公园开幕新闻》

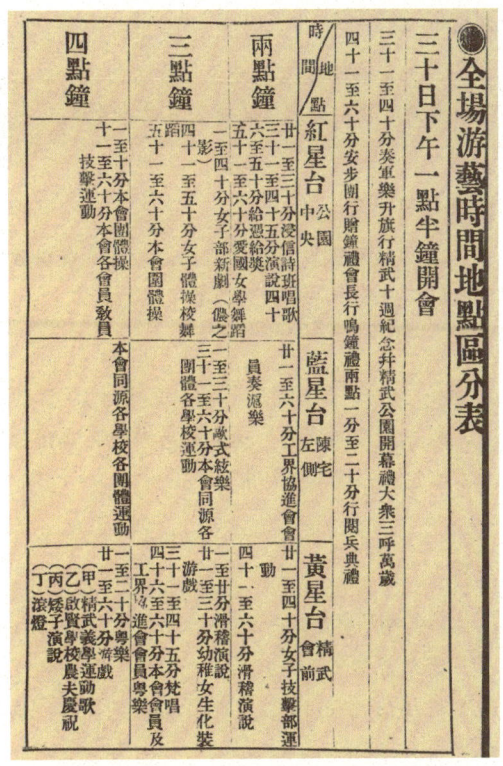

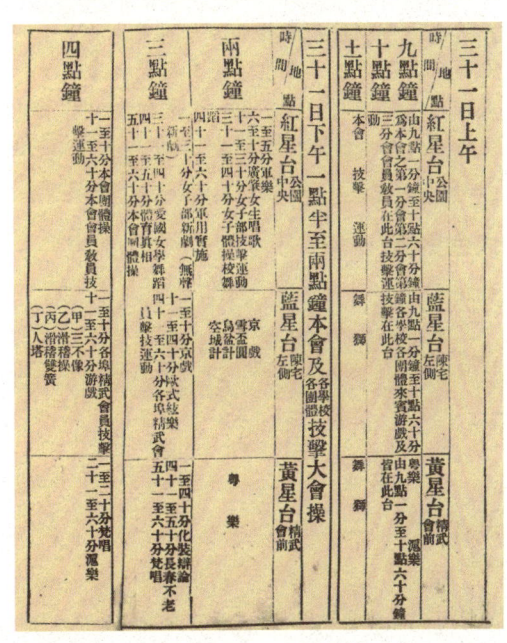

贸易处

再往右去是卖物处。

马玉山西餐西点处。

盾阵及亭子的当中是精武村。村里有马玉山公司西餐西点处。马玉山公司虽然是西式食物，全是国货。这一回他很愿意帮忙我们。因为他也知道我们是想改良中国人种的。所以他肯老远的来到此处。诸君有想用西式茶点、西餐的，可到精武村里的马玉山公司。价钱是便宜的。

膳堂

马玉山公司隔壁，是中菜食饭的地方。但是须在前日买便餐券，临时没有餐券发售。

便饭每碗一角

膳堂里虽然没有临时顿饭，却有一种很便宜的饭，每碗小洋一角，饭有了菜也有了。

帐棚

帐棚是参预（与）运动的各学校、各团体更衣休憩处，恕不招待来宾。

厕所

男的厕所在帐棚尽处，女的厕所在雨操场后。

诸君看完了这一篇，会里的情形都晓得了，若要明白我们的宗旨，可到贸易处买一部《精武本纪》看看。

更有一句话要告诉来宾，三十一日下午一点半钟是各学校、各团体的拳术大会操。有千数百人同时运动（在公园），我们中国从来没有的，不可不看。

大会日程
舞蹈表

爱国女学：摇曳舞、水手舞

中国女子体操学校：舞蹈两套

广东小学：舞蹈三套

游戏表

醒狮两头（工界）。幼稚女生化装游戏、长春不老（精武女子部）。运动歌（精武义学）。农夫庆祝（启贤小学校）。瞎子演说、汉灯三不像、滑稽滑竿、滑稽双簧、人塔，并有广东小学之手巾操。

出自《精武本纪》第 41 页

出自《精武本纪》第 42 页

出自《精武本纪》第 42 页

大会操后之散队，出自《精武本纪》第 41 页

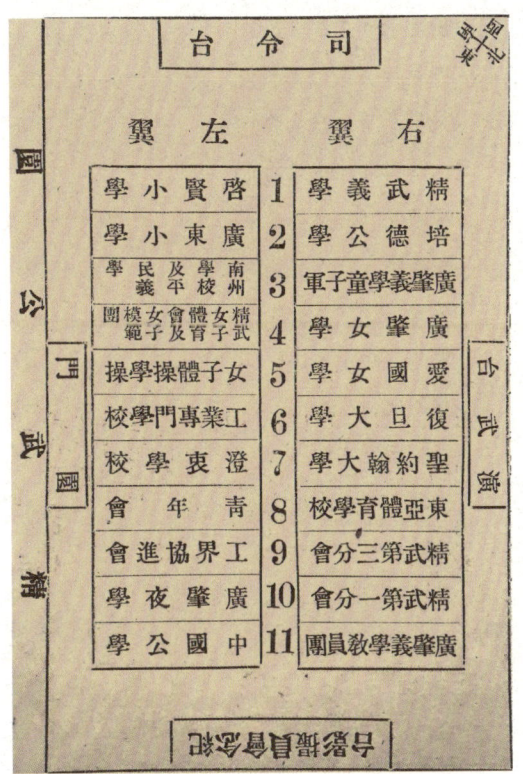

技击大会操各精武同源团体分区图

京剧表

乌盆计、空城计、雪杯圆。

女子新剧表

《侬之影》无声新剧。

粤乐表

霸王别虞姬、粤狮观图、夜困曹府、山东响马、东坡访友、五郎救弟（尹自重）、燕子楼、哭潇湘、琵琶行、小青吊影、赏花时（黄忠可）、甘露寺诉情、陈宫骂曹（谢星泉）、释妖、巾帼须眉（黄忠可、谢星泉）、举狮观图（谢星泉、尹自重）。（以上粤曲）

柳瑶金、凤凰台、三级浪、蝶双飞。（孙瑞初、钟瑞祺、余少常、刘北连、鲍公勉）（以上粤乐合奏）

三皈依、返魂香、万德圆融。（黄君钺、冯伯廉、黄忠可、黄桂辰、梁绍基、黄肇衡、杨藻泉、卢佩屿、唐冠生、黄肇昌、尹自重、郑玉昆）（以上梵唱）

沪乐表

四合连快六板、三六板、云庆、花六板、柳青娘、四合如意。（郑玉昆、李长发、吴来、唐玉麟、梁耀初、韦馥坤）

技击大会操记

精武会会员刘宸臣附录以下四幅照片，并以《技击大会操记》为题记云：

吾会派员教授之上海各团体，如复旦高校、中华工业学校、东亚体育学校、上海青年会、澄衷学校、岭南中学、十三队童子军、爱国女学、中国女子体操学校、商务印书馆工界青年励志会、广东小学、培德小学、青年俱乐部、培本小学、广肇女学、崇德女学等。于每月之第四星期，召集之于本会操场，会操技击。虽千数百人，以口令指挥之，裕如一也。本会教练注意团体操。盖欲养成一种共同生活之精神。此四图为会操时与散队之真相。

大会现场

精武公园（大会入场）大门（上海精武体育总会档案室提供）

上海精武体育总会档案室提供

1920年精武会十周年纪念大会暨第七届毕业运动大会开幕时新会所情景（上海精武体育总会档案室提供）

民国九年（1920年）毕业名单

民国九年分高级毕业记名

陈善（广东南海）

吕启明（山东蓬莱）

民国九年分中级毕业记名

黄惠龙（广东台山）

黎耀文（广东南海）

程镜川（广东香山）

简贻孙（广东香山）

马承鑫（江苏江宁）

何杰卿（广东香山）

李国荃（广东香山）

黎湛泉（广东香山）

黄善祥（广东番禺）

梁子鹏（广东南海）

蔡景麟（广东南海）

程子英（广东番禺）

郑福良（广东香山）

简观昌（广东香山）

卓德（广东香山）

程仙洲（山东淄川）

安佩文（山东福山）

刘冠三（山东蓬莱）

傅莲舫（山东福山）

单子玳（山东黄县）

张葵五（山东齐东）

葛荣先（山东蓬莱）

杨子经（山东牟平）

刘兰坡（奉天盖平）

张言珍（山东福山）

刘德臣（山东长山）

民国九年分初级毕业记名（部分）

郑经伯（浙江镇海）

陈嘉贤（浙江绍兴）

徐维鸿（浙江鄞县）

余树仁（广东香山）

周若虚（广东香山）

方树培（广东南海）

邓文献（广东新会）

郁瘦梅（江苏海门）

谭瑞和（广东香山）

莫甘棠（广东香山）

宋学玉（山东蓬莱）

曹静波（山东荣城）

崔禄昶（山东蓬莱）

牟恩光（山东栖霞）

刘陟云（山东掖县）

年根荣（山东栖霞）

……

广告赞助及祝贺

体育赞助是以体育为对象的赞助，是指企业（赞助商）与体育组织（被赞助者）联姻，企业向体育组织提供金钱、实物或劳务等支持，体育组织则以广告、冠名、专利等无形资产作为回报，使两者平等互利，共同获益的商业活动。民国时期的体育赛事，体育赞助是以支持和回报为内容，以利益交换为形式的商业行为。赞助方愿意提供金钱、实物、技术、劳动给体育被赞助方，包括体育界的个人、组织、赛事、活动，其中当然还有中介方和媒体，体育赞助商是体育赞助的赞助者，亦即体育赞助的买方，是构成体育赞助的另一大主体。赞助商在体育赞助中的任务是向被赞助方提供金钱、物质、劳务或技术等支持，获取广告、冠名、专利和促销等回报权利，达到扩大和加强与目标受众之间的沟通，提高企业和品牌的知名度、美誉度，以及顾客对企业和品牌的忠诚度等目的。体育赞助对赞助方和被赞助方都起着极其重要的作用。

大会部分赞助名单

域多利糖果公司	助洋三十元
光华毛巾厂	助洋二十元
足安织袜厂	助洋二十元
中央营业所	送二丈大旗一面、值日绣带十二条
黄泽兄	助洋二元

贺词与贺礼

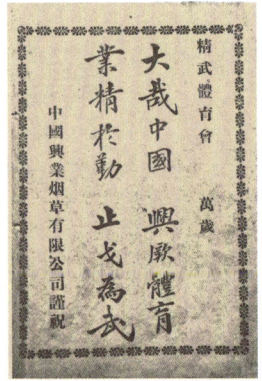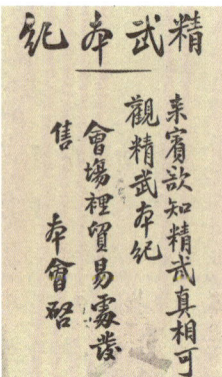

媒体报道

《时报图画周刊》1920年第23期《精武体育会号》

《时事新报》1920年10月26日第三张第二版

CHINESE ATHLETICS

Forthcoming Celebration by Chin Woo Assoc'n

As briefly stated in these columns on Monday, the Chin Woo Athletic Association will celebrate its tenth anniversary on October 16 and 17. A committee of ten, headed by Mr. S. S. Chow, sub-manager of the Chung Mei Trading Corporation and English secretary of the Association, is busily engaged arranging a two-day programme.

The Chin Woo Recreation Park (Chinese Public Park) will be formally thrown open to the public on October 16. This park is an annex of the Association, and was donated by an anonymous friend. It will be open to all classes of Chinese and foreigners provided the by-laws are observed.

Mr. Chun Kung-che, one of the founders of the Association who is at present touring the Federated Malay States, where he is assisting in organizing branch associations, has cabled to Mr. Chow offering his four-storey residence as the National Headquarters of the Association. During the past three years the Association has established branches in Canton, Hongkong and Hankow. Delegates from these centres are in Shanghai deliberating on the organization of a national Association and Mr Chen's generous gift will certainly help to dispose of one of the difficulties that confront the delegates.

Events during the coming celebrations will demonstrate the association's motto "True Sacrifice." Following are a few of the items:—

Review of the Association's corps by Mr Yuan Hung-kee, formerly of the International Banking Corporation.

Gymnastic drill on the "Chin Woo" system by 20 schools.

Class and individual exercises by members.

Music by the Association's string and brass bands.

Side shows.

Addresses and greetings.

Exhibition of literary work by members.

A. D. C. plays by members.

CHIN WOO ATHLETIC ASSOCIATION

Anniversary Celebrations—Handsome Park in Baikal Road—Chinese Girls as Athletes

The Chin Woo Athletic Association celebrated their tenth anniversary at the Association's headquarters on Baikal Road on Saturday afternoon. Unfortunately owing to the rain on Sunday morning the second day's meeting had to be cancelled and will take place next Sunday. The Chin Woo Recreation Park, made possible by the handsome donation of $30,000 by an anonymous well-wisher of the Association, was formally opened up to the public for the occasion. About 15,000 people were in attendance.

The formal opening address was delivered by Mr. L. K. Yuen, ex-compradore of the International the beginning of the tenth anniversary celebrations of the Chin Woo Athletic Association."

All the Fun of the Fair.

Everything was tastefully decorated with bunting, etc. Boy Scouts and Chin Woo volunteers were on duty at the gate, and were later to be seen everywhere. There was a bamboo reception room to the right and further along were two tennis courts on which was erected a huge bamboo platform where some 3,000 visitors were sitting. To the left were the club-rooms. In these rooms were trophies won by the Association and massive cups and

A little girl, aged seven years, who graduated in the first grade of Chinese boxing. The elder girl is giving a left uppercut and a kick. With her right hand the elder girl attempts to "punch" the smaller one who is warding off the blow and the kick.

The North-China Daily News 1920 年 11 月 2 日第 8 版

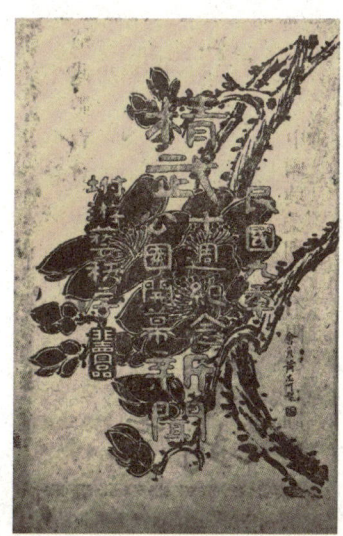

上海精武体育会自行印发十周年大会纪念册封面

The North-China Daily News 1920 年 11 月 1 日第 10 版

The new public garden of the Chin Woo Athletic Association will be opened on October 16. A two-day program of gymnastics and musics will be presented by members of the association.

The China Press 1920年9月29日第4版

China Press Sports 1920年9月30日第5版

The tenth anniversary of the Chin Woo Athletic Association and the formal opening of the Chin Woo Recreation Park will be celebrated on Baikal Road this afternoon and to-morrow.

The North-China Daily News 1920年9月30日第14版

全民族抗战风云中砥砺前行的精武体育

1929年早春的上海，寒意尚未退尽，一场关乎精武体育会存续的暗战已在市政公文间悄然展开。当中央国术馆试图以官办机构的身份合并精武会的训令送达时，这个由霍元甲创立近二十载的民间武术团体，正站在历史的十字路口。国民政府上海市教育局转来的3702号训令措辞强硬，将精武会与中央国术馆混为一谈，而精武会成员们在收到公文的那一刻，便近乎本能地警觉意识到：这不仅是机构的合并，更是民间武术自主精神的存亡考验。

护会之争：民间武术的自主宣言

精武会的抗争策略展现出惊人的组织智慧。在致上海市教育局的公函中，他们精准抓住社会教育团体与国术团体的本质区别——前者以强国强种为核心理念，依托群众自治发展；后者则是官方主导的武术机构，这种定位差异的清晰阐释，实则是对民间社会自主性的捍卫。档案记载，公函字里行间透着不卑不亢的气度：敝会自1910年创立以来，以武术启蒙为体，以社会教育为用，十数万会员散处工商学各界，非单一国术组织可相较。

这场抗争背后是精武会独特的生存逻辑。不同于官办机构依赖财政拨款，精武会从创立之初便建立会员制加实业支撑的运营模式：提篮桥的精武公园门票收入、倍开尔路会舍的租赁收益，以及会员缴纳的低廉学费，构成了独立的经济基础。这种经济自主使其在面对当局压力时，能够底气十足地拒绝合并。更具深意的是，精武会在回函中附上了1920年孙中山题赠尚武精神的手迹复印件——这既是政治合法性的宣示，也是对爱国、正义、修身、助人初心的重申与坚守。

20世纪30年代：在乱世中守护武道火种

进入20世纪30年代，中国的苦难图景日益清晰：中原大战的炮火尚未平息，长江流域的特大洪水又吞噬了千万生灵，而东北边境的日军正磨刀霍霍。精武会的日常训练不得不与时代苦难共振——学员们在操课间隙传阅《申报》战事报道，在沙袋上绘制日军占领区地图，将武术训练与军事技能悄然结合。时任精武会总教练的刘振声在回忆录中写道：那时候教拳，每招每式都要讲清在实战中的应用，学员们眼神里的愤怒，让拳头都带着火。

经济困境迫使精武会启动自救机制。他们将传统武术表演改良为武戏新唱：在《十字坡》的舞台剧中融入反侵略主题，用九节鞭表演模拟战场杀敌，甚至将太极推手改编为集体抗敌的阵型演练。这种创新不仅吸引了观众，更让武术成为唤醒民族意识的载体。1930年深秋，精武会在天蟾舞台举办的国术救国义演创下纪录——连续三天的演出场场爆满，门票收入全部用于赈济灾民，而后台化妆间里，学员们将勿忘国耻的字条塞进戏服夹层。

武术训练中的救国密码

随着日军在华北步步紧逼，精武会的训练内容发生微妙变化。在公开课上，他们依旧传授迷踪拳、太极拳等传统套路，但在夜间的秘密集训中，却加入了刺刀格斗、野外生存等军事技能。现存于上海档案馆的《精武特别训练班纪要》显示，1932年一·二八事变前夕，精武会已在租界边缘设立五处秘密训练点，由霍东阁亲自编写《武术应用实战手册》，将传统武术的踢打摔拿拆解为巷战技巧。

更具战略意义的是人才输送网络的建立。精武会利用遍布全国的分会系统，将骨干学员以武术教师、货郎、账房先生等身份为掩护，派往华北、华东各战略要地。1933年长城抗战期间，由精武学员组成的华北武术救护队深入喜峰口战场，他们用武术中的推拿术救治伤员，用九节鞭传递军情，甚至在夜间突袭中以绳镖战术袭扰日军营地。这些行动虽未载于正史，却在精武会内部档案中留下零星记载：三月十七日，喜峰口外三屯营，我队以绳镖破敌探照灯，歼敌哨三人。

1937年淞沪会战爆发后，精武会总部所在的提篮桥沦为战区。在日军炮火的间隙，学员们将珍贵的拳谱、器械转移至法租界的秘密仓库，而日常训练则转入地下——在南京路霞飞路的弄堂里，他们以舞狮队为名，实则演练集体棍术；在爱多亚路的茶楼中，说书人讲述《水浒传》的间隙，会突然演示一段林冲枪棒，台下精武学员便以掌声暗号回应。

这种文化坚守催生出独特的战时武术。精武会将传统套路中的花架子尽数删减，提炼出一招制敌的实战技法：迷踪拳的叶里藏花被改为反关节擒拿，太极推手演化成近身格斗术。1940年出版的《精武战时特刊》中，甚至出现了图解的教程——当传统武术不得不面对现代战争，精武人用智慧将文化基因转化为生存技能。

从1929年的护会之争到1945年的胜利曙光，精武体育会在抗战风云中完成了从民间武术团体到民族精神堡垒的蜕变。当历史的聚光灯重新打向这段岁月，我们看到的不仅是拳风剑影的武术表演，更是一个古老民族在生死存亡之际，用武道精神编织的抵抗密网。那些在炮火中坚持晨练的身影，那些将拳谱缝进棉衣的细节，那些用武术暗语传递的军情，共同构成了中华民族抗战史上独特的精武密码——它证明即使在最黑暗的时刻，文化的火种也能在武者的掌心代代相传。

20世纪30年代精武会的会赛活动

全面抗战爆发后，北四川路精武总会被

日军占领，火烧了精武会的许多珍贵档案与史料，精武会就从北四川路福德里的会址，搬迁到上海公共租界南京路慈淑大楼，日军进入租界后，精武会会务不得不停止。然而，就是处于这种艰难的情况下，在全体同仁的共同努力下，在社会各界的热情支持下，精武会各项活动得到平稳的开展，其历史地位得到继承和发展。为弘扬中华武术，在1936年前，先后举办了二十二届国术毕业考试。依照会章练满二年考试，成绩及格者予以初级毕业证书，练满四年经考试及格者予以中级毕业证书，练满六年经考试及格者予以高级毕业证书。组织国术考试委员会，除国术科以及教员为当然委员外，推定徐致一、薛巩初、李明德、朱廉湘、郑经伯、马成鑫为考试委员。其考试科目分为：

潭腿门

初级（潭腿）（功力拳）

中级（大战）（八卦刀）

高级（节拳）（五虎枪）

查拳门

（三躺查拳）（五躺查拳）

螳螂门

初级（碰步）（摘腰）

中级（出洞）（梅花拳）

高级（梅花枪）（燕青刀）

翻子门

初级（上五路行拳）（大雄拳）

中级（上五路行拳）（罗汉拳）

高级（八步槌）（连拳）（连环剑）

太极门

初级（盘架子）

中级（盘架子）（推手）

高级（盘架子）（推手）（太极剑）

在继承传统国术项目基础上，开展近代体育运动，1936年举办了精武会第一届乒乓个人锦标赛，为以后精武形成全市乒乓球中心，并拥有全市一批优秀乒乓球选手奠定了基础。

为提倡与推动群众性长跑活动，1936年4月举行了三万米长跑接力赛，凡本市各团体均可报名参加。此项活动在长跑爱好者中引起很好反响。

为适应临战形势，举办民众对于现代防空应有之准备讲座，以唤起民众，动员民众。

为奥运会选拔国术赛手

从1931年到1945年，日本侵略者对中国人民展开了人类史上最凶残的屠杀，对中国的物质财富进行了疯狂的掠夺与破坏，对中国文化遗产进行了罕见的摧残与毁灭。20世纪20年代，精武体育会就在沪分别设立了总会和三个分会，而中央大会堂就设在横浜桥的福德里内——后来，这里成为了上海精武会的总部所在地。

1937年，全面抗战爆发，位于横浜桥的精武体育总会陷为战区，总部会所被日军侵占，精武的一切会务，集中到了南京路慈淑大楼。1937年八一三淞沪会战爆发当日，精武体育总会所在的横浜桥地区首当其冲。据老会员回忆，日军坦克碾过北四川路时，学员们正用沙袋加固会堂大门，霍元甲的徒

民国时期南京路慈淑大楼旧貌

奥运代表团抵达柏林时，国术团前走在最前执旗者为精武教员顾舜华

孙霍寿嵩抱着拳谱木箱冲出火海，身后是燃烧的精武会木牌。这场仓促的撤离中，珍贵的《精武本纪》手稿被缝进练功服夹层，而重达百斤的石锁则沉入苏州河——后来人们在日军档案照片里，看到那座刻着强国强种的石锁沦为侵略者的战利品。

总部沦陷后，精武会将会务紧急转移至南京路慈淑大楼。这座1933年落成的商业大厦，此刻成了武术火种的庇护所。在三楼狭小的阁楼上，卢炜昌用算盘核计着最后一笔经费，窗外是公共租界闪烁的霓虹灯，屋内则是学员们压低声音的扎马声。为掩人耳目，他们将训练时间定在凌晨四点，用棉被堵住门窗，把九节鞭缠上破布练习——这些细节被记录在《精武战时日志》里：廿六年冬，慈淑楼夜训，闻街面犬吠即熄灯默练。

再加上此时精武会的领导层，陈公哲、卢炜昌之间，也是渐趋分离。人世间的事，总不免起起落落；一个民间组织也不免为人事恩怨所牵扯。就在精武会艰难迁徙之际，领导层的裂痕日益加深。陈公哲与卢炜昌这对曾并肩重振精武的伙伴，因会务理念分歧渐趋疏远。它既包括了我们无法控制的因素，充满了不可预知的挑战。陈公哲已无暇顾及，不久退出精武。由卢炜昌主持会务，由于经营失利致使支持精武事业之财源受到影响，无奈将精武公园出让，精武体育师范学校也因而停办。

精武的武术活动成果累累，人才辈出，被武术界公认为重要基地。1936年正逢中国将参加在德国柏林举行的第十一届奥运会，其中选拔六名武术选手前往表演，上海精武体育会承办此项选拔活动，时任上海精武体育会会长褚民谊和叶良为国术选拔委员。

为欢送我国出席第11届奥运会选手赴柏林比赛，上海精武体育会联合中华体育会、中华武术会于1936年6月14日假八仙桥青年会举行欢送仪式，上海精武体育会符保卢、陈宝球、翁康廷等三人，入选奥运代表团，其中符保卢参加撑杆跳高比赛，并进入复赛。

赈济难民中的精武英姿

当国家处于民族存亡的历史关头，以爱国、修身、正义、助人为宗旨的精武体育会挺身而出，积极投入救亡运动，开展多方面的救亡工作。据有关资料统计，当时租界人口暴涨，每日死亡骤增，各医院人满为患。上海难民救济协会联合沪上各医疗团体、社会团体，组织劝募夏令卫生经费委员会，劝募经费五万至十万元，以添置医药及医疗用具，广设诊所，尽力减少无故死亡。上海精武体育会作为发起者积极参与筹募夏令卫生经费，精武粤乐部为上海难民救济协会劝募夏令卫生经费，于1937年7月12日下午3时至5时，在新新电台播音劝募。

为普及救护知识，开办救护训练班，精武会会员及家属闻讯加入者达110余人。学员训练完毕后，服务于本会所办第十九救护医院者共达30余人，其余的在其他救护及难民医院服务，亦不在少数。同时与工部局华员总会、蚁社、志社三团体联合设立难民收容所。于1938年8月19日在爱文义路卿云小学设立一处，继又在卡德路美华女中开设第二处。在难民中组织卖报团、小贩组，供给资本，助其生产。凡有家属散失者为之招寻团聚。要返家乡者遣送原籍，总计进所及经遣送难民人数达500余人，鉴于难民疾病丛生，死亡相继，乃联合工部局华员总会改办济众难民医院于汉口路115号，利用原有救护医院设备，开设门诊部。为劝募难民医院经费，在会员中开展一角捐活动，以聚沙成塔。

开展救亡工作，还表现在为救济无家可归的孤儿和失业工友。特联合沪上各团体联办幼幼教养院及本市成人义务教育促进会，为筹集教养经费，发起举办现代名人书画展览会，组成组织委员会，负责办理书画展事宜。于1941年10月8日假功德林素食店邀请书画家磋商办法，征集作品，参加者一百二十人，征集作品六百余件，均为沪上书画名家近作。征品分甲乙两种，甲种全部捐助，乙种提成捐助。自11月16日起至24日止，一连九天在精武会公开展览，每日参观人数达一千余人，净得四千二百五十三元五角七分。其中拨助成人义务教育促进会一千元外，其余如数拨助幼幼难童教养院。书画展承书画家踊跃参加，济华堂药房、南洋烟草公司、五洲药房、中法药房、新星西药行、新亚药厂捐助义务广告，取得圆满成功。

上海沦为"孤岛"后，进入南京路慈淑大楼三楼的精武体育会第一分会，成了精武体育会同仇敌忾、赈济难民的活动阵地。这个时期，人们虽生活于沉闷窒塞的环境之中，但精武会员的人数不降反升，从二千多会员增至六千余会员，会员人数与日俱增，他们每天参加各种户内外活动。救亡与赈济难民的现场，总是活跃着精武人的英姿。1939年4月8日举行第二届精武杯全沪公开乒乓个人锦标赛，门票收入全部拨充善举，救济受难同胞。

为促进国民体育运动和募集慈善基金，联合中华武术会、市摔角促进会、华联同乐会、益友社、银钱业联谊会、慕尔堂、忠义拳术社、郝氏太极拳社、得胜国术馆、新亚药厂国术组、砖灰业国术班于1939年4月9日假静安寺上海中学操场举办了上海国术运动大会，项目有拳击、器械、团体操、射箭、摔角、举重。参赛运动员171人，来宾达四千余人。情绪热烈，秩序井然。门票收入九百二十六元七角，拨充善举。成为八一三淞沪战争以来沪上规模最大的运动会。这次运动会筹备经费二百三十六元七角三分，均由发起团体量力承担。

为改善慈淑大楼分会场地不敷使用状况，1939年7月租赁该大楼四楼平台建健身房，计面积1045方尺，除装置各种运动器械外，并可练习手球、篮球及摔角、拳击等项目。

《新闻报》于1939年6月5日、6日，登载杜星吾荒唐、迷信地宣扬武功，激起精武会同人的极大气愤，为此联合华联同乐会国术股、银钱业联谊会国术股、益友社国术股、上海市摔角协进会、郝氏太极拳社、申报馆同人国术班、慕尔堂国术团、砖灰业国术班，于6月27日集体致函新闻报主笔，强烈要求澄清，还武术本来面貌。

1941年精武秋季运动会

按章程精武会每年选举理事一次。1938年至1941年三年未举行。其原因是第九届理事接任不久，外鉴于环境之变迁，内陷于经济之困扰，维持现状，已觉不易，不得不裁员减薪，厉行紧缩政策。后经精武同人齐心协力，冲破难关，使会务逐步恢复，裁员先后复职，1941年8月17日召开上海精武会第十届理事会议，9月4日产生新的理事会。

1941年10月5日假胶州公园举行第二十一届秋季运动会。运动会设主席团，由吴耀庭、徐致一、杨明新、梁锦堂、袁鹤松、陈贵立、翁耀衡、朱廉湘、金信民、唐豪、陶然人组成，梁锦堂任总干事，邓效良为副总干事。

秋季运动会得到社会的关注与支持，上海一大批著名体育工作者与专家都热情参与裁判工作。他们中有国术赵连和、翁耀衡、朱廉湘、陈贵立、刘同德、梁子鹏、陈展璞等；摔角章伟川、朱文伟等；搏击郑吉常等；田径周家琪、施肇康、陈宝琳、张志和、张良、顾惠之、王宏德、尹思聪、乐秀荣、陆翔千、杨永灿等；网球陈吉祥、李礼民、顾鹏程等；垒球罗宗强、郑君亮等。

1941年10月5日精武会在胶州公园坚持举办秋运会，据《新闻报》1941年10月5日第三张第11版《精武秋运会今日展幕》的报道：

下午一时起在胶州公园，精武体育会举办之会员秋季运动会，定于今日下午一时起假昌平路胶州公园举行。参加赛员达一百五十余人之众，项目分男女田径赛、国术、球类及表演等。其中女子五十公尺及百公尺、男子百公尺及二百公尺等四项，因参加者过多，将举行预赛。

女子垒球掷远参加者有李韫芝、容淑俭、喜动、王维珍、袁荣津、戴定月等二十六人。球类仅网球一项，加入者吴本宏、邓瑞芝、邓瑞康、文彦担、周朝刚、周朝坚。

国术方面有少林拳研究团之操潭腿、操太极拳及操八卦刀。个人则有工力拳、群羊棍、十字战、伏虎拳、五虎枪、太极刀、醉酒刀等。赛毕将由梁锦堂夫人姚宝莲女士给奖。

门票不收，观众可凭公园派司入场。节目如下：

径赛

男子组：百米、二百米、四百米、八百米、千五百米、障碍赛、麻袋赛。

女子组：五十米、百米、二百米。

田赛

男子组：跳高、跳远、三级跳。

女子组：跳高、跳远。

国术

（甲）拳术

（乙）器械

（丙）摔角

（丁）搏击

球类

网球分单打、双打两种。

表演

拔河、团体操、双杠、自由车。

1941年12月7日，第二次世界大战发生。上海租界的孤岛形势，急转直下，一夜之间租界均被日侵占，成为沦陷区，1945年7月日本人灭亡之前的猖狂一跳，欲征用慈淑大楼，并进行封房。精武会所被迫搬往北京路中兴贸易公司，作为临时办事处。因日侵者已面临四面楚歌，败局已定，最后取消征用，会所再搬回原地，几经折腾，元气大伤。直到抗战胜利后，至1946年，精武体育会才重新回到福德里总会会所。

1941年6月6日精武体育会创始人之一、精武文献的主要作者，自1916年起义务担任精武会文书主任陈铁生不幸病逝于澳门镜湖医院。此时，自20世纪20年代后期开始主持精武会务的卢炜昌已于1942年离沪他去。二战期间，受时局影响，尤其是日本侵略者严酷对待华侨，南洋各地精武会不得不停办。二战后的20世纪40年代后期，南洋精武会进入复兴时期，大多复办。在二战后初期南洋地区尤其是马新两地精武体育会的交流与协作中，陈公哲等人发挥了重要作用。1945年9月，迁居香港的陈公哲联络南洋各地精武会，拟前往探访。1951年，陈公哲再以中国精武会总裁名义，联络南洋各会，获得各方复信欢迎。1953年2月初，陈公哲从香港动身，再下南洋。陈公哲先后拜访星洲精武会、雪兰莪精武会、槟城精武会等，与星洲精武会会长李泽仑以及马来亚各地的精武会负责人交流。

然而，抗日战争中上海沦为孤岛，精武会无法正常运作。精武会骨干陈公哲等人忙于经略南洋的精武事业。据杨柏志《五使南来与精武在南洋的发展》一文所述，20世纪30年代是南洋精武会的成长期，它们受上海中央精武总会的领导，会务组织实现系统化，内部成立各种组织，着重于武术、游艺、康乐、教育、福利、调查等，同时与华侨社会联系密切，并深入华侨社区。19世纪末以来，爱国情绪趋于高涨的海外华侨迫切希望祖国能够国富民强，他们对精武会的南传热切关注，寄予厚望。源自上海的精武会并无帮派主义的明显烙印，它的南传有助于消除早期东南亚华侨社会存在的帮派现象。精武会旨在保种强国，体、智、德三育并重，跨越武术、体育的界限，涉及更广泛的文化、教育等领域，特色鲜明，积极活跃，吸引了众多华侨的关注和参与，并在东南亚华侨社会产生强烈影响。

附录四　上海精武拳击运动始末

上海精武体育会的拳击运动，是中国现代拳击发展的重要缩影，其百年历程见证了中国拳击从萌芽到复兴的曲折与辉煌。我们从时间上来分析，大致可以分为以下四个阶段：

一、开创与奠基（20世纪20年代-20世纪40年代）

1928年，粤籍华侨、澳洲职业拳王陈汉强应上海精武体育总会邀请回国，次年开设中国首个拳击训练班，标志着精武拳击运动的正式起步。这位曾击败澳洲羽量级冠军杰克的传奇拳王，培养出中国首批拳击手，其中包括"远东毒蛇"郑吉常、郭琴舫、郭惠堂兄弟等，为精武拳击奠定了技术根基。

20世纪30年代，精武拳击纳入五项竞技课程并推广至全国分会，郑吉常成为这一时期的标志性人物。1930年，他击倒英国皇家海军轻量级冠军阿尔·费艾，打破外国拳手对中国拳坛的垄断；1932年与全英拳王琼斯鏖战六回合，虽点数惜败却曾击倒对手，极大振奋国人士气。1936年，围绕柏林奥运会中国拳击队教练人选，精武教练陈汉强与西籍教练的争议被《时事新报》报道，凸显精武拳击在当时中国拳坛的影响力。

1938年，周士彬进入精武拜郭惠棠为师，开启其"南拳王"传奇。1941年他首战外国拳手彼得罗夫惜败，二战成功复仇；1946年连胜英、苏等国选手夺得中外拳击赛冠军，在全沪中西业余拳击比赛中，精武选手包揽华尔达级、中量级等多项冠亚军，尽显统治力。1948年第七届全运会，周士彬作为精武代表入选上海代表团，成为战时中国拳击的标杆人物。

二、起伏与坚守（20世纪50年代-20世纪70年代）

新中国成立后，精武拳击延续发展势头。许连生于1956-1957年连续两年夺得全国次轻量级冠军，1957年更以一记右直拳将对手击出围绳，展现强悍实力；1958年，纪恒惠获全国20城市拳击赛60公斤级冠军，瞿建训夺得全国锦标赛63.5公斤级冠军，精武拳手在国内赛场持续发光。

然而，随着拳击运动一度被禁，精武拳击进入蛰伏期。但以金耀富为代表的拳师从未放弃，他在业余训练场坚持推广，独创"弄堂闪避训练法"，在狭窄巷道中传承拳击技艺，成为特殊年代里拳击火种的守护者。

三、复兴与发展（20世纪70年代末-21世纪00年代）

1979年成为精武拳击复兴的关键节点。8月18日，上海精武会在虹口乍浦路灯光篮球场组织拳击表演赛，率先尝试恢复中断20年的拳击运动；12月，50余位上海拳击界人士在"乐村饭店"聚会，为张立德赴京呼吁重振拳击饯行，纪恒惠随后组织的"精武杯"拳击赛成为重要推手。国家体委1980年对上海精武会拳击表演的肯定，加速了复兴进程。

1980年代，精武拳击迎来全面复苏。香港、东南亚及澳洲的精武分会重启训练并出版教材；1985年，世界重量级拳王阿里专程到访精武会，与周士彬交流，后者被其赞为"中国拳击大师"。1986年中国恢复业余拳击项目后，金耀富、周士彬、瞿建训等投身教练培训；1987年上海市拳击协会成立，办事机构设在精武会，郑吉常任副主席，精武成为上海拳击运动的核心阵地。

这一时期，杨晓龙代表上海夺得全国冠军并担任国家拳击队队长，张万平多次获全国冠军并挑战国家队主力成功，蒋东春在1990年亚运会上实践现代训练法，赵秋荣1994年移居荷兰创办"荷兰精武会"，推动精武拳击走向国际。1995年，精武拳击正式列为上海精武会传统竞技项目，完成从复兴到规范化发展的转型。

四、传承与新篇（21世纪10年代至今）

进入21世纪，精武拳击延续传承脉络。2021年2月，"精武拳击专业委员会"成立，下设排名、裁判、冠军等多个委员会，统筹青少年、成人大众及职业拳击赛事，形成系统化发展体系。2024年6月，精武开始筹备拳击项目百年纪念（1928-2028）系列活动，计划发布全新训练资料与视频教材，为这一跨越世纪的拳击传承注入新活力。

从陈汉强的开山拓土到郑吉常的扬威国际，从周士彬的赛场传奇到金耀富的弄堂传承，上海精武拳击运动始终与中国拳击的命运紧密相连，既见证了民族体育的抗争与崛起，也书写了几代拳师坚守与创新的动人篇章。

精武拳击运动资讯

1928年，澳大利亚悉尼体育俱乐部拳击训练中心教练陈汉强应上海精武体育会之邀，创办精武第一个拳击训练班，这个拳击训练班诞生了中国第一代拳击手，郑吉常、郭琴舫和郭惠堂兄弟、白焱荣等今后驰名沪上的拳手都出自陈汉强门下。

1936年，第11届奥运会在德国柏林举行，当时陈汉强和西侨青年会教练丁格尔一起训练的王润兰、靳贵弟出席了奥运会的拳击比赛，这是中国首次参加国际拳击比赛。

1946年参加中青会主办的全沪中西业余拳击比赛中，与苏、葡、意等七国业余拳击好手角逐，精武拳击选手陈松根、李琪英、钟颖业、周士彬、陈祖良、顾伯龄、高士宗参赛。比赛结果周士彬获华尔达级冠军，陈祖良获亚军，顾伯龄获中量级冠军，高士宗获亚军，精武选手力压沪上各国业余拳击好手，不仅是精武的光荣，也为中国人赢得了荣誉。

1948年5月在上海举行的第七届全国运动会，上海代表团中就有精武的胡维予、汪绍章（举重）、华寿江、曹彧、方明扬、周松霖（摔角）、周士彬（拳击）等七名选手入选。

1979年8月18日，上海精武会在虹口乍浦路灯光篮球场，公开组织了一场拳击表演赛，率先在中国尝试开展中断达20年的拳击运动。

1980年11月21日，当时国家体委工作情况反映（第26期）就上海精武会举办拳击表演一事加了编者按，此后，上海精武会组织拳击队伍，赴有关省市进行表演和交流，

附录

1936年第11届奥运会拳击及举重代表

  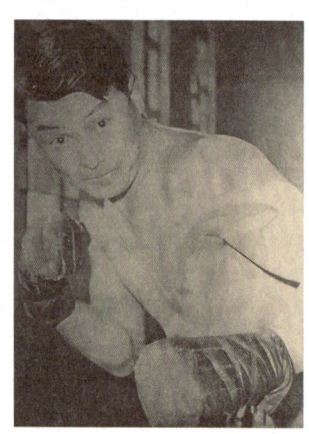

"远东毒蛇"郑吉常　　　　"南拳王"周士彬　　　　"北拳王"张立德

并连续举办了6届"精武杯"拳击邀请赛，使拳击运动在中国开始复燃。

1985年5月9日，前世界重量级拳王穆罕默德·阿里应邀来我国，在对北京和西安访问以后抵达上海。专程来精武会进行拳击指导，文汇报记者作了现场采访报道。

1986年6月，国家体委在秦皇岛会议上宣布恢复拳击项目。1987年8月22日成立"上海市拳击协会"，市体委宣布"拳协"的办事机构——秘书处设在精武会，时任区体委副主任贾瑞宝和精武会著名老拳击教练郑吉常两人担任拳协副主席，精武会干事长陈内华担任秘书长。

精武拳击代表拳手名单
陈汉强（1891-1959）

粤籍华侨，澳洲职业拳王，是中国拳击运动的开创者。少年时赴澳大利亚务工，体魄强健；1919年击败澳洲羽量级冠军杰克，夺得澳洲职业拳王金腰带。1927年应上海精武体育总会邀请回国担任拳击教

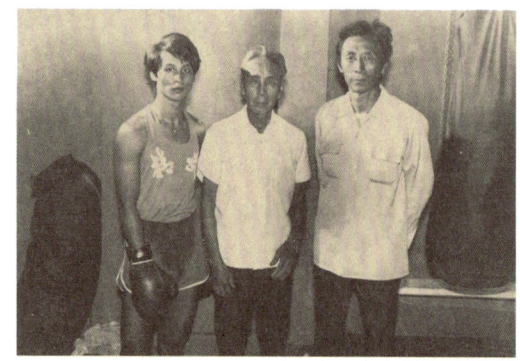

第一代拳击国家队员杨晓龙（左）
老师郑吉常（中间）
启蒙老师金耀富（右）

周士彬（左）、阿里、张立德（右）合影

练，在精武会开办拳击训练班，培养出中国首批拳击手。其门下弟子有"远东毒蛇"郑吉常、郭琴舫和郭惠堂兄弟、白焱荣等。58岁时，因反右运动压力离沪赴港与家人团聚，1959年病逝香港。陈汉强在精武拳击体系中担任首任教练，为中国拳击开辟道路，其传奇经历被誉为"中国拳击的开山鼻祖"。

郑吉常（1913-2001）

广东中山人，中国首代拳击明星、精武

1985年拳王阿里访问上海精武体育会指导学员

1985年5月19日拳王阿里到上海精武访问时的签名

1987年上海市首届拳击集训队

拳击队的代表拳王。少年时师从陈汉强入门习拳,并成为精武会拳击班中冉冉升起的新星。1930年,他在上海一战中迅速击倒英国皇家海军轻量级冠军阿尔·费艾,打破洋人对华拳手的偏见;1932年又与全英冠军拳师琼斯鏖战六回合,虽以点数负,但曾击倒对手,振奋国人士气。其间赴日比赛两场全胜,因其左直拳凶猛如"毒蛇吐信"而得"亚洲毒蛇"绰号。新中国成立后,郑吉常重返精武体育总会任教,培养出大批后起之秀。他的一生致力于精武拳击的推广和传承,晚年在老徒弟杨晓龙陪伴下,于2001年6月23日病逝上海。郑吉常既是精武出身的拳手,也是精武拳击精神的代表人物,其事迹被后人传颂。

周士彬(1922-2007)

江苏宜兴人,曾被称为"南拳王"。1941年,年仅20岁时在上海迎战外国拳手彼得罗夫,第一回合因裁判判罚不利惜败,但第二次较量仅用两个回合击倒对手复仇成功。1946年上海举办中外拳击赛,他接连战胜英国、苏联等国选手,在决赛中战胜苏联拳手巴里柯夫,夺得拳赛冠军。新中国成立后,周士彬曾带领上海队参加国家体育工作者培训,并持续推广拳击运动。1985年周士彬与拳王阿里交流切磋,赛后阿里称其为"中国拳击大师"。1986年中国恢复业余拳击,周士彬担任全国拳击教练和裁判培训班讲师,为新中国拳击事业贡献力量。2007年4月10日,周士彬因病在上海逝世,终年84岁。作为精武门生的拳击高手,周士彬一生献身体育教育和拳击事业,享有拳王美誉。

赵秋荣（1956- ）

广州人，精武门下的优秀拳击教练。20世纪70年代师从何福生和蒋浩泉学习拳击，1985年在广东重建省拳击馆，终结该省近30年的拳击停滞。他将中国传统武术与拳击训练相结合，培养出一批国际级拳击选手；1987年，他所带领的拳击队参加全国比赛，其弟子黄光志被国际业余拳击协会主席誉为"具有亚洲一流水平"的拳手。1986年起任中国拳击集训队教练，其门生尹剑强、黎少波等入选国家队并获国际赛奖牌。1994年移居荷兰创办荷兰精武会，成为海外精武拳击的代表人物，通过执教培训促进中国拳击运动在海外的传播。赵秋荣是华人拳击教练在精武体系海外的重要代表，他将精武精神与拳击技艺融会贯通，培养了众多拳坛精英。

杨晓龙（1963- ）

上海人，精武拳击第四代传人。青年时拜精武拳击名教练金跃富为师，1987年入选上海集训队，后成为中国首批国家拳击队队员并任队长。1986年他在全国十城市拳击赛勇夺57公斤级冠军，此后多次在全国赛场获奖（如"友谊杯"铜牌、"太化杯"60公斤级金牌等）。1990年因伤退役后，杨晓龙长期担任虹口少体校和上海精武体育总会拳击教练，总结推广精武拳击训练经验。他传承郑吉常精神，与其共事多年，致力于培养新一代拳击人才。杨晓龙以精武出身的冠军拳手身份继续活跃于拳坛，为弘扬精武拳击体系和文化作出了突出贡献。

精武拳击专业委员会

2021年2月8日，上海精武体育总会批复设立"拳击专业委员会"，成员有陈内华、周樑华、杨晓龙、郑沙坚、姚子阳等，陈内华任主任，姚子阳任执行主任。

精武拳击专业委员会宗旨

以习近平新时代中国特色社会主义重要思想为指导，在政府和职业拳击俱乐部企业、从业人员之间发挥桥梁、纽带作用，加快职业拳击产业发展步伐，积极促进职业拳

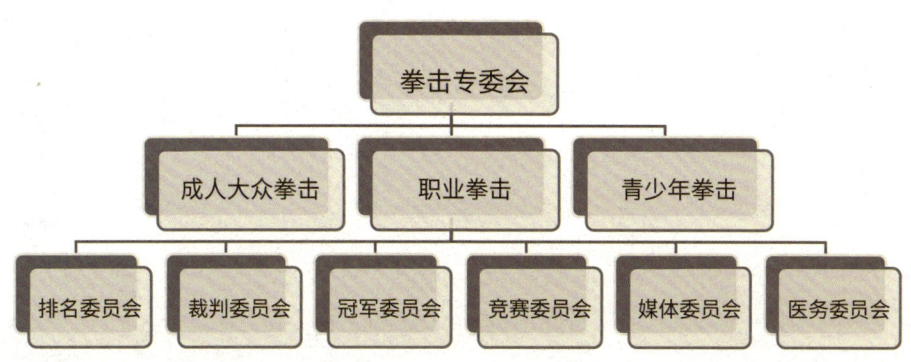

拳击专业委员会组织架构

击联赛认证、职业运动员注册、从业人员注册等工作的顺利开展。响应国家号召，引导职业拳击产业健康发展，团结国内从事职业拳击产业经营活动的相关企业，反映行业呼声，发挥行业优势，共同提高企业知名度，营造公平环境，共同开拓国内国际市场。通过联赛的举办，加强会员之间的联系、交流和合作；通过规范、公平、公开、公正的运作，营造良好的职业体育市场氛围，促进中国职业拳击健康发展。

职业认证平台——为拳手、经纪人、推广人、教练、裁判、官员等专业人才进行职业认证。

赛事认证平台——赛事管理、技术支持、拳手国际晋级通道、国际赛事的落地支持。

运动推广平台——拳击健身课程输出、教练等专业人员的培训输出。

精武拳击专业委员会将开展青少年拳击、成人大众拳击、职业拳击三个版块的赛事工作。

精武拳击专业委员会由上海精武体育总会直接领导，总会对专委会的发展和重大问题提供政策性或技术性支持，以及战略性指导建议，并对专委会进行监督。

专委会通过排名委员会、裁判委员会、冠军委员会、竞赛委员会、媒体委员会、医务委员对职业拳击赛事的每个环节进行认证和管理。

附录五　精武游艺与艺术活动

精武武舞

精武会将国术与传统音乐相融合，汇编成各式舞蹈，时称"精武舞蹈"。精武体育会还开展"精武舞艺"，由郑灼辰、李佩弦、陈善、陈荣孙、姚蟾伯等自行编导，每舞都配有粤乐名曲，深受会员欢迎，经常结合精武活动参与演出。据张雪莲著《佛山精武体育会》（2009）统计有：滑稽舞、武化舞、健康舞、凤舞、盾舞、庄舞、蝶舞、对舞、星舞、剑舞、共和舞、和平舞、菩提舞等，具用拳套招式编成舞蹈手法。

精武体育会通过抽取武术动作，配以民族乐曲，并以舞蹈的形式创编各类舞蹈术，将武术的表演娱乐、审美价值尽显无遗。如武化为抽取潭腿、少林拳、罗汉拳等数种拳术的四十个手法，配合粤调《到来春》创编而成。解放运动（凤舞），为抽取醉八仙拳、大战拳、关西拳以及黑虎拳等十八个拳种二十个手法，配以粤乐《笑桃红》创编而成。剑舞，以演练精熟的各种武术手法为基础并综合八仙、八卦、达摩、连环、七星等四十五个手法，配以《浪声梅影》而创编，其动机为"令人想见我黄帝子孙之神武焉"。

精武体育会的"国乐宣言"鲜明地阐述了该会创编滑稽跳舞、武化、剑舞、凤舞四种舞蹈术的背景和意义。宣言说："我国礼乐散失，已越千年……本会感此……有志正乐。"由于众所周知的"乐之本体，兼备声容"，在收集了京、沪、粤调三者后，精武体育会将该会"所得之国操技术，混合各种手法，编成舞蹈一科。其初次所编动作纯取诙谐，和以粤调，名曰滑稽跳舞。不期此术一出，竟得社会欢迎。旋再编一庄舞。曰武化，曰剑舞，曰女子凤舞（后易名为解放运动），为学校教育之舞……均以粤调相和。"宣言认为上述舞蹈"一以怡悦性情，一以调节血气"，从"国乐宣言"中不难看出，上述四种舞蹈术是传统武术与粤乐交融的产物，它不仅使国乐"声容略备"，而且"完成体育之功用"，是当时极富价值的精武活动内容。

武化舞

武化，为抽取潭腿、节拳、罗汉拳、少林拳等数种拳术的四十个手法，配合粤调《到来春》而编创。解放运动（凤舞），为抽取大战拳、醉八仙拳、关西拳、黑虎拳等十八个拳种二十个手法，配以粤乐《笑桃红》而编创。剑舞，以演练精熟的各种武术手法为基础并综合八仙、达摩、八卦、连环、七星、绨袍得四十五个手法，配以《浪声梅影》而编创，其动机为"令人想见我黄帝子孙之神武焉"，含有恢复剑术、弘扬武术精华的意味。滑稽舞，共分三节六十五个手法，分别配以第一阙、第二阙、第三阙音乐拍合而成。

武化。我国古代教育原有乐舞。乐舞并亡以后，近世新学乃采用欧西教化于普通学校中，并设音乐一科。然而，"其所施教，亦只声歌而已，不能完成其为乐也。"因为精武体育会遵循《礼经·乐纪》的说法，认为："乐必发于声音，形于动静。"再加上当时国内"所办之体育学校，其所教授之外国乐舞，一切手法，虽于体育微有所合，而态度柔靡，未免和而失之于流。"所以，精武体育会在"欲以精武振积弱之人群"的思想指导下,"本其平日所习练之国操,融合手法数十种,编一庄严之跳舞术。名曰武化,拍以最艳丽之到来春粤调。"这就是武化舞蹈术的由来。它表现了精武体育会弘扬国乐、完善国乐、振奋精神的活动宗旨。该会认为武化"洋洋盈耳,悦目赏心"。希望它能"令人神往我国二千年前之大武乐焉"。事实上,武化手法包括潭腿、青龙拳、罗汉拳、少林拳等数十种拳术的40个动作,对强健身体、振奋精神是有一定的作用。而该舞蹈的《到春来》曲也令人心旷神怡,并"为西人所最欢迎者"。充分说明武化在当时是极具价值、极受欢迎的一种舞蹈术。

武化舞手法

（上海精武：姚蟾伯、陈善、陈启英、郑灼辰、李佩弦、杨深伦编）

（一）冲扫（潭腿）
（二）单边拳（小扎拳）
（三）拨脸腿（青龙拳）
（四）单插冲心（少林拳）
（五）单株独立（二郎拳）
（六）花鼓（节拳）
（七）山君入洞（翻子拳）
（八）钓手冲搥（插拳）
（九）闭裆式（练手拳）
（十）插花六搥（五虎拳）
（十一）劈面搥（卧地豹）
（十二）切腰拳（崩步）
（十三）浪子踢球（出洞拳）
（十四）抑扬手（崩步拳）
（十五）缠丝手（大雄拳）
（十六）切蹄（罗汉拳）
（十七）连环拳（三步架）
（十八）窝心扫堂（开门豹）
（十九）海底捞月（少林拳）
（二十）饥鹰捕鸟（少林拳）
（廿一）断门掌（躲刚拳）
（廿二）大鹏展翅（伏虎拳）
（廿三）盘花钩手（大战）
（廿四）交叉手（二郎拳）
（廿五）双手擎天（二郎拳）
（廿六）挤搥（短战）
（廿七）顺风扫叶（连拳）
（廿八）摘星手（少林拳）
（廿九）饿虎扑食（前溜势）
（三十）翻云覆雨（罗汉拳）
（卅一）迎送腿（一百零八拳）
（卅二）顺手牵羊（一百零八拳）
（卅三）金剪手（一百零八拳）
（卅四）通天炮（短战）
（卅五）开弓（短战）
（卅六）怀中抱月（大战）
（卅七）回头望月（连拳）
（卅八）狮子张口（插拳）
（卅九）折腕（连拳）
（四十）鹞子翻身（大雄拳）

武化舞歌

（南海刘语、铃玉林作词,南武陈荣、孙海波填谱）

武化歌,歌之武德饮太和。惟武尚德不尚力。大道坦荡平不颇。修尔德,锻尔体,将入水,斩蛟鼍,起舞峨峨。日月驰迈发易皤。世事亟矣毋蹉跎,与君东海骑鲸凌沧波。

剑舞

我国自古以来就以剑术精妙而闻名，"近世而始散失，今且流入他国，视为一种强国之武术矣。"由于"吾国人宁尚不知宝贵，而今其长处散失耶。"精武体育会"感此，故于剑术一门，加意研练。"将"所研练有得之各种手法，编入舞蹈一科。"该舞蹈综合八仙、达摩、八卦、连环、七星、双八卦、盘中、绵袍各种，得手法四十五。"起舞时"饰以古装，和以音乐。"从该舞创编之动机及其内容看，含有恢复剑术，弘扬武术精华的意味，正所谓"令人想见我黄帝子孙之神武焉。"该舞以粤乐浪声梅影调拍，较受会员及社会大众的喜爱。

凤舞

该舞蹈始创时称凤舞，后被赋予妇女解放的意义，遂称解放运动。解放运动创编的目的是发达妇女的体格，"教她们成功为一个可以自立之人"，从而达到解放妇女的目标。该舞蹈是精武女会员要求教员赵连和用我国固有的武术手法编成的。女会员们认为，"这种技术，既是改良的国产，又胜于猥亵的外货。不但是舞蹈术，简直是一种最完善的体育运动。"该舞蹈共分20式，包括大成拳、少林拳、黑虎拳、伏虎拳等10余种拳术动作，其曲谱名为《小桃红》，是粤乐中较受妇女欢迎的一支。

滑稽舞

相对于上述3种庄严舞蹈，该舞的娱乐意味更浓。因此，称之为滑稽跳舞。该舞的创编主要源于当时"古礼式微，世风日下"以及"不正当游戏场多"的情形。该舞"寓谐

剑舞

凤舞

滑稽舞

于庄""于刚柔羼杂之运动中复加以美感的作用",使表演者"不啻进一服精神兴奋剂""其手法之足资实用与其精神筋骨之足资发展。"滑稽跳舞手法共分3节,第一节16式,第二节19式,第三节30式,分别和以粤乐《杨柳金》的三阕音乐。

精武音乐

上海精武体育会在早期部门的设置上除设有技击、兵操、游艺部,还设有文事部。其中游艺部,主持文体活动。所设项目,文艺类有京乐、粤乐、欧弦、铜乐等。

精武音乐部成立于1916年,地点在四川北路福德里精武体育会第一分会。音乐部设立之初有军乐和京乐教员。1917年,音乐部增设军乐、粤乐和西乐三种。至1924年之前,还有京乐、粤乐、泰西弦乐、钢琴等。精武会音乐部开设的目的是"研求体育而外,兼注重音乐",主张"音乐自以陶情淑性"。

粤乐部的教学活动从教员的正式聘任开始。陈铁生在1923年所作《新乐府序》中提及音乐部教员甘时雨、吕文成、杨祖泳等";由此可知第一批粤乐教员的聘任在1923年已经完成。1924年,延聘这几位教员,议定粤乐部上课不另收费,"凡精武同人,无论普通会员、特别会员,皆有学习粤乐之权利"。从1924年2月25日起,三位教员已经开班上课。据陈铁生所云,1924年该会"粤乐科"主要职员有主任陈铁生,副主任郑灼辰,科员林侣衡、陈浣芳、熊可欣。一直以来,粤乐部享誉社会。《精武丛报》言:"本会粤乐部,素以管理严密教授认真见称于社会,学者咸认为沪上唯一有纪律之研究粤乐团体。"

陈铁生于1923年编撰了《新乐府》一书。"新乐府出版预告"提到:"顷因各省精武咸设音乐部……将国乐译成五线谱,复以西乐译成工尺谱,汇成此书。"《新乐府》的内容融贯古乐、今乐。全书分为乐谱和曲谱部分,附录有"西乐工尺谱"和"国乐五线谱",所载曲目都为中国和西洋名曲,如粤曲《小桃红》《柳摇金》《到春来》。陈铁生在书中声明写到,本书分为古乐和今乐共三十一调,还邀请司徒梦岩、陈公哲等人对中西乐谱进行互译以供国人学习,吕文成等教员也参与其中。《申报》载:"此外又以西调译成工尺谱者,共有数十种,为梵奥铃名家司徒梦岩所译。内有世界各国国歌数十阕。《新乐府》一书可谓在粤乐界开中西乐谱互译之先河。中西乐谱互译使中乐和西乐得以沟通,促进了乐谱的多元化。这样一来,陈铁生与司徒梦岩便将"沟通中西音乐"的愿望借由著书传达。正如陈铁生所言,中国乐学律制不同于西方十二平均律体系,虽然以音律来审订不是十分吻合,但乐谱互译为粤乐形式的创新寻找到学理依托。

上海精武体育会的部分会员于1918年建立了"上海工界协进会粤乐组",1919年5月,由陈铁生等发起,又改为中华音乐会,会员以职工、教师等为主。会址设在北四川路6号(中央精武办事处),聘吕文成、甘时雨、何仿南任教师,下设粤乐、粤剧、京剧、沪剧4组,每年秋季举行音乐歌剧大会以展示成绩。

1923年7月修正会章,成为以"教授音乐"为首要"会务"的音乐社团,设有中乐、西乐两科,其中又分设"京乐""沪乐""粤乐""西洋铜乐"和"西洋弦乐"等组,并成立了"新剧团"。黄咏台曾任主席兼正总务，会员有司徒梦岩、吕文成、甘时雨、钱广仁、祝湘石等。1924年，中华音乐会并入精武粤乐部。

中华音乐会也是中国现代最早的民间音乐组织之一。该会宗旨是"研究音乐、陶养性灵、提倡美感教育，养成高尚人格"。会长陈铁生，聘吕文成、甘时雨、何仿南任教师，会员以职工、教师等为主，粤人居多，下设粤乐、粤剧、京剧、沪剧4组，每年秋季举行音乐歌剧大会以展示成绩，平时应各界邀请参加演出。拥有吕文成、甘时雨、尹自重、何泽民（大傻）、钱广仁（大叔）、司徒梦岩等广东音乐名手。该会在20年代对广东音乐的改革与发展曾作出巨大贡献，吕文成将传统二弦改良成高音二胡；祝湘石制成钢丝洋琴；甘时雨创作新式"锣鼓架"；何大慢把吉他改制成三线的广东音乐吉他；尹自重把小提琴改良成适合于广乐音乐的演奏，他们还改进了乐队编创，吸收其他乐器进入广东音乐。此外，该会还创办了《音乐季刊》。

此外，中华音乐会对于中国古乐方面有着浓厚的兴趣并试图光复中国古乐。该会刊主编者之一的罗伯夔就是"西乐中源"思想的代表人物。罗伯夔认为："中国音乐，十二律分配之，五声八音归纳之，实甲全球。"他认为中国的音乐具有其他音乐所不及的成就，西方音乐是由中国音乐变化而来的。

精武问乐

2022年8月精武音乐创始110周年之际，上海精武体育总会《精武大讲坛》设置"文化精武，百年问乐"讲座的选题，举办"精武问乐"交响音乐会的传播内容。著名音乐家吕其明教授曾题字祝贺：祝"精武问乐"交响音乐会圆满成功！后因疫情关系音乐会讲座没能如期举办。

"精武问乐"交响乐作品的作者姜小鹏博士，该作品共四个篇章，第一篇章"问乐篇"；第二篇章"文武篇"；第三篇章"英雄篇"；第四篇章"博爱篇"。

精武音乐的重要人物

司徒梦岩（1888-1954）

上海中华音乐会的主要成员之一，少时曾学过小提琴。1906年，他留学美国，在学习造船的同时，学习了小提琴演奏及乐器制作。1915年回国后，任上海江南造船厂第一任华人总工程师。后来他参加了上海中华音乐会和精武体育会的音乐组，在业余时间教授小提琴，演奏广东音乐。那时，为改善广东音乐的演出效果，司徒梦岩常与中华音乐会的有关成员一起，进行乐器制作以及演奏技法方面的研究、改革。

吕文成（1898-1981）

上海中华音乐会的另一个主要成员，有"二胡博士"之称的吕文成，当时也正热心于广东音乐的改革，他被司徒梦岩小提琴演奏的宽广音域所折服，于是便将小提琴的换把技艺"移植"到了二胡上，使二胡的演奏音域大为拓宽。同时他还对传统二胡的制作进行了大胆的改革，将丝质琴弦换成了金属弦，不仅改变了音色，定弦音高也提高了四度，由普通的二胡变成了"高音二胡"，成为一件有效改善广东音乐演奏效果的新乐器，为后来最终定名为"高胡"奠定了基础。

周淑安（1894-1974）

她是中国现代第一位专业声乐教育家、第一位合唱女指挥家、第一位女作曲家。1894年5月4日生于福建省厦门市鼓浪屿一个基督教传教士家庭。她培养了多名杰出的歌唱家、音乐家，新中国成立前后著名的中国声乐界四大名旦，就有三人是她的学生——喻宜萱、张权、郎毓秀；著名音乐家胡然、孙德志、吕骥、洪达琦、劳景贤、唐荣枚、陈玠、江桦等均曾就学于她的门下。

1914年作为清华学校官费女留学生赴美，先后在哈佛大学、新英格兰音乐学校、纽约音乐学院攻读音乐理论、钢琴与声乐等科目，取得哈佛大学艺术学士学位。

1920年秋，周淑安乘轮船回到上海，与胡宣明博士（精武师范学校董事）结婚。这期间积极参加精武摄学部活动，并担任精武会的音乐教师。

1928年任上海国立音乐专科学校教授兼声乐系主任。

1959年应聘至沈阳音乐学院任声乐教授。

杨琛伦（1898-1990）

初名杨琛伦，字克定，号振玉斋主人，广东番禺鸦湖乡人（现海珠人）。原广东古琴研究会会长，广州精武体育会名誉会长，我国著名武术家、岭南派古琴一代宗师。1898年12月24日出生于上海。少年时代就喜欢舞拳弄棒，1917年成为精武会会员（编号688），与霍东阁彼此切磋过拳艺。后在上海精武体育会、广东昆维女子师范学校、江苏振江闽城中学等地担任武术教师。

父亲杨柏斋早年在上海当过教师，通晓音律。杨新伦在广肇义学读书期间，与后来成为广东音乐鼻祖的吕文成同窗。20世纪20年代中期，一次杨新伦从东北回上海探亲，恰遇著名的古琴家吴纯白先生在精武会举行的晚会上演奏古琴，这是杨第一次接触古琴。1928年杨新伦回到广东，就立即寻找古琴老师，打听到一位叫王绍祯的会弹古琴，即拜王为师，向王学习了古琴初法及《仙翁操》《陋室铭》等曲子。后经王的介绍，杨新伦又结识了当时在广州的卢家炳、容心言、陈淑举等琴人，并向卢家炳学习了《白雪》等琴曲。

一次杨新伦在与卢家炳的闲谈中，得知广东的一位古琴高手郑健候。在卢家炳移居香港之后，杨新伦就设法找到郑健候并拜郑为师。由于郑孤身一人生活无依靠，杨把郑接回家中奉养达二十年之久。这期间，杨新伦向郑健候学习了《乌夜啼》《碧涧流泉》《怀古》《鸥鹭忘机》《玉树临风》等"岭南派"琴曲，深得"岭南派"古琴真传。

1956年，杨新伦又从上海回到广东，任职于广东文史研究馆，专门从事岭南古琴的发掘和整理工作。为了感谢国家，他拿出二十多张名贵的古琴献给国家，其中有著名岭南画派创始人居廉收藏过的名琴"啸月"（现存上海博物馆）。

1959年，杨新伦出席了在北京举行的全国文代会，并受到毛主席的接见。

1960年9月，杨新伦受聘于广州音乐专科学校民乐系古琴专业，授徒专业学生谢导秀、关庆耀及选修学生杨始德、梁兆荣等，为岭南古琴播下种子。

陈俊英（1906-1975）

与其弟陈日英齐名，作曲家、音乐教育家，是长期驻留上海的粤乐大师。祖籍番禺县，上海长大。童年就读于沪上"广东小学"，自幼勤奋好学，酷爱音乐，擅扬琴。20世纪20年代中期，任傅彦长为会长的"中华音乐会"义务粤乐教员。陈氏毕生从事粤乐艺术教育事业，为粤乐培养了众多后继人才。上海著名的"陈家班"，就是陈氏兄弟培养打造的。不仅限此，他也是有造诣的作曲家，除创作出粤乐《凯旋》《凌霄曲》《孤舟雪夜》《空谷传声》《燕子双飞》《细雨飞花》等一批脍炙人口的名曲，并有专著《国乐捷径》遗世。

精武动漫与美术

杨左匋（1897-1964）

杨左匋名锡冶，字左匋，江苏吴江人，美籍华裔动画师，被誉为中国第一位动画专家。

1919年，为《精武本纪》创作了多幅封面和内页插画；同年与颜文樑等在苏州组织"美术画赛会"，是中国历史上第一次的公开美术展。

20世纪20年代初，受聘于上海英美烟草公司，该公司影戏部（B.A.T. Motion Picture Dept）附设滑稽影片画部，"主其事者杨左匋君，专绘长片滑稽画，兼各种美术字画等。滑稽片多种，已在各戏院开映，如《大闹天宫》《武松打虎》等。"

1923年，创作了《武松打虎》《大闹天宫》等滑稽片，成为了《西游记》改编的开端。

1924年，创作了《暂停》和《过年》两部动画片，同年赴美留学。

1931年，在纽约学习期间作为首席动画师创作《门德尔松的春之歌》。

1934年前后，杨左匋去华特·迪士尼工作，开办了特效部门。

1939年，乔希·米德（Josh Meador）接管了特效部门，在《木偶奇遇记》（Pinocchio）加入了水的特效之后，杨左匋成为了动画师。

之后参与了《白雪公主》（Snow White and the Seven Dwarfs）《木偶奇遇记》《幻想曲》（Fantasia）和《小飞象》（Dumbo）等多部作品的创作。

二战期间，杨左匋在部队服役，之后的20年里，他在美国空军当职员，为飞机绘制迷彩。

早在1932年，颜文梁从法国留学回来主持苏州美专的教学。他有感于国内蓬勃兴起的动画短片电影，有意开设动画科。之后，他联络到旅美动画专家杨左匋，在他的建议下开始物色人才。

1949年11月，苏州美专正式启动"动画专修科"筹备工作。1950年9月，在颜文樑主持下，钱家骏、范敬祥等于苏州美专建立起中国艺术教育史上第一个动画学科。

1952年，全国高校院系调整，动画科师生并入中央电影学校（今北京电影学院）。在前两届毕业生中，涌现出诸多动画专家，如上海美影厂厂长，导演《大闹天宫》《哪吒闹海》的严定宪，导演《三个和尚》的徐景达，导演《鹬蚌相争》的胡进庆等。

沈泊尘（1889-1920）

沈泊尘字伯诚，笔名蜗牛。浙江桐乡乌镇人，与茅盾是族亲。中国现代漫画先驱，为《申报》《神州报》《时事新报》《晶报》等作过大量的政治讽刺画。《上海泼克》开中国漫画杂志之先河。叶浅予称他为中国第一位漫画大师。

1912年,加入上海精武体育会,会员编号72,担任图画科主任教员。

1918年9月,创办《上海泼克》(又名《泊尘滑稽画报》),英文刊名《Shanghai Puck》。除少数作品是别人画的外,都出自沈泊尘之手,如陈抱一的《改造不易空谈何益》《目盲心盲之美术家》。

陈抱一(左2)与徐悲鸿(左4)等

陈抱一(1893-1945)

陈抱一原名鸿钧,祖籍广东新会,第一代油画家及新兴美术教育的开拓者。他积极主张改革西画教学方法,倡导旅行写生,受到当时西画界重视。

1907年,与刘海粟、乌始光、汪亚尘、丁悚、张眉荪等同在周湘的布景画传习所学习。

1911年,创上海油画院,有学生徐悲鸿。

1912年,加入上海精武体育会,会员编号191。

1913年,远渡东瀛,留学于川端画学校和东京美术学校,成为日本著名画家藤岛武二的弟子,同窗好友有汪亚尘、关良、许幸之和倪贻德等人。学成归国,携新婚的日本妻子回到上海,在陈家花园开办了欧式的画室。

1914年秋,刘海粟任上海美专副校长,聘请徐咏青、沈泊尘、陈抱一为教师。

1922年起,先后担任艺术专科师范学校、神州女学美术科、上海大学美术科等校的西画教学,采用人体写生。

1925年,与蔡元培、丁衍镛于上海创办中华艺术大学,并任主任委员。

徐悲鸿(1895-1953)

1915年,徐悲鸿在精武体育会会员黄警顽推荐下,为精武武术教材《潭腿图说》绘图,赚到人生第一桶金。

1940年,徐悲鸿(由张大千委托精武会董简琴石安排)在新加坡江夏堂(主人南洋兄弟烟草公司总经理黄曼士)画室里为马来西亚槟城女子精武体育会会长、精武圣女李志羲创作了立马图。

张大千(1899-1983)

1927年,张大千为精武画报题字。

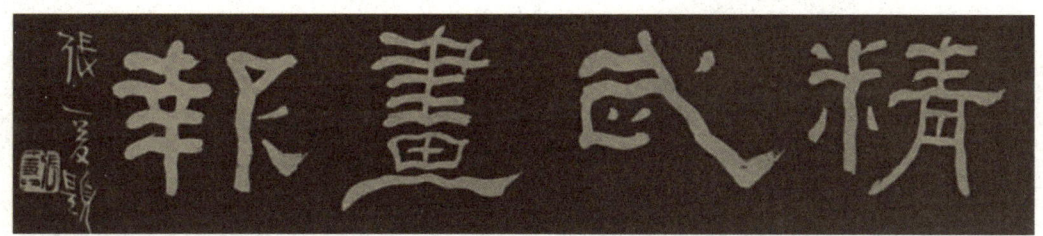

张大千题字

诗词文学

1. 精武十周纪念诗
梁少田

教育须从体育先,
十周纪念又编年。
技宗元甲分传钵,
社组春中猛著鞭。
天演竞争看世界,
国维支柱赖仔肩。
燕然碑勒寻常事,
立马吴山奋欲前。
欲强中国效非遥,
尚武精神息浩潮。
逐日有戈光闪目,
倚天长剑壮横腰。
盘龙棍起摇山岳,
伏虎拳开慑魍魉。
造就健儿好身手,
功名肯让汉嫖姚。
多垒时方偏四郊,
匹夫有责救同胞。
中原莽芥频惊鹤,
陆海沉沉孰斩蛟。
愧乏经纶匡大局,
敢夸铁血列前茅。
铸成十万横磨剑,
待到风云愿执袍。
十年教训育群曹,
有勇知方胆气豪。
襟缀三星欣卒业,
躯昂七尺列前途。
长空万里鹰修羽,
燕市斜阳马啸槽。
我亦同门一健著,
喜逢盛会疾挥毫。

2. 精武行
李志义

君不见,
异邦讥我同病夫,
任他笑骂胡为乎。
睡狮唤醒赖斯语,
渝涤国耻吾等图。
精武发起团体固,
男女赴会人无数。
大家振刷好精神,
十年淬励今成熟。
　陶公璧,
　祖生鞭,
致力图强贵向前。
因循苟安负天职,
忍弃责任息仔肩。
天地之间既有我,
退步让人却何可。
况为黄帝之子孙,
四千余年业不堕。
　体育重,
　魄力充,
寄语同胞好身手。
矢志当为万夫雄。

3. 神箫
卢献辉

精武有神箫,
振响裂金石。
群乐叶奏者,

铜琶与铁笛。
有人拔剑歌,
其声益清越。
沉夜万籁空,
吹起关山月。

4. 粤乐
黄畹香

灯光如雪酒如河,
艳说新声粤乐多。
玉瑱银筝珠海调,
铜琶铁笛越台歌。
三弦轻拨留清韵,
一曲徐翻记大罗。
别有好音娱耳鼓,
洋琴谱出协中和。

5. 相见欢
琴心

无聊独倚楼东,
月玲珑。
不尽悲怀,
都付与丝桐。
卖国孽,
几时灭,
怅临风,
屡拨七弦,
低唱满江红。

6. 精武感怀（自由曲）
罗啸璈

翩然披发下大荒,
唯余与汝将翱翔。

回首望帝乡,
渺余怀兮众芳。
前路茫茫,
舞袖何郎当。
揖让高羲皇,
两心相印无参商。
功业薄禹汤,
天地为庐兮徜徉。
与子偕臧,
长毋相忘。

7. 大精武赋
苏超凡

专制毕,群雄一,民权兀,精武出,传播内外省埠。光天化日,国粹文经而武纬、调摄元阳,四大流域,荟萃门墙。三人有师,五人有友,群奏殊能,众推妙手。善也冷然,脍炙人口,孳孳焉,汲汲焉,惨淡经营,不知其心血几斗。本天亲上,云兮从龙,本地亲下,虎啸生风。无宾无主,无西无东,乐府有部,泄泄融融。临池绘事,互有旨归。一日之内,一会之间,而教练不齐,学界诸公,商场巨子,按时上课,集合如云。研求三育,为会中人,星光莹莹。学剑舞也,队伍整整,操潭腿也,行气如虹,习内功也,佶屈聱牙,操蛮语也,风驰电掣,斗刀法也,滔滔悬河,侈雄辩也,举一一动。尽意考研,工力大战,巨细备焉。有不学者,辜负青年,少林之蕴藏,力士之经营,武库之精英。几世几年,征求于人,倚重如山,一旦集大成,输来此间。嗟乎,一人之心,千万人之心也。欲图强国,须先强其家,奈何弃体育之重,等之于泥沙。使无业之民,多于南亩之农夫,俱乐之部,多于机上之工女，药膏之局，多于在庾之粟粒，牛啤之场，多于周身之帛缕，花天酒地，多于九土之城郭，淫伶女侍，多于市人之言语。使忧世之人，不绝言而色怒。强邻虎视，日益骄固。沪案起，工潮举，人皆短气，可怜中土。呜呼，弱中国者国人也，非他也，虐我者，我也，非外敌也。嗟乎，使我国人各强其身，则足以拒外，外人复敬吾国人之人格，则可百世至万世而相安，谁复得而欺侮也。国人不暇自儆，而同人儆之，同人儆之而幸悟焉，勿使同人之虚有此一儆也。

8. 侠士行
沈梦轩

造物无情何足数，
生生灭灭自今古。
名世辈出无定期，
千年碧血成焦土。
牧马南下忆清廷，
叔季以还令不行。
人为刀俎我鱼肉，
头颅有价叹无能。
河岳精灵钟义侠，
霍子诞生曰元甲。
讲武愿以衣钵传，
济济英才受惠洽。
风雨鸡鸣日未长，
名师殂谢启彷徨。
众心肯把前功弃，
夙夜忧勤谋始臧。
而今赫然在耳目，
精武子弟自多福。
三迁往事堪回首，
历劫幸免滋谤讟。
春江尚武树先声，
学子工商相抗衡。
帝业既随流水去，
雄风常与曙光争。
吴粤健儿身百炼，
驰马吹笙资排遣。
偶及文事也临池，
蛟龙戏水经万变。
英雄何必起屠狗，
好客胥称万户侯。
遹皇典丽一登堂，
列戟更兼戈与矛。
多士咸能知自奋，
十年生聚古有训。
百尺竿头觇进步，
盍且以之占国运。

9. 赠精武诸君
徐峙崧

卢君炜昌

敕勒声中壮志存，
高楼一曲月无痕。
随身匣裹龙泉在，
此是平生未报恩。

陈君公哲

爱国男儿好身手，
肯容湖海一投闲。
凭君高唱天山曲，
月照弓刀雪满关。

陈君铁生
时艰空抱贾生忧，
会上元龙百尺楼。
话到沧桑同感慨，
昂头谁与白云游。
翩翩裘马忆当年，
蒿目中原猛着鞭。
却羡此身经百炼，
不须换骨也神仙。

周君锡三
时局如棋尚未休，
凭将舌剑遏横流。
漫言傲骨难谐俗，
策马高歌满地秋。

罗君伯夔
会间席上称才子，
又见壶中隐姓名。
豪杰沉沦良相少，
且留教泽惠群英。

附录六 致敬精武先贤：在时光深处回望来时路

当我们读到这些泛黄的名录，一行行姓名如星辰般在历史的天幕上亮起——他们是上海精武体育会初创时的拓荒者，是"强国强种"理想的践行者，是让精武精神从张园擂台上的呐喊，生长为跨越世纪、遍布全球的文化火种的播撒人。

那时的中国，正被东亚病夫的枷锁困缚，而他们以拳脚为笔，以热血为墨，在积贫积弱的土地上写下"尚武"的宣言。教职员名录里，有霍元甲的刚猛、陈公哲的睿智、卢炜昌的热忱，有各派武术宗师放下门户之见的坦荡，也有文人雅士以笔墨助武化的赤诚。1920年的会员名录里，有商人、学生、工匠、教员……他们身份各异，却因"精武"二字聚成一束光：在练功房里挥汗如雨时，他们是打破文弱积习的勇者；在编撰《潭腿图说》、组建弦乐班时，他们是让武术走出江湖、融入时代的先行者；在国家危难之际挺身而出时，他们是用筋骨与气节诠释"爱国"的猛士。

他们的功勋，不止于拳脚之间。是他们打破"武术秘不传人"的旧习，让黄河、长江、珠江流域的武艺在精武会交融共生，开创"中华武术一家"的新风；是他们将"惟精惟一，乃文乃武"刻入章程，让武术与音乐、摄影、戏剧相遇，让"强体"与"修心"同行；是他们在动荡年代守住一盏灯火，让精武的种子能在战后生根，在海外发芽。

百年后的今天，当精武的旗帜飘扬在世界各地的赛场上，当《义勇军进行曲》的旋律与武术的呐喊共鸣，我们不该忘记：每一个标准动作的规范，都源自他们当年对招式的反复打磨；每一次国际交流的自信，都始于他们打破封闭、拥抱世界的勇气；每一代精武人血脉里的赤诚，都承接自他们"卫国魂，尽天职"的誓言。

这些名字，是精武的根。记住他们，便是记住：精武从来不是孤胆英雄的传奇，而是一群人的坚守；从来不是僵化的套路，而是永远向着"更强"生长的精神；从来不止于强身健体的技艺，更是一个民族在危难中挺直脊梁的密码。

致敬，以后来者的名义——愿我们的每一次出拳，都不负他们当年的开创；愿我们走过的每一步，都延续着他们未竟的征途。

1910年

会长：农劲荪
书记：罗罡
会计：卢炜昌
技击教员：刘振声 赵汉杰

1911 - 1912年

会长：袁恒之
坐办：卢炜昌
书记：刘宸臣 李迪初
会计：王维藩 邱亮
调查员：农劲荪 何进贤 蔡香荪 何曰琰 张卓生
庶务员：黎惠生
技击教员：刘振声 李健民 张富猷 赵连和

1913年

会长：袁恒之
副会长：农劲荪

坐办：姚蟾伯
会计：卢炜昌
书记：刘宸臣
总干事：陈公哲
干事：李迪初
调查员：陈抱一 徐人龙
技击教员：赵连和 张富猷

1914 - 1915 年

会长：周金箴
副会长：陈止澜
董事：袁恒之 傅筱庵 徐一冰 梁丽藻 农劲荪
坐办：陈公哲
会计：姚蟾伯
书记：卢炜昌
庶务：冯兰皋 宁竹亭
调查：郑灼辰 黎惠生
技击教员：张富猷 赵汉杰 赵连和

1916 -1917 年

会长：王阁臣
副会长：陈止澜
董事：聂云台 袁恒之 徐一冰 梁丽藻 农劲荪
庶务长：陈公哲
会计：卢炜昌
国文书记：陈铁生
英文书记：周锡三
调查：尹鹤林 宁竹亭
庶务：黄汉佳 吴耀之
会医：林锦华
技击教员：赵连和 李振江 叶凤岐 陈维贤 孙赞轩 霍元卿

兵操教员：郑灼辰
音乐教员：武秀奎
军乐教员：姚祥生

1918 年

会长：聂云台
副会长：穆藕初
董事：袁恒之 王阁臣 陈止澜 孙新甫 赵灼臣 赵甫臣 朱庆澜 谭海秋 欧阳星南 梁丽藻 黄季植 张宪堂 简照南 简琴石 尹鹤林 王维藩 黎耀墀
理事长：陈公哲
理事员：吴耀之 王汉礼 沈金泰 陈善 黄维庆 程子培 李国荃
会计：卢炜昌 陈铁生 邵廷玉
国文书记：陈铁生 邵廷玉
英文书记：周锡三 翁耀衡
会医：林锦华 罗伯夔
调查：陈世俊 尹鹤林 陈仁斋 沈季修 黎永锦 曾启文
技击教员：赵连和 李振江 叶凤岐 赵连城 李占风 霍东阁 孙玉峰 陈维贤 孙赞轩 郑灼辰
音乐教员：武秀奎
军乐教员：姚祥生

1919 年

会长：朱庆澜
副会长：聂云台 王阁臣
董事：袁恒之 陈止澜 简琴石 穆藕初 陈陞堂 温钦甫 霍守华 谭海秋 王维藩 简照南 冯少山 刘少筠 胡耀庭 林锦华 尹鹤林 梁丽藻 黄季植 孙新甫 唐耐修 宁竹亭 王晋臣 黄鸿钧

汤节之 黄伯平 李耀邦
总务主任：姚蟾伯 陈公哲
国文书记：陈铁生 刘宸臣 黄维庆 吴见真 陈启英
英文书记：周锡三 翁耀衡 罗克己
会计：卢炜昌 陈铁生
会医：林锦华 罗伯夔 汤节之
纠察员：宁竹亭 葛荣先 金光曜 郑灼辰
稽查员：黎惠生 沈季修 黎永锦 梁少田
庶务员：陈寿之 吴耀之 劳锡藩 何勉之 杨琛伦 徐云岳 吕启明 王松龄
调查员：尹鹤林 陈仁斋 浦阔亭 曾启文
交际员：郭唯一

技击部

部长：卢炜昌

技击教员：赵连和 孙玉峯 赵连城 孙赞轩 霍东阁 赵观永 陈维贤 叶书田 陈子正 罗光玉 李汇亭 刘致祥

技击主任：费实秋 陈善 罗克己 宁竹亭 郑灼辰 姚蟾伯 陈公哲 黎惠生 邱亮 刘宸臣 浦阔亭 冯兰皋 翁耀衡 刘日暄 沈季修 黄汉佳 金光曜 黄维庆

模范团主任：陈士超 陈兆珽
励志团主任：宁竹亭 郑灼辰
安步团主任：王松龄
惜阴团主任：郑福良
武器主任：赵连和 邱亮 赵连城 卢炜昌
袖镖主任：郑灼辰
弓矢主任：郑宪成
健儿团总教：卢炜昌
技击出版部总编辑：陈铁生

兵操部

部长：郑灼辰
教授：郑灼辰 宁竹亭

被服主任：陈公哲
军械主任：李国荃
军乐主任：莫若俭

文事部

部长：周锡三
国文教授：罗伯夔
英文教授：梁丽藻
图画教授：沈伯诚
簿记学教授：周锡三
国语教授：云作丞
摄影学教授：陈公哲 程子培
摄影学主任：叶向荣
打字科主任：卢炜昌
雄辩团主任：梁少田
书报主任：罗克己 黄汉佳 李国荃 沈金泰
临池会主任：陈铁生
临池会检察：陈士超
西医主任：林锦华
中医主任：罗伯夔

游艺部

部长：姚蟾伯
京乐教授：武秀奎
欧弦教授：司徒梦岩
西乐教授：梁志忠
京乐主任：唐琼相
粤乐主任：黄怡生 黄汉佳
略猎主任：陈公哲 黎永锦
足球主任：黄贤 伍保初 莫若俭 罗季侣
网球主任：姚蟾伯 邱亮 唐有源
铁饼铁球主任：黄贤
台球主任：黎永锦
平台木马主任：陆象贤
篮球主任：周锡三
溜冰凌空主任：唐琼相 李国荃
镖枪主任：伍保初

上海精武体育会成立十周年会员名录

姓名	编号	入会年月
丁德瑞	30	1914.5
丁君才	824	1918.8
山孟芳	426	1916.9
于从周	815	1918.7
于友斋	942	1919.6
王焕文	31	1910.6
王祖赓	32	1910.7
王维藩	528	1910.7
王秋荪	33	1911
王步贤	34	1911
王理和	35	1911.4
王联生	36	1912
王麐生	37	1912
王钰	38	1912
王怀琪	564	1913
王生一	39	1913
王汉礼	354	1913
王宝镜	40	1914.2
王少虞	41	1914.1
王熊飞	42	1914.11
王阁臣	421	1916.9
王松林	425	1916.9
王宗宽	535	1917.7
王昭舜	599	1917.7
王宗峻	607	1917.9
王竹铭	645	1917.9
王世珍	698	1917.12
王建范	709	1918.2
王礼明	732	1918.3
王燕滨	756	1918.4
王良才	829	1918.8

王友三	908	1919.3
王仲理	940	1919.6
王鉴清	941	1919.6
王莘田	1000	1919.8
王根生	1013	1919.9
王仁彝	1019	1919.9
王俊甫	1056	1919.1
王雅珊	1068	1919.1
王家桢	1071	1919.1
尹肇煦	43	1912
尹兆许	44	1913
尹鹤林	379	1914
尹任先	1084	1919.1
孔镜清	680	1917.12
文在中	45	1911
文成康	789	1918.7
尤中廉	46	1911
毛仲达	47	1912
毛瑞卿	658	1917.1
毛仁锐	968	1919.7
方少之	788	1918.7
方树培	873	1918.1
方善道	971	1919.7
石宝光	48	1910.6
石元鼎	49	1911
石森	547	1917.7
史香南	798	1918.7
史铭三	830	1918.8
田永春	50	1911.5
田北平	51	1914.8
田道符	639	1917.1
田仲颎	853	1918.9
包云祥	52	1914.2
丘俊宗	727	1918.3

古少棠	424	1916.9
甘育华	501	1917.5
甘育志	538	1917.7
甘时雨	730	1918.3
甘炽先	844	1918.6
甘萱蕃	896	1919.2
朱伯为	53	1910.6
朱鳞	54	1910.6
朱濂甫	374	1916.3
朱庆三	411	1916.8
朱志贵	494	1917.4
朱煐	536	1917.7
朱穰丞	540	1917.7
朱应祥	621	1917.9
朱寅臣	648	1917.1
朱勉仙	649	1917.1
朱煜生	710	1918.2
朱栋君	758	1918.4
朱进朋	835	1918.8
朱重明	959	1919.7
朱燮臣	1072	1919.9
成秋农	55	1910.6
江厚昌	572	1917.8
任洪毅	56	1910.8
任星五	749	1918.4
任揖堂	787	1918.7
曲景溪	57	1914.2
曲星舫	868	1918.1
曲志超	993	1919.8
曲素臣	1006	1919.9
安佩文	765	1918.5
余树仁	891	1919.2
伍保初	422	1916.9
牟星路	682	1917.12

李佩然	58	1910.6
李迪初	59	1910.6
李文光	60	1911.5
李绍光	61	1911
李瘦兰	62	1912
李锦洞	63	1912
李大年	64	1912
李观濬	65	1914.4
李伟卿	66	1914.5
李国荃	384	1914.8
李维新	356	1914.1
李邦贤	415	1916.8
李希如	430	1916.9
李国鎏	435	1916.1
李逢生	441	1916.11
李明扬	443	1916.11
李邵唐	448	1916.12
李祝民	502	1917.5
李淑良	503	1917.5
李忍凡	526	1917.6
李少棠	527	1917.6
李伯衡	530	1917.7
李定甫	622	1917.9
李香甫	690	1917.12
李家彝	725	1918.3
李大宸	763	1918.5
李祝华	818	1918.7
李叔裕	850	1918.9
李辑五	854	1918.9
李文麓	867	1918.1
李次图	893	1919.2
李廷光	898	1919.2
李铭慈	932	1919.5
李作新	935	1919.5

李洪钧	957	1919.7
李信孚	975	1919.7
李兴棠	994	1919.8
李澧元	1008	1919.9
李文海	1066	1919.1
沈国屏	67	1910.6
沈廷梁	68	1910.6
沈林生	69	1910.6
沈宝仙	70	1911
沈鸿士	71	1912
沈伯诚	72	1912
沈子芳	73	1912
沈养源	74	1914.6
沈榕芬	75	1914
沈季修	255	1914.1
沈金泰	437	1916.1
沈信成	510	1917.5
沈有福	627	1917.9
沈经原	635	1917.1
沈永禄	781	1918.6
沈天灵	802	1918.7
沈永年	928	1919.5
沈一中	1025	1919.9
吴威显	76	1912
吴耀之	352	1912
吴林生	77	1914
吴志清	78	1914.6
吴玉山	79	1914.1
吴国贤	537	1917.7
吴应麟	543	1917.7
吴兆坤	647	1917.1
吴绍裘	673	1917.11
吴德荣	713	1918.2
吴耀庭	718	1918.2

吴宝康	722	1918.2
吴玉轩	808	1918.7
吴沧洲	842	1918.1
吴树藩	950	1919.6
吴见真	958	1919.7
吴瑞祥	970	1919.7
吴慎之	1007	1919.9
吴宝贤	1040	1919.9
吴达生	1058	1919.1
吴麦田	1091	1919.1
岑汉生	1074	1919.8
杜霖叔	80	1910.6
杜铁藩	81	1910.7
杜金贤	82	1912
杜德荃	570	1917.8
杜佐臣	858	1918.9
杜耀流	870	1918.11
何玉堂	83	1910.6
何进贤	84	1911
何庆滔	85	1911
何瑞生	577	1917.8
何程生	579	1917.8
何道存	638	1917.1
何其森	757	1918.4
何勉之	847	1918.9
何善祥	916	1919.4
何文炜	980	1919.7
吕远声	86	1912
吕世荃	87	1912
吕俊臣	88	1912
吕启明	414	1916.8
吕仲安	469	1917.3
吕秉桓	743	1918.3
吕荫南	973	1919.7

宋启东	629	1917.9
宋益福	735	1918.3
宋峰山	840	
汪之洋	89	1911
汪汉雄	90	1912
汪志伦	397	1916.6
汪家祺	445	1916.11
汪家骏	637	1917.1
汪文宪	1033	1919.9
汪康年	1054	1919.9
但忠刚	91	1910.6
阮丽权	605	1917.9
阮神铎	800	1918.7
阮家祚	1022	1919.9
贝爱新	92	1912
余文厚	465	1917.2
余焕培	590	1917.8
余德明	985	1919.8
余萍客	1014	1919.9
余业	1075	1919.1
周泽荫	93	1911.3
周浩如	94	1912
周豹元	95	1912
周心泉	96	1912
周润龙	97	1913
周树声	98	1913
周芹如	99	1913
周安保	100	1914.5
周瀚恩	387	1914.5
周仪亭	101	1914.7
周锡三	365	1916.3
周杏生	368	1916.4
周恭寿	369	1916.4
周俊生	378	1916.4

周杰三	405	1916.7
周铭波	480	1917.4
周本达	497	1917.4
周剑胆	518	1917.6
周子钧	560	1917.7
周庆恩	711	1918.2
周昌瑞	793	1918.7
周平衡	803	1918.7
周明正	831	1918.8
周柏祥	877	1918.11
周若虚	900	1919.2
周邦彦	915	1919.3
周仲达	933	1919.5
周福昌	1036	1919.9
周越然	1041	1919.9
周润松	1095	1919.1
林锦华	102	1910.6
林廷杰	103	1911
林醒华	104	1911
林可棠	105	1912
林拔	106	1912
林逸云	391	1914.8
林均重	398	1916.6
林成根	544	1917.7
林凤苞	595	1917.8
林书甫	764	1918.5
林焕廷	807	1918.7
林春生	960	1919.7
林泽生	1078	1919.1
卓仁机	450	1911
卓福南	107	1912
卓天才	108	1912
卓恺畔	444	1916.11
卓德	641	1917.1

卓文豪	822	1918.7
邵尔康	109	1912
邵春泉	110	1913
邵文炳	392	1916.5
邵星樵	473	1917.3
邵云孙	876	1918.11
邵引发	976	1919.7
邵香荪	1001	1919.8
金福山	111	1912
金光曜	412	1914.3
金克刚	539	
金蓉堂	683	1917.12
金彬如	707	1918.2
金金声	786	1918.7
金绍章	879	1918.12
邱亮	342	1910.6
邱承修	799	1918.7
季约青	112	1910.6
季云章	1081	1919.1
竺宝卿	113	1910.6
屈启龙	114	1910.6
屈义高	1089	1919.1
孟广铭	115	1910.7
房泽臣	655	1917.1
胡星垣	116	1910.6
胡允昌	117	1910.6
胡伟臣	118	1910.6
胡武和	119	1910.6
胡先达	120	1911
胡仲龄	121	1912
胡正方	122	1912
胡孝华	123	1912
胡儒生	124	1912
胡佑民	667	

胡宏勋	888	1919.1
胡文蔚	912	1919.3
胡毓麟	1088	1919.1
施季诚	836	1918.8
施雍	869	1918.11
姚智洲	126	1910.8
姚福祥	127	1911
姚天生	128	1911
姚蟾伯	345	1910.7
姚瑞安	129	1912
姚君才	130	1913
姚叔刚	375	1916.3
姚贵源	644	1917.9
姚启丰	646	1917.9
姚祥夫	653	1917.1
姚振华	1012	1919.9
洪彬史	131	1911.4
洪懒僧	132	1911.4
俞鸿润	133	1914.4
俞耀培	134	1914.7
俞耀堃	393	1916.6
俞福康	431	1916.1
俞铭巽	439	1916.11
俞大絜	454	1917.2
俞垲高	484	1917.3
俞希稷	633	1917.9
俞锡林	813	1918.7
俞体慈	926	1919.4
俞岂能	935	1919.6
宣燮臣	135	1910.8
宣荫周	136	1912
哈元龙	668	1917.11
哈成寿	839	1918.8
郁丽生	137	1911

姓名	编号	日期
郁瘦梅	911	1919.3
姜斗华	459	1917.2
姜斗微	611	1917.9
姜子敏	1005	1919.9
姜健庵	1082	1919.1
范德铭	138	1912
侯梦石	433	1916.1
祝雨亭	593	1917.8
祝宝鸿	949	1919.6
徐赳年	139	1910.6
徐云宾	140	1910.6
徐人龙	141	1910.7
徐振汉	1	1910.6
徐春生	143	1911
徐宗达	144	1911
徐耀曾	145	1912
徐守浩	146	1912
徐仑源	147	1912
徐一冰	148	1913
徐劲行	149	1914.3
徐子祥	150	1914.5
徐宝善	151	1914.7
徐鹤章	152	1914.8
徐祁	417	1916.8
徐颂华	419	1916.8
徐超英	442	1916.11
徐光裕	451	1917.2
徐应昶	456	1917.2
徐鸿卿	499	1917.5
徐通海	500	1917.5
徐宗谷	507	1917.5
徐耀甫	519	1917.6
徐云岳	533	1917.7
徐志皋	554	1917.7

徐浣鹿	565	1917.7
徐权	584	1917.8
徐维鸿	724	1918.3
徐维麟	726	1918.3
徐宪堂	791	1918.7
徐鸿章	816	1918.7
徐润生	827	1918.8
徐复荣	895	1917.7
徐祥麟	963	1919.7
徐保如	991	1919.8
徐维善	999	1919.8
徐庆华	1063	1919.1
徐煜堃	1094	1919.1
孙浩	153	1911
孙荣贵	154	1912
孙夔石	155	1912
孙荣轩	156	1913
孙弘	358	1914
孙燮臣	157	1914.2
孙毓庭	158	1914.4
疏家斌	159	1914.4
孙卓臣	160	1914.4
孙瀛洲	366	1916.3
孙新甫	661	1917.1
孙具三	689	1917.12
孙宝衍	734	1918.3
孙浩然	747	1918.4
孙艺芳	767	1918.5
孙爽山	809	1918.7
孙东川	863	1918.1
孙秉均	989	1919.8
孙祚型	1027	1919.8
孙宝峰	1043	1919.8
孙闻远	1067	1919.1

唐蔚浓	161	1910.6
唐少章	162	1912
唐瑞华	163	1912
唐少芝	164	1914.7
唐有如	401	1916.7
唐琼相	479	1917.4
唐少华	485	1917.4
唐文琦	512	1917.5
唐文槐	571	1917.8
唐伯耆	684	1917.12
唐悦鸾	685	1917.12
唐凤仪	780	1918.6
唐槐	812	1918.7
唐应铿	914	1919.3
唐宝书	1060	1919.1
袁志滔	165	1912
袁孟琴	166	1913
袁志庆	167	1914.11
袁鹤文	573	1917.7
袁柏卿	672	1917.11
秦寅官	168	1910.6
秦欣之	169	1911
秦公望	394	1914.5
秦少周	1069	1919.1
翁桂森	170	1911
翁耀堂	171	1913
翁耀衡	355	1914.3
翁达方	382	1916.4
翁益明	496	1917.4
翁国梁	1044	1919.9
浦阔亭	490	1912
浦志声	172	1914
高尧夫	173	1910.6
高启元	174	1912

高渭初	541	1917.7
高子受	859	1918.1
高仁葆	990	1919.8
高子贞	1007	1919.9
高伯谦	1100	1919.1
郝春官	175	1910.6
郝伯阳	1015	1919.9
凌仲莘	176	1910.6
马恒荣	177	1911
马子英	659	1917.1
马承鑫	663	1917.11
马湘	777	1918.6
马白	972	1919.7
马之骏	1003	1919.8
殷韵笙	178	1912
殷文琳	736	1918.3
韦观琛	625	1917.9
韦其康	860	1918.1
韦卓然	862	1918.1
柴俊	179	1912
柴志明	804	1918.7
益永年	180	1912
原乐岩	728	1918.3
容受之	396	1914.5
容麟生	785	1918.6
容尊五	981	1919.7
夏国梁	408	1916.7
夏廷耀	534	1917.7
奚幼学	561	1917.7
奚顺兴	642	1917.1
陈砚传	181	1910.6
陈良玉	182	1910.6
陈其美	183	1910.8
陈均亮	184	1911

陈龙光	185	1911.3
陈雨人	186	1911
陈维良	187	1911.4
陈笠珊	188	1911.4
陈庭瑶	189	1911
陈兴生	190	1911
陈抱一	191	1912
陈秉琪	192	1912
陈秉瑺	193	1912
陈一亭	194	1912
陈琴轩	195	1912
陈仲垣	196	1912
陈宪	197	1912
陈国光	198	1912
陈莲生	199	1912
陈其松	200	1912
陈大襄	201	1912
陈公哲	344	1910.6
陈学敬	202	1913
陈绍昌	203	1913
陈辅庭	204	1913
陈善	372	1913
陈敏	616	1913
陈奎生	205	1914.2
陈瑞岐	206	1914.3
陈叔达	207	1914.3
陈白卿	208	1914.4
陈元真	209	1914.5
陈汉钦	351	1914.1
陈国衡	386	1914
陈世俊	406	1914.11
陈其浩	410	1916.8
陈仲伦	434	1916.1
陈敬让	457	1917.2

陈耕垚	467	1917.3
陈伯逵	482	1917.4
陈仁斋	509	1917.5
陈仲尧	523	1917.6
陈白涛	525	1917.6
陈子学	529	1917.7
陈文山	531	1917.7
陈其镜	552	1917.7
陈寿之	585	1917.8
陈君来	600	1917.8
陈君宝	601	1917.8
陈友梅	606	1917.9
陈铁生	617	1916.6
陈相周	623	1917.9
陈普庶	643	1917.1
陈善初	656	1917.1
陈玉书	657	1917.1
陈忠五	662	1917.1
陈兆开	670	1917.11
陈健魂	676	1917.12
陈达	679	1917.12
陈延年	696	1918.12
陈文俊	703	1918.1
陈次平	720	1918.2
陈永祥	721	1918.2
陈福耕	731	1918.3
陈海澄	741	1918.3
陈庆昌	769	1918.5
陈椒山	775	1918.6
陈少薰	779	1918.6
陈受昌	805	1918.7
陈维淞	834	1918.7
陈荣枢	890	1919.2
陈明	894	1918.5

陈竹生	925	1919.4
陈启英	929	1919.5
陈庆生	988	1919.8
陈廉梓	1009	1919.9
陈嘉贤	1010	1919.9
陈文龙	1028	1919.9
陈炳勋	1034	1919.9
陈泽民	1047	1919.9
陈斗垣	1073	1919.1
陈思诚	1092	1919.1
陈惠民	1097	1919.1
陈君夏	1103	1919.1
张景晖	210	1911.6
张兆堂	211	1910.6
张光裕	212	1910.6
张子震	213	1910.7
张卓身	214	1910.8
张世旋	215	1912
张彦昭	216	1912
张梦飞	217	1912
张仲坚	218	1912
张德先	219	1912
张光	220	1914.7
张英甫	331	1914.9
张倬卿	367	1916.4
张庚拜	377	1916.3
张勤益	381	1916.4
张持长	385	1916.4
张文贵	432	1916.1
张庠馥	488	1917.4
张晋馥	489	1917.4
张国屏	495	1917.4
张善师	551	1917.7
张平山	553	1917.7

张子玉	559	1917.7
张国粹	562	1917.7
张仲宾	592	1917.8
张尊五	604	1917.9
张宪堂	620	1917.9
张锡九	624	1917.9
张子良	674	1917.11
张英甫	704	1918.2
张振甫	737	1918.3
张言珍	750	1918.4
张石泉	823	1918.8
张仁武	841	1918.8
张子育	855	1918.9
张瀛海	857	1918.9
张懋	874	1918.11
张墨园	875	1918.11
张遂兴	882	1918.12
张上之	889	1919.1
张雨沾	903	1919.3
张葵五	913	1919.3
张德甫	922	1919.4
张文开	931	1919.5
张和风	937	1919.5
张梓良	961	1919.7
张文斌	974	1919.7
张芷芗	984	1919.8
张畹芗	1038	1919.9
张鼎华	1052	1919.1
张序宾	1076	1919.1
张永礽	1090	1919.1
梁仲权	332	1912
梁棣荃	333	1912
梁乐天	334	1913
梁晋	335	1914.3

梁成	336	1914.4
梁肇昌	337	1914.4
梁肇明	338	1914.4
梁丽藻	395	1916.6
梁少田	447	1916.7
梁文栋	452	1917.2
梁煜荣	455	1917.2
梁官辉	461	1917.2
梁古臣	492	1917.4
梁志忠	586	1917.8
梁官松	716	1918.2
梁官英	717	1918.2
梁其芬	881	1918.12
梁子行	904	1919.3
梁英伦	944	1919.6
梁济铭	952	1919.6
梁国桢	992	1919.8
梁锺麟	1035	1919.1
梁善佳	1099	1919.1
许良弼	339	1910.6
许冰石	340	1911
许文亮	221	1913
许颂葵	371	1916.4
许联荪	458	1917.2
许文彬	481	1917.4
许君谟	636	1917.1
许重勋	741	1918.2
许懋绩	733	1918.3
陶少英	222	1911
陶鸣岐	359	1914.11
陶天鸢	373	1916.3
陶业超	486	1917.4
陶文元	505	1917.5
陶笑舫	872	1918.11

陶汝匡	223	1912
陆颜蒸	224	1912
陆肇基	475	1917.3
陆象贤	686	1917.12
陆耀庭	693	1917.12
陆师郭	865	1918.1
陆储干	866	1918.1
绍崧山	225	1910.6
屠殿臣	962	1919.6
萃福绶	226	1910.7
盛治恒	955	1919.6
盛刚	954	1919.6
庄尚清	227	1910.7
庄则敬	692	1917.12
倪锡元	964	1919.7
章金林	228	1910.8
章颂仁	687	1917.12
章锡彭	738	1918.3
章素民	1002	1919.8
麦博文	602	1917.8
麦应生	845	1918.6
麦矗云	1061	1919.9
郭文澜	229	1911
郭健霄	357	1916.7
郭八铭	697	1917.12
郭慎之	773	1918.5
郭唯一	909	1919.3
郭建侯	1031	1919.9
戚茂昌	230	1911
戚菊三	748	1918.4
区世始	681	1917.12
连声凯	231	1912
连均度	614	1917.9
连炎川	977	1919.7

崔沛銮	742	1918.3
崔伯懿	753	1918.4
常陶甫	232	1912
莫甘棠	694	1917.12
莫俭	695	1917.12
曹建封	233	1914.2
曹杰臣	416	1916.8
曹文萃	438	1916.11
曹德樾	440	1916.11
曹永祥	462	1917.2
曹纪生	466	1917.3
曹奏钧	483	1917.3
曹仲斌	770	1918.5
虚吾	234	1913
接燕臣	762	1918.5
黄昭文	235	1910.7
黄昭临	236	1911
黄本初	237	1911
黄珍庠	238	1911
黄贤	423	1912
黄雨亭	239	1912
黄注东	240	1913
黄汉佳	353	1913
黄英	241	1913
黄锦章	242	1914.1
黄得慧	243	1914.7
黄考求	244	1914.11
黄怡生	376	1916.3
黄鸣岐	380	1916.4
黄善祥	383	1916.4
黄天星	400	1918.7
黄维庆	413	1916.8
黄楚才	420	1916.8
黄灏	487	1917.4

黄汉章	493	1917.4
黄积善	512	1917.6
黄中成	550	1917.7
黄荫生	555	1917.7
黄仲彬	566	1917.7
黄兆棠	569	1917.8
黄痴	581	1917.8
黄英广	582	1917.8
黄守成	591	1917.8
黄振	768	1918.5
黄惠龙	778	1918.6
黄伯扬	782	1918.6
黄汉昭	790	1918.7
黄兆康	801	1918.7
黄首民	833	1918.6
黄强亚	883	1918.12
黄福培	901	1919.3
黄仲五	907	1919.3
黄泽坚	978	1919.7
黄宇平	1045	1919.9
黄汉忠	1049	1919.9
黄秉刚	1062	1919.9
黄搏九	1083	1919.1
黄宝良	1102	1919.1
冯镇盛	245	1912.6
冯铁魂	349	1914.4
冯志铭	247	1916.2
冯兰皋	348	1912.2
冯松添	549	1917.7
冯中权	594	1917.9
冯宝墀	838	1918.9
冯梓才	934	1919.5
傅淑峤	248	1910.6
傅心田	249	1910.6

傅绥初	250	1910.7
傅学大	608	1917.9
傅志昂	719	1918.2
傅景苏	744	1918.3
傅星如	745	1918.3
傅增祥	746	1918.4
傅莲舫	811	1918.6
傅三荣	899	1919.2
温麟书	587	1917.8
温朝书	588	1917.8
温定先	825	1918.9
温宗禹	1046	1919.9
温荩臣	1096	1919.1
华近山	987	1919.8
闵康甫	251	1911
彭幼典	630	1917.9
彭仲川	664	1917.11
曾汝禧	252	1911
曾启文	418	1916.8
曾兆鹿	468	1917.3
曾景尧	705	1918.2
曾景昌	706	1918.2
曾景辉	783	1918.6
宁竹亭	346	1911.2
焦耕亭	864	1918.1
汤景潜	253	1912
汤圣裁	428	1916.9
汤作霖	943	1919.6
项之瑞	702	1918.1
劳璟	254	1913
劳锡藩	849	1918.9
劳杰荣	886	1919.1
贺日三	609	1917.9
费实秋	402	1914.3

遇燮南	610	1917.9
舒胜残	256	1914.6
童锡甫	917	1919.4
童立章	919	1919.4
童连甫	923	1919.4
单子玳	792	1918.7
程绍熙	542	1917.7
程镛	558	1917.7
程锦芳	598	1917.9
程振球	671	1917.11
程仙洲	752	1918.4
程韵泉	794	1918.7
程镜川	880	1918.12
杨龚	257	1910.6
杨德升	258	1911.6
杨锺翰	259	1912
杨邦玺	260	1912
杨其湛	261	1914.3
杨逢源	583	1914.6
杨志沂	370	1916.4
杨寿圻	460	1917.2
杨康龄	470	1917.3
杨明远	504	1917.5
杨蒿华	580	1917.8
杨厚华	618	1917.9
杨岳华	619	1917.9
杨学南	640	1917.1
杨实生	652	1917.1
杨春时	665	1917.11
杨翔云	669	1917.11
杨斌魂	677	1917.12
杨琛伦	688	1917.12
杨仲绰	760	1918.4
杨恩烋	848	1918.9

杨其森	892	1919.2
杨明山	1004	1919.9
叶威之	262	1911
叶少英	263	1912
叶其森	264	1912
叶子华	517	1913
叶衍鸿	516	1913
叶棣瑄	409	1914.12
叶有德	265	1914.5
叶棣昌	563	1917.7
叶向荣	578	1917.7
叶良	678	1917.12
叶培枝	814	1918.7
叶味腴	965	1919.7
过焜侯	266	1913
过辉	267	1914.3
雷翁	826	1918.8
虞可传	436	1916.1
董瀛高	268	1912
裘国梁	739	1918.3
裘松泉	832	1918.8
葛哲荪	269	1911
葛兴德	498	1917.4
葛荣先	708	1918.2
葛友于	931	1919.5
葛知五	939	1919.6
万景云	270	1910.8
万年康	399	1916.6
邹毓芝	628	1917.9
赵敬其	271	1912
赵时新	272	1912
赵甫臣	596	1917.8
赵汝梁	597	1917.8
赵可庄	603	1917.9

赵镒民	691	1917.12
赵景如	906	1919.3
赵玉庭	910	1919.3
赵宪章	1055	1919.9
赵希贤	1079	1919.1
蒲美中	755	1918.4
翟士琦	887	1919.1
裴正回	514	1917.5
荣善成	712	1918.2
荣广裕	1024	1919.9
綦亿轩	699	1917.12
楼恩普	723	1918.2
刘酬声	273	1911
刘桂满	274	1911
刘生淇	275	1911
刘显臣	276	1911
刘日宣	491	1912
刘冠山	277	1912
刘辰臣	388	1910.7
刘飞熊	278	1914.5
刘祝勋	279	1914.7
刘世昌	361	1916.3
刘昌熊	407	1916.7
刘兰坡	612	1917.9
刘兆铭	615	1917.9
刘子鸿	654	1917.1
刘德臣	751	1918.4
刘惠和	774	1918.5
刘伯言	820	1918.7
刘宝余	861	1918.1
刘瑞堂	878	1918.11
刘泽熙	918	1919.4
刘顺符	923	1919.4
刘陟云	936	1919.5

刘书堂	938	1919.5
刘永康	947	1919.6
刘文藻	948	1919.6
刘汉升	982	1919.8
刘筱轩	1042	1919.9
郑子香	280	1911
郑朝宗	281	
郑炳铭	282	1912
郑灼辰	347	1912
郑耀荃	283	1914.7
郑保卿	284	1914.11
郑谦谷	364	1916.3
郑世根	474	1917.3
郑亮熙	478	1917.4
郑福良	506	1917.5
郑关干	545	1917.7
郑礼卿	589	1917.8
郑辉如	701	1918.1
郑培兴	771	1918.5
郑宸臣	784	1918.6
郑启光	825	1918.8
郑经伯	856	1919.3
郑小干	902	1919.3
郑仲华	902	1919.4
郑泽伦	951	1919.6
郑釜华	966	1919.7
郑兆鸿	967	1919.7
郑铭山	986	1919.8
郑振武	1016	1919.9
郑莘夫	1032	1919.9
郑汉武	1053	1919.1
郑福载	1059	1919.1
蔡云林	285	1912
蔡志贤	286	1912

蔡正志	287	1913
蔡少然	288	1913
蔡连塘	289	1914.2
蔡月堂	471	1917.3
蔡景麟	761	1918.5
蔡子荣	897	1919.2
蔡正瑞	1011	1919.9
蔡富元	1093	1919.1
诸昌龄	1048	1919.9
邓志谷	290	1914.7
邓葆鎏	556	1914.7
邓平乔	291	1914.8
邓雨农	362	1916.3
邓少甫	363	1916.3
邓铁航	557	1917.7
邓轩锐	567	1917.7
邓伟奇	740	1918.3
邓文献	921	1919.4
鲁兆祥	1023	1919.9
鲁国黨	1026	1919.9
蒋天鹏	292	1910.6
蒋尚武	293	1910.6
蒋达	294	1912
蒋贤藩	520	1917.6
蒋超	969	1919.7
甄少珊	1037	1919.9
黎邦士	295	1910.6
黎惠生	343	1910.6
黎永锦	511	1917.5
黎耀墀	576	1919.2
黎祖茂	884	1918.12
潘明新	296	1910.6
潘肇封	297	1911.4
潘铭新	298	1912

姓名	编号	时间
潘丽甫	522	1917.6
潘文植	548	1917.7
潘文培	819	1918.7
潘炳桂	1017	1919.9
潘绪晃	1098	1919.1
樊振康	299	1914.11
乐致远	828	1918.8
欧阳鸿钧	568	1917.8
欧伟国	574	1917.8
欧阳显国	575	1917.8
欧阳惠锵	660	1917.1
欧维一	817	1918.7
欧阳溰	821	1918.7
卢国杰	300	1911
卢桐森	301	1911
卢师谛	302	1912
卢璧臣	303	1912
卢少芝	304	1912
卢炜昌	341	1910.6
卢恩明	305	1914.11
卢仲虔	464	1917.3
卢义敷	515	1917.5
卢玉璇	626	1917.9
卢邦建	700	1918.1
卢国安	927	1919.5
卢东承	1018	1919.9
萧廷均	306	1910.7
萧寿南	307	1914.6
萧楚南	846	1918.6
萧华臣	1085	1919.1
钱世琛	308	1910.6
钱林一	666	1917.11
钱亢夫	772	1918.5
钱树森	885	1919.3

钱福如	983	1919.8
鲍显	309	1912
鲍剑民	675	1917.12
戴兆龙	1065	1919.1
燕润龄	310	1913
穆藕初	650	1917.1
应仁龙	956	1919.7
谢培华	311	1910.6
谢士英	312	1910.7
谢俊健	313	1911.5
谢瑞秉	446	1916.1
谢莫塍	806	1918.7
谢振声	837	1918.7
谢永柏	1051	1919.1
锺寿淇	314	1912
锺文标	390	1916.5
锺文耀	403	1916.7
锺杏圃	1050	1919.1
薛巩初	360	1914.2
薛培坤	759	1918.4
韩翔	508	1917.5
韩和斋	513	1917.5
瞿鸿祚	315	1912
瞿益生	1057	1919.1
瞿文勋	1080	1919.1
魏肇基	316	1914
聂光圻	449	1916.12
聂光垄	453	1917.2
聂光均	463	1917.3
聂光坚	546	1917.7
聂光坻	1086	1919.1
聂其悛	1087	1919.1
简月华	476	1917.3
简实卿	631	1917.9

简情曼	632	1917.9
罗泽	317	1910.6
罗绍池	318	1910.6
罗锦莹	319	1913
罗克己	404	1916.7
罗立轩	427	1916.9
罗葆琛	715	1918.2
罗叔羲	729	1918.3
罗季吕	776	1918.6
罗善磋	815	1918.9
罗文亮	1031	1919.9
罗平磋	946	1919.6
谭海秋	320	1911
谭耀明	321	1912
谭凤池	322	1914.3
谭瑞铭	754	1918.4
谭瑞和	871	1918.11
关聪麟	477	
关璞侯	1039	1919.9
严康侯	323	1911
严殿祥	324	1914.8
严文元	429	1916.9
严镜宇	634	1917.1
严素	766	1918.5
严吉荪	795	1918.7
严良惠	796	1918.7
严庆龄	797	1918.7
严湛铨	979	1919.7
严联五	1020	1919.9
严庆祺	1029	1919.9
庞醒跃	1064	1919.1
窦耀庭	389	1916.5
苏汉云	945	1919.6
苏棣华	1030	1919.9

顾芝荣	326	1910.6
顾锡祺	327	1910.6
顾藩	328	1911
顾叔廉	329	1912
顾琢如	330	1912
顾心毅	905	1919.3
顾琅	930	1919.5
顾藩	1070	1919.1
龚维镛	472	1917.3
龚飏生	651	1917.1
邵博强	1101	1919.1
陈恩培	1105	1919.11
黄善镇	1107	1919.11
张成安	1109	1919.11
鲍庆甲	1111	1919.11
潘澄	1113	1919.11
姚继唐	1115	1919.11
施熙春	1104	1919.11
陈坤福	1106	1919.11
徐云甫	1108	1919.11
郁仲华	1110	1919.11
蒋千	1112	1919.11
凌希陶	1114	1919.11
陈莼馥	1116	1919.11
黎祖武	1117	1919.11
蔡鹏年	1119	1919.11
关聪麟	1121	1919.11
刘锡范	1123	1919.11
何崇阶	1125	1919.11
韦伯逊	1127	1919.11
朱揖庭	1129	1919.11
罗伍	1131	1919.11
侯蕴山	1133	1919.11
陈伯森	1118	1919.11

何秉臣	1120	1919.11
倪霭祥	1122	1919.11
林慕娄	1124	1919.11
何镇扬	1126	1919.11
宋思贤	1128	1919.11
罗锦全	1130	1919.11
周邦彦	1132	1919.11
陆鸿飞	1134	1919.11
黄桂辰	1138	1919.12

附录七 精武长河图·精武英雄谱

洋场十里占风流,奥皮音们侮神州。
武士大名霍元甲,张园摆擂鬼见愁。

注:1910年,霍元甲在上海张园摆擂挑战叫嚣"东亚病夫"的外国大力士奥皮音。

精武何事故依依，出众人材出色衣。
集会考展混一体，表演实业越稀依。

注：精武会乃文乃武，成立之初起每年举办精武大会，会考展演集会为一体，包括书法与武术考试，集武术体育表演、游艺音乐表演和精武实业博展。

巾帼场中展英姿，红妆遥对夕阳西。
精武女侠追平等，因缘邂逅首故低。

注：上海精武女子体育会创始人陈士超；精武女学员"东方女侠"邬丽珠，铸就中国第一代功夫女星称号；精武会女医张湘纹创办"精武医社"济众民。

附录

春风时送暗香来,辛酉剧社顷刻开。
左翼剧联沪上起,精武会员几楼台。

注：精武会员朱穰臣联合其他精武会员成立了由潘汉年担任顾问的"辛酉剧社",并在该剧社基础上诞生了"中国左翼剧团联盟"。

351

外滩公园辱华牌,精武公园造起来。
安步团走白渡桥,黄钟大吕悬高台。

注:黄浦公园辱华事件后,精武会创建精武公园,铸钟立牌:凡人类文明者皆能入内;精武安步团每天清晨从外白渡桥列队步行至精武公园,向黄钟致敬。

辛亥英雄陈其美,精武会员徐一冰。
携手直捣老巢穴,攻打江南制造局。

注:1911年,辛亥革命期间,精武创始人、沪军都督陈其美,带领精武会员徐一冰等革命者攻打江南制造局。

世界精武大会志

融合中西任款邀，乃文乃武好烹调。
西洋画社粤乐换，武舞由来看今朝。

注：精武会创始现代旅行；创造武舞舞蹈；首创中国漫画杂志与西洋画社团，联合创办左联中华艺术大学；开创中西融合音乐社团。

附录

精武医学护苍生,运动中医倡新声。
劳军抗日作慈善,济众难民医院成。

注:中医大师罗伯夔和西医博士林锦华首创了中西医融合医学教育机构与"运动中医"学科。构建精武医院、济众难民医院、第十九救护医院等。

精武十套界西东,技击西洋路更通。
潭腿图谱打头阵,画师竟是徐悲鸿。

注:精武会武术教练是来自三大流域的武术大家与名宿,集成中华武术流派精华,开创"精武十套"教学范例,徐悲鸿曾为"潭腿"教学绘制分解动作。

青史留名五特使,精武外交起旋风。
共筹体育协进会,奥运项目显神通。

注:1920年,精武五特使下南洋,开创了精武文化中外民间交流机制。1924年,精武会参与发起"中华全国体育协进会",1936年出征慕尼黑奥运会。

357

健儿爱国最殷勤,血战倭寇面半醺。
共赴国难为国死,精武剑处留英名。

注:精武会众多爱国健儿,奔赴抗日前线,英勇不屈与日本军国主义展开了殊死搏杀。奥运健儿符保卢、奥运拳手王润兰、靳贵第、靳桂血铸英雄抗日史。

奋起抗战义勇军,电通公司留佳音。

天合之作进行曲,吟唱国歌思故人。

注:1935年,曾任上海精武体育会会长的朱庆澜(东北义勇军后援会会长)与聂耳到长城一线慰问考察,之后投资拍摄《风云儿女》,并为主题曲命名《义勇军进行曲》。

附录

359

跋

在世界精武联谊会各友会的共同参与下，在上海市虹口区四川北路街道办事处的大力支持下，在编纂委员会成员的不懈努力下，历时三年多，《世界精武大会志》第一版正式出版。这是世界精武联谊会的一件大事，全球精武人的一件大事，也将成为精武会发展历史上的一件大事！

《世界精武大会志》第一次较为完整的记载了作为精武会全球交流平台的"世界精武武术文化大会"的形成、沿革和构成；第一次较为客观地总结了"世界精武大会"这一当代精武标志性活动的地位、作用和价值；更为重要的是，第一次透过世界精武大会举办情况的介绍，较为全面地展现了20余年间全球精武组织的运作、发展和取得的成就，描绘了全球精武人矢志不渝、一以贯之的努力和奋斗！

世界精武大会，已经成为精武会永续发展的重要标志。根植于精武会百年基业，形成于精武会新的历史阶段，全球精武组织承上启下，创新发展，通过举办全球大会，崇敬先贤，缅怀前人，重温精武精神，提升思想认知，切磋武艺，展示技能，展现全球精武组织不断前行的成就。世界精武大会，高度体现全球精武人的发源认同、价值认同、精神认同，高度体现精武精神的内生动力和时代价值。世界精武大会是精武精神在115年历程中传承丰富，发扬光大的一个完整体现。

世界精武大会，已经成为国际性民间交流的重要平台。世界精武大会已经突破作为民间体育组织内部交流的举办范围，通过参会成员的多样性，为各国、各地区，不同民族、文化、习惯、信仰的民众进行跨国家、跨地区、跨民族的世界体育、文化、传统交流提供了更为开放的空间。不仅仅是一个国际性民间体育组织的盛会，也成为全球为数甚少的、长盛不衰的民间重大体育文化活动和不可替代的民间交流平台，充分体现了精武精神的影响力、包容性和国际化。

世界精武大会，已经成为展现精武国际形象的重要方式。精武会不仅仅是中国的精武会，也是世界的精武会，是人类文明的组成部分之一，世界多元文化的构成之一。遍布全球的精武会在所在国家和地区深深扎根，融入当地社会生活，弘扬"爱国、修身、正义、助人"的精武精神，投身社会服务，传授武术和文化，增进社会和谐，促进当地多元文化共生共荣，为推动社会进步与发展做出了积极贡献。世界精武大会由此成为全球精武人服务社会、贡献人类的展示平台。

世界精武大会，已经成为中国传统文化走向全球的重要载体。世界精武大会的举办，不仅仅是精武会的形象展示，也是中华民族的精神体现，更是中国传统文化的充分展示，已经成为中华传统文化走出去、促进世界文明交流的重要窗口，成为弘扬中华传统，传播文化思想，塑造中国形象，讲好中国故事，建设人类命运共同体，促进世界和平的重要载体。同时，也为各国精武会发展壮大，不断为所在国家做出更大贡献，发挥更为重要的作用提供有力支撑！

　　十七届世界精武大会的成功举办，《世界精武大会志》的出版，既是全球精武不断发展的标志，更是精武精神不断传承的象征，充分体现了全球精武人的执着、团结和努力。精武会历经115年，屹立于世界之林，源自于全球精武人对精武精神的皈依，对精武武术的热爱，对人类文明和进步的追求。正是怀抱这样一种对世界、对国家、对民族的赤诚之心，坚忍不拔，勇于担当，使得精武会能够传承百年，生生不息，继往开来，不断书写新的历史篇章。

上海精武体育总会

2025年8月6日

图书在版编目（CIP）数据

世界精武大会志 / 上海精武体育总会编. — 上海：文汇出版社，2025. 9. — ISBN 978-7-5496-4596-1

Ⅰ．G852.062

中国国家版本馆CIP数据核字第2025X8M235号

世界精武大会志

编　　者 / 上海精武体育总会

责任编辑 / 熊　勇
装帧设计 / 张　晋

出 版 人 / 周伯军

出版发行 / 文汇出版社
　　　　　上海市威海路755号
　　　　　（邮政编码200041）

经　　销 / 全国新华书店
印刷装订 / 上海颛辉印刷厂有限公司
版　　次 / 2025年9月第1版
印　　次 / 2025年9月第1次印刷
开　　本 / 787×1092　1/16
字　　数 / 480千
印　　张 / 23.75

ISBN 978-7-5496-4596-1
定　　价 / 288.00元